Zu diesem Buch

«Wenn Liebe keine Zukunft hat» ist kein Ratgeber für verbeulte Beziehungskisten, keine Anleitung zur lebenslänglichen Harmonie, und doch ein Buch, das eine unschätzbare Hilfe bietet: Frei von Bewertung und Moralin, klar und anschaulich vermittelnd, schärft es das Bewußtsein des Lesers, der sich mit einer Trennung oder mit seiner Rolle in der Beziehung, mit seinen Wünschen an sie und ihre Wirklichkeit selbstverantwortlich auseinandersetzen will. Das Buch macht Mut zur Ehrlichkeit gegenüber dem Partner und sich selbst.

Diane Vaughan arbeitet als Lehrbeauftragte für Soziologie am Boston College. Sie hat drei Kinder und ist geschieden. «Wenn Liebe keine Zukunft hat» ist ihre zweite Buchveröffentlichung.

Diane Vaughan

# Wenn Liebe keine Zukunft hat

Stationen und Strategien der Trennung

Aus dem Amerikanischen von
Cornelia Holfelder-von der Tann,
Ursula Höcker und Jürgen P. Krause

Rowohlt

rororo zu zweit
Lektorat Barbara Wenner

Cornelia Holfelder-von der Tann übersetzte die
Einleitung und die Kapitel 1 bis 7,
Dr. Ursula Höcker die Kapitel 8 bis 11 sowie das Nachwort,
Jürgen P. Krause den Anmerkungsteil

16.–19. Tausend Dezember 1992

Veröffentlicht im Rowohlt Taschenbuch Verlag GmbH,
Reinbek bei Hamburg, Februar 1991
Copyright © 1988 by Rowohlt Verlag GmbH,
Reinbek bei Hamburg
Die Originalausgabe erschien 1986 unter dem Titel
«Uncoupling: Turning Points in Intimate Relationship»
im Verlag Oxford University Press, Inc.,
New York/Oxford/Toronto
«Uncoupling»
Copyright © 1986 by Oxford University Press, Inc.,
Redaktion F. Meyer/J. Petersen
Umschlaggestaltung Nina Rothfos/Barbara Hanke
Gesamtherstellung Clausen & Bosse, Leck
Printed in Germany
1290-ISBN 3 499 18818 x

Für meine Freundin Bev Klingensmith,
die davon überzeugt war,
daß Beziehungen es wert sind,
um sie zu kämpfen

# Inhalt

Einleitung 9
*Eins*
Geheimnisse 21
*Zwei*
Die Unzufriedenheit kommt zum Vorschein 46
*Drei*
Übergang: zwischen Abschied und Aufbruch 69
*Vier*
Ignorierte Signale: Versteckspiel zu zweit 94
*Fünf*
Wenn die Illusion zusammenbricht 118
*Sechs*
Rettungsversuche 154
*Sieben*
Der Vorsprung des Initiators 187
*Acht*
Vor Publikum 209
*Neun*
Der Übergangsprozeß des Partners 230
*Zehn*
Ablösung 256
*Elf*
Übergangsrituale 281
Nachwort 294
Dank 312
Anmerkungen 315
Auswahlbibliographie 368
Register 378

# *Einleitung*

Ich war zwanzig Jahre lang verheiratet. Als ich mir nach unserer Trennung Gedanken über die Beziehung machte, gewann ich den Eindruck, daß sie während der letzten zehn Jahre ganz allmählich auseinandergegangen war. Natürlich hatten wir immer noch schöne Zeiten miteinander gehabt, aber ich konnte doch im Rückblick bestimmte Punkte ausmachen, an denen jeweils ein entscheidender Umschlag stattgefunden hatte – Augenblicke, in denen sich die Beziehung veränderte, Phasen, in denen die Distanz zwischen uns wuchs. Diese zentralen Umschlagpunkte fielen nicht mit Streitigkeiten zusammen oder mit jenen typischen emotionalen Katastrophen, die über jede Beziehung hereinbrechen können. Sie schienen vielmehr mit Veränderungen in meinem sozialen Umfeld und dem meines Mannes zu tun zu haben. So begann ich beispielsweise zu studieren, weil mir aufging, daß mein Mann für mich nie ein ständig verfügbarer Gefährte sein würde und daß ich etwas Eigenes brauchte, was mich ausfüllte. Dieser so unschuldig unternommene Schritt veränderte mich – und uns. Als unsere Ehe in die Jahre kam, reagierten wir auf die Schwierigkeiten zwischen uns, indem wir unseren Bezug zu unserer Umwelt veränderten. Diese Veränderungen wirkten wiederum auf die Beziehung zurück, da sie uns als Individuen beeinflußten und damit auch unser Verhältnis zueinander.

Und mehr noch: Wenn ich unsere Beziehung unter dem Aspekt solcher Bewegungen betrachtete, die jeder von uns in seinem sozialen Umfeld vollzog, hatte ich das Gefühl, daß unsere Ehe einem langsamen, stetigen und bestimmten Gesetzmäßigkeiten folgenden Zerrüttungsprozeß unterlegen war. Auch wenn wir selbst das Ende der Beziehung als chaotisch und jäh erlebten, folgte ihre Auflösung doch einem gewissen sozialen Rhythmus. Daß ein Geschehen zugleich regelmäßig und wirr sein könnte, war mir spontan schwer einsichtig. Vielleicht ergab sich dieser Eindruck von Regelmäßigkeit ja aus der Tatsache, daß wir so viele Jahre verheiratet gewesen waren und daß der Auflösungsprozeß nur deshalb geordnet erschien, weil er sich über einen ziemlich langen Zeitraum hingezogen hatte. Vielleicht lag es aber auch einfach an meiner damaligen Beschäftigung: Ich absolvierte gerade mein Graduiertenstudium in Soziologie und war darauf fixiert, in allem nach Mustern zu suchen.

Zur gleichen Zeit, als ich diese Betrachtungen anstellte, stieß ich zufällig auf einen Aufsatz, der die Ehe als einen Prozeß darstellte, in dessen Verlauf zwei Individuen für sich eine neue Definition dessen aushandeln, wer sie in Bezug zueinander und zu ihrer Umwelt sind.[1] Sie ordnen ihr Leben neu um das des anderen herum. Sie legen sich gemeinsame Freunde und gemeinsamen Besitz zu, und sie schaffen sich gemeinsame Erinnerungen und eine gemeinsame Zukunft. Sie definieren sich jetzt als Paar, nicht nur vor sich selbst, sondern auch vor anderen, und die Umwelt bezieht sich in ihren Reaktionen auf diese Paaridentität. Sie werden zusammen eingeladen, die Post ist an beide adressiert, und das Finanzamt veranlagt sie gemeinsam. Die Anrufe alleinlebender Freundinnen und Freunde werden seltener, während die Kontakte zu anderen Paaren rasch zunehmen. Ihre Paaridentität wird ständig von außen bestärkt, und zwar nicht nur durch das, was andere sagen oder tun, sondern auch, weil die Umwelt die Beziehung als selbstverständlich voraussetzt. Diese ständige öffentliche Bestärkung schreibt beiden einen festen sozialen Ort zu und verankert ihre Identität.

Diese Gedanken fesselten mich, denn offenbar stellte die Auflösung meiner eigenen Beziehung genau die Umkehrung dieses Prozesses dar: Wir hatten uns langsam und allmählich wieder als zwei getrennte Menschen definiert. Unser Auseinandergehen war nicht als abrupter Bruch, sondern vielmehr als ein stetiger Übergang erfolgt. Schon lange vor der faktischen Trennung hatten wir uns auseinandergelebt: Wir verkehrten in getrennten Freundeskreisen, machten getrennte Erfahrungen und entwickelten getrennte Zukunftspläne. Wir reagierten jeder auf den Wandel unserer Beziehung in einer Art und Weise, die unser eigenes Selbstverständnis und das Bild, das sich andere von uns machten, veränderte.

Um Antwort auf die Fragen zu finden, die sich für mich aus meiner eigenen Erfahrung und dann schließlich durch meine Lektüre ergeben hatten, begann ich Leute darüber zu befragen, wie ihre Beziehungen auseinandergegangen waren. Ich interessierte mich dabei sowohl für die Geschichten von Menschen, die längere Zeit ohne Trauschein zusammengelebt hatten, als auch für Aussagen über Ehen, die auseinandergegangen waren. Es ging mir also nicht nur um das Phänomen Scheidung, sondern ganz generell um Trennung – um die Frage, wie Menschen sich aus intimen Beziehungen lösen und neu orientieren. Folgende Hauptkriterien bestimmten die Auswahl meiner Interviewpartner: daß sie eine Zeitlang mit einem anderen Menschen zusammengelebt und sexuelle Erfahrungen mit ihm gemacht hatten und daß sie allgemein als Paar galten. Ob es sich um homo- oder heterosexuelle Paare handelte und in welchem gesetzlichen Status sie zusammenlebten, war nicht entscheidend. Erfahrungsberichte über einzelne Beziehungen zu sammeln erschien mir die einleuchtendste Methode, meiner Fragestellung nachzugehen, da ich nicht nur wissen wollte, wie sich die Ereignisse faktisch entwickelt hatten, sondern auch, wie sich den Betroffenen diese Entwicklung darstellte. Ich bat meine Interviewpartner daher, mir von ihren Beziehungen zu erzählen und an dem Punkt zu beginnen, an dem sie das erste Mal das Gefühl gehabt hatten, daß etwas nicht in Ordnung sei. Ich zeichnete ihre Berichte auf Tonband auf, wobei ich gelegentlich selbst eine Frage einstreute.

Was mich beschäftigte, war das Thema, wie – und nicht warum – Menschen sich aus Beziehungen lösen. Das «Warum» war vielen der Menschen, mit denen ich sprach, selbst nicht klar. Selbst wenn sie es zu einem bestimmten Zeitpunkt zu wissen glaubten, änderte sich die Begründung doch immer wieder, so daß ihnen die scheinbar zutreffende Erklärung oft schon ein halbes Jahr später selbst nicht mehr von Belang schien. Die Interviews, die ich führte, verstärkten mein Interesse noch, da eins in jedem Fall zu gelten schien: Egal, ob die Beziehung kurz oder lang dauerte, egal, ob die Partner reich oder arm, homo- oder heterosexuell, jung oder alt, verheiratet oder nicht verheiratet waren, die Trennung war offensichtlich für beide Partner schwer.

Eine Frau berichtete mir, daß sie noch vor ihrer Heirat eine deutliche Vorahnung davon gehabt hatte, daß es ein Fehler wäre, diese Ehe einzugehen. In der Woche vor der Hochzeit träumte sie, daß sie ganz in Weiß gekleidet war, aber schwarze Schuhe trug. Schon am zweiten Tag, nachdem sie in die Flitterwochen aufgebrochen waren, hatten sie und ihr Mann einen Streit. In der Hitze des Wortgefechts zog er den Ehering vom Finger, schleuderte ihn durchs Zimmer und versetzte ihr einen Hieb auf die Nase. Ehe beide zum Krankenhaus fuhren, suchte sie noch so lange den Fußboden ab, bis sie den Ring fand und ihn ihrem Mann wieder an den Finger stecken konnte. Das gleiche Szenario wiederholte sich noch mehrfach in ihrer Ehe. Sechs Jahre später kam es auf einer gemeinsamen Japan-Reise während eines nächtlichen Spaziergangs im Schnee wieder zu einem Streit, und in einer neuerlichen Aktualisierung des nur zu vertrauten Musters warf er den Ring weg und schlug sie. Sie berichtete: «Stellen Sie sich vor, ich mußte zwar drei Stunden im Dunkeln im Schnee herumkriechen, aber schließlich hatte ich den Ring gefunden.»

Diese Suche nach dem Ring im Schnee symbolisiert eindringlich, welchen zentralen Platz unsere Beziehungen in unserem Leben einnehmen. Sie sind uns so wichtig, daß wir auch dann noch an ihnen festhalten, wenn wir nicht glücklich sind. Warum harren wir in unglücklichen Beziehungen aus? Wir tun es, weil Verbindlichkeit für uns ein moralischer Wert ist. Wir tun es, weil wir uns durch die Ehe gebunden fühlen. Wir tun es, weil wir dem Partner nicht weh tun wollen. Wir tun es, weil wir fürchten, ohnehin nichts Besseres zu finden. Wir tun es, weil wir an unsere positiven Kräfte glauben und davon ausgehen, daß wir es schaffen, die Dinge zum Guten zu wenden.

Wir tun es, weil wir keine Menschen sind, die einfach alles hinwerfen. Wir tun es, weil eine Trennung uns Geld, Zeit, Energie und andere Freundschaften kosten würde und uns dieser Preis zu hoch ist. Wir tun es um unserer Kinder willen. Wir tun es um unserer Eltern willen. Wir tun es für Gott.

Angesichts all dieser Zwänge ist es ein Wunder, daß wir überhaupt jemals Beziehungen beenden. Nichtsdestotrotz tun wir es, und zwar so häufig, daß jeder von uns Erfahrungen auf diesem Gebiet hat. Wenn es aber so viele Faktoren gibt, die uns unter Druck setzen, in unglücklichen Beziehungen auszuharren, und wir andererseits doch so häufig Beziehungen abbrechen, drängt sich eigentlich die Frage auf, wie wir es anstellen, uns aus diesem ganzen Geflecht zu lösen und unseren eigenen Weg zu gehen. Trotzdem ist dieser Vorgang kaum erforscht. Es existiert zwar eine Fülle von Literatur zum Thema Trennung und Scheidung, aber diese vernachlässigt zum allergrößten Teil die längerfristigen Prozesse des Aushandelns zwischen den Partnern.[2] Untersuchungen über Paare, die in einer anderen Beziehungsform als der Ehe zusammengelebt und sich dann getrennt haben, gibt es nur sehr wenige, und auch diese befassen sich nicht mit der Frage nach dem «Wie».[3]

Meine eigenen Recherchen führten mich zu der Erkenntnis, daß Lösungsprozesse aus Beziehungen bestimmte gemeinsame Merkmale aufweisen. Soziologisch betrachtet folgt der Vorgang, der zur Trennung führt, einem beschreibbaren Muster. Um auseinandergehen zu können, müssen die beiden Partner nicht nur ihren materiellen Besitz, sondern auch ihre Identitäten entflechten. In einer Umkehrung des Prozesses ihres Zusammenfindens müssen sie für sich und für andere eine neue Definition ihrer selbst als zweier getrennter Individuen entwickeln. Diese Neudefinition der eigenen Person spielt sich auf verschiedenen Ebenen ab: im Kopf des betreffenden Individuums selbst, in der Auseinandersetzung zwischen den Partnern und im Wechselspiel mit dem weiteren sozialen Umfeld, in dem die Beziehung steht. In dem Maße, wie dieses gewandelte Selbstverständnis sich auch nach außen kehrt – zunächst gegenüber dem Partner, dann gegenüber Angehörigen und Freunden und schließlich auch gegenüber entfernteren Bekannten und Fremden –, lassen die Reaktionen von außen die getrennten Wege, die beide Partner eingeschlagen haben, immer weiter auseinanderlaufen. Der Lösungsprozeß ist beendet, wenn beide Partner sich als voneinander getrennt und unabhängig definieren und auch von ihrem Umfeld so definiert werden – wenn, mit anderen Worten, die Partnerrolle für sie nicht länger eine Hauptgrundlage ihrer Identität darstellt und sie eine neue Identität aus anderen Zusammenhängen ziehen.

Die Auflösung einer Beziehung ist im wesentlichen das Resultat zweier Übergangsprozesse, von denen einer dem anderen vorausgeht. In den allermeisten Fällen möchte ein Partner die Beziehung beenden, während der andere sie fortführen will. Obgleich beide Partner, um sich voneinander zu lösen, die gleichen Stadien dieses Übergangsprozesses durchmachen müssen, beginnt und endet dieser Prozeß bei beiden zu unterschiedlichen Zeitpunkten. Wenn sich der dem anderen noch zugewandte Partner der Tatsache bewußt wird, daß sich die Beziehung in einer ernsten Krise befindet, ist dieser andere in vielfacher Hinsicht bereits gar nicht mehr da. Der zurückgewiesene Partner beginnt jetzt, einen Übergangsprozeß zu vollziehen, der beim anderen schon lange vorher eingesetzt hat. Um den Vorgang der Trennung nachvollziehen zu können, ist es daher notwendig, ihn unter dem Aspekt zu analysieren, wer von den Beteiligten initiativ wird und wer der zurückgelassene Partner ist. Diese Frage zu klären, ist allerdings nicht immer leicht. Im Verlauf einer langen Beziehung können die Rollen wechseln, so daß zu einem bestimmten Zeitpunkt der eine den initiativen Part innehat, während zu einem anderen Zeitpunkt der andere aktiv auf die Beendigung der Beziehung hinwirkt. Gerade die Vertauschung dieser Rollen stellt einen der faszinierendsten, aber auch verwirrendsten Aspekte des Trennungsprozesses dar.

Ich möchte im folgenden diese beiden Übergangsprozesse nachzeichnen, die zwischen dem Moment, in dem der Initiator zum erstenmal einen vagen Anflug von Unzufriedenheit verspürt, und dem Abschluß des Trennungsprozesses liegen. Meine Darstellungsform entspricht dabei in mehrfacher Hinsicht dem Ablauf der Geschehnisse. In der Realität tritt der zurückgelassene Partner erst ziemlich spät aktiv in den Prozeß ein. Dementsprechend kommt auch in diesem Buch das Denken und Handeln dieses Beteiligten erst im vierten Kapitel ins Spiel. Das sechste Kapitel, «Rettungsversuche», ist vergleichsweise lang. Das liegt daran, daß diese Phase des – oft wiederholten – Noch-einmal-Versuchens auch in der Realität oft lang ist. Mein Buch ist selbst der konkrete Niederschlag eines der von mir dargestellten Muster. Ich weise an anderer Stelle darauf hin, daß manche Menschen im Verlauf eines Trennungsprozesses zu schreiben beginnen. Sie verarbeiten schriftlich, was sie erleben, und interpretieren es so lange immer wieder, bis es für sie einen plausiblen Sinn ergibt. Zweifellos habe auch ich mit diesem Buch aus dem Bedürfnis heraus begonnen, das, was in meiner eigenen Ehe passiert ist, zu begreifen und neu zu bewerten. Die Arbeit daran hat mir aber auch in gleicher Weise in anderen wichtigen Beziehungen geholfen, die es seither in meinem Leben gab. Aber auch beim Lesen dieses Buches werden Sie in ähnlicher Weise selbst ein solches Muster reproduzieren, da Menschen, die in einem Trennungsprozeß begriffen sind, sehr häufig nach Informationen suchen, die ihnen bei der Verarbeitung dieses einschneidenden Lebensereignisses Anhaltspunkte geben können.

Zwar geht es in diesem Buch in erster Linie ganz konkret um Beziehungen, doch werden darin auch traditionelle Kernthemen der Soziologie angesprochen. Es geht hierbei auch um Macht. Meine Untersuchung stellt Betrachtungen dazu an, wie Signale und versteckte Andeutungen auf manipulative Weise dafür eingesetzt werden können, eine bestimmte Wirkung zu erzielen. Außerdem zeigt sie auf, wie das soziale Umfeld, in dem sich ein Individuum bewegt, dessen mögliches Verhaltensspektrum einengt. Sie geht ferner darauf ein, wie wir soziale Situationen definieren. Sie demonstriert das Auseinanderklaffen von innerer Gedankenwelt und äußerem Verhalten. Sie geht der Frage nach, was Identität ist, worauf sie sich gründet, wie sie sich in der sozialen Interaktion herausbildet, wie sie aufrechterhalten und verändert wird, und sie betrachtet das Verhältnis zwischen individuellem Handeln und sozialem Umfeld.

Auch wenn ich in diesem Vorwort meinen Leserinnen und Lesern einen Überblick darüber geben möchte, wovon dieses Buch handelt, muß ich doch auch kurz erwähnen, worum es darin nicht geht. Ich habe, um die soziale Dynamik des Trennungsprozesses zu untersuchen, individuelle Fälle aus dem größeren gesellschaftlichen Kontext, in dem sie stehen, herausgelöst. Die Beziehungen, die in Form von Berichten der Betroffenen in diesem Buch dargestellt werden, entwickelten sich natürlich zu einem ganz bestimmten historischen Zeitpunkt in einer ganz bestimmten Umgebung. Die Art und Weise, in der meine Interviewpartner den Lösungsprozeß erlebten, darf nicht zu einem universellen Muster verallgemeinert werden. Sie ist weder auf andere Typen von Familienformen zu anderen Zeiten und an anderen Orten noch auf zwischenmenschliche Beziehungen im allgemeinen übertragbar. Es gibt in diesem Zusammenhang gewiß noch viele wichtige Fragen, auf die ich hier gar nicht eingegangen bin – Fragen, die den Zusammenhang zwischen spezifischen sozialen, ökonomischen und kulturellen Voraussetzungen und dem Leben des Individuums betreffen. Auch dabei handelt es sich um Fragestellungen, die zu den traditionellen Kernthemen der Soziologie gehören.

Nicht zu den zentralen Themen dieses Buches gehören ferner die emotionalen Auswirkungen der Trennung auf das Individuum. Das soll nicht besagen, daß das individuelle Erleben unwichtig wäre, im Gegenteil: Eine Trennung ist ein einschneidendes Lebensereignis, was sich deutlich in dem Eifer zeigt, mit dem wir noch nach Jahren unsere Beziehungen reflektieren und darüber sprechen. Tatsächlich gab es unter den von mir befragten Personen nicht eine, die nicht bei dem Versuch, das Geschehen in chronologischer Reihenfolge darzustellen, noch einmal von Trauer- und Verlustgefühlen überfallen worden wäre, unabhängig davon, wieviel Zeit seither verstrichen war. Doch auch wenn die psychischen Aspekte des Trennungsprozesses ganz offensichtlich wichtig sind, darf und muß sich wissenschaftliche Forschung den Luxus selektiver Betrachtung leisten. Ich habe in diesem Fall die psychische Komponente, die eine Trennung natürlich immer beinhaltet, nur insoweit angerissen, als dies für das Verständnis der inneren Rhythmen des Prozesses auf der soziologischen Ebene notwendig war.

Ich habe 103 Personen interviewt, von denen die meisten zumindest eine höhere Schulbildung absolviert hatten. Einige dieser Personen habe ich mehrmals befragt, so daß ich ihren Übergangsprozeß über einen längeren Zeitraum verfolgen konnte. Fast alle Befragten waren getrennt oder geschieden, und nur einige wenige lebten noch in ihren Beziehungen, erwogen aber eine Trennung oder Scheidung. Bei einigen war die Trennung erst vor kurzem erfolgt, während sie bei anderen schon Jahre zurücklag. Mehrere waren bereits eine neue Beziehung eingegangen, einige wenige hatten sich mit dem ehemaligen Partner versöhnt. Angesichts der Tatsache, daß dieses Thema immerhin sehr intime Dinge berührte, mag sich die Leserin oder der Leser fragen, wie ich Menschen gefunden habe, die bereit waren, mir darüber Auskunft zu geben. Ich schrieb Personen an, deren Namen ich in der Zeitung unter der Rubrik «Scheidungen» fand, ich gab Anzeigen auf, ich wandte mich an Gruppen für Alleinstehende und Alleinerziehende, an Beratungseinrichtungen, Lesbierinnen- und Homosexuellenorganisationen, und ich sprach auch einfach Leute an, mit denen ich zufällig zusammenkam. Außerdem fragte ich bei meinen Interviews jedesmal, ob die Betreffenden vielleicht andere Personen kannten, die möglicherweise bereit wären, mit mir zu sprechen.

Manchmal boten mir Leute aber auch von sich aus ein Gespräch an. Im Grunde hat ja jeder zu diesem Thema etwas zu sagen. So oft ich gefragt wurde: «Und was machen Sie beruflich?» antwortete ich: «Ich forsche darüber, wie Menschen sich aus Beziehungen lösen.» Das hatte unweigerlich zur Folge, daß mein Gegenüber anfing, mir von seiner eigenen Beziehung oder der einer Person aus seinem Freundeskreis oder seiner Verwandtschaft zu erzählen. Einmal ging ich zur Anzeigenannahmestelle einer Lokalzeitung, um ein Inserat aufzugeben, daß ich Personen suchte, die zu einem Interview bereit wären. Prompt meldeten sich nicht nur zwei der Frauen hinter dem Anzeigenschalter freiwillig, sondern auch drei Männer, die in der Schlange hinter mir warteten. Das gleiche geschah auch an Bushaltestellen, im Speisewagen, auf Parties, an Schiffsanlegestellen, auf dem Sportplatz, beim Zahnarzt, im Supermarkt und im Taxi.

Zusätzlich interviewte ich noch Menschen, die von Berufs wegen mit Beziehungsproblemen zu tun hatten: Sozialarbeiter, Psychologen, Psychiater und Geistliche. Ich ging zu Gruppen für Leute, die frisch geschieden oder getrennt waren. Eine besonders wirksame Methode, Informationen zu sammeln, bestand darin, meine ersten schriftlichen Entwürfe anderen Leuten zum Lesen zu geben, was sie regelmäßig zum Vergleich mit ihrer eigenen Erfahrung anregte. Informelleres Material lieferten mir meine eigenen Erfahrungen und die von Freunden. Außerdem stieß ich in autobiographischen Darstellungen, in Filmen, Zeitungen, Zeitschriften und persönlichen Gesprächen immer wieder auf Beispiele, die bestimmte Punkte meiner Argumentation veranschaulichten. Die Zahl der Quellen, aus denen ich schöpfen konnte, ist so groß, der Zugang zu Informationen über dieses Thema so leicht, daß das Problem für mich häufig genug nicht darin bestand, wie ich an Daten gelangen, sondern wie ich dazu wieder Abstand gewinnen konnte.

Bei allen Befragungen und Beobachtungen, die ich angestellt, und allen Informationen, die ich aus anderen Quellen bezogen habe, erhebe ich doch in keiner Weise den Anspruch, mein Thema wirklich erschöpfend behandelt zu haben. Ich glaube, daß Beziehungen grundsätzlich dynamisch sind und daß nicht Stabilität, sondern Wandel ihr Normalzustand ist.[4] Tatsächlich sind die Abläufe in Beziehungen so komplexer Natur, daß es wahrscheinlich nicht einmal den Beteiligten selbst immer möglich ist, das, was sich zwischen ihnen abgespielt hat, bis ins letzte Detail auseinanderzuklauben. Ich habe einfach nur versucht, aus der Vielzahl der Übergangsprozesse, die sich im Verlauf einer Beziehung ereignen, einen bestimmten herauszugreifen, wobei ich an dem Punkt ansetzte, den die Betroffenen selbst als den Beginn dieses Prozesses erlebt hatten. Wenn ich hier versuche, die dem Trennungsprozeß zugrundeliegenden Muster – das heißt die Gemeinsamkeiten aller einzelnen Fälle – herauszuarbeiten, will ich damit keineswegs die Unterschiede einebnen, wie sie etwa zwischen der Situation von Homosexuellen und Heterosexuellen, Frauen und Männern, Unterprivilegierten und Privilegierten, alten und jungen Menschen bestehen. Trennungsprozesse weisen unter bestimmten Aspekten Gemeinsamkeiten und unter anderen Aspekten individuelle Unterschiede auf. Mein Anliegen ist es zwar, die Gemeinsamkeiten herauszuarbeiten, aber ich habe mich bemüht, im Text und auch in ausführlichen Anmerkungen auf die Unterschiede hinzuweisen. Natürlich beeinflußt auch in diesem Fall, wie grundsätzlich in der Forschung, der methodische Ansatz die Ergebnisse. In welcher Weise und in welchem Ausmaß meine Vorgehensweise sich auf die Befunde ausgewirkt hat, die ich in diesem Buch vorstelle, versuche ich im Nachwort zu erörtern.

## Eine letzte Vorbemerkung

Die Soziologie ist überhaupt nur deshalb möglich, weil das menschliche Verhalten bestimmten Mustern gehorcht. Studenten neigen dazu, sich in einem Seminarraum oder Hörsaal jeden Tag in etwa an dieselbe Stelle zu setzen – und oft genug sogar auf den gleichen Platz. Konzertbesucher tendieren dazu, gleichzeitig und in angemessenen Intervallen zu applaudieren. Menschen im Fahrstuhl schauen fast ausnahmslos in Richtung Tür. Der Nutzen der Soziologie besteht darin, aus einer Vielzahl von einzelnen Vorfällen und Beobachtungen die zugrundeliegenden Muster und Gesetzmäßigkeiten herauszuarbeiten und so die Voraussetzung dafür zu schaffen, daß einzelne ihre isolierte persönliche Erfahrung in einem größeren Kontext sehen und besser verstehen können. Bei alledem ist jedoch jeder individuelle Lebensweg einzigartig und unvorhersagbar. Ich bitte meine Leserinnen und Leser, sich vor Augen zu halten, daß die hier von mir im Hinblick auf Trennungsprozesse beschriebenen Muster aus den rückblickenden Darstellungen von Personen herausgearbeitet wurden, die zum allergrößten Teil eine Trennung hinter sich hatten und die damit per definitionem auch alle oder zumindest die meisten der in diesem Buch dargestellten Stadien durchlaufen hatten. Die Leserin oder der Leser dieses Buches mag dagegen durchaus eine ganze Reihe dieser Stadien durchleben, ohne daß es deshalb zur Trennung kommen muß.

Der Prozeß kann durch entsprechendes Handeln der beiden beteiligten Personen umgekehrt, gestoppt oder verzögert – aber auch beschleunigt werden. Wir haben die Fähigkeit, unsere Situation aktiv zu verändern; die Grundvoraussetzung dafür ist, wie wir bald klarer sehen werden, Information.

## *Eins*
# Geheimnisse

Wir alle haben in unseren Liebesbeziehungen Geheimnisse. Wir verschweigen unseren Partnern oder Partnerinnen so manches, unsere täglichen Erlebnisse, unsere früheren Beziehungen, unsere wahren Gefühle im Hinblick auf Sexualität, unser Verhältnis zu Freunden und Angehörigen des anderen oder auch Gelddinge, und wir verbergen zuweilen auch unsere innersten Hoffnungen und Ängste, mögen sie nun unsere Arbeit, unsere Gesundheit, unser Liebesleben oder unsere Zukunft betreffen.[1] Vielleicht machen solche Geheimnisse Beziehungen sogar überhaupt erst möglich. Würde unser Partner oder unsere Partnerin jeden unserer Gedanken und jede Facette unserer Person kennen, liefen unsere Beziehungen wohl Gefahr, sich entweder in ständigen Turbulenzen aufzureiben oder – was vielleicht noch schlimmer wäre – langweilig und reizlos zu werden.[2] Ungeachtet ihrer möglichen beziehungserhaltenden Funktion können Geheimnisse aber auch zum Zerbrechen von Beziehungen beitragen.

Am Anfang des Auflösungsprozesses einer Beziehung steht ein Geheimnis. Einer der Partner beginnt, sich unwohl zu fühlen. Der gemeinsam geschaffene Lebensrahmen «paßt» nicht mehr. Solche Gefühle können sich schon sehr frühzeitig einstellen. Tatsächlich berichten viele der von mir Befragten, daß das «Gefühl, einen Fehler zu machen» schon vor dem Zusammenziehen oder der Heirat, am Hochzeitstag selbst oder noch während der Flitterwochen auftrat.

Studentin, 26, Scheidung nach zwei Ehejahren[3]: «Innerlich habe ich die Ehe nie akzeptiert. Alles was darauf angelegt war, mich auf den Teil eines Ehepaares zu reduzieren, ging mir von Anfang an gegen den Strich. Es war mir nie recht, als Gattin angesprochen zu werden. Ich konnte mich an meinen neuen Namen nie gewöhnen. Ich wollte ihn nicht haben. Der Tag nach meiner Hochzeit war wohl der deprimierendste Tag meines ganzen Lebens, weil ich meine Eigenständigkeit verloren hatte. Ich war jetzt in den Augen der Leute die Ehefrau eines Mannes, und damit konnte ich mich nie anfreunden, ganz egal, wer der Mann war.»

Barkeeper/Schriftsteller, 32, Trennung nach dreizehn Monaten Zusammenleben: «Nachdem Carl und ich beschlossen hatten zusammenzuziehen, sprachen wir darüber, welche Möbel aus unseren alten Wohnungen wir für den neuen Haushalt übernehmen würden. Es lief darauf hinaus, daß ich einen Teil meiner Sachen abstoßen und andere mit ihm gemeinsam benutzen sollte, und ich merkte, daß ich mich sträubte, um der Beziehung willen solche Zugeständnisse zu machen. Mir wurde klar, daß ich zu einer Beziehung mit Zusammenleben und allem Drum und Dran gar nicht bereit war. Ich sprach jedoch nicht mit ihm darüber. Wir hatten schon allen unseren Freunden davon erzählt, und ich hatte einfach das Gefühl, daß ein Rückzieher nicht mehr möglich war.»

Sekretärin, 25, Scheidung nach vier Ehejahren: «Tatsache ist, daß mich die Verzweiflung darüber, diese Ehe eingegangen zu sein, zum erstenmal kurz nach unserem Hochzeitsempfang packte, etwa eine halbe Stunde, nachdem wir dort weggegangen waren. Das Fest selbst hatte ich sehr genossen, aber als ich mit ihm wegfuhr, war mir ganz elend. Mein Gefühl war: ‹Was habe ich bloß gemacht?› Es war nicht nur der Abschied von zu Hause, auch wenn Bill es darauf schob. Er meinte: ‹Klar, deine Familie wird dir natürlich fehlen.› Damit wollte er sagen, daß ich deshalb so aus dem Lot war, weil ich im Begriff stand, von zu Hause wegzugehen, aber mir war klar (ich spürte es damals ganz deutlich und sehe es auch heute noch so), daß mir etwas ganz anderes zu schaffen machte. Ja, natürlich würde ich sie vermissen, aber ich wußte doch, daß sie immer noch für mich da waren. Das Problem war, mit wem ich wegging. Mein Gefühl sagte mir: ‹Was habe ich bloß gemacht? Ich habe mir selbst gegenüber einen schlimmen Fehler begangen.› Ich hatte eine Lebensentscheidung getroffen. Sie war nicht mehr rückgängig zu machen. Ich saß in der Falle.»

Solche beunruhigenden Gefühle werden oft damit abgetan, daß man eben leicht kalte Füße bekommt, wenn es ernst wird, oder daß alle Beziehungen ihre Anfangsschwierigkeiten haben. Man interpretiert das Unbehagen als «eine natürliche emotionale Reaktion, die jeder durchmacht: Plötzlich verheiratet zu sein, ist immer zuerst ein Schock, aber das gibt sich bald wieder.» Es kann jedoch sein, daß das Unbehagen nicht einfach wieder verschwindet. Es hält an, wird vielleicht sogar stärker oder legt sich eine Zeitlang, um dann wiederzukehren. Natürlich stellt sich die Unzufriedenheit nicht immer so rasch ein. Sie kann auch nach Jahren des Wohlbefindens plötzlich dasein, ohne daß man genau sagen könnte, warum und in welchem Moment sie entstanden ist.

Psychologe, 44, Scheidung nach zwölf Ehejahren: «Ich kann gar nicht genau sagen, wann bei mir das Gefühl einsetzte, daß mit unserer Ehe selbst irgend etwas nicht in Ordnung war. Ich glaube, zunächst hatte ich eher das Bedürfnis, mich der Beziehung zu entziehen, als den Wunsch, sie zu beenden. Dann kam eine Phase von zwei Jahren, in der es viele Veränderungen in meinem Leben gab. Irgendwann während dieser Jahre fing ich dann auch an zu spüren, daß sich unsere Beziehung für mich veränderte. Es war ein ganz subtiler Prozeß. Wir hatten keinen einzigen direkten Zusammenstoß während dieser zwei Jahre, mir gingen nur eine ganze Menge Sachen immer mehr gegen den Strich, und eine davon war unsere Ehe.»

Es geht uns wohl allen so, daß wir uns irgendwann einmal in unseren Beziehungen unzufrieden fühlen, wobei dieses Gefühl aber nur gelegentlich, in besonders problematischen Momenten auftritt; dieses Unbehagen bleibt zunächst unreflektiert und ohne praktische Folgen für unsere Beziehung. Unzufriedenheit als solche, woher sie auch rühren mag, ist noch kein Vorzeichen dafür, daß eine Beziehung zu Ende geht. Wenn Beziehungen zerbrechen, wird dem Unbehagen nachgegangen, und es folgen Handlungen daraus. Die Ernüchterung wächst über das Maß gelegentlicher Verärgerung und Enttäuschung oder sporadischen Bereuens hinaus. Der unglückliche Partner spürt ihr insgeheim nach. Dieses Geheimnis unterscheidet sich von anderen Geheimnissen, die zwischen Liebenden existieren. Es betrifft nicht dritte Dinge wie tägliche Erlebnisse, Geldangelegenheiten oder die Gefühle gegenüber den Schwiegereltern. Es betrifft die Beziehung selbst. Der unzufriedene Partner gesteht sich im stillen ein, daß hier die Quelle seines Unbehagens liegt. Manche klagen über ein Gefühl des Entwurzeltseins. Ihre Rolle als Partner gerät in Konflikt mit dem Selbstgefühl und dem Bedürfnis, einen festen Platz in der Welt zu haben. Andere klagen über Identitätsverlust.[4] Ein Unbehagen nagt innerlich an ihnen und veranlaßt sie, ihm nachzugehen und es abzumessen: ein Geheimnis, dem selbst ins Auge zu sehen schwer genug ist, das zu offenbaren aber noch weit schwerer fällt.

Die Lösung vom Partner beginnt also als ein stiller, einseitiger Prozeß. Wenn wir Beziehungen nur als etwas begreifen, was sich zwischen den Partnern abspielt, so geht dabei verloren, wieviel psychische Arbeit jeder einzelne leistet: Wir reflektieren, wägen ab und bilden uns Urteile ohne die direkte Aufforderung des Partners oder der Partnerin.[5] Wir spüren und grübeln den Geheimnissen unseres Unwohlseins nach. Zu Anfang sprechen wir unsere Gefühle vielleicht deshalb nicht an, weil sie so vage sind. Oder wir behalten sie für uns, weil wir uns über ihre Ursache, ihr Ausmaß und ihre möglichen Konsequenzen zu unsicher sind. Vielleicht fürchten wir auch, beim Partner oder der Partnerin könnten ebenfalls negative Gefühle aufbrechen oder bestärkt werden. Welcher Grund auch immer eine Rolle spielt – wir wollen uns zuerst ganz sicher sein, ehe wir mit der Sprache herausrücken. Der unzufriedene Partner schafft sich also eine geheime Nische, um darin die keimhaften beunruhigenden Gefühle auszuloten, gegenwärtige und künftige Handlungsmöglichkeiten zu sondieren, Entwicklungen abzuschätzen, Dinge abzuwägen, verschiedene Möglichkeiten durchzuspielen, abzuwarten und schließlich vielleicht eine Entscheidung zu treffen.

Bereits durch diesen schlichten und noch gar nicht bewußt gegen den Partner gerichteten Akt einsamen Reflektierens schafft der unzufriedene Partner eine Kluft. Ungleich verteilte Informationen trennen die Partner voneinander: Der eine weiß etwas, der andere weiß nichts; der eine kann sich bemühen, einen Standpunkt zu finden, dem anderen ist dies verwehrt. Man kann die Billigung dieser Kluft auf der moralischen Ebene als einen Vertrauensbruch bewerten, aber sie hat auch für das partnerschaftliche Zusammenleben gewichtige Folgen. Der unzufriedene Partner stellt, ohne es zu beabsichtigen, ein Machtungleichgewicht her. Über geheimes Wissen zu verfügen bedeutet, den Informationsfluß kontrollieren zu können. Der Partner, der sein Geheimnis hütet, kann sowohl die gegenwärtige Situation als auch ihre weitere Entwicklung beeinflussen.[6]

Information für sich zu behalten, ermöglicht es, Pläne zu schmieden, abzuändern, auszuführen oder fallenzulassen, ohne daß andere in diesen Vorgang eingreifen, ihren Standpunkt einbringen oder eine Korrektur bewirken können.[7] Die Geheimhaltung des Unbehagens sichert zwar dem Betroffenen einen Schutzraum, innerhalb dessen er diese Gefühle ausloten kann, verwehrt es dem anderen aber zugleich, die neue (und für ihn möglicherweise bedrohliche) Entwicklung der Situation zu erkennen. Damit werden dem anderen Handlungsmöglichkeiten vorenthalten.[8] Der unzufriedene Partner erlangt automatisch einen Vorteil, der zu diesem Zeitpunkt zwar noch gering ist, den es aber trotzdem zu beachten gilt, weil das Machtungleichgewicht eine entscheidende Rolle bei der Loslösung spielt und schon hier, im Frühstadium der Trennung, erkennbar wird.

An einem gewissen Punkt unternimmt der unzufriedene Partner den Versuch, seinem Unbehagen abzuhelfen, indem er initiativ wird: Er bemüht sich, das eigene Selbstbild und die durch die Beziehung begründete Identität miteinander in Einklang zu bringen.[9] Der oder die Betreffende, im folgenden der Initiator genannt, versucht jetzt, dem Partner mitzuteilen, daß etwas nicht stimmt. Daß diese Signale beim Partner ankommen, ist sehr wichtig, denn die gemeinsame Suche nach Lösungen kann erst dann beginnen, wenn beide Partner anerkennen, daß ein Problem existiert. Eindeutige Signale auszusenden, ist jedoch gar nicht so einfach. Auch wenn für den Initiator feststeht, daß die Beziehung eine Quelle der Frustration ist, weiß er doch oft selbst nicht genau, woher diese Unzufriedenheit rührt – er begreift selbst nicht recht, was los ist, und kann es daher dem anderen auch nur schwer erklären. Selbst wenn der Initiator schon in Ansätzen dahintergekommen ist, wo das Problem liegt, ist es noch schwierig genug, den Partner damit zu konfrontieren, wenn dieser (wie wir einmal annehmen wollen) im großen und ganzen zufrieden ist und die Beziehung nicht in Frage stellt. Sei es aus Angst, den Partner zu verletzen, aus Unsicherheit oder aus beiden Gründen – dem Initiator fällt es schwer, einen Ansatzpunkt und Worte zu finden, um auszudrücken, was in ihm vorgeht.

Aufgrund dieser Schwierigkeit, die eigenen Gefühle und Gedanken klar mitzuteilen, spricht der Initiator das Problem nicht direkt an. («Mir ist in unserer Beziehung nicht wohl, und das liegt daran, daß...») Statt dessen beginnt er, seinem Unmut indirekt und in Andeutungen Luft zu machen, und zwar häufig nicht mit Worten, sondern durch Verhaltensweisen. Solche Gesten – einen verärgerten Blick, das Ausbleiben des üblichen Gutenachtkusses, einen neuen festen Termin, der genau in eine Zeit fällt, die bis dahin «unsere gemeinsame Zeit» war – kann der Partner leicht übersehen oder durch eine andere Erklärung rationalisieren. Aber auch wenn sich der Unmut in Worten Bahn bricht, neigt der Initiator dazu, seine Beschwerden an Problemen des täglichen Zusammenlebens festzumachen. «Es ist mir peinlich, wenn du so laut lachst.» – «Wenn du doch nur früher nach Hause kämst, damit wir mit den Kindern zusammen essen könnten.» Die Beschwerden sind punktuell und banal. Es nimmt daher nicht wunder, wenn der andere sie für das nimmt, was sie zu sein scheinen – unwichtige Kleinigkeiten. Vielleicht ist sich der Initiator zu diesem Zeitpunkt selbst noch nicht des eigentlichen Ausmaßes des Problems bewußt. Vielleicht ist es aber auch tatsächlich noch nicht so groß.

## Der Versuch, die Situation zu verändern

Die Beschwerden des Initiators sind jedoch mehr als bloße Unmutsäußerungen. Sie sind zugleich ein erster Versuch, die Beziehung zu retten. Die Kritik zielt darauf ab, den Partner so zu verändern, daß er besser zu den Vorstellungen des Initiators von der eigenen Person und dem eigenen Platz in der Welt paßt. Die Konzentration auf störende Einzelheiten ist dabei keinesfalls belanglos. George Eliot bemerkte hierzu sehr treffend: «Gerade in diesen Handlungen, die man Trivialitäten nennt, wird die Saat der Freude auf immer vernichtet.»[10] Der Initiator attackiert diese Unzulänglichkeiten in der Hoffnung, den anderen auf diese Weise zu einer interessanteren und attraktiveren Person machen zu können – und damit auch zu einem passenderen Partner. Manchmal sind diese Versuche darauf gerichtet, sowohl das Äußere als auch die Verhaltensweisen des anderen zu verändern. Der unzufriedene Partner versucht, den anderen dazu zu bewegen, ab- oder zuzunehmen, sich anders zu kleiden oder sich eine neue Frisur zuzulegen. Vielleicht kritisiert er auch einzelne, ihn störende Verhaltensweisen: die Wahl der Freunde und Freundinnen, das Verhältnis zum Alkohol, ein Zuviel oder Zuwenig an Temperament, die Art, Gespräche zu führen, den sexuellen Kontakt, den Umgang mit Geld oder die Art der Freizeitgestaltung.

In manchen Fällen ermutigt der Initiator den Partner auch zu neuen Aktivitäten.

Abteilungsleiter, 54, Scheidung nach neunzehn Ehejahren: «Sie hatte sich nie sonderlich dafür interessiert, was ich machte, und ich wollte gern, daß sie mehr darüber wußte – mit welchen Leuten ich es zu tun hatte und warum mir mein Beruf gefiel –, und ich wollte auch mit ihr über das sprechen können, was in der Firma passierte. Deshalb habe ich irgendwann zu ihr gesagt: ‹Hör mal, ich mach dir einen Vorschlag. Was hältst du davon, wenn du einen Vormittag in der Woche mit mir ins Büro kommst? Dann kannst du sehen, was da so los ist, und die Leute dort kennenlernen, und ich werde dir alles erklären. Du kommst regelmäßig hin, ich bezahle dir diese Zeit, und danach können wir schick essen gehen, wo immer du magst.›»

Töpferin, 32, Trennung nach neun Jahren Zusammenleben: «Nach dem Tod ihres Vaters fing sie ständig irgend etwas Neues an. Sie konnte ihr Interesse einfach nicht für längere Zeit auf eine Sache richten. Sie hatte ihre Vitalität verloren und war so in sich gekehrt, daß ich mir immer größere Sorgen machte. Sie trank auch mehr als sonst, so daß es auch nicht besonders toll war, wenn wir zusammen waren. Ich dachte, Sport würde ihr vielleicht guttun – irgendeine geregelte Aktivität, wo sie einen festen Termin hätte und mit anderen Frauen zusammenkommen könnte. Deshalb habe ich zu ihrem Geburtstag uns beiden eine Probemitgliedschaft bei Women's World geschenkt.»

Der Initiator wird den Partner vielleicht ermutigen, einen Abendkurs zu besuchen, regelmäßig einen Abend in der Woche mit Freunden oder Freundinnen auszugehen, an politischen Veranstaltungen teilzunehmen, einen Ausflug zu machen, für eine Woche zu den Eltern zu fahren, einer Volleyballmannschaft beizutreten oder eine berufliche Chance zu nutzen, auch wenn dadurch der gemeinsame freie Sonnabend wegfällt. (Was den anderen attraktiver macht, ist oft gar nicht die neue Aktivität selbst, sondern deren Folge: Der Partner ist seltener zu Hause.)

Manchmal versucht der Initiator aber auch, grundlegende Veränderungen herbeizuführen, und legt es darauf an, die ganze Art und Lebensgestaltung des Partners zu revolutionieren.

Sekretärin, 26, Trennung nach fünf Jahren Zusammenleben: «Irgendwie hatte ich sie ganz falsch eingeschätzt – ihre Person und ihre Fähigkeiten. Vielleicht hatte ich sie für etwas gehalten, was sie gar nicht war, aber vielleicht war sie auch einmal so gewesen, wie ich sie gesehen hatte, und jetzt war sie es nicht mehr. Ich war enttäuscht und auch beunruhigt, daß es vielleicht etwas mit mir zu tun hatte. Sie brauchte etwas Eigenes, eigene Freunde. Ich habe sie ermutigt, rauszugehen und etwas zu tun. Ich dachte, wenn sie aktiv etwas machen würde, würde sie sich selbst finden.»

Finanzbeamter, 33, Scheidung nach sieben Ehejahren: «Ich glaube, ich habe schon gleich nach unserer Hochzeit gemerkt, daß es Sachen an ihr gab, die mir nicht gefielen. Vielleicht hätte ich damals schon etwas sagen sollen, aber ich bin davon ausgegangen, daß es sich schon ändern würde, wie man das ja auch immer von anderen Leuten hört. Daß sich die Sachen geben würden oder daß ich glücklicher mit ihr sein würde. Dann fing ich an – wie soll ich das sagen –, sie nach meinen Wünschen zu formen. Das heißt, ich habe sie angeschaut und gesagt, das und das will ich, so und so will ich es haben, nicht so wie du bist. Ich glaube, ich habe irgendwie versucht, sie von Grund auf umzumodeln, so wie ich sie haben wollte.»

Studentin, 26, Scheidung nach zwei Ehejahren: «Ich glaube, ich habe schon einen halbherzigen Versuch gemacht, unsere Beziehung zu retten. Ich habe gesehen, daß er sein ganzes Glück im Leben ausschließlich von unserer Ehe erwartet hat und es darin nicht fand. Ich wollte, daß er seinen Doktor macht, aber er hat es entgegen meinen Wünschen immer weiter hinausgeschoben. Ich wollte, daß er sein eigenes Leben lebt. Ich wollte nicht, daß er alles für mich aufgibt. Ich erhoffte mir, daß er auf diese Weise für mich interessanter und aufregender werden würde. Mir war schon bewußt, daß ich versuchte, ihn dazu zu bringen, ein anderer Mensch zu werden.»

Manchmal machen sich die Bemühungen des Initiators, den Partner «zu einem anderen Menschen umzumodeln», an einer bestimmten Eigenschaft oder Verhaltensweise fest, die ganz offensichtlich so tief verwurzelt und eingefleischt ist, daß der andere daran aus eigener Kraft gar nicht ohne weiteres etwas ändern kann. Der Partner ist vielleicht übergewichtig, drogen- oder alkoholsüchtig, depressiv oder unfähig, über längere Zeit einen Arbeitsplatz beizubehalten; er mißhandelt oder mißbraucht seine Frau oder seine Kinder oder hat irgendein anderes tiefsitzendes Problem, dem offenbar nur mit professioneller Hilfe beizukommen ist. Der Initiator drängt den Partner dazu, sich solche Hilfe zu suchen, zu einer Beratungsstelle, einem Therapeuten, in eine Klinik, zum Arzt oder zu einer Selbsthilfegruppe zu gehen.[11]

Auch wenn sich der Initiator bemüht, das abzustellen, was ihn am Partner stört, und so die Beziehung zu verbessern, wird dies nur selten sofort Erfolg haben. Viel häufiger muß er feststellen, daß es ihm nicht gelingt, dem Partner das Problem klarzumachen. Während der Initiator das deutliche Gefühl hat, daß mit der Beziehung etwas Grundlegendes nicht stimmt, sind seine Signale nur bruchstückhaft zum Partner durchgedrungen. Das eigentliche Problem – dem Initiator paßt das Zusammenleben mit dem Partner nicht – gärt unter der Oberfläche der Beschwerden über «Kleinigkeiten» weiter. Das Geheimnis bleibt ein Geheimnis. Wenn der Partner überhaupt schon etwas von dem Unbehagen des anderen mitbekommen hat, weiß er nur, daß es punktuelle Dinge gibt, die diesen stören: «Meine Freunde passen ihr nicht.» – «Ich bin zu dick.» – «Wir haben ein Problem, was das Geld angeht.» Während der Initiator in der Beziehung selbst das Problem sieht, ist das beim Partner nicht der Fall. Wirksam verändern kann sich an der Situation jedoch erst dann etwas, wenn beide Teile sie gleich definieren. Der Initiator, der noch nicht an dem Punkt ist, einen Bruch herbeizuführen, geschweige denn die Beziehung für gescheitert zu halten, versucht weiterhin, mit dem anderen ein Einverständnis darüber herzustellen, daß etwas Grundlegendes nicht in Ordnung ist.

Indessen ist der Initiator nach wie vor unglücklich. Weshalb auch immer – die Beziehung wird seinen Bedürfnissen nicht gerecht. In dem Bestreben, die unbehagliche Situation angenehmer zu gestalten, wird der Initiator oft versuchen, seine Energien in eine zweite Richtung zu lenken: Gleichzeitig mit dem Bemühen, den Partner zu verändern, trachtet er nun auch danach, die Beziehung selbst umzugestalten. In manchen Fällen wird versucht, die Struktur der Beziehung zu verändern, indem sie um einen Menschen erweitert wird – ein Baby.[12]

Buchhalterin, 29, Trennung nach vier Jahren Zusammenleben: «Ich wollte unbedingt eine Familie gründen und Kinder haben. Er konnte sich das nicht vorstellen, fühlte sich dazu noch nicht bereit, wollte nicht heiraten, war ganz zufrieden damit, wie es war. Ich fing an, dafür zu kämpfen, weil ich einfach unbedingt eine Familie haben wollte. Ich merkte: Genauso wichtig war es *ihm*, daß alles so blieb.»

Musiklehrerin, 28, Trennung nach sechs Ehejahren: «Ich fing an, immer stärker darauf zu drängen, daß wir eine moderne, unkonventionelle Ehe führen sollten, weil das meinen

Bedürfnissen entsprach. Doch je mehr er sich nach außen wandte und in seinem Beruf aufging, desto stärker wollte er genau das Gegenteil. Alle seine Freunde hatten richtige Ehefrauen. Ja, ihre Frauen arbeiteten auch, aber sie arbeiteten vor allem für die Ehe und die Familie: dafür, daß man ein Haus kaufen konnte, dafür, daß sie irgendwann zu Hause bleiben und Kinder haben konnten. Außerdem erfüllten sie trotzdem die Pflichten einer Ehefrau, auch wenn sie Lehrerinnen oder Krankenschwestern oder sonstwas waren. Ich hatte da andere Vorstellungen.»

Manchmal versucht der Initiator auch, die bisherigen Regeln des Zusammenlebens zu revidieren. Dabei handelt es sich meist um Regeln, die die Qualität und Quantität des Engagements innerhalb der Beziehung – oder auch in anderen Beziehungen – festlegen.

Verkäufer in einer Boutique, 35, Trennung nach zwei Jahren Zusammenleben: «Als wir beschlossen zusammenzuziehen, machten wir aus, keine anderen sexuellen Kontakte einzugehen. Für mich war das leicht, weil ich immer schon monogam gewesen war, aber bei ihm war das nicht so. Ich glaube, ein Grund, weshalb er es trotzdem versuchen wollte, war die Angst vor AIDS. Viele Leute waren damals auf der Suche nach einem festen Partner. Nach einer gewissen Zeit fing er dann aber an, ruhelos zu werden und darüber zu reden, daß wir eine offenere Beziehung führen und nur niemanden mit nach Hause bringen sollten.»

Trotz der Bemühungen des Initiators, neue Absprachen zu treffen, kann es durchaus passieren, daß der Partner seinen Wünschen nicht entgegenkommen will. Wenn dem Initiator die gemeinsame Suche nach neuen Lösungen zu schwierig erscheint (oder auch vergeblich), beschließt er möglicherweise eigenständig Veränderungen. Während am Zustandekommen einer Beziehung immer zwei Menschen beteiligt sind, können Veränderungen auch allein, ohne das Wissen und Einverständnis des anderen bewirkt werden.[13]

Dieser Vorgang ist deshalb möglich, weil in unseren Beziehungen von Anfang an ein Spielraum für solche heimlichen Alleingänge existiert.[14] Eine Liebesbeziehung ist die kleinste soziale Organisationsform, die wir wählen. Beim Zusammenschluß in anderen formellen Organisationen handeln die Gründungsmitglieder offen und offiziell die Grundlagen ihrer Vereinigung untereinander aus. Sie diskutieren miteinander, stimmen schließlich über die Strukturen und verbindlichen Prinzipien ab und legen diese vielfach in Form einer Satzung schriftlich nieder. Auch wenn sich faktisch hinsichtlich der Durchführung der Arbeit und der Rechte und Pflichten der Mitglieder inoffizielle Regeln ergeben mögen, ist das gemeinsame Vorgehen doch zumindest in den Grundzügen diskutiert worden.

Wenn wir uns hingegen entschließen, mit einem anderen Menschen zusammenzuleben, werden solche grundlegenden Dinge, wenn überhaupt, nur informell ausgehandelt. Obgleich jeder von uns Vorstellungen mitbringt, die durch die Erfahrungen in anderen Beziehungen, durch das Elternhaus und durch Freunde, durch Bücher, Filme und Fernsehen geprägt wurden, wird dieser Fundus an Erkenntnissen und Einsichten nur selten artikuliert.[15] In der Anfangszeit überlassen wir unsere Beziehungen weitestgehend ihrem Selbstlauf. Jeder Partner geht seinen täglichen Aktivitäten in der Zuversicht nach, daß sie der Erfüllung gemeinsamer Pläne und Wünsche dienen, während es durchaus der Fall sein kann, daß sich diese erheblich unterscheiden.[16] Zwei Menschen können eine ganze Zeitlang miteinander leben und sich dabei, ohne es zu merken, an grundverschiedenen Regelsystemen orientieren – bis einer von ihnen eine Regel verletzt, die für den anderen von großem Gewicht ist. Dann kommt es zu einer Auseinandersetzung.[17]

Weit häufiger jedoch führt der informelle Charakter des Arrangements und die Tatsache, daß jeder Partner vieles mit sich allein abmacht, dazu, daß die unausgesprochenen Regelsysteme auch unausgesprochen bleiben. So kann es nicht nur passieren, daß wir Tag um Tag dahinleben, ohne die Grundvorstellungen des Partners im Hinblick auf die Beziehung zu kennen – es ist sogar möglich, daß uns nicht einmal die eigenen Regeln bewußt sind. Es gibt Beziehungen, in denen unausgesprochene Prämissen die Norm sind. So berichtete etwa eine Frau: «Ich wußte gar nicht, daß für Patrick eine Scheidung überhaupt in Betracht kam. Ich bin einfach davon ausgegangen, daß er Scheidung generell ablehnt, weil er katholisch ist.» Auf dieser Grundlage einer falschen Einschätzung des anderen kann leicht einer der Partner auf die Idee kommen, die Beziehung auf eigene Faust zu verändern, ohne zuvor ein gemeinsames Einverständnis zu suchen.

Buchhalterin, 29, Trennung nach vier Jahren Zusammenleben: «Bob wollte, daß wir uns beide ganz dem Geschäft widmeten. Etwa um die Mitte des zweiten Jahres war ich es leid, meine Zeit von morgens bis abends damit zuzubringen, Listen zu führen, Ware aufzufüllen und mich um die Buchführung zu kümmern, und wir gerieten auch immer häufiger aneinander. Bei mir ist der Wunsch immer stärker geworden, etwas anderes zu machen, aber er wollte nichts davon hören, und da habe ich einfach beschlossen, daß ich vergesse, die Pille zu nehmen.»

Manche der von einem Partner allein herbeigeführten Veränderungen sind für den anderen unübersehbar: etwa die Entscheidung, ein Kind zu bekommen, oder eine neue Form der Arbeitsteilung. Unauffälliger und deshalb leichter verborgen zu halten sind Veränderungen der Spielregeln. Die Regeln, die der Initiator ohne Wissen des Partners revidiert, beziehen sich gewöhnlich auf die Intensität oder den Umfang seines Engagements für den Partner. Vielfach wird dieses Engagement wie im folgenden Fall reduziert:

Studentin, 39, Scheidung nach zwanzig Ehejahren: «Ich kam schließlich an einen Punkt, an dem mir klar wurde, daß unsere Beziehung nie so sein würde, wie ich es mir erhofft hatte. Beenden wollte ich sie wegen der Kinder nicht, aber ich war nicht mehr bereit, darunter zu leiden. Die Kinder und ich würden von jetzt an die Kerneinheit sein, und wenn er ab und zu etwas mit uns machen wollte, war es in Ordnung – wenn nicht, würden wir schon ohne ihn zurechtkommen. Ich war einfach nicht mehr willens, mein Glück davon abhängig zu machen, daß er da war. Ich hörte auf, unser Leben um sein Kommen und Gehen herumzuplanen, und fing an, mich nach mir selbst zu richten.»

In anderen Fällen betreffen die einseitig veränderten Regeln die Intensität und den Umfang des Engagements für *andere* Beziehungen.

Student, 26, Scheidung nach vier Ehejahren: «Ich hatte mein

Konzept davon, was Ehe bedeutet, ganz neu überdacht. Dabei kam für mich heraus, daß sexuelle Treue nicht unbedingt dazugehörte. Ich habe ihr nie etwas davon gesagt. Es gab damals nicht mal eine Person, mit der ich gern eine sexuelle Beziehung gehabt hätte – es war einfach nur eine grundsätzliche Überlegung. Ich bin für mich zu dem Schluß gekommen, daß ich ruhig jede Art von anderer Beziehung eingehen konnte, nach der ich das Bedürfnis hatte. Über so etwas – von diesem Kaliber – hätte ich nie mit ihr reden können. Also habe ich es mit mir allein abgemacht. Ich habe Bücher dazu gelesen und es dann für mich entschieden. Ich war mit mir im reinen. Für mich stand fest, daß wir verheiratet bleiben konnten, was immer das heißen würde. Okay, ich kann vor dem Gesetz dein Mann sein, und ich kann vermutlich auch in diesem Haus mit dir zusammenleben, und ich kann mein eigenes Leben führen und trotzdem diese Verbindung mit dir aufrechterhalten, aber du brauchst noch ein paar andere Dinge, die dir wichtig sind, weil ich nicht dein Ein und Alles sein will. Und das habe ich ihr auch gesagt. Aber von diesem ganzen Denktrip, den ich hinter mir hatte, konnte ich ihr nichts erzählen, weil sie es nicht verstanden hätte.»

In den meisten Fällen reagiert der Initiator auf die wahrgenommene Beziehungskrise zunächst so, wie ich es hier beschrieben habe. Er beschäftigt sich mit den Problemen innerhalb der Beziehung und ist bemüht, die Situation so zu beeinflussen, daß sie seinen Bedürfnissen gerechter wird. Er möchte den Partner oder auch die Struktur der Beziehung verändern, um sein Unbehagen zu verringern und um sich selbst wieder besser aufgehoben fühlen zu können. Möglicherweise hat er damit Erfolg. Es kann sein, daß sich aufgrund der Bemühungen tatsächlich etwas verändert und der Initiator mit dem Partner zusammenbleibt. Mit anderen Worten: Diese Reaktionsweisen können durchaus stabilisierend wirken. (Vielleicht kommt es auch zu keinen Veränderungen, und die Partner bleiben trotzdem zusammen. Diesen Fall werden wir später erörtern.) Die gleichen Strategien sind aber auch in Beziehungen zu beobachten, die schließlich zerbrechen. In diesem Fall haben sie allerdings weitere Konsequenzen. Das Unbehagen bleibt, und der Initiator schlägt schließlich einen dritten Weg ein. Er beginnt, die Fühler in andere Richtungen auszustrecken und dort Energien zu investieren. Auf diese Weise entwickelt er allmählich eine Identität, die von der Beziehung unabhängig ist.

## Die Suche nach einer eigenständigen Identität

Wenn der Initiator merkt, daß die Beziehung mehr und mehr im Widerspruch zu seinem eigenen Selbstgefühl steht, wird er nach alternativen Möglichkeiten suchen, sich Selbstbestätigung zu holen.[18] Er investiert vielleicht mehr Energie in eine Aktivität, der er sich auch schon vorher gewidmet hat, oder entdeckt neue Interessen.[19] Manchmal bietet sich eine solche Alternative auch ganz unerwartet an. Es kann sein, daß der Initiator sich bereits mit den Problemen in der Beziehung abgefunden hat und seine Enttäuschung den Realitäten des Leben zuschreibt. Wenn er nun zufällig etwas erlebt, das ihm ganz neue verlockende Möglichkeiten aufzeigt, wird ihm sein häusliches Leben dagegen öde oder zumindest als eingefahrener Trott erscheinen. Anerkennung von außen wird ihm wichtiger als das, was ihm die Beziehung gibt. Die neue Entdeckung verwandelt den eben noch leidlich zufriedenen Partner in einen Suchenden, der anderweitig nach Anerkennung und Bestärkung Ausschau hält – oder mit Nachdruck das verfolgt, was sich ihm so unvermutet aufgetan hat.[20]

Es geht dabei aber nicht nur darum, irgend etwas zu finden, womit man sich beschäftigen kann. Wichtig ist vielmehr die Entdeckung einer neuen Quelle, aus der man Bestätigung bezieht und die das Selbstwertgefühl stärkt. Oft übernimmt ein Studium diese Funktion.

Lehrerin, 51, Scheidung nach sechsundzwanzig Ehejahren: «Ich beschloß, mich für ein Graduiertenstudium einzuschreiben. Es war, als hätte ich bis dahin nur Spiegel um mich herum gehabt, die alle nach außen zeigten und mich dahinter ganz verschwinden ließen. Alle, die mich ansahen, sahen gar nicht mich, sondern nur ihr eigenes Spiegelbild in der Beziehung zu mir. Ich war Michaels Mutter, Bills Frau. Als ich zur Uni ging, war es plötzlich, als hätte jemand die ganzen Spiegel weggenommen und als sähen die Leute zum erstenmal mich. Ganz einfach mich – Peggy.»

Manchmal findet der Initiator diese Bestätigung als Mutter oder Vater, indem er sich einem oder mehreren seiner Kinder besonders widmet.[21]

Technischer Kaufmann, 38, Trennung nach neunzehn Ehejahren: «Zu Hause zu sein war mir eine Strapaze. Alice war ständig hinter mir her, wegen irgendwelcher Haushaltssachen oder wegen meiner Mutter oder irgend etwas anderem, und es war einfach nie Frieden. Ich hatte nie meine Ruhe. Ich fing an, immer mehr mit meinem Sohn zusammen zu machen. Wir verbrachten die Wochenenden damit, am Auto zu basteln oder Angeln zu gehen. Unter der Woche gingen wir die Zeitungsanzeigen für Autozubehör durch, und dann zogen wir herum und suchten nach Ersatzteilen. Meistens gingen wir dann noch in ein Lokal. Alice war total dagegen, weil unser Sohn eigentlich noch nicht alt genug war, um Alkohol zu trinken, aber ein Bier ab und zu, dachte ich, schadet ihm schon nicht. Wir unterhielten uns einfach nur ein bißchen von Mann zu Mann und hatten unseren Spaß.»

Es kann aber auch sein, daß der Initiator mehr Gewicht auf Freundschaften legt und bereits vorhandene Kontakte intensiviert oder neue knüpft, weil er dort die Anteilnahme findet, die ihm in der Beziehung fehlt.

Kalligraph, 29, Trennung nach sieben Jahren Zusammenleben: «Er ging ständig mit andern aus, und ich mußte einfach auch ab und zu mal unter Leute kommen. Es war nicht so, daß ich mich den einen Abend mit jemandem getroffen hätte und dann ein paar Abende darauf mit jemand anderem und dann später in der Nacht wieder mit jemand anderem. Ich schaffte es immer – also, ich fand Freunde, während Ned immer nur jemanden aufriß. Wirkliche Freundschaften wurden bei ihm nie draus. Bei mir schon. Für mich waren sie unheimlich wichtig. Ich brauchte die Zuwendung, die ich sonst nicht bekam. Sie war einfach nicht da – zum Glück konnte ich sie mir anderswo holen.»

Manchmal reicht eine Alternative nicht aus. Der Initiator holt sich Bestätigung bei einer ganzen Reihe von Menschen und durch eine Vielzahl von Aktivitäten. In einigen Fällen legt er sich sogar einen Lebensstil zu, der auf andere hektisch wirkt. Er stürzt von einer Aktivität zur nächsten, ist mit Terminen völlig überlastet und müßte eigentlich immer schon anderswo sein. Manche Menschen beziehen das Gefühl der Selbstverwirklichung aus ihrer Arbeit: aus einer neuen Tätigkeit, aus der Befriedigung, die ihnen die Arbeit selbst bringt, aus dem Lob ihrer Kollegen oder auch aus dem Bewußtsein der Unabhängigkeit, das ihnen ein eigenes Einkommen gibt.

Krankenschwester, 28, Trennung nach drei Jahren Zusammenleben: «Zu Hause habe ich mich oft unwohl gefühlt. Vor allem dann, wenn ihr Sohn da war, weil immer unklar blieb, welche Rolle mir dabei zukam. Es beschäftigte sie sehr, daß der Junge unter optimalen Umständen aufwachsen sollte, aber sie versuchte nie wirklich, mich in die Erziehung einzubeziehen, was wahrscheinlich eine ganze Reihe von Gründen hatte. Statt mich einfach anzuhängen oder irgendwo am Rand vor mich hinzuwursteln – so kam es mir nämlich vor –, meldete ich mich für die Spätschicht von drei Uhr nachmittags bis elf Uhr abends, was irgendwo auch schlecht war. Nicht mit den beiden zusammenzusein hieß ja auch, nicht mit *ihr* zusammenzusein, aber auf der anderen Seite war es gut, weil ich mich von drei bis elf ganz wohl fühlte, anstatt ständig ausgeschlossen und unter Stress zu sein.»

Das Gefühl, daß ihm in seinem Leben mit dem Partner etwas fehlt, kann den Initiator auch dazu treiben, besonderes Engagement für andere Dinge zu entwickeln. Das kann beispielsweise der freiwillige Feuerwehrdienst oder eine ehrenamtliche Tätigkeit im Krankenhaus oder in der Schule sein. Manche Leute schließen sich einer politischen Gruppierung oder einer Bürgerinitiative an. Viele tun gezielt etwas für sich selbst – indem' sie mit irgendeiner Form von Selbstentfaltungstraining oder Therapie beginnen, sich einem Diskussionszirkel anschließen oder sich irgendeiner anderen Aktivität zuwenden, bei der es in erster Linie um die Weiterentwicklung der eigenen Person geht. Ebensogut kann sich der Initiator aber auch auf ein Diätprogramm, auf Krafttraining, Kegeln oder Joggen verlegen. Oder er besucht Abendkurse, um etwas Neues zu lernen wie etwa Fotografieren, Bridgespielen, Textverarbeitung oder Autoreparieren. Schlummernde Talente werden aktiviert, alte Wunschträume verfolgt: durch Ballettstunden, Musikunterricht oder Malkurse – die viel Zeit verschlingen, wenn sie zu einer gewissen Meisterschaft führen sollen. In der Tat sind solche Formen der «Selbstentfaltung» für den Initiator ein Mittel, das eigene Selbst zu stärken.

Nicht selten sucht der Initiator die Möglichkeit, stärker er selbst zu sein, indem er Lebensgewohnheiten aus der Zeit vor der Beziehung wiederaufnimmt. Vielfach wird das Verhältnis zur eigenen Familie intensiviert. Eine junge Frau, deren Mann sehr viel geschäftlich unterwegs war, berichtete mir, daß sie ihren Wunsch nach einem Familienleben, der sich in der Beziehung zu ihrem Mann nie erfüllt hatte, durch den engen Kontakt zu ihrer eigenen Familie realisierte: Sie telefonierte täglich ausgiebig mit ihren Geschwistern und besuchte ihre Eltern mehrmals in der Woche zum Abendessen; im Mittelpunkt ihrer sozialen Kontakte standen familiäre Anlässe wie religiöse Festtage, Kindergeburtstage und Schulfeiern. Ein Mann, der darunter litt, daß seine Frau so sehr in der Beschäftigung mit den Kindern aufging, daß sie ihm überhaupt keine Aufmerksamkeit mehr schenkte, gewöhnte es sich an, auf dem Heimweg von der Arbeit bei seiner verwitweten Mutter vorbeizufahren, um sich um den Rasen und anfallende Reparaturen im Haus zu kümmern. Dafür bereitete sie ihm ein Abendessen. Wenn der Mann zu seiner Frau zurückkehrte, hatte er bereits anderswo Zuwendung gegeben und erhalten.

Andere Betroffene greifen nicht auf ihre Familie, sondern auf ihr altes Junggesellen- oder Junggesellinnenleben zurück. In solchen Fällen beginnt der Initiator, die Kontakte zu ehemaligen Freunden zu erneuern und zu intensivieren; er nimmt alte Aktivitäten wieder auf, spielt Karten, klappert die Kneipenszene ab, trifft sich in spontaner Besetzung zum Volleyball oder macht mit Freunden oder Freundinnen einen Einkaufsbummel. Manche wenden sich jedoch nicht anderen zu, sondern entdecken – erstmalig oder wieder – in sich selbst den besten Rückhalt. In stillen Stunden finden sie ihre Selbstbestätigung darin, allein sein zu können.

Natürlich spielen die meisten dieser Alternativbefriedigungen auch in stabilen Beziehungen, die von beiden Partnern nicht in Frage gestellt werden, eine Rolle.[22] Die individuellen Interessen jedes der beiden Partner sind integraler Bestandteil der Beziehung und bereichern und vertiefen sie. Vielfach sind es sogar gerade die unterschiedlichen Interessen, die den Initiator in die Lage versetzen, die problematische Beziehung aufrechtzuerhalten. Er schafft sich eine Ergänzung zu seiner Beziehung, indem er diese Aktivitäten in sein Leben integriert.[23] Besänftigt, da seine Bedürfnisse andernorts befriedigt werden, findet er allmählich zu einer stabilen Form des Zusammenlebens mit dem Partner. Die Beziehung überlebt, weil sie nicht mehr mit Wünschen überfrachtet wird, die sie nicht erfüllen kann.

Trotz dieser möglichen stützenden und bereichernden Funktion kann die Konzentration auf verschiedene Interessen aber auch zur Zerrüttung von Beziehungen beitragen. Eine Beziehung zerbricht, wenn der Initiator seinen neuen Aktivitäten schließlich mehr Interesse entgegenbringt als dem Partner. Wir alle setzen Prioritäten, worauf wir unsere Zeit und Energie verwenden, und dabei richten wir uns danach, was uns die jeweiligen Aktivitäten einbringen oder welchen Schaden wir nehmen, wenn wir sie unterlassen.[24] Leider ist es oft so, daß eine Sache die andere ausschließt. Je stärker der Initiator sein Identitätsgefühl auf andere Dinge gründet und je mehr Energie er dafür aufwendet, desto weniger kümmert er sich um die Beziehung. Selbst wenn er (vorläufig jedenfalls) noch immer einen Teil seiner Zeit zu Hause verbringt, hat er – genau wie der Mann, der allabendlich bei seiner Mutter vorbeifuhr – schon anderswo wichtige Bedürfnisse befriedigt.

Hinzu kommt, daß in Beziehungen, die schließlich scheitern, solche anderen Interessen nicht mit dem Partner geteilt werden. Während in einer stabilen Beziehung die Partner sich zwar auch in neue Richtungen entwickeln, aber dabei ein wechselseitiger Austausch über die individuellen Interessen stattfindet, ist der Auflösungsprozeß einer Beziehung dadurch gekennzeichnet, daß die neu gewählten Alternativen die Bande zwischen den Partnern nicht stärken, sondern abreißen lassen. Der Initiator schafft sich allmählich ein soziales Umfeld, aus dem der andere ausgeschlossen ist. Zuweilen ist es schon die Art der Aktivität, die verhindert, daß der Partner daran teilhat.

Studentische Hilfskraft, 28, Trennung nach einem Jahr Zusammenleben: «Ricky begeisterte sich immer mehr für Travestie, hauptsächlich weil er darin eine Kunst sah, die ihn reizte. Er wurde mit der Zeit richtig gut darin. Er gewann Preise bei Wettbewerben in Bars. Mir wurde die ganze Sache dagegen bald zuviel. Es kostete Tage und Monate, einen Auftritt vorzubereiten – das richtige Kleid zu finden, es zu ändern, bis es richtig paßte, und dann das Schminken. Ricky steckte da schließlich sehr viel mehr Geld und Zeit hinein und machte das meiste mit *Tom* zusammen. Ich war ausgeschlossen, weil ich dazu keinen Draht hatte. Ich war nicht hübsch genug dafür, und es interessierte mich auch gar nicht.»

Oft klammert der Initiator den Partner völlig aus, indem er ihm nicht einmal von seinen Aktivitäten erzählt und ihn auch nicht in die neuen sozialen Zusammenhänge integriert. Manchmal kommt es allerdings auch vor, daß der Initiator durchaus versucht, den Partner einzubeziehen, dieser aber kein Interesse hat – oder sich zunächst eine Zeitlang darauf einläßt, sich dann aber wieder zurückzieht. Der Versuch, den Partner auch nur vermittelt an den eigenen Gedanken teilhaben zu lassen, kann daran scheitern, daß dieser das jeweilige Interessengebiet langweilig findet oder das Gefühl hat, keinen Zugang dazu finden zu können. Vielleicht lehnt der Partner es aber auch kategorisch ab, sich damit zu beschäftigen. Der Initiator ist dann oft nicht willens oder in der Lage, von sich aus eine Brücke zu bauen, und verzichtet entweder ganz darauf, etwas zu erzählen, oder tut dies in einer Weise, die die Barrieren nur noch größer macht. Schweigen erzeugt Entfernung, Reden kann aber durchaus den gleichen Effekt haben. Um Spannungen zu vermeiden, enthält der Initiator dem anderen wichtige Informationen vor.

In vielen Fällen weiß der Partner um die anderwärtigen Interessen des Initiators. Dieses Wissen bedeutet aber noch längst nicht, an den Interessen teilzuhaben, und sei es auch nur vermittelt. Was ihm an bruchstückhafter Information zuteil wird, bezieht sich nur auf vergleichsweise unwichtige Aspekte. Von den wirklich wichtigen Dingen – schwierigen Momenten, persönlichen Triumphen, denkwürdigen Begebenheiten – erzählt der Initiator allenfalls oberflächlich. Indem er den Informationsfluß in dieser Weise kontrolliert, ermöglicht er dem Partner nur einen sehr begrenzten Zugang zu seinem Erleben. Der Bereich seiner Geheimnisse wird immer größer, wodurch sich die Asymmetrie in der Beziehung verstärkt und die Kluft zwischen den Partnern noch tiefer wird.

Der Initiator kann aber auch Erlebnisse suchen, die als solche schon strengste Geheimhaltung erfordern, weil sie gegen gesellschaftliche Normen verstoßen.[25] Möglicherweise geht er anderweitige sexuelle Beziehungen ein, woraus neue Geheimnisse erwachsen.

Vertreter, 36, Scheidung nach elf Ehejahren: «Ich fuhr ziemlich oft geschäftlich in den mittleren Westen und lernte dort zufällig eines von diesen robusten und unkomplizierten Mädchen kennen, mit dem ich mir eine Weile die Zeit vertrieb. Auf diese Bekanntschaft folgten andere. Ich arrangierte es so, daß ich soviel wie möglich unterwegs war, und ich glaube, das hat meinem Selbstvertrauen wieder ziemlich viel Auftrieb gegeben.»

Mehrere sexuelle Beziehungen zu haben, mag insofern eine befriedigende Alternative darstellen, als der Initiator Selbstbestätigung erfährt, ohne sich ernsthaft auf die Nähe zu einem anderen Menschen einzulassen. Relativ befriedigt dank den verschiedenen anderen Verhältnissen, kann der Initiator die Beziehung zum Partner aufrechterhalten. Oft schält sich dabei aber doch eine echte Alternative heraus, da der Initiator sich plötzlich in einer für ihn besonders ernsthaften intimen Beziehung wiederfindet; dies beschleunigt die Lösung aus der alten Partnerschaft.[26] Nicht immer wirft der Initiator, bevor er eine neue intime Beziehung eingeht, seine Netze in mehrere Richtungen aus. Das Ergebnis ist aber in jedem Fall dasselbe. Der Initiator entdeckt die Möglichkeit einer anderen intimen Beziehung und läßt sich aktiv darauf ein.

Illustrator, 24, Trennung nach achtzehn Monaten Zusammenleben: «Ich begegnete ihm jedesmal, wenn wir tanzen gingen. Als ich dann bei dem Lyrik-Workshop mitmachte, traf ich ihn dort. Nach einer Weile merkte ich, daß ich mich immer am meisten auf den Workshop und das Tanzengehen freute, und mir wurde klar, daß es nicht wegen des Mannes war, mit dem ich hinging, sondern wegen des anderen, den ich dort traf. Nachdem es eine Zeit so gegangen war, entspann sich eine Liebesbeziehung zwischen uns. Seine Beziehung lief auch nicht gut, und wir trösteten uns gegenseitig.»

Sonderschullehrerin, 49, Scheidung nach dreiundzwanzig Ehejahren: «Ich hatte bis dahin nie ein Verhältnis nebenbei gehabt und noch nicht einmal daran gedacht. Ich war immer noch nicht soweit, daß ich dachte: ‹Ich will mich scheiden lassen›, aber es war bei mir schon das Gefühl da, daß ich nichts mehr von ihm wollte – ein Gefühl, ohne daß ich dabei an Scheidung gedacht hätte. In der Zeit, als das so war, ging ich zu meiner besten Freundin, weil ich dachte, sie könnte mir ein bißchen emotionale Unterstützung geben, aber sie war gerade selbst mitten in einer Krise und absolut unansprechbar. Also wandte ich mich an ihren Mann. Wir waren beide in der gleichen Situation – wir sanken uns einfach in die Arme. Mein Gott! Wir kannten uns schon jahrelang, und jetzt auf einmal das.»

Die neue Beziehung kann sich auch vorwiegend in der Phantasie abspielen. Oft sucht sich der Initiator dafür jemanden, der in irgendeiner Weise unerreichbar ist. Der oder die imaginäre Geliebte lebt vielleicht in einer anderen Stadt, ist an jemand anderen gebunden und deshalb kaum je verfügbar oder hält sich emotional auf Distanz und erwidert die Gefühle des Initiators nicht. Diese Unerreichbarkeit schmälert jedoch weder das Selbstwertgefühl, das dem Initiator diese Beziehung vermittelt, noch sein emotionales Engament.[27] Er pflegt die Beziehung, auch wenn vom Gegenüber wenig kommt: Er sammelt Gesprächsstoff für künftige Zusammentreffen, schreibt Briefe, vertieft sich in Erinnerungen an frühere Begegnungen und plant neue. Er widmet dem Phantasiepartner so viel Energie, als wäre dieser tatsächlich verfügbar; der Unterschied liegt allein darin, daß die Beziehung sich mehr in Gedanken als in konkreten Begegnungen abspielt. Vielleicht ist es sogar gerade die Distanz, die die andere Person so attraktiv macht. Der Initiator kann ihr sein Herz zuwenden und sein Selbstgefühl dadurch stärken, ohne seine derzeitige Lebensform zu gefährden.

Sobald ein anderer Mensch einen festen Platz im Denken des Initiators einnimmt, kann dieser mit dem Partner weder über sein momentanes Erleben noch über seine Pläne offen kommunizieren. Dem Partner einzugestehen, daß ein Teil der eigenen Zeit, Kraft und inneren Bereitschaft in eine andere intime Beziehung fließt, hieße für den Initiator, eine Krise heraufzubeschwören, die zu riskieren er noch nicht bereit ist.[28] Im Gegensatz zu anderen Interessenschwerpunkten außerhalb der Beziehung ist ein Liebesverhältnis ein Bereich des Erlebens, über den der Initiator dem Partner im allgemeinen nicht einmal triviale Nebensächlichkeiten erzählen kann. Er muß sich deshalb um so mehr bemühen, seine Geheimnisse zu hüten.

Noch dringendere Geheimhaltung ist geboten, wenn der Initiator eine homosexuelle Beziehung eingegangen ist.[29] Die Sorge, der Partner könnte davon erfahren, ist in diesem Fall extrem. Der Initiator riskiert möglicherweise einen doppelten Lösungsprozeß: zum einen vom Partner und zum anderen von den heterosexuellen Lebensformen. Der oder die Betreffende braucht zunächst einen Schutzraum, um sich mit den möglichen Verwicklungen dieser einschneidenden Neuorientierung auseinanderzusetzen, die so völlig den Erwartungen der Umgebung widerspricht. Um sich diesen Schutzraum zu verschaffen, setzt der Initiator zunächst alles daran, nach außen hin das gleiche Bild seiner Person zu präsentieren wie bisher, und versucht mit allen Mitteln zu verhindern, daß es durch abweichende Informationen Risse bekommt.[30]

Geheimnisse in einer Beziehung ermöglichen eine persönliche Nische, in der noch keimhafte Gedanken und eine noch ungefestigte Identität geschützt heranreifen können.[31] Durch die wirksame Kontrolle von Information kann sich der Initiator eine eigene Welt zimmern, von der der Partner noch nicht einmal weiß, daß sie existiert.[32] Er beginnt, sich ein Leben aufzubauen, mit dem der andere nichts zu tun hat. Der Ausbau einer solchen eigenen Welt schreitet noch rascher voran, wenn die Information, die dem Partner vorenthalten wird, anderen zufließt und auf diese Weise neue Bindungen entstehen oder verstärkt werden, während der Austausch zwischen den Partnern abbricht.[33]

Assistenzprofessorin, 37, Scheidung nach neunzehn Ehejahren: «Mit den Kindern sprach ich über alle möglichen wichtigen Dinge, von denen ich ihm nichts erzählte. Es war fast so, als wollte ich ihn bestrafen, indem ich ihm nichts mehr mitteilte. Wenn ich nach Hause kam und etwas Positives erlebt hatte, erzählte ich es den Kindern und ihm nicht.»

Bürovorsteher, 52, Scheidung nach sechsundzwanzig Ehejahren: «Ich merkte, daß mir die Freundschaft zu ihr immer wichtiger wurde. Wir hatten soviel gemeinsam. Trotzdem sind wir in all den Jahren nie sexuell intim geworden. Ich glaube, daß geistige Untreue sehr viel schwerwiegendere Folgen für eine Beziehung hat als sexuelle Seitensprünge. Ich kann meinen Körper jemandem hingeben, ohne daß ich deswegen meine Beziehung aufgebe. Wenn ich mich dagegen geistig und seelisch auf jemanden einlasse, bin ich wirklich weg.»

Der Initiator hat begonnen, sich einen eigenen sozialen Ort zu schaffen. Gewöhnlich tut er dies nicht in böser Absicht. Es ergibt sich vielmehr aus dem Bemühen, die eigene Lebenssituation zu entlasten. Die Folgen dieser unreflektierten Reaktion sind dennoch schwerwiegend, da sie die Partner voneinander entfernt. Ein Geheimnis zieht andere nach sich, und je mehr es werden, desto weitergehend wird der Partner aus der Erfahrungswelt des Initiators ausgeschlossen. Indem der Initiator beginnt, sich ein Leben aufzubauen, mit dem der Partner nichts zu tun hat, unternimmt er bereits die ersten tastenden Schritte in Richtung einer Loslösung. Er sucht Selbstbestätigung und findet sie. Unversehens ist er im Begriff, sich eine von Partner und Beziehung unabhängige Identität zu schaffen. Es steckt schon einige Ironie darin, daß unsere intimen Beziehungen, von denen wir uns gewöhnlich einen festen, stabilen Ankerpunkt in einer stets im Fluß befindlichen, unvorhersagbaren Welt erhoffen[34], selbst so zerbrechlich sind, daß bereits eine simple Abfolge von Reaktionen auf ein persönliches Problem ausreichen kann, um sie zu zerrütten – auch wenn diese Reaktionen ursprünglich nur aus dem Bestreben herrührten, das akute Unbehagen eines der beiden Partner abzustellen.

## *Zwei*
## Die Unzufriedenheit kommt zum Vorschein

Die Lösung aus einer Beziehung beginnt also zunächst schlicht und unbewußt. Der unzufriedene Partner schafft sich auf der Suche nach Selbstbestätigung außerhalb der Beziehung ein eigenes kleines Territorium, auf das er eine Identität gründen kann; sie ist unabhängig von der mit dem Partner gemeinsam geschaffenen Identität als Paar. Im Laufe der Zeit kommt es dann zu weiteren Reaktionen des Initiators, die die Partner immer weiter voneinander entfernen. Der Initiator (der eine mehr oder weniger lange Zeit erfolglos mehr oder minder viel Mühe darauf verwandt hat, den Partner und die Beziehung in eine bestimmte gewünschte Richtung zu verändern) wird die Anstrengung leid. Er zweifelt jetzt daran, daß sich die Situation auf diese Weise verbessern läßt, und läßt der Ansicht Raum, daß die Beziehung nicht mehr zu retten ist. Desillusioniert, weil es ihm einfach nicht gelingt, die häusliche Situation befriedigender zu gestalten, fixiert er sich immer mehr auf die negativen Aspekte der Beziehung und wertet die positiven ab.[1]

Diese Fixierung des Initiators auf die negativen Eigenschaften des anderen ist die Umkehrung jenes rätselhaften Vorgangs, der stattfindet, wenn wir uns zu einem Menschen hingezogen fühlen. Wenn wir uns verlieben, sehen wir in dem, was wir vom anderen allmählich erfahren, nur das Gute. Wir sehen Gemeinsamkeiten und Wesenszüge, die gut zu unseren passen – und wenn wir Unterschiede wahrnehmen, gehen wir davon aus, daß sie sich ergänzen. In dem Maß, wie sich die Beziehung entwickelt, wird unsere Wahrnehmung des anderen realistischer: Neben den Eigenschaften, die wir bewundern, hat der geliebte Mensch (leider) auch ein paar Schwächen. Wir müssen einsehen, daß es keine Engel gibt – nur gefallene Engel. Wenn Schwierigkeiten in der Beziehung auftreten, entwerfen wir ein neues Bild vom Partner und konzentrieren uns mehr und mehr auf dessen negative Seiten. Wir sehen jetzt die Unterschiede sehr viel klarer als die Gemeinsamkeiten – oder betrachten die Unterschiede, die wir schon zu Anfang bemerkt haben, als störend und unattraktiv. Aus unserem wachsenden Gefühl der Unzufriedenheit heraus machen wir die Schwächen des Partners sogar noch größer, als sie sind.[2]

Finanzbeamter, 33, Scheidung nach sieben Ehejahren: «Ich war unzufrieden mit ihr. Was sie auch machte, nichts war mir recht. Im letzten Jahr unserer Beziehung war sie die längste Zeit schwanger, und jetzt im Rückblick sehe ich, daß ich zeitweise richtiggehend gemein zu ihr war und sie eine Menge auszustehen hatte. Es war schon schlimm genug für mich, daß sie ein Kind bekam, das offenbar von mir war. Aber dazu kam, daß ich immer gedacht hatte, wenn eine Frau schwanger ist, ist das die schönste Zeit ihres Lebens, und sie ist dann auch am schönsten. Es stimmt schon, irgendwo ist es ja auch ein Wunder, aber auf der anderen Seite kann mir niemand erzählen, daß eine Frau dabei schön ist. Das ist einfach nicht wahr. Ich meine, sie wird einfach immer dicker und dicker.»

Der Initiator entwirft nicht nur ein neues negatives Bild vom Partner, sondern schmiedet sich auch eine neue negative Version der Geschichte der Beziehung zurecht.[3] Positive Erlebnisse sind vergessen oder werden für null und nichtig erklärt. So war etwa ein schöner gemeinsamer Urlaub im Rückblick nur deshalb schön, «weil wir mit Freunden zusammen waren» oder «weil ich mich draußen in der Natur schon immer sehr wohl gefühlt habe, ganz egal, wer dabei war», oder weil es eine untypische Ausnahmesituation war: «Klar, das war eine schöne Zeit, aber nur weil wir im Urlaub waren. Im Alltag waren wir kreuzunglücklich.» In der Erinnerung überschatten die unangenehmen Zeiten alles andere. Wenn der Initiator jetzt erklärt, wie die Beziehung überhaupt zustande kam, ist von Liebe kaum je die Rede. Wir alle gehen natürlich intime

Beziehungen aus sehr komplexen Motiven heraus ein, die uns zunächst gar nicht alle bewußt sind – und uns auch später nicht alle bewußt werden. Wenn Menschen sich aus einer Beziehung lösen, reinterpretieren sie rückblickend den Prozeß des Zusammenfindens. Sie sortieren die Gründe, die dabei eine Rolle spielten, neu, wobei sie alles eliminieren oder herunterspielen, was über bloßen Zufall, pragmatische Gesichtspunkte oder schlichten Irrtum hinausging.

Illustrator, 24, Trennung nach achtzehn Monaten Zusammenleben: «Wir taten uns zusammen, weil wir beide auf dem Schlauch standen. Ganz ehrlich, mir wäre damals wohl fast jeder attraktiv erschienen. Ich war total ausgehungert.»

Ingenieur, 54, Trennung nach achtundzwanzig Ehejahren: «Ich hatte mein Examen gemacht und irgendwie das Gefühl, als träte ich jetzt in ein neues Lebensstadium ein und als sei es Zeit zu heiraten. Es traf sich so, daß sich damals gerade Nancy dafür anbot.»

Fotomodell / Verkäuferin, 26, Trennung nach zwei Jahren Zusammenleben: «Ich hatte zwar zu Hause ein eigenes Zimmer, und es war auch groß genug für zwei, aber als erwachsene Frau kann man nicht mehr einfach eine Freundin – immer dieselbe – regelmäßig bei sich übernachten lassen, ohne daß es Probleme gibt. Ich wollte ausziehen, und sie war auch auf der Suche nach etwas Eigenem. Wir fanden eine Wohnung und zogen zusammen. Es war einfach eine praktische Lösung.»

Psychologe, 44, Scheidung nach zwölf Ehejahren: «Es lief alles schief, und ich fühlte mich an allen Ecken und Enden in der Klemme. Aber es war auch ganz offensichtlich – einfach nicht zu übersehen –, daß wir im Grunde vor allem geheiratet hatten, um es anderen Leuten recht zu machen, und weniger aus eigenem Wunsch, und daß wir nie groß Gelegenheit gehabt hatten, uns bewußt jemanden zu suchen, von dem wir sicher waren, daß wir den Rest unseres Lebens mit ihm verbringen wollten. Wir hatten uns noch nicht mal richtig Gedanken darüber gemacht, ob das überhaupt unsere Vorstellung war. Es war einfach eine gedankenlose, naive und unreife Entscheidung. Außer mit ihr hatte ich mit keinem Mädchen näher zu tun gehabt, seit ich siebzehn war.»

Der Initiator entwirft nicht nur ein neues Bild von der Geschichte der Beziehung, sondern bewertet auch deren Bedeutung neu.[4] Möglicherweise kommt er zu dem Schluß, daß die Beziehung von Anfang an ein Irrtum war, er aber jetzt erst ihre wahre Funktion erkannt hat.

Rechtsanwältin, 35, Trennung nach zehn Jahren Zusammenleben: «Irgendwann in den letzten Jahren bin ich darauf gekommen, daß meine Gefühle ihr gegenüber eigentlich wie Gefühle für eine Schwester waren. Dieses Bild von zwei Schwestern hat mir geholfen, unsere Situation zu verstehen und besser damit umgehen zu können. Es bedeutete für mich, daß eine intensive Beziehung zwischen uns schon wirklich da war. Sie wurde nur falsch interpretiert und falsch ausgedrückt. Daß wir uns mochten und aneinander hingen, war ganz in Ordnung. Falsch war nur, daß wir versuchten, als Paar zu leben. Ich hatte ihr gegenüber keine sexuellen Gefühle und keine Lust, sexuell mit ihr zusammenzusein.»

Der Initiator mag aber auch einräumen, daß die Beziehung ihm zwar einmal wichtig war, es aber jetzt nicht mehr ist. In anderen Fällen erklärt er sie für destruktiv – für sich selbst, den Partner, für beide oder für die Kinder.

Lederkunsthandwerker, 42, Trennung nach zwölf Jahren Zusammenleben: «Mir war es von Anfang an immer sehr wichtig, mir zu sagen, daß die Beziehung für Paul auch nicht gut war. Das mußte vielleicht so sein, weil es für mich viel zu schmerzlich gewesen wäre, davon auszugehen, daß das Ganze für Paul gut war, und weil ich damit nicht hätte umgehen können. Ich kann, wenn ich mal von meinem Standpunkt abrücke, nicht wirklich guten Gewissens sagen, daß die Beziehung für ihn schlecht war. Ich glaube, er hätte den Rest seines Lebens gut mit mir zubringen können, weil er gar nicht mehr brauchte oder wollte.»

Wir können das Bild von unserer eigenen Geschichte mit unserem Partner in dieser Weise verändern, weil grundsätzlich alle Geschehnisse, die zusammengenommen unser Leben ausmachen, immer wieder neu interpretiert werden, und zwar nicht nur von anderen, sondern auch von uns selbst.[5] Wenn unser Leben eine neue Wende nimmt, versuchen wir, wieder eine Linie hineinzubringen, indem wir bestimmten Fakten oder Ereignissen, die uns bis dahin unwichtig erschienen, eine neue Bedeutung beimessen. Manche Dinge werden ganz anders bewertet, andere nur stärker gewichtet, wieder andere ignoriert, heruntergespielt oder auf irgendeine Weise abgetan.[6] Wir sind ständig bemüht, durch immer neue Interpretationen und Reinterpretationen unsere Vergangenheit in Einklang mit unserer Gegenwart zu bringen.[7] Wenn wir unglücklich sind, versuchen wir, die mißliche gegenwärtige Situation zu erklären, indem wir die Vergangenheit neu interpretieren. Unter den unzähligen Dingen, die wir festhalten könnten, greifen wir nur diejenigen heraus, die für unsere augenblickliche Situation von Bedeutung sind. Wir sind bestrebt, «das Schicksal ein wenig zu korrigieren, indem wir die Geschichte neu schreiben»[8].

Unsere häusliche Sphäre ist ein besonders fruchtbares Terrain für die Betätigung dieser menschlichen Fähigkeit, Vorfälle und Charaktere neu zu bewerten. Hier schaffen wir uns eine intime Umgebung, gemeinsam mit einem anderen Menschen, den wir lieben und dem wir vertrauen. Wir fühlen uns bei diesem Menschen sicher. Tatsache ist jedoch, daß diese intime Umgebung, die als sicherer Hafen gedacht war, zu einem Ort werden kann, an dem wir keineswegs geborgen, sondern, im Gegenteil, ganz extrem verletzlich sind. In unserer Liebe und unserem Vertrauen haben wir uns gezeigt, wie wir sind, und dem anderen Menschen alle unsere Schwächen und Fehler offenbart. Dieser Mensch kennt uns so durch und durch wie sonst niemand auf der Welt.[9] Diese umfassende Kenntnis des Partners, die die Intimität mit sich bringt, kann den sicheren Hafen jederzeit in einen höchst gefährlichen Ort verwandeln, da jeder Informationen besitzt, die er dazu benutzen kann, den anderen extrem zu verletzen.[10]

Unsere Neigung, in einer Krisensituation den Partner und die Beziehung negativ zu definieren, verstärkt sich noch, wenn wir mit einer möglichen anderen Art zu leben in Berührung kommen und Vergleiche ziehen, denen die Beziehung nicht standhalten kann.[11]

Verwaltungsbeamter, 44, Trennung nach dreiundzwanzig Ehejahren: «Ich besuchte diese Kurse sechs Wochen lang. Ich genoß es, allein zu sein und mich nicht mit meinen Problemen beschäftigen zu müssen. Ich lernte dort zwei tolle Frauen kennen und hatte mit einer von ihnen ein Verhältnis. Durch diese ganze Erfahrung wurde mir klar, daß einer der Punkte, die mir in meiner Ehe immer zu schaffen machten, die Tatsache war, daß ich nie für mich allein sein konnte. Ich bin buchstäblich aus der Pfadfinderuniform in die Vaterrolle geschlüpft. Ich war nie Junggeselle gewesen, nie einfach so mit Freunden ausgegangen. Ich hatte nie allein gelebt, nie gelernt, mir selbst etwas zu kochen. Die tollste Erfahrung während der Zeit dort oben war für mich das Alleinsein. Ich genoß es in vollen Zügen. Ich hatte zwar einen festen Zeitplan, sogar einen sehr vollen, aber schon das Gefühl, allein und einfach nur ich selbst zu sein und nicht als Partner von irgend jemandem aufzutreten, war wahnsinnig beflügelnd.»

Hausfrau, 36, Trennung nach zwölf Ehejahren: «Ich ging mit einer der Frauen aus meiner Frauengruppe essen. Wir waren in einem China-Restaurant und saßen da und redeten drei volle Stunden! Während ich so aß und redete, fiel mir auf, daß ich das mit Dick noch nie gemacht hatte. Wenn wir zusammen in ein Lokal gegangen waren, hatten wir mehr oder weniger schweigend gegessen und höchstens über irgendwelche Banalitäten gesprochen. Und dann dachte ich: Was für ein Trauerspiel – will ich wirklich mein Leben mit einem Mann zubringen, mit dem ich mich so wenig austauschen kann? Aber wo soll ich einen finden, der anders ist?»

Amateurfotografin, 28, Scheidung nach sechs Ehejahren: «Als Melanie in mein Leben trat, wurde mir mit einem Schlag deutlich, woran meine Ehe krankte – daß da keine echte Liebe war, daß die intensive Kommunikation und die gemeinsamen Bezüge fehlten, die Liebe erst möglich machen. Ich war total zerrissen, wenn ich darüber nachdachte, was es wohl für mein eigenes Leben bedeutete, eine Frau zu lieben – sexuell zu lieben –, aber gleichzeitig machte mir die Tiefe meiner Gefühle für Melanie während dieser Zeit klar, daß eine Ehe, in der eine solche Tiefe von Gefühlen nicht annähernd existierte, einfach absurd war. Es war eine Farce.»

Vertriebsleiter, 36, Scheidung nach elf Ehejahren: «Ich

arbeitete damals für jemanden, der ein As in seinem Beruf war. In den fünf oder sechs Jahren, die ich für diesen Mann arbeitete, erhöhte sich mein Gehalt so etwa von vierzehntausend auf zweiundvierzigtausend Dollar im Jahr, und mein berufliches Ansehen war schließlich wahrscheinlich noch größer als seins. Das bewirkte, daß ich mich als Person weiterentwickelte, und mein Zutrauen in meine eigenen Fähigkeiten steigerte sich gleichzeitig mit meinem Gehalt. Der Gedanke, daß ich über das Schicksal anderer Leute, mit denen ich zusammenarbeitete, bestimmen konnte und nur über mein eigenes Leben nicht, ging mir immer mehr gegen den Strich. Es ist sehr schwierig, in der Firma der King zu sein und dann zu Hause nur ein Sklave. Wenn man jeden Tag um halb sechs von der einen Rolle in die andere wechselt, ist das ganz schön schwer.»

Die neue Erfahrung erweitert das Spektrum der Lebensmöglichkeiten für den Initiator.[12] Als ob er plötzlich aufwachte, wird er sich bislang unentdeckter Fähigkeiten, unbefriedigter Bedürfnisse und unbekannter Möglichkeiten bewußt. Dadurch nimmt er die negativen Aspekte seiner derzeitigen Lebenssituation sehr viel stärker wahr.[13] Die möglichen Alternativen lassen es uns weniger lebenswichtig erscheinen, die Beziehung zu retten[14], und wir können es uns deshalb leisten, extrem kritisch zu sein.[15] Wir müssen uns nicht mehr unbedingt die positiven Seiten des Partners und der Beziehung vor Augen halten – und verzichten damit auf eine Strategie, die wir sonst gern anwenden, um Krisen zu überbrücken.

## Signale der Unzufriedenheit und Äußerungen gegenüber Dritten

In dem Maße, wie die Unzufriedenheit des Initiators wächst, wird sie auch nach außen hin deutlicher sichtbar. Der Initiator gesteht sie sich ein und artikuliert sie gegenüber anderen. Manchmal vertraut er sein Unbehagen einem Tagebuch an, legt sich schriftlich Rechenschaft darüber ab, was ihn stört, verfaßt Briefe (die nicht immer abgeschickt werden), spricht sich auf ein Tonband aus oder schreibt sich einfach auf irgendwelchen Zetteln seinen Ärger, seinen Kummer, seine Verwirrung und seine Gedanken von der Seele. Solche Handlungen sind Ausdruck des inneren Ringens und des Versuchs, das Problem klarer in den Blick zu bekommen. Gleichgültig, ob es dabei zu einer Lösung kommt oder nicht, ist dieses Bemühen selbst in jedem Fall wichtig. Indem der Initiator seiner Unzufriedenheit auf diese Weise Ausdruck verleiht, nimmt sie für ihn selbst eine greifbarere Form an. Er objektiviert sie, erkennt sie an und steht dazu. Er setzt sich mit ihr als einer neuen Wirklichkeit auseinander.[16]

Der Initiator hat ja auch bisher schon dem Partner in Worten und Taten seine Unzufriedenheit signalisiert, nun aber ändert sich seine Zielrichtung. Wollte er bislang eine Veränderung bewirken, um die Beziehung aufrechtzuerhalten, sollen seine Unmutsäußerungen jetzt den Partner davon überzeugen, daß die Beziehung nicht nur in einer Krise, sondern möglicherweise gar nicht mehr zu retten ist. Dafür gibt es ganz verschiedenartige Strategien. Es kann sein, daß der Initiator nun direkter wird, ebensogut ist es aber auch möglich, daß er die offenen Klagen einstellt und dazu übergeht, seine Unzufriedenheit auf andere Weise auszudrücken: Er vermittelt seine Stimmungen durch Körpersprache, unternimmt mehr und mehr ohne den Partner oder entwickelt Methoden, um auch während des Zusammenseins mehr Distanz herzustellen.

Außerdem wird der Initiator beginnen, seine Unzufriedenheit anderen gegenüber zu äußern.[17] Während die eigene Auseinandersetzung mit dem Unbehagen und die Signale an den Partner eine Steigerung der bisherigen Reaktionen darstellten, bewegen sich die Unzufriedenheitsbekundungen gegenüber Dritten auf einer neuen Stufe. Auf vielfältige Weise versteht es der Initiator, bestimmten anderen Personen subtil, aber wirksam zu vermitteln, daß in der Beziehung nicht alles in Ordnung ist. In Abwesenheit (und manchmal auch in Gegenwart) des Partners signalisiert er sein Unbehagen nach außen.

Musikerin, 32, Scheidung nach acht Ehejahren: «Schon lange vor unserer Trennung und bevor mir überhaupt klar war, daß ich sie wollte, habe ich anderen Leuten indirekt zu verstehen gegeben, daß meine Ehe nicht die glücklichste war, indem ich entweder überhaupt nicht von ihm sprach oder bei passender Gelegenheit von irgendwelchen konkreten Sachen erzählte, die mich störten.»

Der Initiator verhält sich in Gegenwart Dritter dem Partner gegenüber vielleicht in einer Art und Weise, die Desinteresse, Nichtachtung oder Ablehnung zum Ausdruck bringt.[18] Diese Signale sind oft sehr subtil – ein Nicht-Reagieren auf den Partner, ein mißmutiger Blick in einer bestimmten Situation, Anspielungen, scherzhafte Bemerkungen, Nachäffen, kleine Spitzen – und so schwer faßbar, daß ihm daraus kein Vorwurf gemacht werden kann.[19] Der Freund kommt erst später in die Bar – oder die Ehefrau trifft verspätet bei einer Zusammenkunft der Familie ein. Ohne den Partner zu begrüßen, empfängt ihn der Initiator sogleich mit Vorwürfen und offenem Unmut oder gibt sich demonstrativ beschäftigt und gutgelaunt. Er signalisiert nicht nur dem Partner Unmut oder Gleichgültigkeit, sondern vermittelt damit auch den anderen Anwesenden Informationen.

In manchen Fällen erfolgen diese Unmutsäußerungen gegenüber Dritten in Form von Bemerkungen, die sich scheinbar an niemanden richten, aber für alle Umstehenden unüberhörbar sind. Eine Frau grollt, wenn sie zur Arbeit kommt, ärgerlich vor sich hin: «Jeden Morgen komme ich zu spät, weil sie nie rechtzeitig aufstehen kann, um mich zu fahren.» Ein Mann murmelt auf einer Party: «So wie sie mit dem Geld umgeht, ist es ein Wunder, daß wir überhaupt irgend etwas haben.» Manchmal äußert sich der Unmut auch in Anekdoten oder Auszügen aus der negativen Chronik der Beziehung, die sich der Initiator zurechtgelegt hat. Die betreffenden Geschichten werden kultiviert und immer wieder in Gegenwart des anderen zum besten gegeben – bei Parties, Familientreffen und anderen sozialen Anlässen. Das hat wohl jeder von uns schon erlebt: Ein Partner schildert in eher entblößender Weise bestimmte Wesenszüge des anderen oder erzählt einen bestimmten Vorfall, und die Anwesenden quittieren diese plötzlichen peinlichen Enthüllungen mit verkrampftem Lachen.[20] Der bloßgestellte Partner hat lediglich die Wahl, alles abzustreiten, sich zu rechtfertigen, mitzulachen oder einen Streit anzufangen – was alles nicht die Tatsache rückgängig machen kann, daß der Initiator Dritten indiskrete Informationen über ihn und die Beziehung hat zukommen lassen.[21]

Auch in vertraulichen Gesprächen mit anderen äußert der Initiator seine Unzufriedenheit.[22] Dies hat bereits eine ganz andere Qualität als die gelegentlichen ungerichteten Bemerkungen oder vielsagenden Anekdoten: Der Initiator setzt sich laut mit seinen Zweifeln, seinen widersprüchlichen Gefühlen und seiner Enttäuschung auseinander, gibt dabei intime Kenntnisse über den Partner und die Beziehung preis und versucht, sie mit dem Gegenüber gemeinsam zu bewerten und zu gewichten.[23] Es ist bedeutsam, wem der Initiator in dieser Weise seine Gefühle anvertraut, denn in der Wahl der Personen kommt zum Ausdruck, welche möglichen Konsequenzen er erwägt. Denkt er bereits darüber nach, die Beziehung zu beenden, wird er sich an Menschen wenden, bei denen er davon ausgehen kann, daß sie ihm zuhören, ohne ihn von vornherein zu verurteilen. Manche Leute scheiden automatisch als Vertrauenspersonen aus, da der Initiator sich ausrechnen kann, daß er bei ihnen wenig Verständnis finden wird. Ein Ehemann wird sich nicht an seine Schwiegermutter wenden und darüber klagen, was ihn an ihrer Tochter enttäuscht. Der Initiator wird sich also jemanden suchen, von dem er sich Unterstützung verspricht. Die eigene Unzufriedenheit Dritten gegenüber zu äußern, bedeutet gleichzeitig auch, die Reaktionen der anderen zu testen: Man startet Versuchsballons und beobachtet, was passiert.[24] Das kann auch Überraschungen mit sich bringen – wenn etwa die Person, von der man sich Verständnis erhofft, zugunsten des Partners argumentiert, nicht zuzuhören bereit ist oder auf irgendeine andere Weise reagiert, die den Initiator zwingt, sich jemand anderen zu suchen.

Inspekteur, 38, Scheidung nach neunzehn Ehejahren: «Als ich anfing, mir wirklich ernsthaft Gedanken darüber zu machen, ob ich sie verlassen sollte, überlegte ich: Gibt es jemanden, dem ich mich anvertrauen kann? Mit dem ich einmal richtig über das alles sprechen kann? Das Ergebnis war gleich Null. Mit ein paar Leuten habe ich schon darüber gesprochen. Ich wandte mich an unseren Pfarrer. Er hat aber nur versucht, es mir auszureden, indem er mir mit bedingungsloser Liebe und all solchen Sachen kam. So ein-, zweimal habe ich auch mit meinem Bruder geredet. Er sagte dann: ‹Aber hör mal, Gott hat euch zusammengefügt.› Er verurteilte mich zwar nicht gerade, aber er war sehr voreingenommen. Ich hatte also niemanden, mit dem ich wirklich offen reden konnte und der auch hören wollte, was ich sagte. Ich sprach mit meinem Therapeuten darüber und hatte auch bei ihm nicht das Gefühl, daß er mit mir solidarisch war. Das ist so ein Grundmuster in meinem Leben: Wenn ich echt in Bedrängnis komme, neige ich dazu, mich auf mich selbst zurückzuziehen und, so gut ich kann, allein damit fertig zu werden. Ich versuche es möglichst allein, und erst wenn mir das Wasser bis zum Hals steht, suche ich Hilfe. Ich kann mich nicht erinnern, vorher schon einmal in einer solchen Situation gewesen zu sein – ich hatte wirklich das Gefühl, ich gehe unter.»

Bemüht, negative Reaktionen zu vermeiden, möchte der Initiator in seinen Gefühlen und seinem Verhalten bestätigt werden und wählt sich daher in der Regel eine Vertrauensperson, die nicht mit dem Partner befreundet ist oder außerhalb des gemeinsamen Freundeskreises steht. In Frage kommen zum Beispiel ein Verwandter, ein Freund oder eine Freundin aus der Zeit vor der Beziehung oder auch ein Kollege oder eine Kollegin. Manchmal setzt sich der Initiator aber auch in Gesprächen mit den Kindern mit dem eigenen Unbehagen in der Beziehung auseinander.

Assistenzprofessorin, 37, Scheidung nach neunzehn Ehejahren: «Ich habe ihr erklärt, daß meine negative Einstellung zu ihrem Vater in keiner Weise bedeutet, daß sie auch so empfinden müßte. Und daß ich nicht erwarte, daß sie mit einstimmt, wenn ich so losziehe, sondern nur, daß sie mich anhört, weil ich mir ab und zu Luft machen muß, und daß ich davon ausgehe, daß sie ihren Papi liebt, weil er ja auch ein prima Vater ist, und daß sie auch weiter eine enge Beziehung zu ihm haben soll. Was aber nicht heißt, daß ich alles gut finden muß, was er macht, oder daß unsere Beziehung unbedingt gut ist. Vor kurzem hatte ich sogar den Mut, sie zu fragen, ob sie sehr böse mit mir wäre, wenn ich ihren Vater verlassen würde. Sie sagte:

Nein, das könnte sie verstehen. Ihr sei klar, daß unsere Ehe für mich nicht befriedigend sei, und wenn ich irgendwann zu dieser Entscheidung käme, verstünde sie das.»

Zuweilen sucht sich der Initiator auch einen Leidensgefährten – jemanden, der ebenfalls eine Beziehungskrise durchmacht. Er entdeckt Gemeinsamkeiten mit ihm, die bisher nicht in Erscheinung traten. Er erneuert oder intensiviert vielleicht Kontakte zu alleinstehenden, getrennt lebenden oder geschiedenen Bekannten, die über für ihn jetzt wichtige Erfahrungen verfügen.[25] Manchmal ist dem Initiator aber auch wohler dabei, sich einem Fremden gegenüber auszusprechen: dem Busnachbarn, der Sprechstundenhilfe beim Arzt oder einer Zufallsbekanntschaft an der Bar. Es kann sein, daß er sich nur bei jemandem sicher fühlt, der nicht zum alltäglichen Umfeld gehört und daher den Partner bestimmt nicht kennt. Genießt der Initiator die Privilegien einer gehobenen beruflichen Stellung und erhält Telefon- oder Reisespesen, wird er sein Herz vielleicht einem Geschäftsfreund oder Bekannten in einer weit entfernten Stadt ausschütten.

Auf der Suche nach einem Außenstehenden, der nicht für den Partner eingenommen ist, wenden sich auch viele Betroffene an einen Eheberater oder Therapeuten.[26] Meist treibt sie dazu die Unentschiedenheit, weil Zweifel und Schuldgefühle ihre Unzufriedenheit in der Beziehung begleiten.

Mechaniker, 28, Trennung nach neun Jahren Zusammenleben: «Ich ging damals zur psychologischen Beratungsstelle, weil ich jemanden suchte, mit dem ich reden konnte. Ich muß sagen, die Frau dort war der erste Mensch, zu dem ich total ehrlich war. Ich erzählte ihr alles. Über unsere sexuellen Probleme, einfach alles. Ich war total am Flattern. Da erzählte ich das alles einer Frau, ich konnte es selbst nicht glauben, und sie sagte: ‹Und, haben Sie sich entschieden?› Ich sagte: ‹Aber was soll ich denn machen?› Sie meinte: ‹Wenn Sie soweit sind, daß Sie sie verlassen wollen, werden Sie's ihr sagen.› Ich fragte: ‹Und wann wird das sein?› Sie sagte: ‹Wenn Ihre Schuldgefühle zu groß werden, werden Sie ehrlich sein.› Ich dachte, daß sie wohl recht hatte.»

Anwältin, 35, Trennung nach zehn Jahren Zusammenleben:

«Ich mußte unbedingt darüber reden. Mein Gefühl war, daß unser Zusammenziehen für mich eine Verpflichtung bedeutet hatte und daß mich diese Verpflichtung einiges kostete. Für mich war es ein zweifacher Schritt gewesen. Mich auf sie einzulassen hieß gleichzeitig, mich öffentlich zu einer lesbischen Lebensform zu bekennen, und zu dieser Offenheit war ich nur bereit, weil ich glaubte, daß die Beziehung halten würde. Ich beschloß, eine Therapie zu machen, und machte das dann auch fast ein Jahr, wobei es vor allem darum ging, ob ich die Beziehung aufgeben sollte oder nicht. Ich bin mir, glaube ich, klarer darüber geworden, daß die Beziehung bestimmte Bedürfnisse bei mir nicht befriedigte und daß ich auch weiter ein positives Verhältnis zu ihr haben konnte, ob wir zusammen waren oder nicht. Die meiste Zeit ging es aber darum, ob ich zu einer Veränderung bereit war und was das im einzelnen für mich heißen würde.»

Andere suchen die professionelle Hilfe nicht der Beziehung wegen, sondern aufgrund von Erziehungsschwierigkeiten oder psychischer Probleme wie etwa Schlafstörungen oder Depressionen. Im Gespräch mit dem Therapeuten oder der Therapeutin beginnt der Initiator, das Problem aus einem neuen Blickwinkel zu sehen. Die Verhaltensstörungen des Kindes oder die eigenen Schwierigkeiten werden jetzt als Beziehungsproblem begriffen.[27]

## Die Übergangspersonen

Wir vollziehen die aktive Lösung aus einer Beziehung im allgemeinen nicht allein. Der Initiator sucht sich unter den Menschen, denen er seine Unzufriedenheit in der Beziehung anvertraut, eine Übergangsperson: einen Menschen, der ihm die Kluft zwischen dem alten und dem neuen Leben überbrücken hilft. Traditionell stellt man sich darunter meist ein vorübergehendes Liebesverhältnis vor, das Unterstützung bietet, aber wieder auseinandergeht, nachdem der Initiator die Trennung vom Partner vollzogen hat.[28] Tatsächlich muß man die Rolle dieser Übergangsperson sehr viel weiter fassen. Eine Übergangsperson ist jemand, der oder die dem Initiator die Endphase der Beziehung und den Beginn des neuen Lebens ohne den Partner durch Trost, Unterstützung und vielleicht auch durch eine gewisse Anleitung erleichtert. Ein solcher Rückhalt über weite Strecken der Lösungsphase ist unerläßlich. Die Übergangsperson wird natürlich ins Vertrauen gezogen, aber nicht jeder, dem der Initiator sein Herz ausschüttet, wird auch zur Übergangsperson. Gelegenheitsvertraute wie etwa der Nachbar im Bus oder an der Bar scheiden dabei aus.

Die Beziehung zwischen dem Initiator und der Übergangsperson ist in der Regel emotional und liebevoll. Entgegen der landläufigen Vorstellung muß sexuelle Intimität jedoch nicht unbedingt dazugehören.

Inspekteur, 38, Scheidung nach neunzehn Ehejahren: «Sie fragen, ob ich jemanden hatte – ja, es gab da einen Mann, der für mich so eine Art Engel war, den mir der Himmel schickte. Ich hatte absolut niemanden, mit dem ich sprechen konnte, bis ich diesen fünfundfünfzigjährigen Jamaikaner für die Postbearbeitung einstellte. Er trat etwa sechs Monate, ehe Ann und ich uns trennten, in mein Leben. Bald wurde er für mich so etwas wie ein Vater oder noch mehr. Er war ein sehr gläubiger Mensch, und ich hatte schon sehr bald das Gefühl, daß ich ihm alles sagen konnte und daß es in Ordnung war, und daß er es verstehen würde und mir einen Rat geben konnte oder einfach nur sagen würde, es ist ganz okay. Die Möglichkeit, mich ihm anzuvertrauen, hat mir geholfen, nicht durchzudrehen und die ganze Sache mit dem Gefühl zu ertragen, daß mich jemand unterstützte. Er war so etwas wie ein Rettungsanker.»

Kalligraph, 29, Trennung nach sieben Jahren Zusammenleben: «Ich fand schließlich jemanden. Ich hatte einen Freund – jemanden, mit dem ich über meine Beziehung zu Ned reden konnte. Ich wußte gar nicht, wie gern ich diesen Mann in Wirklichkeit hatte. Er war ein echter Freund, ich konnte ihm alles anvertrauen, und er sagte dann zu mir: ‹Aber sag mal, warum bleibst du dann bei ihm? Warum bleibst du bei diesem Menschen?› Er war für mich so wichtig, weil ich nie wirklich das Gefühl hatte, ich könnte es allein schaffen. Ich weiß auch nicht – manchmal habe ich mich gefragt, ob ich wirklich allein klarkommen würde. Immer plagten mich diese Zweifel und Ängste. Wir hatten nie Sex miteinander, aber da war immer diese wunderbare Zuneigung zwischen uns.»

Die Übergangsperson kann auch wieder aus dem Leben des Initiators verschwinden. In manchen Fällen wird beispielsweise ein Therapeut oder eine Therapeutin zur Übergangsperson, wenn der Initiator zu diesem professionellen Helfer eine affektive Beziehung entwickelt. (Manche Betroffene berichten, daß ein solcher Prozeß sie emotional noch weiter vom Partner entfernte und dazu führte, daß sie bei Beendigung der Therapie gleich noch eine zweite Trennung durchlebten.[29]) Der Therapeut oder die Therapeutin gibt dem Initiator über lange Strecken des Ablösungsprozesses wichtigen Rückhalt. Es kann aber auch sein, daß die Übergangsperson einen Platz im Leben des Initiators behält. Sie ist vielleicht schon immer da gewesen und wird nur plötzlich wichtiger, wenn sich die Krise zuspitzt.[30] Stabilisiert sich dann das Leben des Initiators, nimmt auch die Beziehung zur Übergangsperson wieder ihre frühere Form an. Ein Beispiel wären etwa ein Chef und seine Sekretärin, die eine vorwiegend unpersönliche Arbeitsbeziehung miteinander verbindet. Im Eheleben des Chefs treten Probleme auf, und er wendet sich nun auch mit seinen emotionalen Problemen verstärkt an seine Sekretärin. Nachdem die Krise überwunden ist, nimmt diese Intensität jedoch wieder ab. Die Übergangsperson kann aber auch auf Dauer einen zentralen Platz im persönlichen Leben des Initiators einnehmen: Die Sekretärin (oder der Therapeut) wird möglicherweise dessen neuer Partner.

Zuweilen stützt sich der Initiator auf mehr als eine Übergangsperson. Er wird sich vielleicht einen Anwalt nehmen, der ihm hilft, sich durch die komplizierten rechtlichen Aspekte der Trennung hindurchzufinden. Daneben geht er möglicherweise ein Liebesverhältnis ein und sucht sich außerdem noch eine weitere Person, der er seine Unsicherheiten und Zweifel im Hinblick auf die Beziehung, die Liebschaft und den Rechtsbeistand anvertraut. Häufig fällt die Wahl auf ein Vorbild: jemand, dessen Lebensstil der Initiator gern übernehmen möchte oder der bereits eine Trennung überstanden hat. Diese

Hinwendung zu verschiedenen Übergangspersonen kann durchaus sinnvoll sein, weil wir alle mehrere Rollen verkörpern.[31] Ändert sich nun eine so zentrale Rolle wie die in unserer Liebesbeziehung, wirkt sich das häufig auf unsere anderen Rollen aus. Wenn wir erwägen, uns aus einer Beziehung zu lösen, müssen wir berücksichtigen, daß damit möglicherweise zugleich andere Rollen wegfallen, neue hinzukommen oder die bisherigen einen Wandel durchlaufen. Wer Kinder hat, kann seine Rolle als Partner nicht aufgeben, ohne daß sich gleichzeitig auch an seiner Rolle als Elternteil etwas ändert: Die Vollzeitmutter, die bisher nicht erwerbstätig war, muß sich jetzt womöglich Arbeit suchen; der Vater, der sich von der Familie trennt, wird seine Kinder nur noch besuchsweise sehen oder seine Vaterrolle vielleicht gar nicht mehr wahrnehmen. Kurz: Der Initiator setzt sich in Gedanken nicht nur mit einem, sondern mit mehreren Übergangsprozessen auseinander, und er muß, wenn er die Trennung vollzieht, seine Identität nicht nur im Hinblick auf die Partnerschaft, sondern auch in anderen Lebensbereichen neu definieren. Es ist daher verständlich, wenn er sich von mehreren Menschen zugleich Unterstützung holt. Vertrauenspersonen zu finden, die ihm helfen, die Trennung zu verarbeiten, ist für den Initiator dann besonders schwierig, wenn er in einer homosexuellen Beziehung lebt. Homosexuelle Partner enthüllen im allgemeinen, auch wenn sie ganz offen zusammenleben, die wahre Natur ihrer Beziehung nur einem sehr begrenzten Personenkreis. Wenn die Beziehung in eine Krise gerät, haben daher beide Partner gewöhnlich nur wenige Menschen, die ihnen Unterstützung geben können – und selbst diesen gegenüber bedeutet Offenheit häufig ein Risiko. Bei Angehörigen ist die Wahrscheinlichkeit groß, daß sie ein Scheitern der Beziehung als Abwendung von der Homosexualität begreifen. Sie werden vielleicht versuchen zu helfen, gleichzeitig aber die Trennung als Rückkehr zur «Normalität», das heißt zu heterosexuellen Lebensformen begrüßen. Der Initiator riskiert deshalb bei Gesprächen mit Familienangehörigen einen Gesichtsverlust («Es war eben doch ein Fehler») und anstrengende Auseinandersetzungen, wenn er seine sexuelle Identität wahren will. Bis vor kurzem stand homosexuellen Partnern bei Beziehungsproblemen im Grunde keine professionelle Unterstützung zur Verfügung, da die «Helfer» meist versuchten, die Betroffenen zur Heterosexualität zu bekehren. Auch heute gibt es noch längst nicht überall Beratungseinrichtungen für Homosexuelle.

Selbst innerhalb der Schwulen- oder Lesbenszene ist es schwer genug, eine Vertrauensperson zu finden. Die Zahl derer, die als Partner in Frage kommen, ist klein und die Konkurrenz heftig. Wer eine Beziehungskrise durchmacht, wird rasch als potentieller Partner angesehen. Fast alle homosexuellen Männer und lesbischen Frauen haben selbst Trennungsprozesse hinter sich; diese Erfahrungen in hilfreicher Absicht weiterzugeben, birgt aber die Gefahr, daß der oder die andere diese Hilfsbereitschaft als Angebot auffaßt. Aus diesem Grund halten sich diejenigen, die solche freundschaftliche Unterstützung geben könnten, oft zurück. Wer sich als Vertrauensperson anbietet, ist dagegen häufig selbst an einer Partnerschaft mit dem Initiator interessiert, so daß bei Homosexuellen eine größere Wahrscheinlichkeit besteht, daß die Übergangsperson zum neuen Partner wird. Es ist für den Initiator schwer, seine noch diffusen Probleme mit anderen zu klären, ohne dabei in eine neue Beziehung hineinzugeraten – was die Distanz zwischen ihm und dem Partner nur noch mehr vergrößert.

In dem Maße, wie der Initiator seine Unzufriedenheit in Gesprächen mit einer Übergangsperson artikuliert, werden ihm Probleme klarer und greifbarer. Häufig verwandeln sich dabei diffuse Vorstellungen in konkrete Möglichkeiten.[32]

Erzieherin, 24, Scheidung nach vier Ehejahren: «Sie war der erste Mensch, mit dem ich richtig über meine häuslichen Probleme sprechen konnte. Die Probleme für mich, damals jedenfalls, erwuchsen daraus, daß ich arbeitete und gleichzeitig versuchte, eine gute Ehefrau zu sein. Ich erinnere mich genau an ein Gespräch, das für mich ganz intensiv war. Dabei kamen wir immer wieder zu dem Punkt, daß nicht die Arbeit, sondern die Ehe das Problem war. Es ging ihr und mir um mehr als nur darum, daß ich arbeiten wollte oder daß sie arbeiten wollte. Es war etwas Grundsätzlicheres, was nicht stimmte.

Irgendwie setzte das, was sie sagte, bei mir eine Menge in Bewegung. Ich glaube, das Wichtige daran war, daß mir klar wurde: Nicht ich war das Problem. Gemeinsam stellten wir fest, daß es nicht einfach an uns Frauen lag. Wir waren keine Ungeheuer. Das ermöglichte es mir, besser mit dem Gefühl zu Rande zu kommen, daß meine Ehe nicht in Ordnung war, weil ich mir nicht mehr selbst die Schuld daran gab und nicht mehr dachte, es läge nur an mir, weil ich eben irgendwie daneben war. Ich glaube, das Gespräch und der Rückhalt bei ihr waren deshalb so wichtig, weil ich dadurch – so wie ich das jetzt sehe – zum erstenmal anfing, ernsthaft zu denken, ich könnte den Kurs, den mein Leben steuerte, verändern.»

Hausfrau, 36, Trennung nach zwölf Ehejahren: «Ich war zu dem Schluß gekommen, daß wir Hilfe brauchten und daß ich es einfach nicht mehr mit ihm aushielt. Ich war sehr aggressiv, wütend und mit den Nerven runter. Ich wollte, daß er mit mir zu einer Beratung ging, was er aber ablehnte. Er blieb dabei, daß es mein Problem war. Also ging ich allein hin. Nachdem ich mich in der Beratung mit meinen Gefühlen auseinandergesetzt hatte, kam ich schließlich an den Punkt, an dem für mich feststand, daß ich kein Interesse daran hatte, noch mehr dafür zu tun, daß diese Ehe wieder funktionierte. Ich war zwar noch nicht für eine Scheidung reif – ich konnte der Vorstellung nicht ins Auge sehen, allein zu sein und finanziell selbst für mich aufkommen zu müssen –, aber ich wußte, daß ich nicht mehr länger bereit war, ständig mit dem Kopf gegen eine Wand anzurennen. Ich wollte mir außerhalb der Ehe Beziehungen suchen, die möglichst viel von dem abdeckten, was ich brauchte, und mich darauf vorbereiten, irgendwann allein zu leben.»[33]

Das Äußern der eigenen Unzufriedenheit – ob in Form von ungerichteten Bemerkungen, Tagebucheintragungen oder Briefen, vor Dritten zum besten gegebenen Anekdoten oder auch die Selbstbeobachtung fördernden Gesprächen mit Vertrauenspersonen – dient dem Initiator als eine Art Sicherheitsventil.[34] Es ermöglicht ihm, seinen Gefühlen Luft zu machen. Das kann der Beziehung zugute kommen, weil es eine Kampfpause darstellt, in der der bedrängte Streiter sich seine Wunden salben läßt, um dann wieder frisch gestärkt in die Arena zu treten. Wenn die Beziehung dagegen scheitert, erwachsen aus solchen Äußerungen soziale Konsequenzen, die die Ventilfunktion aufheben und – meist unbeabsichtigt – die Kluft zwischen den Partnern vertiefen.

## Soziale Distanzierung

Indem der Initiator seiner Unzufriedenheit Ausdruck verleiht, distanziert er sich öffentlich vom Partner. Wenn wir eine Beziehung eingehen, signalisieren wir der Umwelt unsere Zusammengehörigkeit.[35] Wir demonstrieren unsere Verbundenheit mit dem Partner durch Gesten der Zuwendung und Zärtlichkeit. Wenn wir uns aus einer Beziehung lösen, neigen wir hingegen dazu, auch nach außen hin Achtlosigkeit und Lieblosigkeit an den Tag zu legen. Der Initiator, der Dritten gegenüber Geheimnisse über die Beziehung enthüllt, distanziert sich nicht nur durch den Inhalt dieser Informationen vom Partner, sondern bereits durch den Akt des Offenlegens. Bei den meisten Paaren sind die Partner gemeinsam bemüht, nach außen hin ein harmonisches Bild zu präsentieren und sich an die gängige Regel zu halten, daß das vertrauliche Innenleben der Beziehung Dritte nichts angeht.[36] Indem der Initiator nun aber die Konflikte bestimmten Personen offenlegt[37], signalisiert er damit zugleich ein Nachlassen dieser Loyalität gegenüber dem Partner. Sich von der Beziehung zu distanzieren, ist eine Form, sich vom Partner loszusagen: eine soziale Ablösung ohne eine faktische Trennung. Der Initiator schafft daher auserwählten Dritten gegenüber bereits einen Abstand zum Partner, ehe die faktische Trennung ein für alle ersichtlicher Abschnitt in der Biographie der Beziehung wird.

Außerdem verstärken solche Unzufriedenheitsäußerungen das Bild, das der Initiator Menschen, die nicht zu seinem intimsten Umfeld gehören, vom Partner und der Beziehung präsentiert. In einer Partnerschaft zu leben, wird gesellschaftlich akzeptiert, nicht jedoch, eine Partnerschaft aufzugeben.[38] Diese gesellschaftlichen Normen sitzen so tief in uns, daß uns schon der Gedanke, einen Menschen zu verlassen, der uns liebt oder von uns abhängig ist, in immense Konflikte stürzt. Wenn der Partner offensichtliche gute Seiten hat, wird es noch schwerer, eine Beziehung zu beenden. Um sich einem so zentralen Gebot der bestehenden gesellschaftlichen Ordnung – Menschen haben nur in Paaren vorzukommen wie die Tiere auf Noahs Arche – widersetzen zu können, entwirft der Initiator ein Bild vom Partner, das die Unzulänglichkeiten hervorhebt.[39] Er rechtfertigt seine Absicht, den Partner zu verlassen, indem er anderen gegenüber diesen Fall als Ausnahme von der allgemeinen Regel der unhinterfragten Zweisamkeit darstellt. Auf diese Weise versucht der Initiator, die negativen sozialen Folgen einer Trennung zu mildern.[40] Diese Vorgehensweise bietet ihm die Möglichkeit, sich aus der gegenwärtigen Beziehung zu lösen und gleichzeitig den Eindruck zu vermeiden, er mißachte das geltende Wertsystem. Damit beugt er gleichzeitig peinlichen Irritationen vor, falls er später beschließen sollte, eine neue Beziehung einzugehen.

Die Unmutsbekundungen haben eine weitere Konsequenz, die die Zerrüttung der Beziehung vorantreibt: Sie wirken sich auf das Sozialleben beider Partner aus. Der Initiator beeinflußt das Bild, das sich andere von seinem Partner und der Beziehung machen, ebenso wie deren Wahrnehmung von ihm selbst und seiner Rolle gegenüber dem anderen. Die Umwelt agiert nun auf der Grundlage dieser veränderten Definition. Manche, die sich dem Initiator seelenverwandt fühlen, werden auf dessen Unzufriedenheitsbekundungen mit verstärkter Zuwendung und Unterstützung reagieren. Indem der Initiator seine Geheimnisse mit Vertrauten und Übergangspersonen teilt, knüpft er neue Beziehungen oder intensiviert bereits bestehende.[41]

Seine Enthüllungen können aber auch bewirken, daß andere Beziehungen abbrechen. Es kann sein, daß sich Dritte, die sich eher dem Partner verbunden fühlen, zurückziehen. Öffentliche negative Äußerungen über den Partner verstoßen gegen die moralischen Prinzipien vieler Menschen, die nun entsprechend reagieren.[42] Nicht nur der ins Zwielicht gerückte Partner büßt möglicherweise Sympathien ein; indem der Initiator den anderen schlecht macht, riskiert auch er, sich selbst herabzusetzen.[43]

Diejenigen Freunde und Bekannten, die mit diesem Verstoß gegen die Spielregeln für den Umgang mit Beziehungen konfrontiert werden, reagieren darauf im allgemeinen mit dem Versuch, sich soweit wie möglich aus dem Konflikt herauszuhalten. Ein Freund, der sich vor allem dem herabgesetzten Partner verbunden fühlt, wird möglicherweise künftig auf gemeinsame Unternehmungen mit beiden verzichten und nur noch den Partner allein treffen. Eine Vertrauensperson des Initiators wird sich dagegen vielleicht im Beisein des Partners unwohl fühlen und deshalb nur noch selten oder oberflächlich Umgang mit ihm pflegen. Freunde, die in ihren eigenen Beziehungen glücklich sind, mögen wiederum die Unmutsbekundungen des Initiators ungehörig oder peinlich finden und deshalb den Kontakt mit dem Paar meiden. Eine andere Möglichkeit, Konflikte zu vermeiden, besteht darin, sich mit dem Paar nur noch in Gegenwart anderer zu treffen, um die Atmosphäre unpersönlicher zu halten, oder gemeinsame Aktivitäten zu arrangieren, um die ungute Stimmung aufzufangen. Manchmal empfinden Freunde die Situation aber auch als bedrohlich, weil sie selbst Beziehungsprobleme haben. In diesem Fall kann es sein, daß sie den Kontakt von Paar zu Paar einschränken, während einer oder vielleicht auch jeder von ihnen eine gesonderte Beziehung zu einer der beiden Parteien vorzieht. Wieder andere Bekannte fühlen sich gänzlich unfähig, Stellung zu beziehen, und lassen den Kontakt einschlafen. Es setzt ein allgemeines Sieben und Sortieren der gemeinsamen Freunde ein. Die neuen Arrangements, die dabei herauskommen, stärken nicht mehr der Identität der Partner als Paar, sondern die eigenständige Identität jedes einzelnen.

Hinzu kommt, daß das Äußern von Unzufriedenheit Dritten gegenüber dazu führt, daß der Initiator in seiner negativen Sicht des Partners bestärkt wird. Obgleich andere theoretisch das negative Bild, das der Initiator zu entwerfen im Begriff ist, auch korrigieren oder ablehnen können, plaziert dieser, wenn die Beziehung ihrem Ende entgegengeht, seine Äußerungen so, daß er Bestätigung findet. Das garantieren schon die Kriterien, nach denen er sich seine Vertrauens- und Übergangspersonen aussucht: Er schüttet sein Herz nur vor solchen Menschen aus, bei denen er damit rechnen kann, daß sie ihm Verständnis entgegenbringen – sei es aus Loyalität, aus eigener Erfahrung heraus, aufgrund ihrer Distanz, aus ideologischen Gründen oder von Berufs wegen.[44] Der soziale Ort dieser Personen macht es unwahrscheinlich, daß sie zugunsten des Partners argumentieren werden, oder verwehrt ihnen diese Möglichkeit in vielen Fällen auch.

Nachdem der Initiator Dritten gegenüber seine Unzufriedenheit geäußert hat, ergeben sich daraus meist weitere Gespräche, die ihn letztlich in seiner Sicht der Dinge – nicht nur der Rolle des Partners, sondern auch seiner eigenen in der Beziehung – bestärken.[45] Das führt dazu, daß die Schwächen des Partners und die Mängel der Beziehung immer realere Gestalt annehmen.[46] Aufgrund der Kriterien, nach denen sich der Initiator seine Gesprächspartner auswählt[47], kann sich das negative Bild ungehindert verfestigen: Es gibt niemanden, der ihm widerspräche oder andere Gesichtspunkte einbrächte. Der Gesprächsprozeß ist zugleich ein Übergangsprozeß.[48] Wenn sich der Initiator an einen Berater oder Therapeuten wendet, können seine negativen Definitionen dank der professionellen Autorität des Gegenübers noch wirksamer bestärkt werden. Die Krise der Beziehung wird gewissermaßen «offiziell».

Zugleich leitet das offene Äußern von Unzufriedenheit auch den Vorgang des Trauerns ein. Trauern ist, wie bei jedem bedeutsamen Abschied, ein wichtiges Moment der Lösung vom Partner. Die Trennung bedeutet den Übergang zu einer anderen Lebensform, das Anpeilen eines neuen Lebenskurses, den wir – egal, ob wir uns das schon im Frühstadium dieses Prozesses eingestehen oder nicht – ohne den Partner einschlagen werden. Wenn wir Beziehungen eingehen, erwarten wir in der Regel, daß sie von Dauer sein werden. (Was wir uns darunter vorstellen, ist zwar unterschiedlich, aber von einer gewissen Dauer gehen wir auf jeden Fall aus, da wir uns sonst gar nicht erst darauf einlassen würden, unseren äußeren Lebensrahmen und unsere Habe mit dem, was der Partner einbringt, zu verquicken.)[49] Wenn wir dann den Menschen verlassen, der eine so zentrale Rolle in unserem Leben spielt und mit dem wir ein Stück unseres Lebensweges gemeinsam gegangen sind, erleben wir diese Trennung als einen Verlust.

Wenn wir uns aus einer Beziehung lösen, müssen wir nicht nur diesen Verlust verarbeiten, sondern uns auch der Frage stellen, inwieweit wir selbst dazu beigetragen haben. Wir sind mit unseren eigenen Versäumnissen und Unzulänglichkeiten konfrontiert. Wir entwerfen im Zuge des Trennungsprozesses auch deshalb ein negatives Bild vom Partner und von der Beziehung, weil wir versuchen, den Verlust für uns annehmbar zu machen.[50] Wir rechtfertigen unser eigenes Versagen vor uns selbst, indem wir die negativen Aspekte dessen, was wir hinter uns lassen, hervorheben. Wenn wir uns selbst und anderen gegenüber unsere Unzufriedenheit artikulieren, verarbeiten wir zugleich unser Verlust- und Versagensgefühl, indem wir im stillen und vor Dritten darüber trauern, daß das Liebesobjekt unsere Erwartungen enttäuscht hat.[51]

Aus diesen Gründen ist der Initiator geradezu zwanghaft damit beschäftigt, Rückschau zu halten.[52] Indem er seine Unzufriedenheit vor sich selbst und anderen ausbreitet, entwirft er eine Darstellung des Partners und der Beziehung, die die Trennung verständlich und annehmbar macht.[53] Er entwickelt eine neue Version von der Geschichte der Beziehung, jenes Fundus an gemeinsam Erlebtem, der ihn mit dem Partner verbindet. Damit er die Beziehung hinter sich lassen kann, muß er diese Erinnerungen so umgestalten, daß sie ihre bindende Kraft verlieren – weshalb er eine unglückliche gemeinsame Geschichte konstruiert. Außerdem muß der Mensch, den aufzugeben er im Begriff ist, als Partner ungeeignet erscheinen. Wenn der andere einschneidende Fehler begangen hat, ist es sozial legitim, ihn zu verlassen.[54] Aus diesem Grund ist es nötig, den Partner abzulehnen und mit untragbaren Schwächen auszustatten. Letztlich sind wir offenbar nicht in der Lage, einen Menschen zu verlassen, den wir gern haben.

# *Drei*
# Übergang: zwischen Abschied und Aufbruch

Die Lösung aus einer Beziehung ist nicht nur ein Abschied. Sie stellt zugleich den Übergang in ein anderes Leben dar. Kennzeichnend für diesen Übergangsprozeß ist die Gleichzeitigkeit von Abschied und Aufbruch. Der Initiator kehrt die negativen Seiten des Partners und der Beziehung hervor und konstruiert sich so eine Realität, die er hinter sich lassen kann. Indem er ohne den Partner Alternativen erforscht und sich ihnen zuwendet, beginnt er, sich einen eigenen, vom Partner unabhängigen sozialen Ort zu schaffen. Mit dieser Festlegung des Ausgangspunktes und des Zieles allein ist es jedoch noch nicht getan. Der Lösungsprozeß beinhaltet, daß der Initiator auch tatsächlich, physisch und sozial, den Übergang, und das meint die Trennung und den Einstieg in sein neues Leben, vollzieht. Zum Teil betreibt er diesen Übergangsprozeß aktiv: Er reagiert auf seine Unzufriedenheit, trifft Entscheidungen und handelt. Dennoch erwächst die Dynamik des Lösungsprozesses nicht aus dem Handeln einzelner Akteure, sondern aus dem Wechselspiel dieses individuellen Handelns mit den Reaktionen des sozialen Umfelds. Indem der Initiator auf sein persönliches Unbehagen reagiert, löst er zugleich Reaktionen in seiner Umgebung aus, die seinen Übergangsprozeß vorantreiben und seine Bewegung weg vom Alten und hin zum Neuen durch zusätzliche Impulse unterstützen.

Der Initiator gibt jedoch nicht ohne weiteres die Sicherheit des Bekannten zugunsten des ungewissen Neuen auf. Voraussetzung ist, daß sowohl das Ziel als auch der Weg dorthin ihm lohnend, einigermaßen vertraut und von daher realisierbar erscheinen. Während das Eingehen von Beziehungen bis zu einem gewissen Grad ritualisiert abläuft und jeder von uns offenbar eine Ahnung davon hat, wie dieser Prozeß verlaufen kann, gilt dies für die Lösung aus Beziehungen nicht. Für viele Menschen bedeutet eine Trennung in mehrfacher Hinsicht einen Schritt ins Unbekannte. Nicht jeder kehrt danach zu einer bereits bekannten Lebensform zurück. Manche Betroffene haben noch nie allein gelebt. Sie sind gleich nach der Schule oder dem Studium eine feste Beziehung eingegangen und direkt aus dem Elternhaus (oder einem Wohnheim, das in dieser Hinsicht einen Elternhausersatz darstellt) in eine gemeinsame Wohnung mit dem Partner gezogen. Aber auch für diejenigen, die für eine gewisse Zeit allein und eigenständig gelebt haben, stand dieses Single-Dasein im allgemeinen im Zeichen der Erwartung, eines Tages eine Beziehung einzugehen. Sie erlebten es als eine Art Vorbereitungszeit – als Mittel zum Zweck und nicht als endgültige Lösung. Jetzt hingegen steht das Alleinsein nicht mehr so selbstverständlich unter dieser Perspektive.

## Das Terrain wird sondiert

Der Initiator, der den Schritt in ein solches unbekanntes Terrain erwägt, wird im allgemeinen versuchen, dieses zu erkunden. Er sucht nach Informationen, die ihm ein Bild von dem, was auf ihn zukommt, vermitteln können. Es gibt eine Fülle leicht zugänglicher Informationsquellen. Feministische und Homosexuellen-Zeitschriften und auch populäre Magazine porträtieren Alternativen zur heterosexuellen Beziehung. Bücher, Zeitschriften und Periodika befassen sich mit den Themen Trennung, Single-Dasein und Neubeginn. Filme wie ‹Kramer gegen Kramer› oder ‹Eine entheiratete Frau› stellen eindringlich Menschen in solchen Übergangsprozessen dar. Auch Musik kann in einer solchen Umbruchsphase eine starke Aussage vermitteln. Das Fernsehen, das uns Lehrreiches über alle möglichen Dinge – vom Kosmos bis zum Kochen, von Fitness bis zu Fremdsprachen sprachen – anbietet, zeigt uns auch eine Menge über Trennung, Scheidung und

Single-Dasein. Moderne Familienserien, in denen der Haushaltsvorstand ein alleinerziehender Elternteil ist, Unterhaltungsschnulzen, Talkshows, in denen Prominente auftreten, deren Trennung Schlagzeilen gemacht hat – von all diesen Sendungen lernen wir vielleicht sogar mehr zu diesem Thema, als wir wissen wollen.

Derartige Informationen können auf den Initiator eine regelrechte Faszination ausüben. Er fahndet nach Büchern, Zeitschriften, Filmen, Gesprächsgruppen und Zeitungsartikeln, die für seine persönliche Situation relevant sind. Manche Betroffene haben beruflich besonders gute Informationsmöglichkeiten, wie zum Beispiel Therapeuten, Scheidungsanwälte, Sozialarbeiter oder auch Wissenschaftler, die über Trennungsprozesse forschen. Andere nutzen zufällige Begegnungen mit Fremden.

Sekretärin, 38, Trennung nach achtzehn Ehejahren: «Ich erinnere mich, wie ich einmal im Bus neben einer Frau saß, die sich gerade scheiden ließ. Für mich war das eine günstige Gelegenheit, weil sie mich nicht kannte und ich ihr daher ungeniert alle möglichen Fragen dazu stellen konnte. Das ist mir deshalb unvergeßlich, weil es das erste Mal war, daß ich es gewagt hatte, über diese Dinge zu sprechen.»

Im stillen stellt der Initiator seine Beobachtungen an. Er verfolgt, wie die Nachbarin von oben mit ihren Kindern allein zurechtkommt. Er registriert, wie Ex-Partner nach der Trennung in der Öffentlichkeit miteinander umgehen. Er achtet auf die Reaktionen seiner Eltern und Freunde, wenn das Gespräch auf eine Trennung im Bekanntenkreis kommt. Wenn er mit alleinlebenden Freunden oder Freundinnen zusammenkommt, studiert er deren Leben. Er versucht abzuschätzen, wie vielen der ihm bekannten Menschen, die eine Trennung hinter sich gebracht haben, es offenbar ganz gutgeht. Mit der Wahl von Vertrauens- und Übergangspersonen sucht sich der Initiator zugleich Sozialisationsinstanzen, denn er macht einen neuen Sozialisationsprozeß durch. Häufig haben diese Menschen entweder selbst eine ähnliche Übergangsphase hinter sich oder stecken mitten darin und sind deshalb für den Initiator von unschätzbarem Wert, weil sie ihm Einblicke in die verschiedenen Aspekte des «Kulturschocks» ermöglichen, der eine Trennung begleitet.[1] Hier ist der Initiator ganz Ohr, wenn es um finanzielle Probleme, Unterhaltsvereinbarungen, handgreifliche Auseinandersetzungen, die Aufteilung von Besitztümern, chaotische Lebensumstände, die Finessen des Scheidungsrechts oder die raffinierten Winkelzüge von Anwälten geht. Er verfolgt gespannt, ob und was die frisch gebackenen Singles von neuen sexuellen Kontakten zu berichten haben. In Gesprächen mit Übergangspersonen oder Vertrauten ist er häufig offen und direkt.

Friseuse, 29, Scheidung nach neun Ehejahren: «Eines Abends kam mich der Mann einer Freundin besuchen. Er war selbst auch ein Freund von mir, und das machte die Sache kompliziert. Er kam also und erzählte mir, daß er unbedingt jemanden braucht, mit dem er reden kann, und daß ich einer der wenigen geschiedenen Menschen sei, die er kennt. Er erzählte mir, daß er mit meiner Freundin schon lange nicht mehr glücklich war und ein Verhältnis mit einer anderen Frau hatte. Er war entschlossen, die Beziehung zu seiner Frau aufzugeben, hatte ihr aber noch nichts davon gesagt und wollte jetzt von mir wissen, wie ich darüber dachte, wie er es am besten anfangen sollte, wie mir das Alleinleben gefiel, ob wir zu einer Beratung gegangen seien, wie mein Ex-Mann und ich miteinander auskämen und all solche Dinge.»

Der Initiator versucht, die gesammelten Informationen auf die eigene Situation zu beziehen und die Vor- und Nachteile einer Trennung abzuwägen: Wird er allein zurechtkommen, wird der Partner mit physischer Gewalt reagieren, was werden die Freunde dazu sagen, werden die Kinder darunter leiden, wie wird die finanzielle Seite aussehen, gibt es bessere Alternativen, wie ist es mit der Einsamkeit?[2] Er wird möglicherweise einen Anwalt aufsuchen, um sich über die juristischen Aspekte und Konsequenzen einer Trennung zu unterrichten.[3] Vielleicht führen ihn seine Erkundungen zu dem Schluß, daß die Trennung einen Schritt in eine ungewisse und wenig verlockend erscheinende Zukunft bedeuten würde, und er beschließt, der Beziehung noch eine Chance zu geben.[4] Wenn es dagegen zur Trennung kommt, hilft diese Orientierungsphase dem Initiator, den Übergangsprozeß zu entmystifizieren und jenes Zutrauen zu gewinnen, das es ihm ermöglicht, diesen entscheidenden Schritt zu riskieren.

Finanzbeamter, 33, Scheidung nach sieben Ehejahren: «Ich war immer überzeugt, daß ich nicht zu der Sorte Mann gehöre, die Frau und Kinder sitzenläßt. Ich meine, Verpflichtung ist Verpflichtung, und ich bin jemand, der Wort hält. Als Paul seine Frau und sein Kind verließ, merkte ich: He, halt mal, so schlimm ist das ja gar nicht. Wenn ich wirklich will, kann ich es auch tun.»

Sekretärin, 25, Scheidung nach vier Ehejahren: «Thelma und ich waren uns die ganze Zeit gegenseitig die wichtigste Stütze gewesen. Dann zog sie zu Hause aus, und ich erzählte Alvin davon. Thelma und ich redeten miteinander, und ich redete mit Alvin. Thelmas Trennung brachte mich dazu, Alvin gegenüber eine Menge Sachen an die Oberfläche zu holen. Ich meine, wir hatten ein paar Gespräche, die mir sehr gut taten, weil ich endlich mal die Dinge auf den Tisch packte, und ich lernte dabei, immer klarer zu werden. Ich fing zuerst indirekt an, so in der Art: Thelmas und Toms Situation ist gar nicht so anders als unsere. Daraufhin zählte er mir auf, was bei uns alles ganz anders war! Da Thelma für mich in der ganzen Zeit jemand war, mit der ich mich identifizierte, dachte ich, wenn sie es fertigbringt, kann ich es auch. Sie war es, die die Trennung für mich zu einer realen Möglichkeit werden ließ, sozusagen zu einer ganz normalen Sache. Als es dann soweit war, habe ich es gar nicht mehr als traumatisch empfunden. Kein bißchen. Psychisch war ich ja längst über den Punkt hinweg.»

Der Initiator sucht keineswegs nur Informationen; zugleich ist er auf moralische Orientierungshilfen und Rückendeckung angewiesen. Er lernt aus der Beobachtung anderer, die sich trennen oder getrennt haben, nicht nur, wie man einen solchen Prozeß praktisch bewältigt (oder auch nicht); allein schon die Tatsache, *daß* diese anderen sich von ihren Partnern trennen, bestärkt ihn in seinem Vorhaben. Der Umgang mit solchen Menschen verleiht seiner Trennung eine gewisse Legitimität. Der Initiator kommt dabei verstärkt mit einer Ideologie in Berührung, die den einzelnen wichtiger nimmt als die Gruppe. In unserer Gesellschaft gilt die Familie als der Hort der Liebe, der sexuellen Befriedigung und der Selbstverwirklichung.[5] Beziehungsbande zu durchtrennen bedeutet, gegen einen gesellschaftlichen Grundsatz zu verstoßen, der das Paar über das Individuum stellt. Will der Initiator auf eine Trennung hinaus, muß er gesellschaftlich begründete Hemmungen überwinden. Menschen, die eine Beziehung beenden, entwickeln die Überzeugung, daß die Selbstverantwortung Vorrang vor der Verantwortung gegenüber dem anderen hat.[6] Sie gelangen zu einem pragmatischeren Verständnis hinsichtlich der Beziehung: Da diese nicht notwendigerweise für alle Zeit hält, kann man sie beenden, wenn sie der persönlichen Entwicklung nicht mehr förderlich ist.

Andere zu kennen, die aktiv eine Trennung in die Wege leiten, ermutigt den Initiator, dies selbst auch zu tun. Manchmal kann man einen regelrechten Dominoeffekt beobachten – in einem Kreis von befreundeten Paaren zerbricht eine Beziehung, und prompt ergeht es anderen ebenso. Ein Mann beschreibt, wie ein solcher Prozeß in einem «Paar-Club» ablief: «Das Paar, das unsere Gruppe ursprünglich gegründet hatte, kündigte an, daß es sich scheiden lassen wollte. Wir waren alle schockiert, weil sie schon etwas älter waren und nach außen hin eine ideale Kombination und glücklich miteinander schienen. Später lachten wir selbst über diese Reaktion, weil sich innerhalb der nächsten zwei Jahre alle Paare in der Gruppe bis auf eins trennten. Wie das bei den anderen zuging, weiß ich nicht, aber bei mir war es so, daß ich dachte, wenn zwei Leute wie diese beiden zu dem Schluß gekommen sind, daß es keinen Sinn mehr hat, brauche ich mich auch nicht ewig mit einer verkorksten Ehe herumzuschlagen, dann kann ich auch das Handtuch werfen.»

Eine solche Denkweise, die das eigene Selbst in den Vordergrund stellt und die Trennung vom Partner legitimiert, kann sich jedoch auch auf anderen Wegen entwickeln. Bei einigen Betroffenen erwuchs sie offenbar aus einer einschneidenden persönlichen Erfahrung, die das innere Umschwenken vom Gefühl der Verantwortung für andere zur Selbstverantwortung auslöste.[7] Diese Erfahrung veranlaßt den Initiator, nach

Informationen und Menschen Ausschau zu halten, die ihn in seiner keimenden Neuorientierung bestärken.

Dozent an einer Fachhochschule/Schriftsteller, 39, Scheidung nach achtzehn Ehejahren: «Ich glaube, entscheidend war die Erfahrung während meines Graduiertenstudiums. Ich fing an, die Rollen von Mann und Frau in vielem ganz neu zu überdenken. Betty war in allen möglichen Vereinen und anderen Organisationen engagiert, und das ärgerte mich allmählich. Ich war sauer und fand es ungerecht, daß ich den Brotverdiener spielen sollte. Da saß ich den ganzen Tag und plagte mich ab, und sie war irgendwo draußen und hatte ihren Spaß. Sie hat sich bis heute nicht geändert, aber ich. Es erschien mir plötzlich eine riesige Last, für sie aufkommen zu müssen. Es war sehr erleichternd, mir sagen zu können, daß ich nicht für alles die Verantwortung zu tragen brauchte.»

Ein anderer Mann erfuhr die Beerdigung seines Onkels als ein einschneidendes Erlebnis.

Computervertreter, 35, Trennung nach zehn Jahren Zusammenleben: «Ich dachte, man beerdigt mal wieder jemanden, und damit hat sich's. Ich mußte weinen. Es war ein Erlebnis, das mich veränderte. Ich kam nach Hause und fing an, ‹Die Witwe› von Lynn Caine zu lesen. Ich las auch Liv Ulmanns ‹Wandlungen› und die Geschichte von Paul und Hannah Tillich. Ich ging in eine therapeutische Gruppe, die sich mit dem Tod beschäftigte. Schließlich kam ich an einen Therapeuten, der mir verstehen half, was mit mir vorging. Er sagte: ‹Sie haben erkannt, daß Sie irgendwann sterben werden, und dabei ist Ihnen klargeworden, daß Sie keine Zeit zu vertun haben.›»

Frauen berichten nicht selten, daß sie durch die Frauenbewegung gelernt haben, mehr auf sich selbst zu achten. Sie sehen es nicht mehr als Abweichung von der Norm oder als Verstoß gegen die natürliche weibliche Bestimmung an, wenn Frauen allein leben. Eine Trennung ist für sie daher nicht mehr Ausdruck persönlichen Versagens und auch keine böswillige Zerstörung der Familie, sondern möglicherweise ein Schritt hin zu einer selbständigeren Entwicklung.[8] Eine Frau zeigte mir den folgenden Absatz aus dem Buch ‹Learning to Leave: A Woman's Guide›[9], der für sie ein starker Anstoß war, sich selbst wichtiger zu nehmen: «Ganz im Ernst: Dies ist dein Leben und, soweit wir es absehen können, das einzige, das du zur Verfügung hast. Du mußt dich nicht dafür entschuldigen – nicht einmal vor dir selbst –, wenn du es in deinem Sinn lebst. Das hat nichts mit Egoismus zu tun, sondern nur mit Selbsterhaltung. Für niemand anderen bist du so wichtig wie für dich selbst. Das heißt nicht, daß du ausschließlich an dich denken müßtest. Du brauchst dich weder über die Gefühle deiner Kinder noch über die deines Mannes hinwegzusetzen. Aber stell einmal dich selbst an die erste Stelle.»

Nicht immer muß sich der Initiator eine solche selbstbezogene Denkweise neu aneignen. Vielleicht hat er vor der Zeit der Beziehung in Kreisen gelebt, in denen das Wohl des einzelnen gegenüber einschränkenden Beziehungen Vorrang hatte. Im Zeichen der Trennung greift er vielleicht vermehrt auf diese alten Bezüge zurück und kommt dabei auch wieder verstärkt mit der entsprechenden Ideologie in Berührung. So sucht er beispielsweise wieder Zugang zur Welt jener Homosexuellen ohne feste Partner und reaktiviert die entsprechenden sozialen Verhaltensmuster. Wurzelt hingegen eine solche hilfreiche Ideologie in der eigenen Familie, kann es sein, daß der Initiator jetzt durch Besuche, Briefe und Anrufe verstärkt den familiären Kontakt sucht.

## Impulse von außen

Während der Initiator ein mehr selbstbezogenes Denken entwickelt, schafft er sich unbeabsichtigt ein Umfeld, dessen moralische Werte eine Trennung als etwas Zulässiges oder sogar Positives gelten lassen und das ihn darin bestärkt, sich vom Partner zu entfernen und anderen zuzuwenden, die ähnlich denken. Es kann auch sein, daß der Initiator diese Werte nicht nur in seinem unmittelbaren Freundeskreis, sondern darüber hinaus in einer größeren Bezugsgruppe (unter Lesbierinnen, alleinstehenden Frauen, Singles oder Schwulen) verkörpert sieht, die ihn indirekt ideologisch unterstützt.[10]

Schritt für Schritt tritt der Initiator aus der Welt, die er mit dem Partner teilte, heraus und investiert immer mehr Zeit, Energie und Engagement anderswo.[11]

Im gleichen Maße, in dem der Initiator sich dem Neuen zuwendet, entfremdet er sich mehr und mehr dem Alten. Die neuen, auf ähnliche Probleme und Wünsche, gemeinsame Erfahrungen und ideologische Übereinstimmungen gegründeten Kontakte vertiefen die Kluft zwischen ihm und dem Partner. Er fühlt sich in seiner häuslichen Umgebung nicht mehr wirklich «zu Hause» und schränkt, um Mißstimmigkeiten zu vermeiden, die Interaktion mit dem Partner weitgehend ein. Er entzieht sich, indem er fernsieht, telefoniert oder liest, arbeitet oder joggt, sich ausgiebig mit den Kindern beschäftigt oder extrem früh oder spät ins Bett geht. Manche dieser Vermeidungsstrategien geben ihm gleichzeitig Gelegenheit, sich in Gedanken dem Aufbau eines eigenständigen Lebens zu widmen. Auf diese Weise gelingt es ihm, sich zur gleichen Zeit an zwei verschiedenen Orten aufzuhalten.[12]

Äußerlich fallen diese Vermeidungsstrategien zunächst kaum auf, weil sie nicht plötzlich zum Tragen kommen. Sie sind nur die Fortsetzung und Zuspitzung eines allmählichen Verebbens der vertrauten Kommunikation zwischen den Partnern, das schon vor längerer Zeit eingesetzt hat. Auch diese häusliche Situation schafft Impulse, die den Übergangsprozeß des Initiators vorantreiben. Da er sich im Zusammensein mit dem Partner unwohl fühlt, neigt er dazu, sich zu Hause abweisend und entnervt zu verhalten. Der Partner mag darauf seinerseits mit Rückzug reagieren, und so entsteht ein Teufelskreis fortschreitender Entfremdung.[13] Vielleicht erwidert der Partner das verstärkte Unabhängigkeitsstreben des anderen jedoch auch, indem er sich an ihn klammert oder in Wut gerät, fordernd auftritt oder sich zu rächen versucht – kurz, umgekehrt ebenfalls seine Frustration zum Ausdruck bringt. Die Antwort des Partners besteht möglicherweise auch aus einer Kombination dieser verschiedenen Reaktionen. Welche Form sie auch immer annehmen mögen: ironischerweise verstärken sie oft das negative Bild, das sich der Initiator gerade vom Partner entwirft. Ihm erscheint die Beziehung nun noch unattraktiver im Vergleich zu der Selbstbestätigung, die er anderswo findet (oder zu finden hofft).[14]

Finanzbeamter, 33, Scheidung nach sieben Ehejahren: «Es gab schon auch wirklich schlimme Szenen, mit Schimpfen, Brüllen, Schreien und so weiter. Sie fing damit bevorzugt um drei Uhr morgens an, wenn ich schlief und sonst alles totenstill war. Ich glaube, sie hat immer vorher schon drei, vier Stunden dagesessen und vor sich hingekocht und sich dann gesagt, jetzt wecke ich diesen Mistkerl auf und sage ihm Bescheid. Sie hat getobt wie eine Irre. Wir haben uns zwar nie geprügelt, aber sie war bestimmt oft kurz davor. Wenn sie so über mich herfiel, während ich schlief, wußte ich überhaupt nicht, was los war. Es machte mich nervös. Ich hatte eine Heidenangst. Sie hätte mich ja auch erstechen können, wütend wie sie war. Aber sie fing immer nachts damit an. Vielleicht hat sie sich dann stärker gefühlt, weil ich nicht wach und bei Sinnen war.»

Verkäufer in einer Boutique, 35, Trennung nach zwei Jahren Zusammenleben: «Wir führten ein sehr geselliges Leben mit vielen Parties und regelmäßigen Gruppentreffen, aber das war für mich irgendwann kein Vergnügen mehr. Er rückte mich vor unseren Freunden in ein schlechtes Licht. Er ließ immer spitze Bemerkungen darüber los, wie labil ich sei – unvernünftig, abwehrend, überempfindlich. Manchmal stichelte er vor allen anderen so lange, bis ich wirklich so reagierte, wie er es darstellte. Ich kam einfach nicht dagegen an.»

Die gemeinsamen Aktivitäten und Interessen der Partner, die früher für Gesprächsstoff sorgten, treten immer mehr in den Hintergrund.[15] Der Initiator führt statt dessen eingehende Gespräche mit Dritten, baut andernorts emotionale Bindungen auf und teilt positive Erlebnisse mit anderen, so daß die Lebensqualität innerhalb der Beziehung noch mehr leidet. Der Partner ist immer häufiger allein.[16]

Sekretärin, 26, Trennung nach fünf Jahren Zusammenleben: «Als es zwischen uns immer schlimmer wurde, war ich kaum noch mit ihr zusammen. Ich ging immer mit meinen Freundinnen aus, zwar nicht unbedingt jeden Abend, aber doch sehr oft. Ich ging in ein Lokal, wo Frauen waren, die ich kannte, und andere Freundinnen kamen auch dorthin. Es war schon länger so gewesen, daß ich das Bedürfnis hatte, ab und zu einen Tag ganz für mich zu haben – bestimmte Tage, zum Beispiel den ganzen Sonnabend –, aber jetzt wurden es immer mehr.»

Verwaltungsbeamter, 44, Trennung nach dreiundzwanzig Ehejahren: «Ich war mit meiner Beziehung zu Karen beschäftigt. Ich stahl mir immer mehr Zeit dafür. Ich hatte es mir schon seit langem angewöhnt, einen Teil meiner Arbeitszeit abzuzwacken, um mit Karen zusammenzusein, so daß ich wiederum einen Teil meiner Freizeit, in der ich eigentlich für die Familie hätte da sein sollen, darauf verwenden mußte, den Ausfall an Arbeitszeit auszugleichen. Das betraf vor allem die Wochenenden. Ich mußte oft fast das ganze Wochenende über arbeiten. Das ist zwar in meinem Beruf nichts Unübliches, aber in diesem Fall war es eindeutig Arbeit, die ich die Woche über hätte erledigen können, wenn Karen nicht gewesen wäre. Meine Frau wußte nichts davon. Sie hatte sich einfach an den Ablauf gewöhnt, wie die meisten Ehefrauen, die am Feierabend und am Wochenende hinter der Arbeit zurückstehen müssen. Ich hatte aber Schuldgefühle, weil ich genau wußte, warum es so war.»

Hausfrau, 35, Trennung nach elf Ehejahren: «Ich war damals sehr engagiert im Elternbeirat und bei den Pfadfindern, so daß ich – na ja, auf die Weise brauchte ich eben kaum mit ihm zusammenzusein. Außerdem habe ich abends im Bett immer gelesen. Es war tatsächlich so: Im Bett habe ich immer gelesen und dabei gehofft, daß er bald einschlafen würde.»

Das Zusammenspiel dieser verstärkenden Impulse bewirkt eine fortschreitende Entfremdung[17]: Aktion und Reaktion schaukeln einander hoch und treiben die Partner weiter auseinander.

Mit der wachsenden Entfremdung zwischen den Partnern verlieren auch andere Beziehungen an Substanz. Der Initiator, dessen Bedürfnisse nun großenteils anderswo befriedigt werden, investiert weniger Zeit und Energie in das Zusammensein mit gemeinsamen Freunden und Bekannten.[18] Er kommuniziert immer weniger mit diesen Personen, weil er sich über Dinge, die ihm wichtig sind, mit anderen austauscht. Die Auseinandersetzung mit gemeinsamen Freunden wird immer oberflächlicher, da der Initiator zentrale Aspekte seiner Person und seines Erlebens ausklammert. Er schottet sich von dieser Welt ab, die er nicht mehr als seine eigentliche akzeptiert.[19] In dem Maße, wie sich der Initiator ein eigenes soziales Umfeld schafft, sieht er die gemeinsamen Freunde und Bekannten mit anderen Augen. Er nimmt jetzt an den Menschen, die für ihn an das Zusammenleben mit dem Partner geknüpft sind, verstärkt das wahr, was sie von ihm unterscheidet und ihn von ihnen trennt, und stellt ihre negativen Eigenschaften in den Vordergrund. Je mehr der Initiator sich an neuen Werten orientiert, die denen seiner alten Umgebung widersprechen, desto weiter rückt er von den alten Lebensumständen ab und zeigt sich mißmutig oder ablehnend.[20] Die alten Freunde tragen ihrerseits zu diesem Ablösungsprozeß bei, indem sie sich zurückziehen oder in einer Weise reagieren, die es dem Initiator erleichtert, sich von ihnen zu distanzieren. Auch hier haben wir es mit einem Teufelskreis fortschreitender Entfremdung zu tun.[21]

Äußerlich erscheint das Erlahmen solcher Freundschaften häufig als Folge unterschiedlicher Ansichten in konkreten Punkten wie Kindererziehung, Kleidung, Politik oder Freizeitgestaltung. Diese konkreten Differenzen sind aber nur die Symptome der eigentlichen Ursache: Sie sind Ausdruck des Identitätswandels, den der Initiator gerade durchmacht. Auf der Suche nach Alternativen, bei denen ihm wohler ist, findet er Bestärkung in seinen persönlichen Werten – darunter auch in solchen, die mit denen der alten gemeinsamen Freunde und Bekannten nicht übereinstimmen. Das neue Umfeld stärkt und festigt diese Werte. Konfrontiert nun der Initiator andersdenkende Menschen seines alten Kreises offen mit diesen neuen Werten, werden sie das als einen plötzlichen, unliebsamen Schwenk interpretieren. Je offensichtlicher die neuen Anschauungen in Erscheinung treten, desto ablehnender werden andersdenkende alte Bekannte reagieren. Wenn der Initiator beispielsweise bislang in religiösen, sozialen oder ethnischen Traditionen verwurzelt war, die der Familie einen besonders hohen Wert beimessen, wird seine neue selbstzentrierte Denkweise mit den alten Normen in Konflikt geraten. Um den Partner verlassen zu können, neigt der Initiator dazu, Traditionen über Bord zu werfen, die ihn auf die Beziehung verpflichten. Aus diesem Grund lockert oder löst der Initiator häufig vor beziehungsweise während der Trennung seine religiösen Bindungen.

Assistenzprofessorin, 37, Scheidung nach neunzehn Ehejahren: «Heute sehe ich meinen Bruch mit dem Glauben als Teil meiner Entwicklung zu einer eigenständigen Persönlichkeit. Ich war damals eng mit mehreren Priestern und Nonnen befreundet, von denen die meisten inzwischen aus der Kirche ausgetreten sind. Was mich an der Kirche verbitterte, war ihr Verständnis der Ehe. Ich fühlte mich in eine Form der Ehe eingezwängt, die für mich nicht gut war.»

Theologiestudent, 26, Trennung nach einem Jahr Zusammenleben: «Die beiden wichtigen Veränderungen in meinem Leben spielten sich fast gleichzeitig ab. Jedenfalls sehr kurz nacheinander. Diesen Zusammenhang muß ich selbst erst noch für mich klären – aber zur Zeit bin ich dazu noch nicht in der Lage. Ich glaube, ich habe einfach noch nicht den nötigen Abstand. Es fällt mir leichter, auf die Reihe zu kriegen, was in meiner Beziehung passiert ist, als die Frage zu beantworten, was da auf der theologischen Ebene bei mir abgelaufen ist, weil ich ja immer noch sehr interessiert an religiösen Dingen bin, das heißt an allem, was im weitesten Sinne mit Glauben und mit Fragen des Menschseins zu tun hat. Aber was die herkömmliche Kirchengemeinschaft und Kirchenarbeit angeht – das ist mir inzwischen total fern. Und ich habe auch gar kein Interesse, wieder dahin zurückzufinden. Aber warum das so ist – wie beides miteinander zusammenhängt – ich meine, wie diese beiden Stränge miteinander verwoben sind, die Beziehung und die Kirche – das ist mir bis heute nicht richtig klar.»

Technischer Kaufmann, 42, Trennung nach achtzehn Ehejahren: «Sie wissen doch, wie das in unserer katholischen Kirche ist? Wenn man sich scheiden läßt, begeht man eine Sünde, und wenn man sich wieder verheiratet, begeht man noch eine Sünde. Solange man geschieden ist, darf man die heilige Kommunion nicht empfangen, und wenn man wieder heiratet, wird man exkommuniziert. Auch wenn sich die Kirche kaum je die Mühe macht, das durch einen offiziellen Akt zu besiegeln, ist es doch so. Ich glaube, nein zu meiner Ehe zu sagen, war für mich ein indirekter Weg, nein zur Familie zu sagen, zur Kirche, zu allem, womit ich aufgewachsen bin – nicht bloß zu Marianne, sie war nur die konkrete Verkörperung und hat es alles abgekriegt. Das hat mir nachträglich schwer zu schaffen gemacht. Ich habe noch lange daran zu knacken gehabt. Ich glaube, das war wirklich gemein von mir, es alles an ihr auszulassen.»

Der offene Bruch mit traditionellen religiösen Werten brüskiert Freunde und Angehörige, die diesen Überzeugungen anhängen.[22] Sie ziehen sich zurück oder setzen dem Initiator mit Argumenten oder moralischen Werturteilen zu. Heftige negative Reaktionen (egal, ob sie stattfinden oder nur befürchtet werden) können den Initiator davor zurückschrecken lassen, den eingeschlagenen Weg weiterzugehen, da er Angst hat, durch den Austritt aus seiner Glaubensgemeinschaft zu viele Beziehungen zu verlieren. Er bringt diesen Schritt möglicherweise einfach nicht über sich und hält (zumindest nach außen hin) die Bindung an den Partner und an die Kirche aufrecht. Einige wenige der von mir befragten Personen, die sich sowohl vom Partner als auch vom Glauben losgesagt hatten, erklärten, daß ihnen diese beiden Lösungsprozesse nur deshalb möglich geworden waren, weil ihnen ein dritter vorangegangen war: der Tod eines ihnen nahestehenden und wichtigen Menschen, der zu Lebzeiten die Traditionen verkörpert hatte, von denen sie sich zu befreien versuchten. Erst der Tod dieses Menschen gab ihnen die Freiheit, ihren Weg zu gehen.

Technischer Kaufmann, 42, Trennung nach achtzehn Ehejahren: «Es war alles ziemlich dramatisch. Es gab dauernd Auseinandersetzungen über das Thema Glauben. Sie sahen oft so aus, daß mir andere Familienmitglieder vorwarfen, ich sei ein schlechter Sohn, weil ich meinen Vater nicht ehrte, indem ich den Glauben praktizierte. Er und ich waren da viel direkter. Wenn er sich ärgerte, sagte er es mir. Ich erklärte ihm dann, daß mir klar sei, daß es ihm nicht recht war, aber daß ich es auch nicht ändern könnte. Zwischen uns war das eigentlich eine sehr offene Konfrontation, aber es hingen noch alle möglichen anderen Dinge daran. Es ist schwer, das so der Reihenfolge nach zu erzählen. Es passierte eigentlich alles ziemlich gleichzeitig. Fest steht, daß mir der Gedanke, aus der Kirche auszutreten, schon kam, ehe mein Vater krank wurde und ehe ich wußte, daß ich meine Ehe aufgeben muß. Wie das alles genau zusammenhing, ist im nachhinein schwer zu klären. Ich glaube, sein Tod hat mich in einem ganz archaischen Sinn befreit – das in mir freigesetzt, was unabhängig von seinen Vorschriften und seinen kulturellen Traditionen bei mir da war. Auf meine Psyche und mein Gefühlsleben hatte sein Tod jedenfalls enorme Auswirkungen, und daraus erwuchsen wiederum entscheidende Konsequenzen für meine Beziehung.»

Wenn der Initiator Sanktionen befürchtet, kann es sein, daß er sich gar nicht erst auf Auseinandersetzungen mit den betreffenden Menschen einläßt.[23] Statt ablehnende Reaktionen zu riskieren, zieht er sich zurück, meidet die ihm unbehaglichen Situationen des Zusammenseins oder setzt zwar den Kontakt fort, geht dabei jedoch den Differenzen aus dem Weg. Wie andere Geheimnisse entfernt ihn diese Unoffenheit noch weiter von der mit dem Partner gemeinsam geschaffenen Welt und fördert seine Orientierung an den Menschen, die seine Einstellung teilen.

Das Anknüpfen neuer Kontakte geht also mit dem Abbruch alter einher, sei es, daß sich der Initiator zurückzieht oder andere sich von ihm abwenden. Schuld an diesem Abbröckeln alter Beziehungen ist die Vermeidungshaltung des Initiators selbst, seine Neigung, diese Menschen jetzt in einem negativen Licht zu sehen, und entsprechend deren Tendenz, sich dem Initiator gegenüber ebenso zu verhalten. Manchmal gehören zu den Menschen, die der Initiator auf diese Weise hinter sich läßt, sogar die eigenen Kinder, obwohl sie vielleicht weder die Werte der Familie vertreten, noch irgendwelche Veränderungen in seinem Leben angreifen. Allein durch ihr bloßes Dasein repräsentieren sie jedoch die Beziehung. Kinder verkörpern immer ein Stück Vergangenheit: frühere Verhaltensmuster, frühere Denkmuster, ein überholtes Selbstverständnis. Auch wenn wir der Schwierigkeit, Menschen zu verlassen, die wir gern haben, dadurch zu begegnen suchen, daß wir ein negatives Bild vom Partner und anderen entwerfen, ist es doch schwer, den entscheidenden Schritt zu tun, wenn dabei Kinder zurückbleiben. Es kommt daher auch vor, daß der Initiator die Trennung insofern vorbereitet, als er beginnt, sich von den Kindern zu lösen: Er bringt weniger Zeit mit ihnen zu, läßt negativen Eindrükken von ihnen mehr Raum, nimmt Kontakt zu einer anderen Familie auf oder reduziert auf irgendeine andere Weise sein Engagement und versucht so, den Verlust für sich zu mildern.[24]

Im Sozialleben des Paares kommt es jetzt zu gravierenden Veränderungen. An die Stelle eines gemeinsamen Freundeskreises treten nun zwei Lager von Verbündeten. Diese Aufspaltung des Freundeskreises ist die Umkehrung jenes Prozesses, der einsetzt, wenn zwei Menschen zusammenziehen oder heiraten. Ein frischgebackenes Paar zieht es zu anderen Paaren hin, und es bevorzugt Zusammenhänge, die sein neues Selbstverständnis stärken. Das Paar meidet Kontakte, die an diesem Selbstverständnis rühren könnten.[25] Umgekehrt geht die Auflösung einer Beziehung mit der Herausbildung getrennter Freundeskreise einher, die das Auseinanderrücken der Partner widerspiegeln.

Krankenschwester, 28, Trennung nach drei Jahren Zusammenleben: «Mit Geselligkeiten lief aber bald nichts mehr, weil wir einfach keinen gemeinsamen Freundeskreis zustande brachten. Ich glaube, diese Sache mit den Freundschaften war symptomatisch für unser Auseinanderleben. Wir hatten nie die gleichen Freundinnen oder Freunde. Wir hatten zwar Leute, die wir aus verschiedenen Zusammenhängen kannten, und es kam selten vor, daß sie jemanden anbrachten, mit der oder dem ich einfach nicht klarkam, und umgekehrt war es genauso. Aber wir mochten einfach nicht mehr mit den gleichen Leuten zusammensein.»

Sozialarbeiter, 44, Scheidung nach neunzehn Ehejahren: «Sie schloß sich immer mehr Frauen an, die geschieden waren. Nie solchen, die verheiratet waren. Sie kamen dauernd hierher und redeten herum, was für ein tolles Leben sie hatten. Und wer waren meine Freunde? Familien, lauter Familien. Ich bin umgeben von Familien, selbst jetzt, wo ich geschieden bin. Ich habe viel mit Familien, mit Kindern zu tun. Ich liebe die Familienatmosphäre.»

In manchen Fällen unterstützen die getrennten Freundeskreise nicht nur die Lösung der Partner, sondern auch den Aufbau einer neuen Liebesbeziehung des Initiators.

Verwaltungsangestellter, 44, Trennung nach dreiundzwanzig Ehejahren: «Das Verhältnis zwischen Karen und mir dauerte etwa zehn Jahre, und eine Menge Leute wußten davon. Zuerst hielten wir es streng geheim, aber das war für sie sehr hart. Sie versuchte es sogar vor ihrem engsten Freundeskreis zu verbergen. Deshalb war sie in den ersten Jahren extrem isoliert, weil sie selbst ihren besten Freundinnen gegenüber nicht mehr offen sein konnte, und das war für sie sehr schwer. Unter den Freunden, die von uns wußten, waren kaum welche, die mich auch in meiner Ehe kannten – praktisch keiner von ihnen. Karens Freunde, die dann unsere gemeinsamen Freunde wurden, waren von ihrem ganzen Wesen und von ihrer Art her einfach keine Leute, die je irgend etwas mit meiner Frau hätten zu tun haben können. So erfuhren nach und nach immer mehr Leute davon, und, wie das so ist, es machte langsam die Runde. Allerdings schien nie jemand darauf zu kommen, es meiner Frau zu sagen. Ich bin bis heute überzeugt, daß sie nichts davon wußte.

Das Problem mit der Isolation wurde erheblich besser, nachdem Freunde von Karen eingeweiht waren, alleinstehende Freundinnen und vereinzelt auch mal ein Paar. Es gab jetzt ab und zu ein Essen im kleinen Kreis oder einen Kaffee bei ihnen, und gelegentlich waren wir auch mal ein Wochenende zusammen weg und besuchten dabei Leute. Ein paar Freundschaften, die sie hatte, gingen auch kaputt, weil die Leute wohl dachten, sie verrannte sich da in eine ausweglose Sache oder es sei unsinnig oder unmoralisch oder selbstzerstörerisch, was wir machten. Die Leute, die mit ihr befreundet blieben, akzeptierten es schließlich. Nach dem Prinzip: Du willst es offenbar so, es ist schließlich dein Leben, und wir müssen zugeben, daß du viel fröhlicher und produktiver wirkst, und wer wollte sich da anmaßen, etwas dagegen zu sagen? Aber zu der Zeit, als unser Verhältnis in dem Maße öffentlich wurde – so etwa nach fünf Jahren –, hatten meine Frau und ich kaum noch gemeinsame soziale Kontakte.»

## Identitätskonflikt und Identitätswandel

Der Übergangsprozeß ist zwar im Gang, aber noch längst nicht abgeschlossen. Der Initiator pendelt zwischen zwei Welten. Noch nicht bereit, die eine aufzugeben und den Sprung in die andere zu wagen, fühlt er sich zugleich seiner alten Welt immer mehr entfremdet. Nach wie vor muß er sich jedoch in ihr bewegen – und das ist nicht einfach. Er ist ein Außenseiter geworden: jemand, der sich inzwischen anderswo engagiert und nicht mehr richtig dazugehört. Da er mittlerweile eine gewisse Distanz zu seiner Beziehung gewonnen hat, sieht er die häusliche Situation mit kritischen Augen. Es ergeht ihm ähnlich wie Menschen, die sich länger im Ausland aufgehalten haben oder aus dem Elternhaus ausgezogen sind, um selbständig zu werden. Entscheidend ist dabei nicht die räumliche Ferne, sondern das andere Erleben. Der Reisende, der zurückkehrt, vergleicht das Vertraute mit seinen neugewonnenen Maßstäben. Dies führt oft in eine Krise: Er hat das Gefühl, ein Außenstehender zu sein, weil er eine Erfahrung gemacht hat, die seine Umgebung nicht teilt. Er kann sie vielleicht beschreiben, aber nicht wirklich vermitteln, weil sie ihn in einer Weise verändert hat, die anderen, auch wenn er davon erzählt, nicht nachvollziehbar ist.

Dem Initiator fällt es jetzt schwer, sich in den alten Bahnen zu bewegen, und er tut dies nicht mehr willig, sondern widerstrebend und kritisch. Innerhalb seiner Beziehung schlägt sich diese Veränderung darin nieder, daß er sich auf vieles nur noch lustlos einläßt oder sich ganz verweigert.[26]

Börsenmaklerin, 35, Trennung nach zwölf Jahren Zusammenleben: «Ich glaube, am Ende der Beratung wußte ich wirklich, was ich wollte. Ich hatte irgendwie schon begonnen, mich von ihm zu trennen. Ich investierte im Grunde nichts mehr in die Beziehung. Ich setzte mich nicht mehr dafür ein, daß unsere Partnerschaft sich entwickelte. Wenn wir zusammen waren, und es war schön, um so besser. Aber ich tat nichts dafür, damit es so war. Ich tat nichts, um die Beziehung zu festigen. Auch in der Sexualität nicht. Wir schliefen zwar noch miteinander, aber ich tat nichts dafür, daß es lustvoller war. Es war mir einfach egal. Lud man uns ein, hatte ich meistens keine Lust mitzukommen. Wenn er wollte, daß ich irgendwo mit ihm hinging, tat ich es, solange es nicht mit irgend etwas kollidierte, an dem mir viel lag. Und damit hatte sich auch schon unser Zusammenleben. Ich war ausgesprochen egoistisch geworden, wenn es um meine Bedürfnisse ging.»

Der Initiator zögert, sich auf irgend etwas einzulassen, das die Bindung an den Partner festigen könnte: etwa auf ein Kind. Er spürt instinktiv, daß ein Kind ihn enger mit dem Partner zusammenschweißen würde, als er es will.[27] In gleicher Weise meidet er andere gemeinsame Aktivitäten, die auf ein längerfristiges Zusammensein angelegt sind: Renovierungsarbeiten in der Wohnung, den Kauf von Familiensaisonkarten, die Aufnahme eines Kredits. Häufig zeigt sich der Initiator schon unwillig, sich auch nur kurzzeitig mit dem Partner als Paar zusammenzutun – etwa bei Auftritten in der Öffentlichkeit. Als Grundlage seiner Identität und seines Selbstgefühls haben andere Bezüge die Beziehung bereits weitgehend abgelöst. In der Öffentlichkeit werden beide Partner jedoch nach wie vor als Paar behandelt: Es werden Anekdoten erzählt und Gespräche geführt, die sich auf die gemeinsame Vergangenheit und eine als selbstverständlich vorausgesetzte gemeinsame Zukunft beziehen. Da der Initiator daran zweifelt, daß es eine solche Zukunft geben wird, machen ihm solche öffentlichen Auftritte schmerzlich bewußt, wie weit er bereits zum Zaungast in dieser gemeinsamen Welt geworden ist.

Die Ironie will es, daß bestimmte öffentliche Anlässe aber auch eine willkommene Entlastung von den häuslichen Spannungen darstellen können. Für den Initiator, der sich weder in der häuslichen Zweisamkeit mit dem Partner noch im gemeinsamen Zusammensein mit Freunden wohl fühlt, sind offizielle Auftritte oft leichter zu bewältigen, da die anwesenden Personen, der Anlaß des Beisammenseins selbst oder die äußeren Bedingungen es ihm eher ermöglichen, sich auf eine oberflächliche Kommunikation mit dem Partner zu beschränken. Es ist durchaus möglich, gemeinsam auf eine große Fete oder auf einen Empfang, in ein Kino oder auch (sofern die Musik laut genug ist) in eine Kneipe zu gehen und vom Augenblick der Ankunft bis zum Moment des Aufbruchs kein Wort miteinander zu wechseln.

Besonders schwer zu bewältigen sind dagegen soziale Anlässe, bei denen von beiden Partnern erwartet wird, daß sie harmonisch miteinander umgehen. Das gilt vor allem für Festlichkeiten, die traditionell in besonders hohem Maß die gesellschaftlichen Werte des Familienglücks verkörpern: Familientreffen zu Weihnachten, an Geburtstagen, bei Hochzeiten, Taufen oder Konfirmationen. Aber auch schon Geselligkeiten, bei denen alle Anwesenden paarweise erscheinen, werden als Rituale erlebt, die die Paarbindung bestärken. Während bei solchen Anlässen äußerlich die Bindung an den Partner geradezu zelebriert wird, bedeuten sie für den Initiator eine Zuspitzung des Widerspruchs zwischen seinem eigenen Selbstverständnis und seiner Rolle als Partner. Gleichzeitig erfordert es die Situation, daß der Initiator niemanden etwas von diesen Widersprüchen merken läßt. Manchmal versucht er, solche konfliktgeladenen Situationen dadurch zu überstehen, daß er sich auf irgendeine Weise abschottet.

Vertreter, 36, Scheidung nach elf Ehejahren: «Der Erntedanktag schien überhaupt kein Ende zu nehmen. Mein Leben war so völlig anders, als all die Menschen dort glaubten. Und ich konnte den Mund nicht aufmachen und es ihnen sagen. Ich fühlte mich total fremd in meiner eigenen Familie. Ich merkte, wie ich mich selbst noch mehr aus der Situation herauszog, indem ich über Sachen nachdachte, die mit meiner Arbeit zu tun hatten. Es war für mich die einzige Möglichkeit, das Ganze zu überstehen. Auf diese Weise konnte ich dort sein und doch nicht dort sein.»

Das Gefühl, nicht mehr zum Partner zu gehören, kann so ausgeprägt sein, daß der Initiator sich sogar gegen das Versenden der üblichen Weihnachts- oder Neujahrskarten sperrt, weil er es nicht mehr erträgt, seinen Namen mit dem des anderen in einer so ritualisierten Weise zu verknüpfen.

Manchmal verrät sich der Lösungsprozeß in symbolischen Gesten. So kann es sein, daß er den Ehering ablegt («Ich habe anscheinend eine Allergie gegen das Zeug entwickelt» oder «Er sitzt so locker, daß ich fürchte, ich verliere ihn sonst») oder daß sich sein Umgang mit sonstigen Dingen, die die Beziehung repräsentieren, verändert.

Sachbearbeiterin bei einer Versicherung, 35, Scheidung nach zwölf Ehejahren: «Ich habe mir immer schier ein Bein ausgerissen mit dem Haushalt. Jetzt kommen nur noch wenig Leute hierher. Ich lade niemanden ein; die einzigen Menschen, die manchmal vorbeikommen, sind enge Freunde und Freundinnen von mir – und wenn es ihnen nicht paßt, wie ich meinen Haushalt führe, haben sie Pech gehabt. Wenn seine Mutter im Anmarsch war, habe ich immer eine große Aufräumaktion gestartet. Dieses Wochenende waren sie da, und ich habe mir nicht mal die Mühe gemacht, einmal durchzuräumen – wenn es sie stört, haben sie eben auch Pech gehabt. Andere Sachen sind für mich viel befriedigender geworden, und ich betrachte dieses Haus nicht als Spiegel meiner Person.»

Medizinischer Zeichner, 26, Trennung nach zwei Jahren Zusammenleben: «Wir haben uns nie groß Möbel gekauft. Für mich war das zunächst schon mal ein emotionales Problem. Wenn ich Möbel kaufe, lasse ich mich dann nicht stärker auf die Beziehung ein? Zweitens war es eine Zeitfrage. Es ist aufwendig, Möbel auszusuchen, und ich wollte meine Zeit nicht dafür verplempern. Der dritte Grund war das Geld.»

Die Tatsache, daß der Initiator bereits in zwei Welten lebt, kann sich auch darin ausdrücken, daß er auf getrennte Giro- oder Sparkonten besteht, getrenntes Schlafen vorzieht oder, wenn es sich um eine Frau handelt, den Mädchennamen wieder annehmen möchte. Möglicherweise spiegelt sich die Lösung auch in äußeren Veränderungen wider. Ein Mann wird sich vielleicht einen Vollbart oder Schnauzer wachsen lassen, eine Frau eine Diät machen oder sich eine neue Frisur zulegen. In der Sprache des Initiators werden die Wörtchen «wir», «uns» und «unser» zunehmend durch «ich», «mich» und «mein» ersetzt.[28]

Auch im vertrauten Umgang der Partner kommt es zu Veränderungen. Diese können manchmal so subtiler Art sein, daß sie über längere Zeit unbemerkt bleiben.

Auszubildender in der Versicherungsbranche, 28, Scheidung nach vier Ehejahren: «Nachdem sie weg war, fiel mir eines Abends auf, daß sie schon lange vorher aufgehört hatte, mich an der Tür mit einem Kuß zu begrüßen, wenn ich von der Arbeit kam. Ich weiß nicht einmal mehr, wann das war.»

Selbst Veränderungen im Liebesleben können so allmählich vor sich gehen, daß der Partner ihren symptomatischen Charakter verkennt. Sie betreffen die Häufigkeit, Dauer und Intensität des sexuellen Beisammenseins, die Frage, von wem die Initiative ausgeht, das Maß an Zärtlichkeit, das damit verbunden ist, und die sexuellen Praktiken.

Schreiner, 23, Trennung nach einem Jahr Zusammenleben: «Um die gleiche Zeit, als er anfing, vor allem an sich zu denken und daran, was er mit seinem Leben anfangen wollte, veränderte sich auch der Sex zwischen uns. Er war jetzt viel stärker auf seine Befriedigung bedacht.»

Leitender Bankangestellter, 58, Scheidung nach sechsunddreißig Ehejahren: «Die Schlafensgehzeit war für mich immer ein Problem. Ich fühlte mich Sarah so eng verbunden, daß ich es ihr gegenüber als Treuebruch empfand, mit meiner Frau zu schlafen. Ich suchte alle möglichen Ausflüchte, indem ich mir zum Beispiel Arbeit mit nach Hause nahm und um zehn Uhr abends dann meine Aktenmappe hervorholte.»

Speditionsarbeiter, 24, Trennung nach vier Jahren Zusammenleben: «Wir schliefen immer noch miteinander, aber ich konnte es nur, wenn ich mir vorstellte, daß sie jemand anders war.»

Verkäufer, 30, Scheidung nach drei Ehejahren: «Was bei uns schon sehr kurz nach unserer Hochzeit nicht mehr klappte, war das – also, mit unserem Sexualleben sah es schwach aus. Ich vermute, man kann die ganze Geschichte nicht aufrollen, ohne das anzusprechen. Connie war von Anfang an nicht sonderlich scharf darauf, und nachdem wir eine Zeitlang zusammen waren, lief bei ihr gar nichts mehr, und ich schaffte es auch nicht mehr, sie in Stimmung zu bringen.»

Mit zunehmender Verselbständigung des Initiators beginnen die Veränderungen den Partner zu beunruhigen. Seine intensive Hinwendung zu anderen Dingen – dem Beruf, einer Ausbildung, einem Hobby – spiegelt das nachlassende Engagement für den Partner. Der andere registriert allmählich diese Umorientierung und fühlt sich ausgeschlossen.

Florist, 28, Trennung nach vier Jahren Zusammenleben: «Am letzten Wochenende ging er mit einem anderen nach Hause. Ich war tief verletzt. Ich liebe ihn doch so. Ich verstehe nicht, wie er so etwas tun kann. Meine Freunde sagen, er ist eben so attraktiv und sexuell unersättlich.»

Sozialarbeiter, 44, Scheidung nach neunzehn Ehejahren: «Sie wandte sich immer mehr einem neuen, eigenen Freundeskreis zu. Das war noch schlimmer, weil ich mißtrauisch war, was diese Leute ihr erzählten. Ich bekam schon richtigen Verfolgungswahn, und wenn ich ihre Freunde kennenlernte, fragte ich mich, wie sie wohl in Wirklichkeit waren. Es waren ein paar Männer dabei, und ich wußte nicht genau, was sie von ihr wollten, und bei ihren Freundinnen hatte ich Angst, daß sie ihr Sachen erzählten, die unserer Beziehung schaden würden. Mögen sie Männer oder hassen sie Männer? – das war dann für mich die Frage. Bei mir war das wirklich schon ein bißchen zum Wahn geworden, der Einfluß, den andere Leute auf unsere Beziehung haben könnten.»

Studentische Hilfskraft, 28, Trennung nach einem Jahr Zusammenleben: «Er fing an, alle möglichen Sachen zu kaufen, immer nur für sich. ‹Das ist meins›, sagte er immer. Er machte ständig irgend etwas in der Wohnung neu, aber ohne mich einzubeziehen, während wir vorher immer alles zusammen gemacht hatten, stundenlang geplant, Skizzen gemacht und geredet und wieder geredet hatten. Er ließ sich jetzt von einem anderen Freund beraten, zu dem er schließlich ein sehr enges Verhältnis hatte. Ihm gefielen die Sachen nicht mehr, die mir gefielen. Wir hatten beide klassische Musik gern gemocht und auch traditionelle Malerei. Jetzt entwickelte er einen ganz neuen, flippigen Geschmack – und mir war klar, daß das der Einfluß seines neuen Freundes war.»

Der Partner fühlt sich zwar ausgeschlossen, begreift das Verhalten des Initiators aber immer noch nicht als ernsthafte Bedrohung der Beziehung. Der Initiator hat sich dagegen schon in vielfacher Hinsicht von ihm gelöst. Er hat für sich festgestellt, daß die Beziehung nicht mehr funktioniert, und dies auch Dritten gegenüber geäußert. Damit hat er gleichzeitig schon mit der Trauerarbeit begonnen und die Situation so umdefiniert, daß der Verlust für ihn selbst leichter zu ertragen und die Trennung gegenüber Dritten vertretbar ist. Der Initiator hat sich bereits andere Personen und Dinge gesucht, auf die er sich stützen kann, und sich mit den möglichen Konsequenzen einer Trennung auseinandergesetzt. Er hat – in jedem Fall theoretisch und bis zu einem gewissen Grad auch praktisch – schon durchgespielt, wie ein Leben ohne den Partner für ihn aussehen könnte.[29] Alles in allem hat er bereits für sich selbst und auch Dritten gegenüber ein neues, vom Partner losgelöstes, unabhängiges Selbstverständnis entwickelt. Im Gegensatz zum nichtsahnenden Partner ist sich der Initiator dieses Lösungs- und Übergangsprozesses vollauf bewußt.

Verwaltungsbeamter, 44, Trennung nach dreiundzwanzig Ehejahren: «Ich war innerlich total hin- und hergerissen, was meine Ehe anging, und ich wußte nicht, was ich machen sollte. Ich hatte das Gefühl, daß ich eigentlich inzwischen zu Karen gehörte, und ich dachte, wenn ich mich nicht für sie entscheide, verliere ich sie, und außerdem fand ich, daß es meiner Frau gegenüber auch nicht richtig war, wenn ich bei ihr blieb und dann die Kinder irgendwann aus dem Haus gehen würden und wir überhaupt nichts Verbindendes mehr hätten. Wenn ich mit Karen zusammen war und dann wieder nach Hause kam, dachte ich mindestens zwei Tage ständig darüber nach, ob ich Annette sagen sollte, daß es besser wäre, wenn wir uns scheiden ließen. Das alles hieß natürlich auch, daß wir nichts Gemeinsames mehr planen konnten. Ich wollte einfach keine Ferienpläne für den nächsten Sommer machen. Es kann ja sein, dachte ich, daß ich bis dahin beschlossen habe, sie zu verlassen und mit Karen zusammenzuleben. Ich konnte überhaupt nichts mehr planen, mit niemandem. Ich konnte buchstäblich nicht über das nächste Wochenende hinausdenken. Das muß schon ganz schön sonderbar gewirkt haben. Meine Frau wollte, daß wir in den Frühjahrsferien mit den Kindern verreisen und daß wir uns Gedanken darüber machen, aber ich ließ mich nicht darauf ein. Ich konnte ihr noch nicht einmal erklären, warum. Ganz genau wußte ich es selbst nicht. Mir war nur klar: Ich konnte Karen unmöglich erzählen, ich wolle raus aus meiner Ehe, und ihr dann gleichzeitig mitteilen, im Frühjahr verreise ich mit meiner Familie. Auf der anderen Seite konnte ich aber Annette auch nicht definitiv sagen, ich hätte ganz andere Pläne. Schließlich war vor mir nur noch so eine Art schwarze Wand.»

Lederkunsthandwerker, 42, Trennung nach zwölf Jahren Zusammenleben: «Es war mir irgendwie peinlich, ihn mit meinen Freunden bekannt zu machen. Da war es schon besser, wenn wir mit unseren alten Freunden zusammen waren, bis ich schließlich auch da an den Punkt kam, daß mir unbehaglich dabei war.»

Studentin, 26, Scheidung nach vier Ehejahren: «Für mich war die Spannung immer da. Noch bevor wir heirateten, empfand ich diesen Konflikt zwischen dem, was ich war, wenn ich ich selbst war, ohne ihn, und dem, was ich mit ihm war. Aber irgendwie habe ich immer an diesem alten Ich festgehalten. Wissen Sie, nach dem Prinzip: Ich bin zwar verheiratet, aber deshalb brauche ich doch meine eigene Identität nicht aufzugeben. Letztlich ging es einfach darum, ob ich weiter eine Cosgrove war oder ob ich jetzt eine Murphy wurde. Ich dachte, ich könnte beides sein. Als ich anfing, mir zu überlegen, ob ich meinen alten Namen wieder annehmen sollte, weil ich gern wieder so heißen wollte, hatte das einfach damit zu tun, daß ich mit der Person, die ich jetzt war, nicht klar kam und wieder Patty Cosgrove sein wollte. Ich mochte die alte Patty Cosgrove und konnte die neue Patty Murphy gar nicht ausstehen. Ich wollte wieder Patty Cosgrove sein, und der Name war nur ein Symbol dafür.»

Für den Partner dagegen ist die Beziehung noch immer der Lebensmittelpunkt und folglich auch die wichtigste Identitätsgrundlage. Hier investiert er nach wie vor seine Energien. Er hat sich noch keine anderweitige Unterstützung gesucht, hat noch keine Ideologie entwickelt, die eine Trennung rechtfertigen würde, sich noch nicht ernsthaft damit beschäftigt, wie ein Leben ohne den anderen aussehen könnte. Kurz – der Initiator hat begonnen, sich aus der Beziehung zu lösen, sich neu zu orientieren, sich die Voraussetzungen für seinen Übergangsprozeß zu schaffen; der Partner hingegen nicht.

## *Vier*
# Ignorierte Signale: Versteckspiel zu zweit

Wie ist es möglich, daß sich im Zusammenleben zweier Menschen der eine so weit vom anderen entfernt, ohne daß dieser es merkt und etwas unternimmt?

Häufig berichtet der Partner, daß ihm bis kurz vor der Trennung nicht oder allenfalls vage bewußt war, daß die Beziehung in einer sich immer weiter zuspitzenden Krise steckte. Erst nachdem der andere ihn verlassen hat, erkennt der Partner rückwirkend die Signale. Ich sprach mit einem Mann, den seine Frau zwei Monate zuvor nach zwanzig Ehejahren verlassen hatte und der noch immer mühsam zu begreifen versuchte, was eigentlich schiefgelaufen war. Er war eines Tages von der Arbeit gekommen und hatte auf dem Küchentisch einen Brief vorgefunden, den seine Frau zurückgelassen hatte. Er brachte den Brief zu unserem Gespräch mit und zeigte mir den ersten Satz: «Ich habe Dich gern, aber ich kann nicht mehr mit Dir leben.» Er wirkte erschüttert und bestürzt und erklärte, er habe nie Anlaß zu der Vermutung gehabt, sie könnte unglücklich sein. Als er dann aber anfing, mir von ihrer Beziehung zu erzählen, stellte sich (für mich zumindest) rasch heraus, daß sie sehr wohl signalisiert hatte, daß für sie nicht alles in Ordnung war. So berichtete er etwa: «Sie bat mich ein paarmal, mit ihr zur Familienberatung zu gehen. Ich dachte, sie hätte Schwierigkeiten mit den Kindern, und fand, das sei ihr Problem, nicht meins. Hätte sie ‹Eheberatung› gesagt, wäre ich mitgegangen.» Er erinnerte sich, daß sie am Morgen des Tages, an dem sie ihn verließ, entgegen ihren sonstigen Gewohnheiten mit ihm zur Tür gegangen war und ihn umarmt hatte. Dabei hatte sie geweint. Er erklärte: «Ich dachte bloß, es sei wieder irgend etwas mit den Kindern oder mit einer Freundin. Sie heulte oft wegen solcher Sachen. Ich hab sie nicht mal gefragt, was los war.»

Für den Initiator stellt sich die Geschichte dagegen ganz anders dar.

Schauspieler, 32, Trennung nach fünf Jahren Zusammenleben: «Ich versuchte schon ziemlich früh, mit ihm über die Möglichkeit einer Trennung zu sprechen. Es war ganz verrückt. Wir setzten uns zusammen hin, und ich erklärte ihm: ‹Ich glaube nicht, daß es mit uns noch Sinn hat. Ich denke, wir sind einfach zu verschieden und ich muß meinen Weg gehen und du deinen.› Darauf kam er mit Sprüchen, wie – na ja, er hat einfach nie groß reagiert. Er sagte vielleicht: ‹Das wird sich schon geben› oder etwas in der Art. ‹Du würdest allein sowieso nicht zurechtkommen›, war so eine Antwort oder: ‹Das meinst du doch nicht im Ernst›, irgend etwas in der Art.»

Näherin, 36, Scheidung nach sechzehn Ehejahren: «Ich sprach mit meinem Mann darüber. Ich sagte zu ihm: ‹Warum nimmst du das nicht endlich mal ernst? Ich habe es dir hundertmal gesagt. Was glaubst du denn, was ich hier mache? Meinst du, ich bin heute ein bißchen nervös oder was?› Als ich ihm erklärte, daß ich mich scheiden lassen wollte, fragte er: ‹Was soll das heißen?› Er fiel aus allen Wolken. Dabei hatte ich jahrelang gezetert und gejammert und getobt, weil es in unserer Ehe nicht mehr stimmte. Es war, als hätte er keine Ohren.»

Angesichts des krassen Widerspruchs zwischen den Darstellungen von Initiator und Partner drängt sich der Schluß auf, daß hier in der Kommunikation zwischen den Partnern etwas Gravierendes schiefgelaufen sein muß. Die Ironie will es, daß wir zu Beginn einer Beziehung eine so hochgradige Sensibilität entwickeln, daß wir auch die kleinsten Signale des anderen wahrnehmen. Wir sind eifrig darauf erpicht, den anderen Menschen zu ergründen und kennenzulernen. Was verstehen wir nicht alles an unausgesprochenen Botschaften: einen Blick quer durch den Raum, die Andeutung eines Lächelns, ein Niederschlagen der Augen, ein Stirnrunzeln. Wir sind ganz auf den anderen eingestellt und ständig dabei, zu sondieren und zu testen, was zwischen ihm und uns ist. Wie kann es angesichts dieser anfänglichen Aufmerksamkeit zu einer so schweren Kommunikationsstörung kommen, zumal wenn es etwas betrifft, das für beide Partner von so zentraler Bedeutung ist?

Von einer Kommunikationsstörung zu sprechen, trifft im Grunde den Sachverhalt nicht richtig. Die Probleme erwachsen nicht aus einer plötzlich eintretenden Störung, sondern liegen im Wesen dieser Kommunikation selbst. Trotz der vielversprechenden Ansätze zu Beginn einer Liebesbeziehung neigen wir dazu, im Lauf der Zeit ein Kommunikationsverhalten zu entwickeln, das Informationen eher unterdrückt als vermittelt. Das Leben ist schwer genug, und sich ständig zu vergewissern, ob in der Beziehung alles in Ordnung ist, kostet Mühe. Ist die Beziehung erst einmal eingespielt, ersetzen wir das kraftraubende intensive Sondieren und Beobachten in der ersten Zeit der Verliebtheit durch eine einfachere und effizientere Methode. Da wir nicht ständig ein Auge auf den Partner haben und die Bedeutung seines Verhaltens bis in die kleinste Nuance klären können, entwickeln wir ein Kommunikationssystem, das auf Vertrauen beruht. Wir hören nach und nach auf, uns ständig aktiv zu vergewissern, daß alles in Ordnung ist, und verlassen uns statt dessen auf bestimmte vertraute Anhaltspunkte und Signale: die Worte «Ich liebe dich», gemeinsame Urlaubsreisen mit den Kindern, befriedigenden Sex, Aktivitäten mit gemeinsamen Freunden oder das routinemäßige «Na, wie war's heute?». Wir werten solche Signale als Zeichen gemeinsamen Wohlergehens und wenden unsere Aufmerksamkeit beruhigt anderen Dingen zu.[1]

Diese rationelle Methode, das Wohlbefinden der Beziehung zu überprüfen, kann jedoch bei Problemen leicht dazu führen, daß neue Informationen untergehen und die Veränderungen übersehen werden – selbst dann, wenn beide Partner bemüht sind, sich alles mitzuteilen und auf gegenseitige Signale zu achten. Nun ist es jedoch so, daß dieses Bemühen in der Regel auf beiden Seiten bereits nachgelassen hat, wenn die Beziehung in eine Krise gerät. Eine direkte Konfrontation würde bedeuten, daß der Initiator seine innersten Gefühle und Gedanken so direkt äußert und sich so eindeutig verhält, daß der Partner nicht mehr übersehen kann, daß etwas sehr Grundsätzliches im argen liegt. Erst wenn beide Seiten sich des Ernstes der Situation bewußt sind, können sie beginnen, gemeinsam Lösungen zu suchen. Aus verschiedenen Gründen, auf die ich noch näher eingehen werde, vermeiden jedoch beide Partner die direkte Konfrontation. Sie nutzen jetzt vielmehr die eingespielte Form der Kommunikation als Schutzwall, hinter dem sie sich so lange wie möglich verstecken können. Beide inszenieren eine ausgeklügelte Mischung von Enthüllen und Verschweigen, die es ihnen ermöglicht, den Ernst der Lage zu ignorieren. Diese Selbsttäuschung ist das Resultat gemeinsamen Bemühens: Der eine spricht, ohne sich zu erklären, und der andere hört, ohne wirklich zu verstehen.

## Der Beitrag des Initiators

Betrachten wir noch einmal, wie der Initiator seine Unzufriedenheit zum Ausdruck bringt. Zunächst behält er sein Unbehagen ganz für sich. Ein großer Teil des Lösungsprozesses spielt sich unsichtbar in seinem Inneren ab – in Form stillen Nachdenkens, Grübelns, Bewertens und Gewichtens.[2] Noch teilt der Initiator den Alltag mit dem Partner, ohne sich etwas anmerken zu lassen, und erst bei wachsender Unzufriedenheit beginnt er, sich dem anderen gegenüber zu artikulieren. Das Unbehagen des Initiators ist zu diesem Zeitpunkt oft noch vage und diffus; gleiches gilt auch für die Form, in der er es äußert.

Zunächst versucht der Initiator, seine Unzufriedenheit in Form von Beschwerden mitzuteilen, die darauf zielen, den anderen oder die Beziehung selbst zu verändern. Sie beziehen sich auf konkrete und vergleichsweise triviale Schwächen des Partners. So wird der Initiator vielleicht kritisieren, wie der Partner seine Freizeit verbringt. «Warum siehst du soviel fern? Warum stellst du den Kasten nicht mal ab und machst etwas anderes?» Im Grunde geht es aber gar nicht so sehr um das Fernsehen. Der Initiator meint vielleicht, daß der Partner zuwenig Zeit und Energie in die Beziehung investiert, oder er stellt in Frage, ob ihm das Zusammenleben mit einem Menschen, der sich an derlei Aktivitäten ergötzt, angemessen erscheint.[3]

Der Initiator äußert seine Unzufriedenheit, indem er sich an einzelnen Vorfällen oder Verhaltensmustern festbeißt, und verschleiert auf diese Weise das eigentliche Problem, das eher darin liegt, daß die Beziehung im Widerspruch zu seinem Selbstgefühl steht. Dies tut er nicht absichtlich. Wahrscheinlich ist er zu diesem Zeitpunkt noch gar nicht in der Lage, das eigentliche Problem seines Identitätskonflikts zu artikulieren. Der Partner reagiert jedoch auf der Ebene, auf der er kritisiert wird: in diesem Fall auf den Vorwurf des Fernsehens. Hier sind die verschiedensten Reaktionen seinerseits denkbar, aber keine davon wird etwas an dem Unbehagen des Initiators ändern. Der Partner wird vielleicht tatsächlich das Fernsehen einschränken – aber wahrscheinlich nur vorübergehend. Er stellt möglicherweise den Apparat ab, um sich dann am nächsten Abend wieder davor niederzulassen. Doch selbst wenn ein Wunder geschieht und der Partner auf Dauer das Fernsehen bleiben läßt, reagiert er damit nicht auf das, worum es dem Initiator eigentlich geht. Weitaus wahrscheinlicher ist es allerdings, daß der Partner das Fernsehproblem für trivial erachtet und die Beschwerde ignoriert.

Verbale Klagen sind nicht unbedingt die erste Form, in der der Initiator seine innere Auseinandersetzung ausdrückt: Andere Möglichkeiten sind mürrisches Schweigen, Gereiztheit oder Unnahbarkeit. Wenn der Initiator dem Partner gewöhnlich etwas mitbringt, kann es nun vorkommen, daß er lieblos das erstbeste schenkt, womit der andere womöglich gar nichts anfangen kann. Sein abendlicher Bericht über die Ereignisse des Tages fällt kürzer und kürzer aus. Solche Signale sind natürlich sehr subtil und daher für den Partner leicht zu übersehen.

Deutlicher werden die Unmutsäußerungen dagegen, wenn der Initiator dahin gelangt, die Beziehung nicht mehr nur als gestört, sondern als unrettbar entzweit zu betrachten. Andere Interessen beanspruchen jetzt in immer höherem Maße seine Aufmerksamkeit, und er wendet immer weniger Energie auf, um die Krise zu stoppen.[4] Wenn er jetzt seine Unzufriedenheit artikuliert, geht es ihm nicht mehr darum, die Situation zum Positiven zu wenden: Sein Ziel ist es nun, den Partner davon zu überzeugen, daß die Beziehung nicht mehr funktioniert. Obwohl sich die tieferliegende Absicht inzwischen geändert hat und die Unmutsäußerungen an Intensität und Häufigkeit zunehmen, sind die Signale selbst weiterhin indirekt und subtil.

Empfangssekretärin, 27, Trennung nach fünf Jahren Zusammenleben: «Wir haben uns gar nicht mal so viel gestritten. Heute denke ich, es war sogar großenteils ein Kommunikationsproblem. Wir haben nie richtig über alles gesprochen. Ich habe ihr nie gesagt, daß ich unglücklich war. Oberflächlich schon. Sie sagte manchmal: ‹Was ist denn los?› oder etwas in der Art, und ich antwortete: ‹Ich bin heute nicht gut drauf› oder so was, aber ich bin nie richtig darauf eingestiegen.»

Produktmanager, 36, Scheidung nach elf Ehejahren: «O ja, ich machte ständig Bemerkungen über irgendwelche Mädchen auf der Straße. Kleine Spitzen, wie man sie eben losläßt, wenn man sich nicht anders äußern kann. Ich ging mitten in der Nacht noch weg, um zu arbeiten. Sie kapierte nichts. Sie nahm solche Dinge nur zum Anlaß, mir Szenen zu machen. Sie interessierte nie, was in mir vorging. Sie reagierte immer nur auf das, was in ihrem Kopf ablief, und nie auf das, was bei mir war. Sie hat mich nie gefragt, was in mir vorging.»

Dozent an einer Fachhochschule / Schriftsteller, 39, Scheidung nach achtzehn Ehejahren: «Ich versuchte es ihr auf die scherzhafte Weise beizubringen: Du kennst doch die Geschichte von dem Mann, der Zigaretten holen ging und nie mehr zurückkam? Eines Tages werde ich es genauso machen.»

Bankkassierer, 23, Trennung nach drei Jahren Zusammenleben: «Ich konnte nur mit ihm reden, wenn ich betrunken war. Ich soff mir einen an und rückte dann mit den wichtigen Dingen heraus. Später konnte er es dann natürlich immer wieder vom Tisch wischen, weil Betrunkene ja nie meinen, was sie sagen.»

Selbst wenn sich der Initiator wirklich bemüht, seine Unzufriedenheit zu artikulieren, ergibt sich daraus oft noch lange keine direkte Konfrontation.

Musiklehrerin, 28, Trennung nach sechs Ehejahren: «Vor dem letzten Frühjahr, als für mich immer mehr feststand, daß die Beziehung keine Zukunft mehr hatte, habe ich alles mögliche versucht. Ich habe ihm gegenüber immer wieder Andeutungen gemacht, aber sie waren oft so versteckt, daß ich fast das Gefühl habe, ich wollte, daß er es merkt, und wollte es auch gleichzeitig wieder nicht. Ich sagte Sachen, die symbolisch gemeint waren oder eine doppelte Bedeutung hatten und die er auch so hätte verstehen können, wenn er richtig darüber nachgedacht hätte. Ich weiß selbst nicht, warum ich nie einfach offen auspackte und ihm erklärte: ‹So und so sieht es in mir aus.› Aber wie soll man so etwas in Worte fassen? Mit Worten kann man so schwer vermitteln, wie tief solche Gefühle gehen und wie ernst es einem ist. Mit dem Ton ist das auch so eine Sache. Wenn mich irgend etwas getroffen hatte, konnte ich mich hinstellen und sagen: ‹Das verletzt mich›, ihm direkt ins Gesicht sehen, noch mal erklären: ‹Was du da vor einer Stunde gesagt hast, hat mich sehr getroffen› und mich innerlich wirklich total am Boden fühlen, und er sagte dann: ‹Ach, das tut mir aber leid, ich will es auch nie wieder tun.› Anders gesagt: Ich will etwas sagen, was für mich emotional wirklich von großer Bedeutung ist, und versuche das auch zu vermitteln, schaffe es aber nicht so, wie ich eigentlich will, und er nimmt es total locker – es geht einfach total aneinander vorbei. Je frustrierter ich wurde, desto weniger war ich bereit, noch irgend etwas zu äußern. Ich fing an, eine Mauer zwischen uns zu errichten. Das fiel aber kaum auf, weil die Distanz sowieso schon da war und ich sie für mich nur zu einer Art emotionalem Schutzwall ausbaute, um nicht noch mehr verletzt zu werden. Es war noch weniger eindeutig als Worte oder dergleichen. Vor allem weil er die emotionale Mauer gar nicht wahrnahm. Ich meine damit, die Mauer existierte sowieso, auf anderen Ebenen und aus anderen Gründen, so daß er die emotionale Distanz gar nicht bemerkte... Es war eigentlich nur so eine Art Selbstschutz, denn ich dachte zwar eine Zeitlang, er würde die Mauer wahrnehmen oder die Nähe vermissen, aber heraus kam dabei nur, daß er sich so ganz wohl fühlte, weil er wohl glaubte, die Probleme hätten sich in Luft aufgelöst.»

Der Initiator hat mehrere Gründe, sich mit so subtilen und indirekten Signalen zu bescheiden. Häufig wird er die direkte Konfrontation vermeiden, weil er sich selbst noch unsicher ist, wie sein Leben weiter aussehen soll und ob er es wirklich schafft, ohne den Partner auszukommen. Ein vertrautes Übel ist immer noch besser als ein unbekanntes. Keine Beziehung hat nur negative Seiten. Es gibt immer wieder ganz unvermutet verbindende Erlebnisse, die eine neue emotionale Nähe erzeugen: die Geburt eines Kindes, der Besuch gemeinsamer Freunde, ein spontanes und beglückendes sexuelles Beisammensein, der Tod eines von beiden geliebten Verwandten. In solchen Momenten kommt beiden Partnern zu Bewußtsein, wie wichtig ihnen die Beziehung und die gemeinsame Geschichte ist. Für den Initiator bedeuten solche Erlebnisse, daß sein rein negatives Bild vom Partner und der Beziehung gestört wird und er gezwungen ist, auch die positiven Aspekte dieser Bindung anzuerkennen. Vielleicht ist die Beziehung ja gar nicht so schlecht, wie er gemeint hat. Auch Enttäuschungen im Beruf, Streitigkeiten in einem neuen Liebesverhältnis oder Einsamkeitserlebnisse während einer Reise können zu gegenläufigen Impulsen führen: Vielleicht ist die Beziehung ja gar nicht so schlecht, vielleicht ist die Lebensalternative gar nicht so attraktiv, wie ich geglaubt habe. Solange der Initiator sich noch mit solchen Zweifeln herumplagt, kann er es sich nicht leisten, dem Partner mit schonungsloser Offenheit beizubringen, daß die Beziehung unrettbar zerrüttet ist. Vielleicht wird er sie ja doch weiterführen wollen. Er äußert daher zwar seine Unzufriedenheit, aber nicht fortwährend und nicht zu deutlich.

In vielen Fällen will der Initiator den Partner auch schonen, weil er die Vorstellung nicht erträgt, ihm weh zu tun, zusehen zu müssen, wie er leidet, und weil er sich für sein weiteres Leben keine belastende Schuld aufbürden will. Solche Rücksichten auf die Gefühle des Partners und die Angst vor möglichen Konsequenzen hindern den Initiator zunächst, direkt zu werden.

Börsenmaklerin, 35, Trennung nach zwölf Jahren Zusammenleben: «Für mich wurde die Entscheidung immer klarer.

Mein Zögern, ihm gegenüber offener und ehrlicher zu sein, das langfristig auf eine Form von Quälerei hinauslief, kam größtenteils daher, daß ich ihm nicht weh tun wollte.»

Inspekteur, 38, Scheidung nach neunzehn Ehejahren: «Na ja, es war so, daß ich einfach Angst hatte, darüber zu sprechen. Ich wollte nicht, daß alles aufbrach. Ich war noch nicht soweit, obwohl es Situationen gab, in denen sie versuchte, mich dazu zu kriegen, daß ich den Mund aufmachte. Sie drang in mich, aber ich hatte Angst, ihr wirklich zu sagen: ‹Ich liebe dich nicht. Weißt du, du bist ein wunderbarer Mensch, und es gibt nichts, was ich dir vorwerfen könnte, aber ich fühle mich von dir sexuell einfach nicht angezogen, und der Sex mit dir ist für mich nicht befriedigend. Ich fühle mich von dir geistig nicht angeregt. Ich habe bei dir nicht das Gefühl von Zusammengehörigkeit und Gemeinsamkeit, das ich brauche und das ich in anderen Beziehungen schon erlebt habe, und ich will nicht mehr.› Genauso fühlte ich es nämlich, und ich hatte Angst, ich könnte es ihr sagen und ihr damit einen tödlichen Schlag versetzen.»

Andere Betroffene schwächen ihre Unmutsäußerungen deswegen ab, weil sie nicht nur den Partner, sondern vor allem sich selbst schützen wollen. Sie befürchten, daß es zu heftigen Auseinandersetzungen kommt oder daß der Partner sich rächt. Andere erleben zwar die Beziehung als unbefriedigend, sind aber nicht bereit, ganz auf den Partner zu verzichten. Sie hoffen immer noch, daß sich die Beziehung in irgendeiner anderen Form fortsetzen läßt. Eine direkte Konfrontation beinhaltet dagegen das Risiko, den Partner ganz zu verlieren. Alle diese Gründe führen dazu, daß der Initiator es vorerst vermeidet, den Partner eindeutig damit zu konfrontieren, wie ernst die Situation ist. Er mag zwar sagen: «Ich bin mit unserer Beziehung unzufrieden», aber er setzt nicht hinzu: «...und ich habe noch eine andere.» Außerdem sind beständige Beziehungsauseinandersetzungen, wie eine der von mir befragten Personen erklärte, «ein fürchterlicher Stress. Sie kosten soviel Nerven und Energie. Man erreicht vielleicht kurzfristig, daß sich etwas ändert, aber das hält doch nicht auf Dauer an. Man nimmt ein paar Anläufe, etwas zu sagen oder sich zu beschweren, und gibt es dann irgendwann wieder auf.» Dem anderen immer wieder etwas klarmachen zu wollen, ist auf die Dauer nicht nur langweilig, sondern auch strapaziös. So unbefriedigend der Beziehungsalltag auch sein mag, er hat doch den Vorteil, nach einem eingespielten Muster abzulaufen. Deshalb kann es sein, daß der Initiator, nachdem er eine Zeitlang aufbegehrt hat, in eine passive Hinnahme des Status quo verfällt. Das Ergebnis sind sporadische Aufwallungen von Unmut im Wechsel mit scheinbar friedlichen Phasen.

Hausfrau, 36, Trennung nach zwölf Ehejahren: «Ich versuchte über ein Jahr lang, ihm klarzumachen, daß ich unglücklich war. Aber es passiert nichts – zur Zeit ist gerade wieder eine windstille Phase –, und wir reden auch nicht drüber. Ich weiß nicht, ob Sie so was auch kennen, aber es wechselt immer hin und her. Mal sage ich, es ist schrecklich und ich halte es nicht mehr aus, und dann fällt wieder monatelang kein Wort darüber. Wir machen einfach weiter, als ob nichts wäre. Wir reden über die Kinder, essen zusammen zu Abend, gehen zusammen aus.»

Doch selbst wenn die Signale des Initiators so kraß und direkt werden, daß sie als solche tatsächlich kaum mißzuverstehen sind, schwächt sich ihre Bedeutung im Alltag häufig wieder ab: Sie sind eingebettet in eine feste Routine, die mittlerweile selbst als Symbol dafür herhält, daß alles in Ordnung sei. So entwickelt beispielsweise jedes Paar im Lauf der Zeit einen besonderen Gesprächsstil. Einige der von mir befragten Personen erzählten, daß ihre Beziehungen über lange Zeit so eingespielt waren, daß sie beim Auftreten von Problemen gar keine Form zur Verfügung hatten, darüber zu sprechen. Die Kommunikation der Partner verlief normalerweise so wenig streitlustig und so verbindlich, daß es dem Initiator schwerfiel, Klagen zu äußern; wenn überhaupt, wurden diese dann auf friedliche und verbindliche Weise vorgebracht. Andere Betroffene berichteten vom umgekehrten Problem: Klagen und Krittelei waren in ihren Beziehungen so selbstverständlich wie das abendliche Lichtausmachen. Unmutsäußerungen blieben verborgen, weil die Kommunikation ohnehin von Meinungsverschiedenheiten und Reibereien geprägt war.

Die Unzufriedenheit des Initiators kann aber auch einfach im Alltag untergehen. Ein negatives Signal wird in diesem Fall schlicht als punktuelle Störung der normalen Alltagsroutine abgetan.[5] Wie wir uns erinnern, wird sich die Veränderung, die der Initiator durchmacht, nicht nur in bewußten Signalen, sondern auch in anderen Bereichen äußern: in seiner Art zu sprechen, der Wahl seiner Freunde, seinem intimen Umgang mit dem Partner, seiner Art von Humor, seinem Musikgeschmack oder seinen Essensvorlieben, seinen Freizeitaktivitäten, der Wahl seiner Lektüre und vielleicht sogar in seiner Erscheinung. Diese Zeichen nehmen in dem Maße zu, wie sich sein «anderes Leben» verfestigt. Sie sind offen sichtbar und verändern das gesamte Gepräge der Beziehung. Allerdings treten sie erst allmählich auf. Wären die Signale plötzlich alle auf einmal da, würden sie den Partner sicherlich zwingen, sich mit ihnen auseinanderzusetzen. Werden sie dagegen ganz allmählich zwischen andere Zeichen eingestreut, die für die Stabilität der Beziehung stehen, lassen sie sich in die Beziehungsroutine integrieren: Waren sie ursprünglich ein Bruch innerhalb des Beziehungsmusters, werden sie nun *selbst zum Muster.*[6]

Elektriker, 62, Scheidung nach neununddreißig Ehejahren: «Es war jeden Tag irgend etwas. Immer wenn ich von der Arbeit kam, empfing sie mich damit, daß ich dies oder jenes nicht gemacht hätte. Ich hörte gar nicht mehr hin. Wer will sich schon die ganze Zeit mit solchem Zeug befassen?»

Produktionsleiter, 52, Scheidung nach fünfundzwanzig Ehejahren: «Ich glaube, wir sind ganz allmählich immer mehr davon abgekommen, zärtlich zueinander zu sein. Ganz allmählich haben wir uns daran gewöhnt, daß ich ihr nicht mehr jeden Morgen und jeden Abend einen Kuß gab. Ich würde sagen, das ging über drei oder vier Jahre. Und sexuell sind wir, glaube ich, ebenso allmählich auseinandergedriftet. Wir schliefen einfach nicht mehr so oft miteinander und schließlich nur noch ein-, zweimal im Monat, was ja, wenn man so diese ganzen Bücher liest, nicht viel ist. In unserem Alter ist, glaube ich, so was wie einmal die Woche normal. Es ergab sich einfach so. Anfangs habe ich mich noch darüber beklagt, als ich noch dachte, wir sollten öfter miteinander schlafen und all so was. Es ist schon komisch – und ich kann es mir selbst nicht recht erklären –: Es hat mich nicht weiter beunruhigt. Wenn wir dann nämlich miteinander geschlafen haben, war es gut. Verstehen Sie – es war richtig gut. Lange und intensiv – aber es wurde eben immer seltener.»

Es besteht jedoch nicht nur beim Partner die Neigung, die negativen Signale des Initiators in der Alltagsroutine untergehen zu lassen, der Initiator selbst trägt paradoxerweise aktiv dazu bei, den Eindruck entstehen zu lassen, im Prinzip ginge alles seinen normalen Gang weiter. Selbst wenn er seiner Unzufriedenheit Ausdruck verleiht, ist er meist gleichzeitig bemüht, die eingespielten Lebens- und Umgangsformen aufrechtzuerhalten und damit auch zu signalisieren, daß alles in Ordnung sei. Er ist noch nicht bereit, die Beziehung aufzugeben, und braucht noch Zeit und Raum, um die Situation für sich zu überdenken und zu klären. So vermittelt er den Anschein, noch aktiv an der Beziehung beteiligt zu sein[7], weil ihm diese Fassade gestattet, wieder «zurückzukehren», falls es mit den Alternativen nicht klappt.

Eine Rolle spielen zu können, die wir innerlich gar nicht mehr wirklich ausfüllen, gehört zu unseren erworbenen Fähigkeiten. Wenn wir es mit anderen Menschen zu tun haben, präsentieren wir uns immer, ähnlich wie Schauspieler, entsprechend der Rolle, die uns in der jeweiligen Situation vorgegeben ist.[8] Unsere Kommunikation ist deshalb grundsätzlich beeinträchtigt. Wir zeigen immer nur einzelne Aspekte dessen, was im jeweiligen Moment in uns vorgeht.[9] Diese Fragmente sind nach bestimmten Kriterien ausgewählt und arrangiert, so daß sie kaum je das, was sich wirklich in uns abspielt, getreulich wiedergeben. Unsere innere Realität wird dabei transformiert, reduziert, arrangiert und inszeniert.[10] Wenn wir die Rolle perfekt einstudiert haben, können wir sie unabhängig von unserer augenblicklichen Stimmung spielen, indem wir einfach nur die äußeren Signale reproduzieren.

Was für alle zwischenmenschlichen Situationen gilt, gilt natürlich auch für unsere intimen Beziehungen. Das besondere Wesen einer Liebesbeziehung läßt sich schwer an äußeren

Signalen festmachen.[11] Wir neigen daher dazu, die Signale, die der andere in seiner Rolle als Partner gibt, für die Beziehung *selbst* zu nehmen.[12] Da es sehr mühsam ist, ständig zu prüfen, was der andere denkt und fühlt, ist jeder Partner leicht vom anderen zu überlisten und zu täuschen.[13] Der Initiator kann daher den Schein aufrechterhalten, es sei alles in Ordnung, wenn er seine Signale entsprechend manipuliert. Normale alltägliche Gewohnheiten lassen sich einsetzen, um weiterhin etwas vorzutäuschen, was gar nicht mehr vorhanden ist. So kann der Initiator etwa wie bisher sagen: «Ich liebe dich», obgleich längst alle Leidenschaft verflogen ist. Er kann mit den Worten «Ich liebe dich» die Tatsache vertuschen, daß er enttäuscht oder ärgerlich ist oder auch schlichtweg überhaupt nichts fühlt. Ebensogut kann sein «Ich liebe dich» auch bedeuten: «Ich mag dich», «Wir haben viel gemeinsam durchgemacht» oder auch nur «Heute war ein schöner Tag».

Andererseits können die üblichen Gewohnheiten auch dazu dienen, etwas zu vertuschen, was *vorhanden ist*.

Programmierer, 27, Trennung nach vier Jahren Zusammenleben: «Ich hatte mir vorher schon angewöhnt, bis spät abends zu arbeiten, und ging dazu häufig in den Computerraum am anderen Ende des Flurs, wo sie mich telefonisch nicht erreichen konnte. Es war einfach, diese Abendstunden dafür zu benutzen, um mit jemand anderem zusammenzusein.»

Der Partner wird mit widersprüchlichen Informationen konfrontiert: Der Initiator signalisiert gleichzeitig: Es ist alles in Ordnung – etwas stimmt nicht. Eine Frau beschreibt diese Erfahrung so: «Es ist wie das entfernte Fluggeräusch einer Biene. Man meint, daß man irgendwo ein schwaches Summen hört, aber man ist sich nicht sicher.» Den Konflikt nicht aufbrechen zu lassen, ist allerdings ein Gemeinschaftswerk – an dem auch der Partner beteiligt ist.[14]

## Der Beitrag des Partners

Wir nehmen soziale Situationen durch ein vorgeformtes Raster aus Voraussetzungen, Erwartungen und Erfahrungen wahr.[15] Dieses Raster bestätigt sich selbst, da wir dazu neigen, wann immer wir können, unsere Erfahrungen danach zurechtzubiegen: Wir stellen Situationen und Beziehungen her, die genau in dieses Muster hineinpassen. Auf der anderen Seite haben wir die Tendenz, alles davon Abweichende zu ignorieren, verzerrt wahrzunehmen oder zu leugnen.[16] Als Ergebnis finden wir gewöhnlich genau das, was wir suchen. Dieses Wahrnehmungsraster läßt sich nicht so leicht verändern oder abbauen, da die Art und Weise, in der wir die Außenwelt sehen, sehr eng mit unserer Selbstwahrnehmung und unserem Verhältnis zur Außenwelt verbunden ist. Folglich haben wir ein starkes Interesse daran, dieses Raster aufrechtzuerhalten, da andernfalls unsere Identität auf dem Spiel stände.

Wir nehmen nicht so leicht Abschied von unseren selbsterschaffenen Welten. Lieber weisen wir alles Wissen von uns, das im Widerspruch zu unseren vorgefertigten Bildern steht. Indizien, die sie in Frage stellen, mögen uns vorübergehend stutzig machen, aber gewöhnlich schaffen wir es, sie beiseite zu schieben – bis wir irgendwann auf eine Tatsache stoßen, die uns zu sehr fasziniert, als daß wir sie ignorieren könnten, die zu eindeutig ist, um verzerrt wahrgenommen zu werden, und deren Leugnung eine zu große Anstrengung bedeuten würde. In ihrem Licht springen uns plötzlich auch andere Dinge ins Auge, die wir lieber nicht sehen würden, und wir fühlen uns gezwungen, das Weltbild aufzugeben, das wir uns so kunstvoll zurechtgeschmiedet haben.

Das Wahrnehmungsraster des Partners beinhaltet unter anderem bestimmte Erwartungen im Hinblick auf das Spektrum der Signale, die der Initiator gibt. Es beinhaltet außerdem Erwartungen hinsichtlich der Dauer der Beziehung.[17] Letztere äußern sich in charakteristischen Bemerkungen wie: «Ich habe immer geglaubt: Wenn man eine Ehe eingeht, geht man sie ganz ein.» – «Der Gedanke an Scheidung ist mir nie gekommen» oder «Ich bin fest davon ausgegangen, daß die Ehe bis an mein Lebensende Bestand haben würde». In solchen Aussagen kommen nicht nur individuelle Einstellungen, sondern auch gesellschaftliche Erwartungen zum Ausdruck – allgemeine Vorstellungen davon, daß ein bestimmter Beziehungsstatus zur Dauer verpflichtet. Wir erinnern uns, daß der Initiator, um eine Trennung ins Auge fassen zu können, die Gültigkeit dieser sozialen Erwartungen für seinen Fall aufheben beziehungsweise ihnen etwas entgegensetzen muß. Er entwirft ein Bild vom Partner und von der Beziehung, das die Trennungsgedanken rechtfertigt, und entwickelt eine Weltanschauung, innerhalb derer das eigene Wohl Vorrang vor der Verbindlichkeit gegenüber dem anderen hat.

Das Wahrnehmungsraster des Partners bestimmt maßgeblich seine Interpretationen der Signale des Initiators.[18] Der Partner stülpt dem Verhalten des Initiators seine persönlichen Erwartungen hinsichtlich der Dauer der Beziehung und des Spektrums der möglichen Signale über.[19] Paßt ein neues Signal nicht in dieses Erwartungsraster – folgt etwa auf die Information «Ich habe dir dein Frühstück fertig gemacht» die Rückfrage «Hast du auch eine Pistole mit eingepackt?» –, wird der Partner es nicht ernst nehmen. Hingegen wird er die Worte «Ich liebe dich» zur Kenntnis nehmen, da sie seinem Bild der Dinge entsprechen.

Sekretärin, 38, Scheidung nach zehn Ehejahren: «Warum ich bei alledem nichts kapiert habe? Weil dieser Mann mitten in diesem ganzen Desaster – also, die Ironie an der Sache ist, daß dieser Mensch mir jeden Tag, wenn er nach Hause kam, erzählte, daß er mich liebt und daß ich die tollste... Ich meine, mitten in diesem ganzen Generve kam dann: ‹Du bist die tollste Frau, die man sich wünschen kann. Ich liebe dich.› Es war total verrückt. Verbal gab er mir genau das, was ich mir wünschte.»

Die Signale des Initiators sind vielleicht tatsächlich vage, sporadisch und leicht zu übersehen. Die andere Seite der ganzen Geschichte sieht aber so aus, daß die unangenehme Botschaft sich so wenig mit dem Selbst- und Weltbild des Partners verträgt, daß sie zwar gehört, aber sofort geleugnet wird. Bei der Unterdrückung der Wahrheit betrügt sich der Partner selbst. Der Initiator ist nicht der einzige, der unoffen ist, denn: «Der Kern dieser Art von Selbstbetrug ist Unoffenheit: die gleiche Unoffenheit, die auch beim Betrug mitspielt. So betrachtet, besteht Selbsttäuschung darin, daß wir vor uns selbst die Wahrheit verborgen halten, der ins Gesicht zu sehen wir uns nicht trauen.»[20] Unser Problem, dem Partner unsere Unzufriedenheit zu vermitteln, hat zwei Aspekte: die Schwierigkeit, einem Menschen, mit dem wir ein Stück unseres Lebensweges gemeinsam gegangen sind, etwas Unangenehmes mitzuteilen, und die Schwierigkeit (wenn wir in der Position des Partners sind), diese unangenehme Mitteilung aufzunehmen. Der Partner neigt dazu, sich die positiven Mitteilungen herauszupicken, um sein Weltbild nicht ins Wanken zu bringen.[21] Von den widersprüchlichen Signalen schiebt er all jene beiseite, die es in Frage stellen könnten.

Sozialpädagogin/Lehrerin, 40, Scheidung nach zwölf Ehejahren: «Ich merkte schon, daß er viel weg war. Und ich fragte mich auch, warum er wohl so selten da war. Nachts hatte er manchmal Dienst, und das war dann, als ob... er ließ dann überhaupt nichts von sich hören. Und dann ging er manchmal auch sonnabends weg. Er sagte dann nur: ‹Ich mache einen Ausflug.› Und oft ging er auch Bücher kaufen, und das war immer eine größere Unternehmung, weil es sein Hobby war, überall nach Büchern und antiquarischen Raritäten und solchen Sachen zu stöbern. Manchmal kam er dann erst sehr spät nach Hause, und ich hatte langsam den Verdacht, daß da etwas im Busch war. Das war schlimm für mich. Gesagt hab ich nicht viel. Ich dachte mir: ‹Ach, Sandra, du bildest dir was ein›, und dann dachte ich wieder: ‹Nein, du bildest dir nichts ein.› Verstehen Sie, ich habe dauernd mit mir selbst herumargumentiert.

Richtig zur Sprache kam nie etwas. Das war das Merkwürdige an der Sache. Er sagte nicht ein einziges Mal zu mir: ‹Ich bin unzufrieden, weil unser Zusammenleben so trübe ist.› Oder: ‹Was zwischen uns ist, reicht mir nicht.› Das hat er mich nie wissen lassen. Ich muß allerdings sagen, daß ich es schon hätte merken können, weil er immer ziemlich verschlossen war, wenn er nach Hause kam. Damals dachte ich: Das ist eben seine Art. Er ist eben – er sorgte immer für vieles in unserer Familie – wissen Sie, er fühlte sich immer für alle organisatorischen Dinge verantwortlich, für die Finanzen und überhaupt die ganze Planung. Darin war er wirklich gut. Es gab viele Bereiche, wo er zu wünschen übrigließ, aber in diesen Dingen hatte er immer das Heft in der Hand. Deshalb dachte ich, er ist eigentlich ziemlich – also, ich dachte: Wenn er sich so verantwortlich fühlt, ist das ein Zeichen, daß alles in Ordnung ist.»

Der Partner blendet Informationen aus, um den Status quo zu erhalten, eine schwierige Entscheidung hinauszuschieben oder eine bedrohliche Situation zu vermeiden.[22] Vorerst kann er dadurch das Zusammenleben wohl aufrechterhalten; doch indem er an der Unterdrückung der Wahrheit mitwirkt, begibt er sich längerfristig der Möglichkeit, etwas zu unternehmen, um die drohende Gefahr abzuwenden oder zu verringern.[23]

Aber er hat noch weitere Möglichkeiten, mit den widersprüchlichen Signalen des Initiators umzugehen. Eine davon besteht darin, die Krisenzeichen zwar zur Kenntnis zu nehmen –, sie dabei jedoch so umzudeuten, daß das eigene Bild der Dinge davon nicht berührt wird. So kann der Partner beispielsweise negative Signale positiv interpretieren.

Produktionsleiter, 52, Scheidung nach fünfundzwanzig Ehejahren: «Unser Sexualleben war nicht gerade intensiv, aber wenn es stattfand, war es gut. Das war nur nicht sonderlich häufig der Fall. Wir schliefen miteinander, als wir im Urlaub waren. Es war ganz phantastisch, und das ist immerhin erst ein Jahr her. Ich habe sie darauf angesprochen und sie daran erinnert, wie wir uns in der Zeit geliebt haben und wie wir am Strand spazierengegangen sind und was sonst noch alles war, aber sie meinte, das sei rein sexuell gewesen. Damit wollte sie sagen, daß es von ihr aus nichts mit Liebe zu tun hatte – aber wie kann man das denn trennen?»

Es kommt auch vor, daß der Partner die negativen Signale zur Kenntnis nimmt, die Probleme aber als normale Begleiterscheinungen jeder Partnerschaft abtut, so daß sie ihn nicht weiter beunruhigen.[24] Sein Wahrnehmungsraster beinhaltet auch bestimmte Vorstellungen davon, was in Beziehungen normal und abnorm ist, entsprechend beurteilt er die eigene Situation.

Sozialpädagogin/Lehrerin, 40, Scheidung nach zwölf Ehejahren: «Generell ging ich immer davon aus, daß ein guter Teil des Lebens eben aus Leiden besteht und daß das eben die Realität ist. Und ich dachte, daß ich mich als Frau wirklich glücklich preisen konnte, weil ich mit einem so gescheiten Mann verheiratet war, den viele Leute amüsant und geistreich fanden, und weil ich diese beiden süßen Kinder hatte und ein hübsches Haus und eine sichere Zukunft. Und wenn ich auch bei näherem Hinsehen nicht glücklich war, warum sollte ich auf die Idee kommen, deshalb etwas ändern zu wollen? Ich meine, ich habe meine Mutter nie glücklich gesehen. Wie hätte ich davon ausgehen sollen, daß *ich* glücklich sein könnte? Verstehen Sie? Glücklich, was ist das? Wirklich, so war das bei mir. Ich glaube, so etwas wie Glücklichsein habe ich bis vor kurzem überhaupt nie erlebt. Ich wußte nicht, was das ist. Ich kannte Lustigsein, aber ich kannte nicht das Gefühl der Befriedigung.»

Zum Teil basieren diese Vorstellungen offenbar auf sogenannten «Volksweisheiten»: «Probleme gibt es in jeder Ehe. Es wäre nicht normal, wenn wir keine hätten.» – «In jeder Beziehung läßt nach einer gewissen Zeit das sexuelle Interesse nach.» – «Ach, in Beziehungen geht es immer mal auf und ab.» – «Wir haben uns manchmal gestritten, aber Streit gibt es bei allen mal.» Die eigene Beziehung entspricht nicht den Klischeevorstellungen von einer kaputten Beziehung: Es herrscht kein ständiger Streit, und von Trennung oder Scheidung ist nicht die Rede (außer vielleicht im Verlauf einer heftigen Auseinandersetzung, was als eine unüberlegte Reaktion interpretiert werden kann, die für den Normalzustand nichts zu bedeuten hat).[25]

In vielen Fällen scheinen dem Partner die Probleme normal und daher nicht beunruhigend, ohne daß er sich tatsächlich auf Vergleiche stützen könnte. Familiäre Probleme gelten traditionell als etwas, worüber man vor anderen nicht spricht. Wir wissen ja bereits, daß der Initiator seine Unzufriedenheit nur auserwählten Dritten gegenüber äußert. Gewöhnlich geben sich Paare Mühe, anderen gegenüber die Fassade einer harmonischen Beziehung aufrechtzuerhalten.²⁶ (Wie gut dies meist gelingt, zeigen die erstaunten Reaktionen des Umfelds, wenn eine Trennung publik wird: «Was! Aber sie waren doch so ein ideales Paar!») Im Unterschied zum Initiator, der sich ja bereits anderen geöffnet, Informationen über Lebensalternativen gesammelt und Vergleichsmaßstäbe entwickelt hat, verfügt der Partner im allgemeinen kaum über derartige Anhaltspunkte für die Beurteilung der eigenen Beziehung.²⁷ Was er an Informationen gesammelt hat, stammt weitgehend von Menschen, die seine grundlegende Weltsicht teilen und daher sein Wahrnehmungsraster bestärken. In dieser Hinsicht ähnelt die Situation des Partners der eines fortgesetzt mißhandelten Kindes. Solche Kinder gehen sehr häufig davon aus, daß sich in allen Familien das gleiche abspielt wie bei ihnen zu Hause, bis sie schließlich in die Schule kommen, Freundschaften schließen und andere Kinder besuchen. Erst dann entdecken sie, daß andere Kinder nicht körperlich mißhandelt werden und daß ihre eigene Situation nicht die Regel, sondern die Ausnahme ist.²⁸

Eine andere Möglichkeit des Partners, mit negativen Signalen umzugehen, besteht darin, sie als Ausdruck vorübergehender Schwierigkeiten zu werten: Das geht schon wieder vorbei. Der Partner führt in diesem Fall die Unzufriedenheit des Initiators häufig auf belastende äußere Bedingungen zurück. Sobald sich die äußere Situation bessert, sagt er sich, wird auch die Beziehung wieder reibungslos funktionieren.²⁹

Sekretärin, 38, Scheidung nach zehn Ehejahren: «Ich glaube, ich habe damals eine ganze Menge verdrängt. Ich hatte die Fähigkeit, nur das zu sehen, was ich sehen wollte. John log mich oft an, und obwohl ich ihn bei einer Lüge nach der anderen ertappte, sagte ich mir immer: Halb so schlimm, wird schon besser werden. Wenn wir erst verheiratet sind, wird alles gut. Das glaubte ich auch wirklich. Ich war fest davon überzeugt, daß er sich verändern würde. Mit der Heirat würden sich alle Probleme lösen, denn dann würden seine Eltern nicht mehr so auf ihm herumhacken, weil er mit mir zusammenlebte. Er war unglücklich, aber wenn wir erst verheiratet wären, würde das alles anders werden.»

Medizinstudent, 25, Trennung nach vier Jahren Zusammenleben: «Wir hatten damals einfach viel um die Ohren. Wir mußten beide hart arbeiten, weil bald Semesterende war. Wir waren nicht mehr so viel zusammen, aber ich dachte nicht, daß das etwas zu bedeuten hätte, weil wir eben andere Verpflichtungen hatten. Ich ging davon aus, daß sich alles wieder normalisieren würde, wenn wir nicht mehr soviel zu tun hatten. Einmal war so eine Situation, da brach sie in Tränen aus, und ich konnte mir damals überhaupt keinen Reim darauf machen. Sie sagte, daß sie mich sehr gern hätte und mit mir zusammensein und die Probleme zwischen uns mit mir gemeinsam lösen wollte. Ich sagte: Mach dir keine Sorgen, das will ich auch. Ich liebe dich, und du bist mir wichtig. Ich weiß, daß es besser wird – wenn wir das Semester hinter uns haben und den ganzen Stress mit den Abschlußklausuren und allem, wird sich alles wieder beruhigen und normalisieren. Dann haben wir mehr Zeit für uns.»

Ebensogut wie kurzfristigen äußeren Belastungen kann der Partner die negativen Signale auch einer physischen oder psychischen Krise des Initiators zuschreiben, die schon wieder vorübergehen wird.[30] Diese – und nicht der Partner selbst und die Beziehung – stellt das Problem dar. Wie ein böser Geist treibt dieser «Zustand» den Initiator zu untypischen Verhaltensweisen.[31]

Vertreterin, 45, Scheidung nach zehn Ehejahren: «Er machte gerade seine Midlife-crisis durch, wie so viele Männer, wenn sie beruflich kein weiteres Vorankommen mehr sehen und Angst vor dem Altwerden haben und sich deshalb ständig beweisen müssen. Ich wußte, daß er mit einer ganzen Reihe Frauen etwas hatte, aber ich dachte: Das ist bei den meisten Männern in dem Alter so, und es wird schon vorbeigehen.»

Produktionsleiter, 52, Scheidung nach fünfundzwanzig Ehejahren: «Ich habe die Hoffnung trotzdem nie aufgegeben. Vielleicht lag es ja zum Teil an den Wechseljahren. Sie war gerade fünfzig geworden, und mein Schwager sagte, sie hätte seit einer Weile die fliegende Hitze, und eine Zeitlang schob ich es alles darauf. Und ich dachte mir einfach, früher oder später würde sie da durchsein.»

Dies hat zur Folge, daß der Partner die Ursache der Störungen beim Initiator sucht.[32] Er tut das aus seiner Sicht einzig Naheliegende – er versucht, den Initiator zu bewegen, sich therapeutische Hilfe zu suchen.[33] Möchte der Initiator lieber mit ihm gemeinsam in eine Beratung oder Therapie gehen, wird der Partner sich vielleicht höflichkeitshalber ein paarmal dazu aufraffen und dann wieder abspringen[34], falls er sich nicht von vornherein kategorisch weigert. (Es ist ja schließlich nicht sein Problem.) Zum Teil zielt sein Vorschlag darauf ab, die Situation zu entschärfen, weil er darauf hofft, daß die Beratung oder Therapie den Initiator psychisch wieder zurechtrücken wird und daß dann wieder Ruhe und Frieden ist. Nehmen wir an, daß der Initiator tatsächlich dem Vorschlag des Partners folgt und sich allein in eine Therapie oder Beratung begibt. Dort setzt er sich mit den Schwierigkeiten auseinander. Die Probleme schälen sich deutlicher heraus, und es kann sein, daß der Initiator sie nun zunehmend an der Beziehung oder am Partner festmacht, da dieser nicht anwesend ist und seine Sicht der Dinge nicht einbringen kann. Falls der Therapeut oder Berater gleichzeitig zur Übergangsperson wird, erfährt der Initiator möglicherweise nicht nur mitfühlende Unterstützung, sondern zugleich auch Orientierungshilfen und Bestärkung darin, daß er es auch allein schaffen wird.[35]

## Die Aufrechterhaltung der Illusion – ein Gemeinschaftswerk

So paradox es klingt: Obgleich sich Initiator und Partner in vielerlei Hinsicht schon weit voneinander entfernt haben, kooperieren sie doch in einem Punkt nach wie vor partnerschaftlich miteinander: Beiden geht es darum, den Zustand der Beziehung nicht offensichtlich werden zu lassen. Ob der Partner die negativen Signale beiseite schiebt, ob er sie als normal und deshalb nicht beunruhigend qualifiziert oder ob er sie einer vorübergehenden Ausnahmesituation zuschreibt – das Ergebnis ist das gleiche. Trotz aller Warnzeichen reagiert er *nicht*, indem er alles stehen und liegen läßt und die drohende Katastrophe zu verhindern sucht. Selbst wenn der Partner den Initiator anspricht, neigt er zunächst dazu, dies auf eine indirekte und zurückhaltende Weise zu tun. Es ist schwer, direkte Fragen zu stellen, wenn man befürchtet, daß die Antwort das eigene Leben – und sei es auch nur vorübergehend – umkrempeln könnte.[36] Aus diesem Grund vermeidet auch der Partner die direkte Konfrontation.

Inhaber eines Antiquariats, 36, Trennung nach acht Jahren Zusammenleben: «Er empfand es schon so, daß meine Freundschaften mit anderen eine Art Keil zwischen uns trieben, da bin ich mir sicher. Es war ihm offenbar ein Problem – und es gehörte zu den wenigen Dingen, die er je von sich aus angesprochen hat –, daß ich, wie er es sah, ‹zu intensiv mit anderen Leuten zu tun hatte›. Ich brachte immer mehr Zeit mit Freunden zu, und er sprach immer von Hinz und Kunz. ‹Du bist ständig mit Hinz und Kunz zusammen und kaum noch hier.› Er sagte nie ‹mit mir zusammen›, sondern immer nur ‹hier›. Er äußerte nie klar, daß es ihm etwas ausmachte, daß ich mich emotional mehr anderen Menschen zuwandte.»

Sonderschullehrerin, 49, Scheidung nach dreiundzwanzig Ehejahren: «Anderthalb Monate ging das so zwischen uns mit dieser Romanze auf Entfernung, weil sich unsere Familien etwa alle drei Wochen trafen und wir uns dann Blicke zuwarfen und heimlich zuseufzten und dergleichen. Ganz unauffällig natürlich! Ich bitte Sie, wie kann jemand davon nichts merken? Jeder muß das doch mitkriegen. Heute ist mir das klar, und es ist mir immer noch peinlich, wenn ich daran denke. Ich glaube nicht, daß es ihm entgangen ist. Einmal, als wir nach Hause fuhren, fragte er mich im Auto: ‹Wenn du je fremdgehen wolltest, käme dann Hank für dich in Frage?› Ich bin nun mal verdammt ehrlich, also habe ich geantwortet: ‹Ja, wenn ich das wollte, wäre er der erste, auf den ich kommen würde.› Das war die Wahrheit. Ich meine, mehr als seine Frage zu beantworten, konnte ich ja wohl nicht tun. Aber das war alles, was von ihm dazu kam. Er hakte nicht weiter nach.»

Selbst wenn der Partner den Mut aufbringt, die direkte Konfrontation zu riskieren, kann es sein, daß der Initiator weiterhin abwiegelt.

Laborassistentin, 38, Trennung nach vier Ehejahren: «Eines Tages rief mich diese Frau an, um mir zu sagen, daß sie sich mit mir treffen wollte. Er hatte mir erzählt, daß zwischen ihnen nichts mehr war. Eigentlich wollte ich sagen: ‹Ich will nicht mit Ihnen sprechen›, aber irgend etwas... ich mußte einfach wissen, was sie wollte, verstehen Sie? Also verabredete ich mich mit ihr – weil ich beunruhigt war, was sie mir wohl zu sagen hatte. Wir trafen uns dann in der Cafeteria, und sie fragte: ‹Warum geben Sie ihn nicht frei?› Und in der Art ging es weiter. Ich dachte immer noch: Vielleicht hat er gar nichts mehr mit ihr, und nur sie will unbedingt – jedenfalls erzählte ich es ihm, und er sagte: ‹Nein, gib nichts darauf, was sie sagt. Es ist alles in Ordnung zwischen uns.› Aber als er mich dann verlassen hat, ist er doch mit ihr abgehauen.»

Möbelrestauratorin, 32, Trennung nach neun Jahren Zusammenleben: «Sie war fast nur noch weg. Wir hatten kaum noch Zeit für uns. Ich sprach sie darauf an, fragte sie: ‹Was ist, gibt es einen Grund, warum du nie mehr da bist?› Sie sagte immer nur, es sei wegen der Arbeit, weiter nichts. Ich habe mich trotzdem allein gefühlt. Als sie immer weiter andauernd weg war, bin ich sauer geworden. Sie hat den Konflikt aber immer vermieden. Sie sagte, es täte ihr leid, blieb ein paarmal abends da und war dann wieder weg. Im Grunde hat sie einfach das Gespräch abgewürgt, sobald ich mich aufregte, und dann genauso weitergemacht wie vorher.»

Studentische Hilfskraft, 28, Trennung nach einem Jahr Zusammenleben: «Das Schlimme war, daß ich für ihn nicht mehr der beste Freund war, sondern nur noch der Lebenspartner. Etwa um die gleiche Zeit haben wir dann auch aufgehört, miteinander zu schlafen. Ich glaube, das ging von uns beiden aus. Er zog sich zuerst immer weiter zurück, und ich tat es dann gleichfalls, um mein Selbstwertgefühl zu schützen. Wir sprachen ein paarmal darüber, und er sagte nur: ‹Ich habe einfach keine Lust. Zur Zeit ist mir einfach nicht nach Sex. Ich weiß nicht, was im Moment bei mir abläuft.›»

Beide Partner tragen durch ihr Verhalten dazu bei, daß wichtige Dinge nicht ans Licht kommen. Dabei lassen sie sich von einem zentralen Prinzip des alltäglichen zwischenmenschlichen Verhaltens lenken: Wir vermeiden es nach Möglichkeit, unser Gegenüber in eine peinliche Situation zu bringen[37], und sind bemüht, uns gegenseitig zu helfen, das Gesicht zu wahren. Der Initiator hält, selbst wenn er auf sein Verhalten angesprochen wird, entscheidende Informationen zurück, die einen Gesichtsverlust des Partners bewirken könnten[38] und die ihm im übrigen auch zwangsläufig klarmachen würden, daß es um die Beziehung schlecht bestellt ist. Der Partner wiederum hilft dem Initiator, sein Gesicht zu wahren, indem er sich mit dessen Auskünften bescheidet, anstatt weiter zu bohren und seine Ausflüchte zu entlarven.[39] Dieses gemeinschaftliche Bemühen, das peinliche Geheimnis unangetastet zu lassen, entspringt aber nicht nur altruistischen Motiven, da beide Partner bei einer direkten Konfrontation auch selbst etwas zu verlieren haben. Der Initiator will die Beziehung nicht aufs Spiel setzen, ehe er das Gefühl hat, sich anderswo eine sichere Nische geschaffen zu haben. Er wird sich dem Partner erst dann ganz offenbaren, wenn er sicher ist, daß die Vorteile einer Trennung gegenüber denen der mühsamen Aufrechterhaltung der Beziehung überwiegen. Bis dahin wird er weiter Dinge sagen, ohne sie zu sagen. Der Partner wird erst dann die negativen Signale wirklich zur Kenntnis nehmen und den Initiator direkt zur Rede stellen, wenn der Verschleiß an emotionaler Energie, die Spannungen und die Entwürdigung, die die Aufrechterhaltung des Status quo begleiten, ein solches Ausmaß angenommen haben, daß es für ihn auch nicht mehr schlimmer sein kann, sich den Tatsachen zu stellen, als sie weiterhin zu verdrängen. Bis dahin wird der Partner unwissentlich Wissender bleiben.

# *Fünf*
# Wenn die Illusion zusammenbricht

Wenn die gemeinsam geschaffene Illusion schließlich zusammenbricht, so ist dies das Ergebnis einer Interaktion zwischen den beiden Partnern, die so subtil und zugleich so komplex und dynamisch ist, daß jeder Versuch, sie in Worten nachzuzeichnen, dem Geschehen eine Folgerichtigkeit unterstellt, die es in Wirklichkeit nicht hat.[1] Den bestimmenden Part bei der Herbeiführung dieses Augenblicks spielt der Initiator, da der Partner sich nur dann eingestehen wird, die Beziehung sei ernsthaft gefährdet, wenn der Initiator ihn dazu zwingt, indem er seine Unzufriedenheit entsprechend eindeutig und nachdrücklich äußert. Um dem Partner die Augen zu öffnen, wird der Initiator den Partner häufiger und deutlicher als bisher mit den bereits eingesetzten Signalen konfrontieren – oder sich neuer, unmißverständlicherer Signale bedienen.

## Die direkte Konfrontation

Ein solches neues Signal ist die direkte Konfrontation, bei der der Initiator bislang verheimlichte Dinge schmerzlich klar und konkret ausspricht.[2]

Florist, 28, Trennung nach vier Jahren Zusammenleben: «Die ganzen heftigen Auseinandersetzungen zwischen uns spielten sich innerhalb von zwei Wochen ab. Wir hatten schon einen Monat vorher aufgehört, miteinander zu schlafen. Er war aber nie damit herausgerückt, daß er mich nicht mehr liebte, bis die gewaltsamen Streitereien losgingen. Dann fing er an, mich anzuschreien: ‹Ich kann dich nicht ausstehen. Du ödest mich an.›»

Lehrerin, 35, Scheidung nach elf Ehejahren: «Er kam an dem Abend zur Essenszeit nach Hause. Er war schon wochenlang sehr wortkarg gewesen, und ich hatte ihn gefragt, was los sei. Er hatte einen sehr verantwortungsvollen Posten und stand damals ziemlich unter Druck, und ich nahm an, es lag an der Arbeit, daß er so schweigsam war, und er sagte es auch selbst immer wieder. Jedenfalls machte er an dem Abend, als er nach Hause kam, ein ziemlich niedergeschlagenes Gesicht, und ich fragte ihn: ‹Was ist los?› Wir saßen alle am Abendbrottisch, und er bat mich, mit ihm nach oben zu gehen. Er könnte es so einfach nicht mehr aushalten und er müßte mit mir sprechen. Ich ließ also die Kinder sitzen und ging nach oben ins Schlafzimmer, und er schloß die Tür und erklärte mir, daß er eine andere Frau liebte. Einfach zack-bumm. Er sei total durcheinander, weil er aufrichtig das Gefühl hätte, daß er mich auch liebe. Er wüßte einfach nicht, wie er damit umgehen sollte. Ich zitterte am ganzen Leib. Er sagte, er wollte es mir nur sagen und dann gleich zu ihr gehen.»

Inspekteur, 38, Scheidung nach neunzehn Ehejahren: «Schließlich fingen wir doch an, darüber zu reden und endlich die Karten auf den Tisch zu packen, und ich brachte es, ihr zu sagen: ‹Schau, ich liebe dich, aber ich fühle mich nicht sexuell zu dir hingezogen. Ich kann mir das selbst nicht erklären. Ich weiß, daß du nichts dafür kannst und daß es an mir liegt und alles, aber ich werde dich vielleicht verlassen.› Sie fing zwar ein bißchen an zu weinen, aber sie riß sich zusammen, bis wir wieder zu Hause waren. Wir redeten noch ein bißchen hin und her, und sie fragte mich: ‹Willst du, daß wir uns scheiden lassen? Reicht es nicht, wenn wir uns trennen?› Ich sagte: ‹Nein, ich glaube, ich möchte, daß wir uns scheiden lassen, weißt du, wir haben ja immer noch die Möglichkeit – ich meinte das gar nicht wirklich, aber ich wollte sie ein bißchen trösten – wir können ja immer noch später wieder heiraten, aber ich glaube wirklich, ich brauche das, noch mal wieder allein zu sein und ein paar Sachen für mich herauszufinden.›»

Der Initiator konfrontiert den Partner nicht nur direkt mit

seinen negativen Gefühlen, sondern auch mit dem Wunsch, die Beziehung zu beenden. Beides zusammen ist so eindeutig, daß der Partner gezwungen ist, sein Wahrnehmungsraster entsprechend zu korrigieren – auch wenn der Initiator vielleicht in dem Bemühen, den Schock zu dämpfen, immer noch beruhigende Signale liefert («Wir können ja immer noch später wieder heiraten» – «... er sei total durcheinander, weil er aufrichtig das Gefühl hätte, daß er mich auch liebte»). Trotzdem ist die Botschaft ziemlich eindeutig, vor allem wenn der Initiator im Anschluß daran einfach aufsteht und das Haus verläßt oder darauf besteht, daß der Partner geht.

Der Initiator wird die direkte Konfrontation nur dann riskieren, wenn er sich seiner Gefühle absolut sicher ist.

Kalligraph, 29, Trennung nach sieben Jahren Zusammenleben: «Ich dachte anfangs, die Beziehung würde ewig halten. Ich konnte mir nicht vorstellen, daß sie irgendwann zu Ende gehen würde. Aber dann kam ich irgendwann an den Punkt, an dem mir klar war, daß ich nicht mehr wollte. Ich konnte die Eifersucht nicht mehr ertragen. Und ich konnte es nicht mehr ertragen, mich immer wieder phasenweise auf Kinder einstellen zu müssen. Ich meine, es ist einfach so: Da lebt man monatelang in einer schwulen Beziehung, und dann, peng! ist Weihnachten, und man muß ein total anderes Leben leben, und dann kommt bald wieder der Sommer und wieder ein ganz anderes Leben.»

Häufig berichtet der Initiator später, daß es für ihn einen ganz bestimmten Moment gab, in dem er «wußte, daß es vorbei war», in dem bei ihm «innerlich alles tot war», in dem er «durch dieses Haus ging und das Gefühl hatte, nichts damit zu tun zu haben», und ihm klar wurde, daß er «nicht mehr dorthin gehörte».[3] Die Partnerschaft ist ganz offensichtlich nicht mehr mit dem Selbstgefühl, den Lebensvorstellungen und Werten des Initiators vereinbar. Er empfindet jetzt eindeutig, daß sie ihn daran *hindert*, der Mensch zu sein, der er mittlerweile ist, und im *Widerspruch* zu dem Leben steht, das er sich wünscht. Betroffene, die diesen Moment der Gewißheit erlebt haben, berichten oft, daß er mit dem Gefühl einhergehe, ein Gast oder ein Fremder in der eigenen heimischen Umgebung zu sein. In anderen Fällen wurde der Partner plötzlich als Fremder empfunden.

Ein Mann schilderte mir diese Gefühle: Sein Schwiegervater war plötzlich schwer erkrankt. Während der langen Stunden und Tage, die die Angehörigen im Krankenhaus verbrachten, kam es zu Streitigkeiten zwischen seiner Frau und anderen Verwandten, wobei es gar nicht um den Vater ging, sondern um Bagatellen. Er war schockiert, als sie verlangte, er sollte an ihrer Stelle ins Krankenhaus gehen, damit sie sich nicht länger mit ihren Verwandten abgeben müßte. Er schloß: «Ich konnte es nicht fassen, daß sie sich ihrem Vater gegenüber so verhielt. Wie konnte sie das tun? Welche Werte hatte sie denn überhaupt? Sie war mir plötzlich ganz fremd. Wie hatte ich mich mit so einer Person einlassen können?»

Die Gewißheit des Initiators resultiert aber nicht nur aus der Erkenntnis, daß er nicht mehr in die Beziehung gehört, sondern auch aus dem Gefühl, sein eigentlicher Platz sei anderswo. Er bezieht seine Selbstbestätigung inzwischen aus anderen Quellen. Anstelle der Beziehung stützt nun etwas anderes sein Selbstgefühl und gibt ihm das Gefühl, anderswo «zu Hause» zu sein. Der Initiator empfindet jetzt den Unterschied zwischen diesen Welten als so kraß, daß die Fortführung der Beziehung für ihn gar nicht mehr in Frage kommt.[4] Obgleich er diesen Konflikt zwischen seiner Identität als Individuum und der durch die Beziehung begründeten Identität auch vorher schon gespürt hat, ist dieses Gefühl jetzt klar und intensiv. Vor allem aber erkennt und benennt er jetzt diesen Konflikt als die Ursache seines Unbehagens.

Häufig gewinnt der Initiator diese Klarheit, wenn er in die Welt der Beziehung zurückkehrt, nachdem er anderweitig ein besonders intensives Erlebnis gehabt hat. Hinter ihm liegt vielleicht ein Familientreffen, ein Wiedersehen mit alten Freunden, ein geschäftlicher Termin in einer anderen Stadt, ein heimliches Wochenende mit einer neuen Liebe oder auch eine befriedigende Zeit des Alleinseins. Der jähe Wechsel zwischen den beiden Welten löst beim Initiator einen «Wiedereintrittsschock» aus, da er die häusliche Situation zu einem Zeitpunkt erlebt, an dem die Erinnerung an das Kontrasterlebnis noch frisch ist. Eine Frau erzählte mir, wie sie sich, nachdem sie gerade einen anstrengenden Auftrag ausgeführt hatte, mit Wochenendgästen ihres Mannes konfrontiert sah. Obwohl ihr nur nach Ruhe zumute war, fühlte sie sich durch die selbstverständlichen Erwartungen ihres Mannes und seiner Freunde unter Druck gesetzt, ihre freien Tage damit zuzubringen, zu kochen und sich um das Wohl der Gäste zu kümmern. Sie tat es, aber das Erlebnis brachte ihr zu Bewußtsein, daß sie nicht mehr länger in einer Beziehung leben konnte, der traditionelle Rollenvorstellungen zugrunde lagen, die in krassem Widerspruch zu ihrer eigenen Einstellung standen.

Wenn der Initiator sich seiner Gefühle erst einmal wirklich sicher ist, beschäftigt ihn nicht mehr die Frage, ob er die Beziehung beenden soll oder nicht. Er beginnt vielmehr, sich Gedanken darüber zu machen, *wie* er sie beenden kann.[5] Eine Beziehung aufzugeben fordert einen hohen Preis. Viele Menschen leben weiter in unglücklichen Beziehungen, weil sie nicht bereit sind, die finanziellen, emotionalen und sozialen Folgen einer Trennung auf sich zu nehmen: Einsamkeit, einschneidende Lebensumstellungen, einen niedrigeren Lebensstandard, den Verlust anderer Beziehungen, das Leid des Partners, die schockierte Reaktion der eigenen Eltern oder der Schwiegereltern, den Kummer der Kinder, die Verurteilung durch die Kirche, die philisterhaften Bemerkungen von Freunden und Bekannten, bei denen «auch nicht immer alles so einfach war», die «es aber durchgestanden» haben. Der Initiator wird den Partner nur dann ohne weitere Umschweife mit seinem Wunsch konfrontieren, die Beziehung zu beenden, wenn er sich wirklich in der Lage fühlt, diese Kosten zu tragen.

### Pläne

Nicht immer wird der Initiator, auch wenn seine Grundhaltung feststeht, sofort handeln. Fühlt er sich noch nicht in der Lage, die Folgen einer Trennung auf sich zu nehmen, vertagt er die Konfrontation auf einen Zeitpunkt, von dem er sich erhofft, daß dann die Kosten nicht mehr so hoch sein werden: «wenn Tommy erst in der Schule ist»; «wenn meine Gehaltserhöhung durch ist»; «wenn Vater tot ist»; «wenn ich mein Examen bestanden habe»; «wenn die Kinder aus dem Haus sind»; «wenn ich Arbeit gefunden habe»; «wenn es ihm gesundheitlich besser geht». Dazu fällt mir der Witz vom uralten Ehepaar ein, das die Scheidung einreicht. Der Richter befragt beide eingehend über die Gründe, die zu ihrem Entschluß geführt haben. Nachdem sie ihm klargemacht haben, daß sie schon seit Jahrzehnten tiefunglücklich miteinander seien, fragt er sie: «Warum kommen Sie dann erst jetzt zu mir?» Die Antwort: «Wir wollten warten, bis die Kinder tot sind.»

Der Plan, die Beziehung zu einem späteren Zeitpunkt zu beenden, bleibt zuweilen eine Phantasie. In Gedanken werden Schritte durchgespielt, die nie vollzogen werden. Diese Phantasie kann sogar zu einer Zuflucht werden, die es dem Initiator ermöglicht, die Beziehung fortzuführen. Nicht nur Menschen, die ernsthaft an Trennung denken, haben solche Fluchtphantasien. Auch in funktionierenden Beziehungen spielen die Partner zuweilen mit solchen Gedanken. In unglücklichen Phasen kann durchaus die Vorstellung aufkommen, wie es wäre, anderswo mit jemand anderem zusammenzusein – oder auch allein. Es sind aber immer nur vorübergehende Anwandlungen, aus denen keine Taten folgen. Ist die Unzufriedenheit dagegen chronisch, bleiben solche Phantasien nicht nur flüchtige Gedanken. Sie werden auf seiten des Initiators zum festen Bestandteil seines Lebens und münden in zielgerichtete Überlegungen. Der Initiator schmiedet ernsthafte Pläne und verfährt dabei sehr gründlich.[6] So kalkuliert er beispielsweise die finanziellen Konsequenzen einer Trennung.[7]

Töpferin, 32, Trennung nach neun Jahren Zusammenleben: «Ich fing an, mir zu überlegen, was es für mich bedeuten würde, auszuziehen und mir eine eigene Wohnung zu nehmen. Die Gedanken kamen mir immer wieder – wie ich es finanziell bewerkstelligen könnte. Ich würde arbeiten gehen müssen... Ich dachte beim Autofahren darüber nach und addierte im Geist die Einnahmen und Ausgaben, um festzustellen, ob es gehen würde. Wenn ich es zu dem Zeitpunkt finanziell nicht hätte schaffen können, wäre ich wahrscheinlich so lange da geblieben, bis ich es gekonnt hätte. Aber ich spielte in Gedanken alles genau durch, ehe ich auszog, und dazu gehörten auch diese Überlegungen.»

Der Initiator wird vielleicht heimlich sparen oder ganz im stillen finanzielle Vorkehrungen treffen, sei es, um Geld für sich selbst auf die Seite zu legen oder um den Partner besser absichern zu können. Möglicherweise wird er einen Anwalt aufsuchen, um sich hinsichtlich der juristischen Formalitäten und der Vermögensaufteilung beraten zu lassen. Eventuell befaßt er sich mit der Frage, wie und wo er wohnen soll. Manchmal plant er dies alles auch schriftlich. Es kann sein, daß der Initiator Listen darüber anfertigt, was er alles benötigen oder tun würde, wenn er allein wäre; oder er vertraut einer Übergangsperson seine Gefühle und Überlegungen in Briefen an. Ein Betroffener berichtete mir, daß er Tagebuch zu schreiben begann, weil er genau wußte, daß für ihn eine entscheidende Phase eingesetzt hatte und er diese Entwicklung festhalten wollte.

Dozent an einer Fachhochschule/Schriftsteller, 39, Scheidung nach achtzehn Ehejahren: «Als ich den Arbeitsplatz wechselte, war mir schon klar, daß dies für mich das Jahr der Umwälzungen werden würde. Ich begann, ein Tagebuch zu führen, das ich auch so betitelte: ‹Das Jahr meiner persönlichen Revolution›. Ich wollte alles aufzeichnen, damit meine Kinder es später begreifen und erfahren würden, wer ich war. Sie kommt darin überhaupt nicht vor. Wenn sich jemand diese Eintragungen ansehen würde, käme er nie auf den Gedanken, daß es diese Frau damals in meinem Leben überhaupt gab.»

Obwohl Schreiben ein Mittel darstellt, Gedanken und Vorstellungen zu konkretisieren, und daher dem Initiator meist als Möglichkeit dient, sich selbst über seine Unzufriedenheit Klarheit zu verschaffen, kann es doch auch als ein Katalysator wirken, der die Herbeiführung einer direkten Konfrontation beschleunigt. Es kann sein, daß der Initiator – der innerlich soweit ist, dem Partner seine Gefühle zu offenbaren – entweder noch einmal laut ausspricht, was er bereits in seinem Tagebuch formuliert hat, oder aber seine Briefe oder Aufzeichnungen an einem Ort liegen läßt, wo der Partner sie mit großer Wahrscheinlichkeit finden und lesen wird. In einem Fall suchte der Initiator die direkte Konfrontation, indem er dem Partner aus seinem Tagebuch vorlas.

Sozialarbeiter, 44, Scheidung nach neunzehn Ehejahren: «Eines Tages kaufte sie sich ein Notizbuch. Jeden Abend beim Zubettgehen schrieb sie darin, und eines Abends, als wir im Bett waren, zog sie das Buch hervor. Sie erklärte: ‹Ich habe versucht, mir ein kritisches Urteil über dich und über mich zu bilden, und ich möchte dir gern vorlesen, was dabei herausgekommen ist.› Ich sagte, sie sollte loslegen. Sie fing an: ‹Du bist mein Feind und mein Unterdrücker.› Sie machte weiter und klamüserte genau die guten und die schlechten Seiten heraus, und es stimmte alles, es stimmte alles haargenau.»

Manchmal trifft der Initiator auch Vorkehrungen, die gewährleisten, daß der Partner besser in der Lage ist, allein zu leben. Die Belastungen der Trennung verringern sich für den Initiator, wenn der Partner sozial, emotional und finanziell weniger auf die Beziehung angewiesen ist. Aus diesem Grund wird er vielfach den Partner dazu ermuntern, sich eigene Alternativen zu schaffen. Wenn er bereits in einer früheren Phase des Übergangsprozesses den Partner zu solchen Aktivitäten gedrängt hat, so geschah es damals in der Absicht, diesen für sich selbst attraktiver zu machen und dadurch die Beziehung zu verbessern. Jetzt hingegen zielen die Bemühungen in eine ganz andere Richtung.

Kunsterzieherin, 45, Scheidung nach sechzehn Ehejahren: «Was ich unter einer guten Ehefrau verstand und was Walter sich darunter vorstellte, waren zwei völlig verschiedene Paar Stiefel. Er wollte, daß das Haus immer geleckt wie ein Hotel aussah, und mein Ehrgeiz war das nicht. Er konnte einfach nicht verstehen, warum ich nicht so wollte, wie er sich das vorstellte... Als er anfing, davon zu reden, daß wir uns scheiden lassen sollten, und ich dagegen war, schlug er vor, ich sollte doch noch einmal studieren. Ich weiß von einem Mann, einem Arbeitskollegen von Walter, der seine Frau noch einmal auf die Hochschule schickte, damit sie einen Beruf hatte und er sich scheiden lassen konnte. Ich fragte Walter, ob er mich auf diese Weise loswerden wollte. Er antwortete nicht darauf. Er bestand nur darauf, daß ich anfing, und so habe ich es schließlich getan.»

Buchhalter, 29, Trennung nach drei Jahren Zusammenleben: «Als unsere Beziehung anfing, hörten wir auf, durch die Schwulenbars zu ziehen. Es ist immer so bedrohlich dort. Alle mustern einen, und es ist fast schon ein Spiel, jemand anderem den Freund auszuspannen. Deshalb haben wir es gelassen. Alle sind ja auf festere Beziehungen aus. Nachdem ich dann Paul kennengelernt hatte, wollte ich gern wieder hingehen, weil Scotty ein toller Tänzer ist und immer alle Blicke auf sich zieht, und ich dachte, wenn wir uns wieder auf der Piste zeigen, würde Scotty auch jemanden kennenlernen, und dann könnte ich mit Paul zusammensein.»

Verkäufer, 30, Scheidung nach drei Ehejahren: «Wir hatten lange Zeit sexuelle Schwierigkeiten. Wir gingen zum Arzt, und er erklärte mir: ‹Ihre Frau ist da sehr sensibel, und es muß zwischen Ihnen alles ganz genau stimmen, sonst kann sie sexuell nicht reagieren.› Das Ergebnis war, daß sie sich immer weiter verweigerte und mir schließlich vorschlug, ich sollte mir meinen Sex anderswo holen. Das hat mich sehr getroffen. Sie meinte: ‹Du bist wirklich ein komischer Mensch. Andere Männer wären hocherfreut, wenn ihre Frauen sich so verhalten würden.› Ich sagte zu ihr: ‹Mich freut das nicht, mich verletzt es. Es ist eine Sache, wenn ein Mann sich einfach Knall auf Fall in eine andere Frau verliebt. Aber es ist etwas ganz anderes, wenn einem die eigene Frau sagt, man soll sich ruhig seine sexuelle Befriedigung bei einer anderen Frau suchen, und es ihr gar nichts ausmacht. Ich sollte dir schließlich das Liebste und das Wichtigste auf der Welt sein.›»

Wenn der geplante Zeitpunkt der Konfrontation heranrückt, wird der Initiator möglicherweise einen Anlauf machen, bestimmte Dinge zu bereinigen, die noch unerledigt sind. So wird er vielleicht seinen Entschluß zu gehen erst dann verkünden, wenn eine gemeinsam eingegangene Verpflichtung erfüllt, das Haus von oben bis unten instand gesetzt oder auch alles gründlich geputzt ist. In vielen Fällen wird er aber nicht nur die Wohnung in Schuß bringen, sondern auch sich selbst und seine Habe: Er läßt seine Schuhe oder das Auto reparieren, geht noch einmal zu einer gründlichen Untersuchung zum Arzt oder Zahnarzt, läßt den Kindern Zahnspangen machen und sortiert seine Kleider, Papiere oder persönlichen Andenken durch. Manchmal wird er auch einem Freund oder einer Freundin ankündigen, daß er möglicherweise für ein paar Tage einen Unterschlupf brauchen wird. Manche Betroffene halten auch schon nach einer Wohnung Ausschau oder mieten sogar eine.

In vielen Fällen setzt der Initiator für sich einen ganz bestimmten Moment fest, an dem er dem Partner wohl vorbereitet und exakt nach Plan mit vorher einstudierten Worten seinen Entschluß mitteilt.

Rechtsanwalt, 50, Trennung nach fünfundzwanzig Ehejahren: «Es war alles ganz genau geplant, wie eine Ferienreise ans Meer oder so etwas. Bis zur kleinsten Kleinigkeit. Ich hatte mich seit zwei Jahren darauf vorbereitet. Es sollte glatt über die Bühne gehen. Ich hatte meine Rede wohl tausendmal geprobt. Sie begann so: ‹Ich muß dir etwas sagen, was dir zuerst weh tun wird und was bestimmt nicht leicht zu verkraften ist, aber auf lange Sicht wird es dazu führen, daß es dir auch viel besser geht.› Ich wollte es ihr nicht mehr vor Weihnachten sagen, obwohl mir klar war, daß es hart für mich sein würde, die Festtage mit der Familie zuzubringen. Ich wäre lieber allein irgendwo anders gewesen. Ich habe mir sogar ausgemalt, wie schön es wäre, überhaupt nicht Weihnachten zu feiern, sondern irgendwo allein in einem Zimmer zu sein und ein gutes Buch zu lesen. Aber es ihr zu dem Zeitpunkt mitzuteilen, hätte bedeutet, allen das Fest kaputt zu machen, und deshalb beschloß ich zu warten, bis die Kinder wieder in der Schule wären. Das habe ich dann auch getan. Ich entschied mich bewußt für den Freitagabend, weil wir dann das ganze Wochenende vor uns hatten. Ich dachte, wir könnten uns am Sonnabend und Sonntag damit auseinandersetzen, sie hätte Zeit, sich an den Gedanken zu gewöhnen, und ich würde dann am Sonntagabend meine Sachen packen und verschwinden. Am Montag würde dann alles wieder seinen normalen Gang gehen. Ganz so lief es dann aber doch nicht. Ich meine, mir war schon klar, daß sie sich aufregen würde, aber ihre Reaktion hat mich dann doch total umgehauen. Ich habe meine Rede zwar brav gehalten, aber alles andere ging einfach im Chaos unter.»

Sekretärin, 26, Trennung nach fünf Jahren Zusammenleben: «Eine gute Freundin von ihr wollte übers Wochenende zu uns kommen, und ich dachte, das wäre eine gute Gelegenheit, es ihr zu sagen. Ich verabredete mit meiner Schwester, daß ich bei ihr unterkommen könnte, bis ich eine eigene Wohnung gefunden hätte. Am Abend machte ich das Essen, und vor lauter Nervosität war mir ganz übel. Jede Minute erschien mir wie eine Ewigkeit. Es war fürchterlich. Ich dachte die ganze Zeit: ‹Jetzt oder nie. Wenn ich es jetzt nicht tue, wird sich wahrscheinlich nie wieder so eine günstige Gelegenheit ergeben.› Außerdem hatte ich ja meiner Schwester auch schon Bescheid gesagt, so daß ich jetzt einfach nicht mehr kneifen konnte. Wir aßen zu Abend. Wir erzählten uns, wie der Tag für uns gewesen war. Wir räumten ab. Sie hatte die Gewohnheit, nach dem Essen immer Kaffee zu trinken und die Zeitung zu lesen. Ich setzte mich neben sie. Ich sagte: ‹Du hast sicher schon gemerkt, daß ich seit einiger Zeit nicht mehr recht glücklich bin.› Sie setzte die Kaffeetasse ab und sah mich an. Ich redete weiter und brachte es hinter mich.»

## Unvorhergesehene Ereignisse

Das Leben läßt es allerdings nicht immer zu, daß wir alles genauso ausführen, wie wir es uns zurechtgelegt haben. So wird auch dem Initiator häufig ein unvorhergesehenes Ereignis dazwischenkommen, das seine Gewinn- und Verlustrechnung durcheinanderwirft und ihn zwingt, seine Pläne abzuändern. Es kann sein, daß die Trennung immer wieder hinausgezögert oder aber auch plötzlich beschleunigt wird. Vielleicht wird der Initiator rascher als vorgesehen zur direkten Konfrontation gedrängt, weil etwas eintritt, was es für ihn plötzlich sehr viel belastender macht, die Beziehung aufrechtzuerhalten. Vielleicht fällt für ihn ein wichtiges stützendes Moment fort, was zur Folge hat, daß die Spannungen zwischen ihm und dem Partner sprunghaft wachsen. Ein guter Freund oder eine gute Freundin zieht weg, ein Projekt ist abgeschlossen, ein Liebesverhältnis geht zu Ende oder ein Elternteil stirbt, und die Beziehung erscheint dem Initiator plötzlich unerträglich öde und quälend. In diesem Fall wird er möglicherweise alle seine Pläne über den Haufen werfen und dem Partner ohne Rücksicht auf Verluste reinen Wein einschenken.[8]

In der Regel hat der Initiator nicht nur Selbstbestätigung aus der Aktivität gezogen, die nun weggefallen ist, sondern auch Zeit und Energie hineingesteckt, wodurch das Zusammensein mit dem Partner eingeschränkt wurde. Wenn diese Alternative jetzt entfällt (und der Initiator nicht unverzüglich einen Ersatz dafür findet), wird die Interaktion zwischen ihm und dem Partner zwangsläufig intensiver werden, und die Unvereinbarkeit der Bedürfnisse und die Konflikte werden verstärkt zutage treten. Ereignisse, die dazu führen, daß der Initiator mehr Zeit hat, können sich auch noch in anderer Weise auf seine Bereitschaft zur Auseinandersetzung auswirken. Ein problematischer Aspekt der Trennung ist immer auch ein gewisses äußeres Chaos. Möglicherweise hat der Initiator bislang die Konfrontation hinausgeschoben, da seine Arbeit oder sonstige Verpflichtungen ihm nicht die Zeit gelassen hatten, wieder Ordnung in seine Lebensumstände zu bringen. Wenn er sich jetzt hingegen stärker freigesetzt fühlt, kann er sich das Chaos eher leisten.

Manchmal genügt aber auch schon allein die Vorstellung, daß der Verlust eines solchen Gegengewichts droht, und das Schreckgespenst einer verstärkten Interaktion mit dem Partner, um die direkte Konfrontation zu beschleunigen.

Assistenzprofessorin, 37, Scheidung nach neunzehn Ehejahren: «Es war schrecklich. Ich merkte, daß ich richtig einsam war, wenn die Kinder nicht hier zu Hause auf mich warteten. Die erste Woche etwa fühlte ich mich sehr wohl. Wissen Sie, ich kam nach Hause und machte, wonach mir gerade zumute war, und genoß einfach nur die Ruhe und den Frieden, aber dann dachte ich schon: Mein Gott, ich kann es gar nicht erwarten, daß sie wieder nach Hause kommen, ich möchte so gern wissen, was sie machen, ich möchte, daß sie es mir erzählen, und ich möchte ihnen auch erzählen können, was ich mache. Und dann wurde mir klar: Du großer Gott, in zwei, drei Jahren gehen sie aus dem Haus, dann fangen sie an zu studieren. Wissen Sie, es war immer meine Überzeugung, daß man Kinder bloß großzieht, damit sie einen verlassen – man darf sich nicht von seinen Kindern abhängig machen. Deshalb beschloß ich an dem Punkt, daß ich unbedingt etwas unternehmen mußte, weil es sonst einfach schrecklich sein würde ohne sie. Ich dachte, samstags abends, wenn er und ich allein hier im Haus sind, ist es einfach grauenhaft. Es ist so ein Gefühl der Leere, hier ganz allein herumzusitzen und gar nichts zu haben. Es ist besser für mich, wenn er weg ist. Es ist gar nicht mal so, daß ich ihn hasse. Weil ich auch gar nichts mehr von ihm erwarte. Aber wenn er hier mit mir im gleichen Haus herumsitzt und sonst nichts da ist, kriege ich die Wut auf ihn und auf mich selbst auch.»

Abteilungsleiter, 54, Scheidung nach neunzehn Ehejahren: «Wir waren schon eine Zeitlang zusammen, als plötzlich dieser Mann bei ihr nebenan einzog. Sie freundeten sich gleich an, und ich dachte mir nichts dabei. Wir hatten vorgehabt zu heiraten, sobald meine Kinder aus dem Haus wären. Das war zu der Zeit noch drei Jahre hin, und dann wollte ich mich von Madge scheiden lassen. Meine Freundin schien mit diesem Plan ganz zufrieden, aber dann kam der große Schock. Sie fing an, davon zu reden, daß ihre Kinder unbedingt einen Vater bräuchten, und eines Abends, als ich bei ihr war, erzählte sie mir, Bert (so heißt er) hätte ihr gerade einen Antrag gemacht und gesagt, er wollte mit einem Ring zu ihr rüberkommen. Ich reagierte blitzartig. Ich ging los, kaufte selbst einen Ring und brachte ihn ihr und erklärte dann Madge, daß ich sie verlassen wollte.»

Möglicherweise wird die weitere Aufrechterhaltung der Beziehung aber auch deshalb noch problematischer, weil im Leben des *Partners* etwas Unvorhergesehenes passiert. Vielleicht bahnt sich für diesen ebenfalls ein Übergangsprozeß an, der das Leben des Paares in einer Weise zu verändern droht, die nicht im Interesse des Initiators ist.[9] Der Partner trifft eine Entscheidung – oder erwägt sie zumindest –, und der Initiator reagiert, indem er handelt.

Rechtsanwältin, 36, Trennung nach sechs Jahren Zusammenleben: «Wir zogen in einen anderen Bundesstaat, damit er dort seine Assistenzzeit ableisten konnte. Wir kauften ein Haus, und er war bereit, sich dort auf Dauer niederzulassen. Nach vier Monaten erklärte ich ihm, daß ich nicht mehr mit ihm zusammenleben wollte und ein Jurastudium anfangen würde. In den Jahren, als er Medizin studiert hatte, hatte ich mir ein eigenständiges Leben aufgebaut, und der Umzug hatte mich von allem abgeschnitten, was mir wichtig gewesen war, um mich wohl zu fühlen.»

Sprecherin einer Bürgerinitiative, 58, Scheidung nach vierundzwanzig Ehejahren: «Er beschloß plötzlich, daß er mehr zu Hause sein wollte. Er redete davon, wie er sich seine Arbeit anders einrichten könnte, damit ihm mehr Zeit für die Familie bliebe. Ich hatte mich während unserer Ehe lange Zeit vor allem darüber beschwert, daß er nie da war. Mittlerweile hatte ich allerdings in seiner Abwesenheit mein Leben neu eingerichtet. Ich war inzwischen politisch sehr engagiert und selbst viel weg. Und plötzlich nach all den Jahren erklärte er mir: ‹Laß uns mehr gemeinsam machen. Ich werde zu Hause sein. Ich kümmere mich um die Kinder. Du kannst deine Sachen machen, aber ich werde da sein.› Das Angebot kam zu spät. Es war einfach schon zuviel kaputt. Ich wollte nicht nur nichts mehr mit ihm machen, mir war es schon ein Problem, daß er dauernd dasein würde. Natürlich würde damit auch die Erwartung anstehen, vieles gemeinsam zu unternehmen, und das bedeutete, daß ich entweder meine Außenaktivitäten einschränken mußte oder daß es ständige Konflikte geben würde. Das war mir einfach zuviel.»

Möglich ist aber auch, daß den Partner ein persönlicher Schlag – etwa eine ernste Erkrankung, der Verlust seines Arbeitsplatzes oder der Tod eines guten Freundes oder einer Freundin – trifft, was zur Folge hat, daß er noch stärker vom Initiator abhängig wird. Initiator und Partner verbringen auch in diesem Fall mehr Zeit zusammen, was dazu führt, daß die Unvereinbarkeit ihrer Bedürfnisse krasser zutage tritt und der

Initiator sich veranlaßt sieht, schon vorzeitig die Konfrontation zu riskieren.

Ein anderes Motiv des Initiators kann darin bestehen, daß ihm aufgrund eines unerwarteten Ereignisses das Leben ohne den Partner plötzlich attraktiver und leichter realisierbar erscheint. Nachdem er schon längere Zeit versucht hat, sich einen neuen Rahmen aufzubauen, stellt er nun fest, daß die letzte kritische Lücke plötzlich gefüllt ist und er es sich leisten kann, die Trennung zu beschleunigen. Dieser Glücksfall kann darin bestehen, daß er eine Übergangsperson findet, sich ihm eine neue berufliche Chance auftut oder ihm unerwartet Geld zufließt. Manche Betroffenen benennen auch als den entscheidenden Faktor eine kurze Liebschaft, die zwar von vornherein keine ernsthafte Perspektive hatte, aber ihr Selbstbewußtsein und damit ihren Mut zur Auseinandersetzung stärkte oder ihnen das Gefühl gab, daß außerhalb der Beziehung Besseres auf sie wartete.

Sehr häufig fühlt sich der Initiator in der Lage, alle Konsequenzen der Trennung auf sich zu nehmen, doch eine schreckt ihn: Alle werden ihm die Schuld geben. Wie wird der Partner reagieren? Mit Drohungen, Tränen, Flehen, Gewalt, Selbstmordabsichten? Wenn Kinder da sind: Wie werden sie es aufnehmen? Werden sie so verletzt und aufgebracht sein, daß der Initiator die Trennung mit dem Verlust ihrer Liebe bezahlen muß? Und die Freunde und Verwandten? Wenn sich derartige Folgen auch in keinem Fall ganz vermeiden lassen, wird der Initiator doch oft versuchen, sie zumindest abzuschwächen. Es gibt die Möglichkeit, an einen anderen Ort zu ziehen und erst dort die Konfrontation einzuleiten. Der Ortswechsel ändert natürlich nichts an den befürchteten Reaktionen, aber die räumliche Entfernung wirkt zumindest als ein Puffer. Im Grunde ist dies nur eine neue Stufe einer auch bis jetzt schon angewandten Strategie: Wir sahen bereits, daß der Initiator in dem Maße, wie seine Unzufriedenheit wächst, den Umgang mit Leuten einschränkt, von denen er Kritik zu erwarten hat oder zumindest befürchtet. Diese Einschränkung des Kontaktes zu bestimmten Personen erfolgt jedoch in der Regel nicht gezielt, sondern ergibt sich aus dem Bedürfnis des Initiators, sich ein neues soziales Umfeld zu suchen, das seinem Selbstbild mehr entspricht. Wenn für ihn hingegen feststeht, daß er die Beziehung nicht mehr länger fortsetzen kann, handelt er ganz bewußt.

Dozent, 35, Scheidung nach neun Ehejahren: «Als wir von Boston in den mittleren Westen zogen, war mir völlig klar, daß ich Gaby dorthin schleppte, damit ich sie endlich abschütteln konnte.»

Vertreter, 36, Scheidung nach elf Ehejahren: «Ich wußte genau, daß sie auf keinen Fall in Kalifornien bleiben würde, wenn die Scheidung erst lief. Außerdem ging ich davon aus, daß meine Mutter total zusammenbrechen würde, was dann auch prompt der Fall war. Ich glaube, mein Hauptmotiv für den Umzug nach Kalifornien war, daß ich mich dort scheiden lassen konnte, weil ich mich nicht direkt mit meiner Mutter auseinanderzusetzen brauchte. Sie war erst mal von der Bildfläche verschwunden, und ich brauchte es ihr nur am Telefon zu sagen, was für mich leichter war, als ihr direkt gegenüberzutreten zu müssen.»

In manchen Fällen mildert der Initiator die sozialen Konsequenzen der Trennung auch dadurch ab, indem er die Gelegenheit gemeinsamer Umzugspläne beim Schopf ergreift und sich allein absetzt.

Sozialarbeiterin, 54, Scheidung nach fünfzehn Ehejahren: «In meiner Heimat hätte ich es nie geschafft, mich von ihm zu trennen. Deshalb sehe ich es als meine Rettung an, daß ich hierhergekommen bin. Unsere Familien waren beide ziemlich altmodisch. Von wegen Scheidung... Ich glaube, ich war in seiner und meiner Familie der erste Mensch, der auf so eine Idee kam. Ich hätte niemals auf irgendwelche Unterstützung rechnen können. Außerdem mochte meine Familie ihn, und umgekehrt genauso. Von daher wäre der Druck zusammenzubleiben sehr groß gewesen. Ich hätte es zu Hause nie fertiggebracht. Ich glaube, es war einfach nicht möglich. Als ich für meine Ausbildung hierherkam, tat ich es schon in dem Gedanken, daß er nicht nachkommen und ich nie zu ihm zurückkehren würde.»

Töpferin, 32, Trennung nach neun Jahren Zusammenleben:

«Was meine Trennung von ihr dann letztlich beschleunigt hat, war die Tatsache, daß ich für das Ausbildungsprogramm angenommen wurde. Mir war klar, daß ich aus New York wegziehen würde und überhaupt etwas ganz Neues für mich anfing. Jetzt oder nie, sagte ich mir. Das ist der gegebene Moment. Ich fuhr über ein verlängertes Wochenende zu meinem Bruder. Ich saß vier Tage am Strand mit einem Buch und genügend Ruhe, um einfach nur aufs Meer hinauszuschauen. Das war die Zeit der Entscheidung. Wenn ich erst wieder zurück war, würde ich mich entweder für die Beziehung entschieden haben oder dagegen. Bevor ich abfuhr, stand mein Entschluß für mich fest. Ich hoffte nur, daß ich den Mut haben würde, es ihr zu sagen. Wir machten dann einen Spaziergang, und ich erklärte ihr, daß ich Schluß machen wollte.»

Wenn der Initiator ohne den Partner wegzieht, weicht er nicht nur negativen Reaktionen aus: Er hat zugleich einen plausiblen Grund, sich aus den alten sozialen Bezügen zu lösen und außerdem auch die gemeinsame Habe aufzuteilen. Einen ähnlichen Effekt hat es, wenn der Partner schon vor dem Initiator umzieht und davon ausgeht, daß dieser nachkommen wird. Der Initiator nutzt nun die Distanz, um dem Partner mitzuteilen, daß er nicht mit ihm zu rechnen braucht. In manchen Fällen ist der Partner auch nur vorübergehend abwesend. Der Initiator ergreift diese Gelegenheit, um ihm telefonisch oder brieflich mitzuteilen, daß Schluß sei, oder aber der Partner findet bei seiner Rückkehr die Tür verschlossen – nicht selten sogar per gerichtlicher Verfügung.[10] Vielleicht zieht der Initiator aber auch in aller Stille aus, während der Partner fort ist.[11]

Krankenschwester, 28, Trennung nach drei Jahren Zusammenleben: «Wir hatten schon seit Monaten ein völlig getrenntes Leben geführt. Dann war sie für eine Woche an die Küste gefahren, um dort eine Freundin zu besuchen, und ich merkte, daß ich mich allein sehr wohl fühlte. Es war irgendwie ein tolles Gefühl, so ohne sie in der Wohnung zu sein, so ähnlich wie früher, und ich dachte mir, wenn ich jetzt nicht gehe, werde ich es nie tun. Es war leichter in ihrer Abwesenheit, unblutiger.»

Auch wenn diese Taktik nicht vor den Reaktionen Dritter schützt, erspart sie dem Initiator doch immerhin die erste heftige Reaktion des Partners.

Bisweilen lähmt die Angst vor den Reaktionen des Partners und anderer den Initiator so stark, daß er es einfach nicht schafft, die Konfrontation herbeizuführen. Obgleich er sonst über alle notwendigen Voraussetzungen für die Trennung verfügt – verläßliche neue Bezüge, die Gewißheit, daß die Beziehung nicht zu retten ist, und das deutliche Gefühl, anderswohin zu gehören –, kommt er gegen diese Befürchtungen einfach nicht an. Deshalb wird er sich möglicherweise ganz um eine Aussprache drücken und einfach verschwinden, entweder nur vorübergehend, um die unangenehmen Auseinandersetzungen erst mal hinauszuschieben, oder tatsächlich endgültig.

Manche Initiatoren gehen allerdings nie. Sie bleiben weiterhin beim Partner und hoffen, daß das Schicksal in irgendeiner Weise das Problem für sie lösen wird. So erzählte mir eine Frau, die aus religiösen Gründen jahrelang in ihrer Ehe ausgeharrt hatte, wie sie in ihrem Unglück und ihrer Verzweiflung darum gebetet hatte, daß ihr Mann sterben möge. Andere Betroffene setzen ihre Hoffnung auf gnädigere Fügungen für den Partner.

Hausfrau, 42, Scheidung nach vierundzwanzig Ehejahren: «Ich habe immer die Hoffnung – wo Stan doch soviel unterwegs ist –, wissen Sie, eine Freundin von mir hat sich sogar erboten, ihn zu verführen, einfach nur, um ihm klarzumachen, daß nichts dabei ist – ich hoffe einfach, daß er eine andere kennenlernt, bei der er landen kann, und daß er vielleicht auf den Geschmack kommt und sich umtut. So eine nette kleine Sekretärin wäre ideal für ihn.»

Das Schicksal ist aber nicht nur manchmal träge, sondern auch unzuverlässig, und die Tatsache bleibt, daß der Initiator unglücklich ist und seine Unzufriedenheit immer stärker an die Oberfläche drängt. Das führt dazu, daß er, statt die direkte Konfrontation zu suchen oder ganz einfach und unzweideutig zu gehen, zu Mitteln greift, die zwar nicht minder wirksam, aber sehr viel *indirekter* sind.

# Indirekte Methoden: Die Last wird auf den Partner abgewälzt

Die zunehmende Häufung der negativen Signale bringt den Partner schließlich an den Punkt, an dem er seinerseits erkennt, daß die Beziehung ernsthaft gestört ist. Jetzt kommt es zur Konfrontation – aber nicht deshalb, weil der Initiator sie offen herbeigeführt und seine Wünsche und Gefühle unverblümt geäußert hätte. Vielmehr hat er es geschafft, die Verantwortung dem Partner zuzuschieben. Die Konsequenzen der Konfrontation sind vorher nicht genau absehbar. Mit seiner Strategie wälzt der Initiator zugleich die Verantwortung für mögliche negative Folgen auf den Partner ab. Diese indirekte Vorgehensweise ist im übrigen nichts Neues, sondern liegt seinem Verhalten schon zugrunde, seitdem er begonnen hat, seine Unzufriedenheit zum Ausdruck zu bringen. Ich möchte im folgenden verschiedene solcher indirekten Methoden unterscheiden, auch wenn diese nicht immer so säuberlich getrennt angewendet werden, wie ich sie hier beschreibe.

### Die Fixierung auf Fehler des Partners

Der Partner reagiert auf die eskalierenden Unzufriedenheitsbekundungen des Initiators mit irgendeiner Verhaltensweise, die ihm dieser als schweren Fehler ankreidet. Der Initiator beißt sich daran fest, erklärt ihn zur Ursache aller Probleme in der Beziehung und konfrontiert den Partner mit seinem Wunsch, diese zu beenden. In diesem Fall geht die Konfrontation zwar vom Initiator aus, die Schuld an der Krise wird aber dem Partner in die Schuhe geschoben. Der Partner nimmt diese Schuldzuweisung an und fühlt sich sowohl für die Beziehungsprobleme als auch für die Konfrontation verantwortlich. Es gibt eine ganze Reihe verschiedener fataler Fehler, die der Partner begehen kann. Zum einen kann es sein, daß er auf die Klagen des Initiators mit Verhaltensweisen reagiert, die er vorher nicht gezeigt hat und die jetzt wie geschaffen dafür sind, das negative Bild des Initiators zu bestärken.¹² Er wird vielleicht Szenen machen, sich fordernd und extrem kontrollierend verhalten, sich zurückziehen, den Partner mit übertriebener Zuwendung ersticken, gewalttätig werden, sich sexuell verweigern oder aufdrängen, hysterisch reagieren oder ein Verhältnis beginnen. Sobald der Partner ihm auf diese Weise Belastungsmaterial geliefert hat, schreitet der Initiator zur Konfrontation: Wie sollte er es noch länger mit einem Menschen aushalten können, der sich so benimmt?

Der Partner kann aber noch einen anderen fatalen Fehler begehen, indem er ein Verhaltensmuster, zu dem er auch vorher schon neigte, jetzt verstärkt entfaltet. Ursprünglich nur Gegenstand harmloser Reibereien, wird diese Verhaltensweise jetzt zunehmend zum Stein des Anstoßes, da sie mit wachsender Spannung in der Beziehung immer häufiger und krasser auftritt, obwohl der Partner alles versucht, um sein Verhalten zu kontrollieren. Nehmen wir an, der Initiator hat schon immer etwas dagegen gehabt, daß der Partner soviel trinkt. Der Partner versucht sich zu beherrschen, flüchtet sich aber schließlich aus der wachsenden Spannung und seiner unglücklichen Verfassung in einen alkoholischen Exzeß. Dieser Vorfall wird nun zum Tropfen, der das Faß zum Überlaufen bringt. In einem anderen Fall stört sich der Initiator vielleicht schon seit langem an den emotionalen Ausbrüchen des Partners. Im Laufe einer Diskussion, bei der der Initiator ihm alle seine Schwächen unter die Nase reibt, staut der Partner immer mehr Wut an, die sich schließlich in einem hysterischen Ausbruch entlädt, und der Initiator kann einen Punkt für sich verbuchen. Vielleicht beschwert sich der Initiator auch, daß der Partner sexuell zu wünschen übrig lasse. Dieser reagiert auf den Leistungsdruck mit Frigidität oder Impotenz. Der Mechanismus besteht darin, daß der Initiator dem Partner seine Schwächen vorhält und dieser den fatalen Fehler begeht, sie trotzdem nicht abzulegen. Der Initiator bricht jetzt die Konfrontation vom Zaun und rechtfertigt seinen Wunsch, die Beziehung zu beenden, mit den offensichtlich nicht abstellbaren Mängeln des Partners – er spielt eine Trumpfkarte aus, die er schon die ganze Zeit in der Hand gehalten hat.

Möglicherweise handelt es sich bei dem fatalen Fehler des Partners nicht um eine aktive Verhaltensweise, sondern um eine Unterlassung. Der Initiator fordert etwas vom Partner, wovon er genau weiß, daß dieser es nicht leisten kann, oder macht ihm ein Angebot, von dem klar ist, daß er nicht darauf eingehen wird. So schlug beispielsweise ein Initiator seinem überzeugt monogamen Partner vor, die Beziehung in sexueller Hinsicht zu öffnen.[13] Der Partner fand diese Lösung für sich indiskutabel und konnte sich auf ein solches Arrangement nicht einlassen. In einem anderen Fall handelte es sich bei dem Partner um eine Frau, die keine Kinder bekommen konnte. Der Initiator warf ihr vor, daß ihre Unfruchtbarkeit (die ihm früher ganz zupaß gekommen war) der Grund seiner Unzufriedenheit sei. Die Frau nahm das Versagen auf sich, und der Initiator saß nun am längeren Hebel.

## Die Einschränkung der Interaktion

Eine zweite indirekte Methode, der sich der Initiator bedienen kann, um den Partner zu zwingen, die ernsthafte Störung ihrer Beziehung anzuerkennen, besteht darin, sich nach und nach immer mehr zu entziehen. Der Initiator neigte zwar schon längere Zeit dazu, sich immer mehr nach außen zu orientieren und sich in den Stunden, die er zu Hause verbrachte, innerlich abzuschotten; aber je weiter sich seine Unzufriedenheit jetzt steigert, desto häufiger und länger absentiert er sich, sei es, um schlichtweg dem Beisammensein und dessen unangenehmen Begleiterscheinungen (Konflikten, Langeweile, Freudlosigkeit, Angst) auszuweichen, sei es, um anderswo befriedigenderen Aktivitäten nachzugehen.[14]

Es kann sogar sein, daß der Initiator kürzere Trennungsphasen gezielt benutzt, um auszuprobieren, wie gut er ohne den Partner zurechtkommt. Er wird vielleicht als Test übers Wochenende verreisen oder allein Urlaub machen. Er besucht Freunde und Verwandte: erst für eine Woche, dann für zwei und schließlich für sechs. Er sucht sich einen Job, arbeitet bis spät in die Nacht oder intensiviert andere Aktivitäten so weit, daß nur noch wenig gemeinsame Zeit bleibt. Er nutzt jede Gelegenheit, beruflich unterwegs zu sein, geht dazu über, gelegentlich bei einem Freund oder einer Freundin zu übernachten oder nimmt sich, wenn er es sich leisten kann, vielleicht sogar eine eigene Zweitwohnung. Manchmal ist die vorübergehende Trennung auch von längerer Dauer. Der Initiator nimmt an einem Aus- oder Fortbildungsprogramm in einer anderen Stadt teil, verpflichtet sich auf Zeit beim Militär oder studiert an einer entfernten Hochschule.

Von Oscar Wilde stammt die Bemerkung, wer wissen wolle, was ein Mann wirklich liebt, müsse beobachten, wie dieser seine Zeit verbringt.[15] Was immer der Initiator als Begründung vorschieben mag («Totale Hektik im Büro», «Freundin in akuter Krise») – es bleibt die Tatsache, daß die beiden Partner immer weniger Zeit miteinander verbringen. Der Umfang der Kommunikation und Auseinandersetzung reduziert sich immer mehr, bis der Partner schließlich merkt, daß etwas nicht stimmt, und von sich aus eine Aussprache herbeiführt.

## Verstöße gegen die Regeln

Eine dritte indirekte Methode besteht darin, eine (ausgesprochene oder unausgesprochene) Grundregel der Beziehung zu verletzen.[16] Das Verhalten des Initiators läuft den Erwartungen des Partners so kraß zuwider, daß dieser jäh aufgerüttelt wird. Dies betrifft Verhaltensweisen, die niemand einem Menschen gegenüber an den Tag legen würde, den er liebt. Der Vertrauensbruch, den dies für den Partner bedeutet, ist so schwerwiegend, der Angriff auf dessen persönliche Würde und Integrität so tiefgehend, daß er die Beziehung nicht fortsetzen kann, ohne das Gesicht zu verlieren.[17] Der Preis, den es von ihm fordern würde, die Unzufriedenheitsbekundungen des Initiators weiterhin zu ignorieren, überwiegt jetzt die Vorteile. Derart gezwungen, der ernsthaften Krise der Beziehung ins Auge zu sehen, wird der Partner von sich aus auf den Initiator zugehen und eine Erklärung fordern.

Die Regeln, die der Initiator verletzt, können sich auf den zwischen einander nahestehenden Menschen üblichen freundlichen und achtungsvollen Umgang beziehen.

Setzer, 38, Scheidung nach vierzehn Ehejahren: «Ich kam früher nach Hause, und Pia kam herein und schrie einfach los: ‹Was machst du hier?› Es war kaum zu glauben, wie sie sich veränderte, als sie es endlich alles herausließ. Sie war plötzlich ein total anderer Mensch. Es war einfach erschreckend. Sie war mir gegenüber so voller Verachtung, Haß und Verbitterung – sie sprach nicht mit mir, sondern tat so, als wäre ich Luft. Sie redete mit den Kindern und war nett zu ihnen, als ob gar nichts wäre. Aber mich behandelte sie einfach unglaublich, wie den letzten Dreck. Alles was sie in sich hineingefressen hatte, kam jetzt auf einmal heraus. Nichts was ich sagte oder tat, hatte irgendeine Wirkung auf sie.»

Eine andere Möglichkeit liegt darin, Regeln zu verletzen, die das Intimleben der Partner betreffen.

Hausfrau, 48, Scheidung nach vierundzwanzig Ehejahren: «Körperlich fühlte ich mich überhaupt nicht von ihm angezogen, weil ich ihn nicht nur nicht liebte, sondern mittlerweile nicht einmal mehr gern hatte. Ich ließ es aber trotzdem über mich ergehen, daß er mit mir schlief, ohne es ihm je klar zu sagen. Ich biß einfach nur im Dunkeln die Zähne zusammen und ließ es geschehen. Als es dann schließlich immer schlimmer wurde, sagte ich zu ihm: ‹Ich kann einfach nicht›, und er meinte darauf: ‹Wieso nicht? Ich ernähre dich schließlich, ich bezahle für deine Kleidung, und das Haus gehört auch mir.› Ich sagte: ‹Was hat das denn damit zu tun?› und er: ‹Du bist es mir schuldig.› Also sagte ich: ‹In Ordnung, dann nimm es dir.› Das war dann auch das letzte Wort zu diesem Thema: Ich liebe dich nicht, wir haben nichts gemeinsam, du hast mir gedroht und erwartest dann auch noch, daß ich dir vertraue und dich liebe. Wenn du unbedingt willst, bedien dich. Hier bin ich – und von da an hat er es nie mehr versucht. Mein Nein damals war das erste, was wirklich zu ihm durchdrang.»

Der Initiator kann auch Regeln verletzen, die sich auf den Umgang mit vertraulichem Wissen über den Partner beziehen. Das kann beispielsweise geschehen, indem er im Zuge einer Auseinandersetzung seine Kenntnis der Geschichte des Partners und seiner besonders verletzlichen Punkte nutzt, um einen Tiefschlag zu landen, und Dinge ausspricht oder tut, die nicht mehr rückgängig gemacht werden können: «Du bist genau wie deine Mutter!» – «Du bist ein miserabler Liebhaber!» In manchen Fällen verletzt der Initiator die Regel des respektvollen Umgangs mit dem Eigentum des anderen, indem er Gegenstände zerstört, die symbolisch für den Partner oder die Beziehung stehen.

Student, 22, Trennung nach zwei Jahren Zusammenleben: «Sie fing an, alle meine Bücher aus dem Fenster zu werfen. Mir war klar, daß es nicht die Bücher waren, die sie hinauswerfen wollte.»

Florist, 28, Trennung nach vier Jahren Zusammenleben: «Er und ein Freund fielen mitten in der Nacht wie die Wandalen über die Wohnung her. Er demolierte alle Möbel und anderen Sachen, die wir angeschafft hatten, während wir zusammen waren.»

Vertreter, 30, Scheidung nach drei Ehejahren: «Sie zerstach mir die Autoreifen. Sie wußte, daß mich das treffen würde. Sie sagte mir sogar vorher, daß sie es tun würde.»

Klinische Psychologin, 36, Scheidung nach acht Ehejahren: «Er durchbohrte mein Gesicht auf unserem Hochzeitsbild mit einem Messer.»

Auch körperliche Übergriffe können zu den Regelverletzungen gehören. Plötzliche Gewalttätigkeit oder neue Formen von Gewalt in einer Beziehung, in der gewaltsame Übergriffe auch vorher schon an der Tagesordnung waren, können den Partner zum Handeln treiben. So brachte beispielsweise in einer Ehe, in der «eine Ohrfeige alle sechs Monate oder so ganz normal war», ein Streit, bei dem der Initiator den Partner zu erwürgen versuchte, das Faß zum Überlaufen. Doch selbst angesichts so krasser Regelverletzungen wird der Partner nicht in jedem Fall den Weg der Konfrontation suchen. Auch wenn er sich darüber klar ist, daß mit der Beziehung etwas im argen liegt, kann es doch sein, daß er aus Angst, ein Ansprechen der Mißstände könnte die Situation noch verschlimmern, weiterhin stillhält.

Redaktionsassistentin, 32, Scheidung nach acht Ehejahren: «Als er anfing, gewalttätig gegen mich zu werden, hatte ich noch die Vorstellung, das verhindern zu können. Es ist schon unglaublich, wenn ich jetzt daran zurückdenke, aber damals war es so, daß ich oft einfach dasaß und mir sagte: ‹Es scheint, als ob er alles daran setzt, daß ich dieser Ehe ein Ende mache.› Ich hatte das Gefühl, daß er versuchte, die Ehe zum Platzen zu bringen. Aber irgendwie wollte er es doch nicht richtig. Und mir war instinktiv klar: Wenn unsere Ehe auseinanderging, würde *ich* diejenige sein, die Schluß machte, und er würde mir die Schuld geben – obwohl er es selbst wollte, aber das gestand er weder sich selbst noch sonst jemandem ein. Trotzdem wollte ein Teil von ihm, daß Schluß sein sollte. Oder auch – er wollte wohl entweder, daß wir auseinandergingen oder ich sollte ihm immer wieder beweisen, daß ich ihn liebte, obwohl er alles dafür tat, um mich den Schlußstrich ziehen zu lassen. Aber ich machte nicht Schluß, und das verstärkte seine Abhängigkeit von mir noch. Er konnte ja aber auch ruhig von mir abhängig sein, weil ich ja nicht ging. Egal, was er machte, ich blieb ja. Er war wie ein ungezogener kleiner Junge.»

Wie hoch die Toleranzschwelle des Partners gegenüber solchen Regelverletzungen und Angriffen auf seine Würde und Identität ist, hängt nicht zuletzt davon ab, inwieweit Dritte davon erfahren. Wir sind offenbar manchmal bereit, ein gewisses Maß an entwürdigender Behandlung durch unseren Lebenspartner hinzunehmen, solange niemand etwas davon mitbekommt (oder wir das zumindest glauben). Werden die Regelverletzungen des Initiators dagegen für andere offensichtlich, wird der Partner in den meisten Fällen handeln, um sich nicht öffentlich bloßzustellen.[18]

Dieser Aspekt spielt besonders bei solchen Regelverletzungen eine Rolle, bei denen es um anderweitige sexuelle Kontakte geht[19], da diese ja schon von der Natur der Sache her die Mitwisserschaft anderer zur Folge haben.

Studentin, 21, Trennung nach zwei Jahren Zusammenleben: «Er sagte mir nichts davon. Das hat mich daran so sauer gemacht. Wir hatten bis dahin eigentlich eine ziemlich offene Beziehung gehabt. Wir waren zusammen, schliefen miteinander, lebten zusammen, aber wenn einer von uns etwas von jemand anderem wollte, konnte er immer sagen ‹Ich bin da und da, ich komme nicht nach Hause, und was hältst du von demjenigen?›, und dann war es in Ordnung. Ich denke nun mal so. Ich erhebe keine Besitzansprüche auf den Körper von jemand anderem. Ich will vielleicht die Seele, und die wollte ich auch, aber auf den Körper habe ich kein Besitzrecht. Und solange, wie – ich habe ihm das auch so gesagt, und wir haben es beide so besprochen –, solange du zu mir zurückkommst, und solange ich dir am wichtigsten bin, kannst du machen, was du willst. Dann fing er ein Verhältnis mit einer Frau namens Marlene an, ohne mir ein Wort davon zu erzählen. Er fing an, heimlich zu tun, als wären wir verheiratet und er ein Mittvierziger, der gerade seine zweite Jugend durchlebt. Das hat mich tief gekränkt, und ich war wütend und getroffen. Ich dachte ein paarmal daran, mich umzubringen, und fragte mich, was ich bloß falsch machte, daß er so niederträchtig mit mir umsprang. Ich fand, es war wirklich das Letzte, nicht mal den Anstand aufzubringen, es mir zu sagen, und das hat mich, glaube ich, an der ganzen Sache auch am meisten verletzt.»

Tanzlehrerin, 28, Trennung nach vier Jahren Zusammenleben: «Es passierte, daß sie eines Morgens in aller Frühe nach New York in die Stadt fahren wollten und erst zurückkamen, als es schon wieder Tag wurde, und einen Haufen Erklärungen losließen – ohne daß ich überhaupt danach gefragt hatte. Das gab mir zum erstenmal zu denken. Er erzählte mir, daß die Fahrerei so mühsam – na ja, all dieses Zeug eben. Ich hörte nur mit einem halben Ohr hin. Dann steckte ganz zufällig eine Hotelquittung in der Mappe mit Sachen, die er aus New York mitgebracht hatte. Er wollte, daß ich mir die Sachen ansah, und ich fragte ihn: ‹Was ist denn das?› Er sagte: ‹Wo hast du das her?› Und ich antwortete: ‹Das war hierdrin.› Er sagt, er weiß bis heute nicht, wie das Ding da hineingekommen ist, aber es stimmt schon, was mein Bruder meinte: ‹Diebe lassen auch früher oder später Spuren zurück, und meistens wollen sie auch, daß man sie erwischt.› Er stritt alles ab, weil er diese Frau nicht mit hineinziehen wollte.»

Sozialpädagogin/Lehrerin, 40, Scheidung nach zwölf Ehejahren: «Ich suchte ihn auf der Party und hatte schon den Verdacht, daß er sich mit irgendeiner Frau verdrückt hatte, und ich fand ihn auch prompt, wie er gerade mit einer Frau oben in dem dunklen Bodenraum herummachte. Es war schrecklich. Ich traute meinen Augen nicht – ich hatte einfach irgendwie plötzlich genau gewußt, wo ich suchen mußte, und da war er. Ich dachte, er könnte vielleicht da drin sein, und machte die Tür auf, und da war er auch. Für ihn war es sicher auch eine beschissene Situation, so von mir ertappt zu werden. Ich ging wieder runter. Ich sagte noch etwas, damit er auch wußte, wer da war, falls er es nicht mitbekommen hatte. Dann ging ich runter und stand herum und war stinksauer, und ich hatte wohl auch ein bißchen getrunken. Die Leute um mich herum machten alle weiter, was sie eben gerade machten, und dann kam er herunter und lachte einfach nur, und ich sagte: ‹Ich will gehen.› Wir gingen. Zu Hause war ich so wütend auf ihn, so wahnsinnig wütend, daß ich am liebsten auf ihn losgegangen wäre. Wir hatten da keine Abmachung in der Richtung, daß wir zusammen irgendwohin gehen und dann jeder so tun kann, als wäre er für sich. Man geht nicht mit seiner Frau auf eine Party und serviert sie einfach ab.»

Wie wir bereits gesehen haben, ist jedoch meist bei einem Partner oder bei beiden der Hang sehr stark, das Aufbrechen des Konflikts zu vermeiden. Selbst wenn der Partner die negativen Signale wahrnimmt, beunruhigt ist und den Initiator hartnäckig, nachdrücklich und direkt zur Rede zu stellen versucht, kann es sein, daß dieser weiter mit dem eigentlichen Problem hinter dem Berg hält.[20]

Medizinisch-technische Assistentin, 30, Scheidung nach neun Ehejahren: «Irgendwann sagte er schließlich vor dem Zubettgehen etwas, was mich zum Grübeln brachte. Er erklärte mir, er mache das und das, und von mir war nicht die Rede. Mir wurde klar, daß ich gar nicht einbezogen war und daß von der ganzen Planung her für mich auch gar kein Platz darin war. Ich weckte ihn um fünf Uhr früh auf und fing an zu schreien und zu toben. Es schien überhaupt nicht richtig zu ihm durchzudringen, egal was ich machte. Eine Verständigung war einfach nicht möglich. Ich schrieb ihm Zettel und Briefe und rief ihn bei der Arbeit an, um mit ihm zu reden. Wenn wir uns direkt gegenüberstanden, artete die Auseinandersetzung auf meiner Seite in Gebrüll aus, so daß ich auf diese Weise nie sonderlich weit kam. Ich fing an zu weinen, ich wurde wütend, ich ging mehr auf ihn zu, weil ich dachte, er bräuchte es, daß mehr von mir kam, und dann zog ich mich wieder zurück, weil ich fand, daß er mich gar nicht verdiente. Ich probierte alles mögliche aus, weil ich in totaler Panik war. Die ganze Beziehung war wahrhaftig nicht so, daß sie mich glücklich gemacht hätte. Er wußte das wohl – natürlich war ihm klar, daß es da Probleme zwischen uns gab. Er wollte, daß es zur Trennung kam. Er sagte es mir aber nicht. Ich glaube, er hatte es einfach darauf angelegt, sich so zu benehmen, daß ich ihn irgendwann bitten würde zu gehen. Wenn ich sagte: Das und das ist mir ein Problem, darüber möchte ich reden... sagte er immer nur: Ich bin müde, ich möchte jetzt schlafen.»

Miteigentümerin eines Friseursalons, 33, Scheidung nach dreizehn Ehejahren: «Ich rief ihn an und sagte zu ihm: ‹Ich muß mit dir reden. Mir platzt sonst noch der Kragen.› Und ich fragte ihn: ‹Was läuft da zwischen dir und Frank?› Darauf er: ‹Was meinst du denn?› Ich: ‹Ich spinne doch nicht. Ich weiß genau, daß da etwas zwischen euch ist. Laß uns darüber reden. Hast du irgendein Problem mit mir? Vielleicht ein sexuelles?› Und er: ‹He! Du sprichst von *mir*, ist dir das klar? Was unterstellst du mir da?› Ich wieder: ‹Ich weiß nicht, ich weiß nur, daß ich nicht spinne, daß ich aber das Gefühl habe, ich raste bald aus›, weil ich doch nur – jedenfalls drehte er alles um, und ich war plötzlich diejenige, die im Unrecht war, und er sagte: ‹Du solltest lieber aufpassen, was du sagst› und legte auf. Ich war total außer mir, und am Abend kam er dann nach Hause und meinte: ‹Weißt du, ich habe den ganzen Tag über das nachgedacht, was du gesagt hast. Es stimmt schon, daß da bei ihm was ist. Ich wußte auch nicht, wie ich damit umgehen sollte. Mir geht er in letzter Zeit auch auf den Wecker. Er ist eine ziemliche Nervensäge.› Es war ganz merkwürdig: Ich bekam zwar genau das zu hören, was ich hören wollte, aber ich konnte es nicht glauben.»

## Wenn der Partner zum Detektiv wird

Der Partner nimmt die Signale wahr und stellt den Initiator zur Rede, aber dieser rückt immer noch nicht mit der Wahrheit heraus. Der Partner kann die Krisenzeichen einfach nicht mehr ignorieren, merkt aber, daß er es auf direktem Wege nicht schafft, den Dingen auf den Grund zu gehen. Um dem Initiator auf die Schliche zu kommen, beginnt er, Detektiv zu spielen und nach Indizien zu suchen, die ihm klarmachen, woran er ist. Er will jetzt die Wahrheit wissen – wie auch immer sie aussehen mag.[21]

Chefsekretärin, 34, Scheidung nach neun Ehejahren: «Eines Tages wollte ich den Abfall runterbringen. Im Papierkorb – ich glaube im Schlafzimmer – lagen kleine Fetzchen von einem Stück Papier, die mich neugierig machten. Ich setzte sie zusammen, und sie entpuppten sich als Quittung über irgendwelche Blumen aus einem Blumenladen, die an die Sprechstundenhilfe in einer Zahnarztpraxis geschickt worden waren. Ich rief dort an und fragte nach dem Mädchen, und als sie ans Telefon kam, fragte ich sie, ob sie einen Ronnie Sacco kannte. Sie sagte: ‹Er ist Patient bei uns›, und ich antwortete ihr: ‹Ich bin seine Frau und habe mich gefragt, wieso er Ihnen Blumen schickt.›»

Sekretärin, 38, Scheidung nach zehn Ehejahren: «Ich fand Präservative in seiner Tasche, das war es. Eines Abends rutschte ihm die Brieftasche heraus aufs Sofa. Ich hob sie auf, und mir fiel die komische Form auf, wissen Sie, eine von diesen alten Dreierpackungen... wie das eben früher war. Ich war zu der Zeit schon schwanger, und ich fragte ihn: ‹Kennst du das hier?› – ‹Ja, warum?› – ‹Was soll das?› – ‹Das geht dich überhaupt nichts an. Was spionierst du denn in meiner Brieftasche herum?› Ich sagte: ‹Bei mir brauchst du die Dinger nicht. Wieso schleppst du sie mit dir herum?› Ich fing an zu weinen. Er gab mir keine Antwort. Er saß nur da und meinte: ‹Du hast in meiner Brieftasche nichts zu suchen.› Ich sagte: ‹Und was haben diese Dinger in deiner Brieftasche zu suchen?› Ich verlor total den Verstand. Ich war richtig davon besessen herauszufinden, was wirklich vor sich ging. Ich fing an, ihm nachzuspionieren. Ich beobachtete ihn, wenn er aus seiner Firma herauskam. Das heißt, ich lauerte ihm gemeinsam mit meiner Nachbarin mit dem Fernglas auf. Ich wollte nämlich nicht, daß er mein Auto sah, und meine Nachbarin lieh sich einen Wagen, von dem aus ich ihn dann beobachtete.»

Arzt, 64, Scheidung nach vierundzwanzig Ehejahren: «Ich war fest davon überzeugt, daß sie ein Verhältnis hatte. Aber ich war auch davon überzeugt, daß es nichts nützen würde, sie zur Rede zu stellen, weil sie es nur abstreiten und in Zukunft noch vorsichtiger sein würde. Zuerst versuchte ich, besonders nett zu ihr zu sein, um sie zurückzugewinnen, aber das Ergebnis war nur, daß sich mein Verdacht erhärtete. Ich war sehr beunruhigt und fragte mich, wie lange das wohl schon so ging und wie ernsthaft es war – ich dachte, es müsse wohl ernsthaft sein, weil ich mir nicht vorstellen konnte, daß sie sich mit jemandem einließ, an dem ihr nicht wirklich etwas lag. Was auch immer da im Gang war, ich wollte, daß es aufhörte. Aber ich brauchte zuerst Beweise. Ich muß wohl dazu sagen, daß ich damals völlig außer mir war vor Angst und Kummer und auch vor Eifersucht, weil Sie sonst sicher nicht verstehen können, warum ich so handelte. Jedenfalls heuerte ich einen Detektiv an, damit er herausfand, was Sache war.»

Manchmal bringt aber auch nicht die detektivische Leistung des Partners selbst die Regelverletzung des Initiators ans Licht, sondern die Tatsache, daß dieser von jemand anderem in einer verdächtigen Situation beobachtet wird. Es kann sein, daß ein Freund zufällig Zeuge eines romantischen Beisammenseins in einem kleinen Restaurant wird oder daß eine Nachbarin bei einer Unternehmung im größeren Kreis eine verstohlene Umarmung bemerkt. Diese unfreiwillige Mitwisserschaft bedeutet für die Betroffenen eine große Belastung. Was tun? Erdrückend ist diese Bürde oft für die, die am hilflosesten sind, weil sie im gleichen Haushalt leben und sich beiden Partnern eng verbunden fühlen: für das Kind, das zur Tarnung mitgenommen wird, wenn ein Elternteil am Sonnabend mit der oder dem Geliebten essen geht; für das Kind, das den Besuch der immer gleichen Person mitbekommt, wenn der andere Elternteil nicht da ist, oder das zufällig den

Hörer vom Nebenapparat aufnimmt und ein geflüstertes Gespräch mithört, das nicht für die Ohren Dritter bestimmt ist.

Die unfreiwilligen Zeugen wahren oft Schweigen, bis das Paar sich getrennt hat. Gelegentlich kommt es aber auch vor, daß ein heimlicher Mitwisser sich durch das von ihm so empfundene krasse Fehlverhalten des Initiators und die eigene enge Beziehung zum Partner oder zu beiden veranlaßt sieht, seine Beobachtungen mitzuteilen. Der Partner wird mit dieser Information möglicherweise genauso umgehen wie mit allen bisherigen Warnzeichen: Er wird sie ignorieren, umdeuten oder leugnen. Er wird dem Überbringer vielleicht sogar unterstellen, daß er lügt, und ihn für die schlechte Nachricht haften lassen, indem er den Umgang mit ihm abbricht. Manchmal bewirkt die Information aber auch, daß der Partner nach be- oder entlastenden Indizien zu suchen beginnt, und nicht selten bewegt sie ihn, in die Offensive zu gehen, da sie seinen eigenen noch vagen Verdacht bestätigt. Außerdem gibt es jetzt mindestens einen Zeugen für die Regelverletzung des Initiators, und der Partner kann die Augen nicht länger verschließen. Um sein Gesicht zu wahren, muß er handeln.

Ist der Partner erst einmal auf der Suche nach Beweisen, läßt ihn die Sache nicht mehr los. Er verwendet einen großen Teil seiner Gedanken und seiner Energie darauf, Indizien für den Zustand der Beziehung zu sammeln und auszuwerten. Das beharrliche Leugnen des Initiators spornt ihn nur noch mehr an. Die folgende Geschichte ist ein extremes Beispiel für diese heimliche Detektivarbeit. In diesem Fall taten sich sogar zwei Betroffene zusammen, um die widersprüchlichen Signale zu entwirren, die jeder von ihnen vom Ehepartner empfing.

Die bereits erwähnte Frau, die ihren Mann gemeinsam mit der Nachbarin vom Wagen aus mit dem Fernglas beobachtete, war nach wie vor davon überzeugt, daß dieser ein Verhältnis hatte, auch wenn es ihr nicht gelang, ihn zu überführen. Allabendlich klingelte bei ihr zu Hause das Telefon. Wenn sie sich meldete, legte der Anrufer auf, um dann noch mehrfach wieder anzurufen, bis schließlich ihr Mann an den Apparat ging. Sie hörte ihn dann jedesmal sagen: «Da sind

Sie falsch verbunden.» Danach hörten die Anrufe für den betreffenden Abend auf. Ging ihr Mann dagegen nicht ans Telefon, läutete es immer wieder, bis sie schließlich den Hörer neben den Apparat legte. So ging es mehrere Monate. Die Frau beschuldigte ihren Mann immer wieder, eine Geliebte zu haben. Er stritt es jedesmal ab und erklärte ihr, daß er sie liebe und nicht daran denke, sich mit einer anderen einzulassen. Sie beschloß, sich Beweise zu verschaffen. Sie hatte die Zahl der Verdächtigen inzwischen auf zwei Frauen reduziert.

Sekretärin, 38, Scheidung nach zehn Ehejahren: «Ich sagte mir schließlich, daß ich nichts mehr zu verlieren hatte, und sobald mein Telefon klingelte, wählte ich die beiden Nummern an. Jedesmal ließ ich es bei beiden klingeln, und wenn sie sich meldeten, legte ich auf. Ich sagte mir: Immer wenn ich mich aufrege, soll auch die andere Panik kriegen. Eines Tages erhielt ich einen Anruf. Eine Männerstimme fragte: ‹Sind Sie Frau Soundso?› Ich sagte: ‹Ja.› Und er fragte: ‹Heißt Ihr Mann Steve?› Ich fing an zu weinen, weil ich sofort wußte, wer er war, und sagte: ‹Oh, mein Gott, sagen Sie mir, wie Sie heißen.› Da sagte er: ‹Mein Name ist Johnson.› Und er war wirklich der Mann von der einen Frau, die ich im Verdacht gehabt hatte, und ich sagte zu ihm: ‹Wissen Sie, was Ihre Frau meiner Ehe und meiner Familie angetan hat?› Er sagte: ‹Ich weiß, was sie getan hat, und es tut mir sehr leid.› Und dann meinte er: ‹Ich muß unbedingt mit Ihnen sprechen.› Am Sonnabend darauf kam er zu mir.

Er war genauso am Boden zerstört wie ich. Was passiert war, war folgendes: Jedesmal wenn sie bei mir angerufen hatte, hatte ich ja zurückgerufen, und er hatte gedacht, es sei ein Mann, und schließlich hatte er sein Telefon angezapft und ein raffiniertes Aufzeichnungsgerät angeschlossen, das jeden Tag acht Stunden lief, während er bei der Arbeit war. Er spielte mir die Bänder vor, und ich konnte hören, wie das Weibsstück bei mir anrief und ich mich meldete. Und dann war plötzlich seine Stimme drauf, die Stimme von meinem Mann, wie er am Telefon mit der Frau spricht. Alles Lüge, seine ganzen Beteuerungen, es war zum Durchdrehen, aber wir hatten sie. Es war zum Verrücktwerden, aber es war gut so, weil sie alle möglichen verschwörerischen Pläne am Telefon aushecken. Wir hatten sie endlich erwischt.»

Wenn die detektivischen Bemühungen endlich unwiderlegbare Beweise erbringen, ist dies meist ein bitterer Triumph. Der Partner findet sich mit dem Schlimmsten konfrontiert. Ihm bleibt nur, den Initiator zur Rede zu stellen, seine Geheimnisse ans Licht zu zerren, seine Lügen zu entlarven – und damit zugleich den armseligen Zustand der Beziehung aufzudecken.

Die hier beschriebenen indirekten Strategien, die dem Initiator dazu dienen, die Verantwortung für die offene Konfrontation auf den Partner abzuwälzen, statt sie selbst zu übernehmen, scheinen zunächst nicht nur feige, sondern auch unsagbar grausam, wenn wir unterstellen, daß sie in bewußter Absicht eingesetzt werden. Vergegenwärtigen wir uns jedoch noch einmal die Situation des Initiators. Er ist zutiefst unglücklich und befindet sich in einem Konflikt: Einerseits will er die Beziehung beenden, andererseits ist er nicht imstande, dem Partner reinen Wein einzuschenken oder zu gehen. Seine unglückliche Verfassung verschafft sich auf andere Weise Ausdruck: in Form von Gereiztheit, übermäßigem Alkoholkonsum, Grobheit, Jähzorn, Abwesenheit, Schweigen, Liebesentzug.[22] Die negativen Signale häufen sich, oder anders – und vielleicht zutreffender – ausgedrückt, die kleinen Gesten der Höflichkeit und Zuneigung, die wir den uns besonders nahestehenden Menschen vorbehalten, verschwinden aus seinem Verhalten gegenüber dem Partner. Diese Signale sind zum Teil Ausdruck der Spannung und des Stresses, unter denen der Initiator steht.[23] Er ist dabei, innerlich abzuwägen, ob er bleiben oder gehen soll, und zeigt Merkmale jenes inneren Erregungszustandes, der mit jeder bedeutsamen Entscheidung einhergeht. Die Befangenheit im Umgang mit dem Partner und die Überlegung, wie er sich ihm gegenüber am besten verhalten soll, erzeugen ebenfalls Stress und Veränderungen im Verhalten.[24]

Ein beträchtliches Maß an Spannung erwächst für den Initiator auch daraus, daß er bereits, in welchem Verhältnis auch immer, zwei verschiedene Leben lebt. Im gleichen Maße, in dem er sich in neue Bezüge begibt, mehren sich die Zeichen für diesen Übergangsprozeß: neue Gewohnheiten, neue Gesprächsthemen, neue Interessen, äußere Veränderungen. Alle diese Signale noch weiter zu kontrollieren, wird immer schwieriger. Außerdem ist der Initiator nicht mehr so intensiv wie anfangs bemüht, die Fassade aufrechtzuerhalten.[25] Alle diese Faktoren zusammen befördern die Bekundung von Unzufriedenheit. Entsprechend verhält sich der Initiator in einer Weise, die das Selbstbild des Partners und dessen Bild von der Beziehung erschüttert, und auch wenn er es vielleicht nicht bewußt darauf anlegt, so ist ihm doch klar, daß sein Verhalten diese Wirkung hat.[26]

Lehrerin, 26, Trennung nach vier Jahren Zusammenleben: «Ich hätte Julie nie verlassen können. Sie war so verletzlich, daß ich das einfach nicht über mich gebracht hätte, auch wenn ich sie nicht mehr liebte. Dafür fing ich an, sie in vieler Hinsicht im Stich zu lassen und zu enttäuschen. Ich merkte, wie ich immer mehr ein Mensch wurde, den sie ganz einfach nicht gern haben konnte.»

Finanzbeamter, 33, Scheidung nach sieben Ehejahren: «Ich erinnere mich so genau daran, weil es innerhalb von ein paar Wochen immer wieder passierte. Zwei, drei Wochen hindurch – ohne daß ich es mit Absicht tat. Jetzt, im Rückblick, frage ich mich allerdings, ob es nicht doch unbewußte Absicht war. Ich kam um vier oder fünf Uhr morgens von irgendwoher zurück und hatte meine Schlüssel vergessen. So blöd es klingt, es war so. Etwa zwei, drei Wochen lang, immer wieder. Ich meine, ich bin doch kein Idiot, aber es war so, und ich mußte sie jedesmal aufwecken. Und sie ließ mich jedesmal rein.»

Psychologe, 44, Scheidung nach zwölf Ehejahren: «Ich glaube, ich war schon an einem Punkt, wo meine Entscheidung so gut wie feststand und daran eigentlich gar nicht mehr zu rütteln war. Die Frage war eher: Wie bringe ich es ihr bei? Wie bereite ich sie auf diese Möglichkeit vor? Ich glaube, ich habe es nicht mit Worten versucht. Ich habe ihr wohl eher irgendwelche provozierenden Verhaltensweisen vor den Latz geknallt und mich weder dafür entschuldigt noch irgendwelche Ausreden dafür gesucht. Ich habe es aus irgendeinem Grund versteckt geäußert, aber nicht geleugnet. Sie wußte, daß ich Beziehungen zu anderen hatte, aber dann erwischte sie mich plötzlich andauernd. Oder nennen Sie es, wie Sie wollen. Mir ist selbst nicht klar, ob ich erwischt werden wollte oder nicht. Ich weiß es bis heute nicht. Wir redeten viel darüber, daß ich nicht glücklich war. Und wir schliefen auch nicht mehr zusammen. Und trotzdem, verstehen Sie, war es nicht so, daß ich gesagt hätte: ‹Ich muß hier raus.› Aber ich kann diesen ganzen Prozeß auch nicht mehr richtig nachvollziehen. Ich bin mir nur sicher, daß die Kommunikation von mir aus ganz überwiegend nonverbal und auf negativem Weg lief, über Entzug. Darüber, daß ich ins Arbeitszimmer ging und die Tür zumachte. Ihr signalisierte, sie sollte mich in Ruhe lassen. Und einfach von mir aus überhaupt nichts Gemeinsames mehr initiierte. Ich glaube allerdings, diese ganzen Dinge waren mehr Ausdruck meiner eigenen Gefühle als gezielte negative Äußerungen. Was soll ich also sagen, wie ich es ihr beigebracht habe? Ich glaube, ganz überwiegend durch mein Verhalten. Durch Rückzug, Abwesenheit und Passivität.»

Auch wenn die beschriebenen indirekten Strategien ganz offensichtlich das Resultat verschiedener Faktoren sind, bleibt die Frage nach dem bewußten Vorsatz des Initiators schwer zu klären. Manchmal stellt sich der Initiator im nachhinein diese Frage sogar selbst. Hat er es bewußt darauf angelegt, dem Partner die Verantwortung für radikale Schritte zuzuschieben? «Ich habe es damals nicht so gesehen, aber heute frage ich mich, ob ich meine Geliebte vielleicht deshalb in aller Öffentlichkeit ausführte, damit meine Frau mich ertappte.» Einige Betroffene geben aber auch zu, von vornherein vorsätzlich gehandelt zu haben. Bewußt zu indirekten Methoden greifen wird der Initiator wohl am ehesten dann, wenn er den Partner nicht nur nicht mehr liebt, sondern überhaupt keine Sympathien mehr für ihn hat. Das eigene Interesse drängt in diesem Fall jede Rücksicht auf das Wohl des Partners beiseite. Die Sicherheit, die der Initiator bereits in neuen Bezügen gewinnt, und sein verzweifelter Wunsch, von der Beziehung befreit zu sein, versetzen ihn in eine Situation, in der für ihn der Zweck jedwedes Mittel heiligt.

Alles in allem können wir weder sagen, daß bei der Abwälzung der Verantwortung für die Eskalation auf den Partner die Wahl solcher indirekter Strategien grundsätzlich vorsätzlich erfolgt, noch daß dieser Vorsatz grundsätzlich fehlt. Wir können diesem Problem allenfalls im Einzelfall nachgehen, indem wir die konkreten Umstände sorgfältig prüfen. Doch selbst dann kann es sein, daß wir die Frage offen lassen müssen, da oft nicht einmal der Initiator selbst die Antwort kennt.

# *Sechs*
# Rettungsversuche

Die Konfrontation schafft die Möglichkeit, wieder ins Gespräch zu kommen. Wenn keine Selbsttäuschung mehr möglich ist und beide Partner sich eingestehen, daß die Beziehung ernstlich gefährdet ist, können sie nach Lösungsmöglichkeiten suchen. Die Voraussetzungen, unter denen sie sich in eine solche Auseinandersetzung begeben, sind jedoch für beide sehr unterschiedlich. Der Initiator befindet sich schon seit längerer Zeit in einem Übergangsprozeß. Zum Zeitpunkt der Konfrontation sind möglicherweise schon weitgehend andere Bezüge an die Stelle der Beziehung getreten. Der Initiator hat sich bereits mit der Möglichkeit eines Lebens ohne den Partner beschäftigt: Er hat darüber nachgedacht, Informationen gesammelt, experimentiert und bis zu einem gewissen Grad auch schon Vorkehrungen getroffen. Außerdem hat er ja für sich schon beschlossen, daß die Beziehung nicht zu retten sei und er sie deshalb nicht länger aufrechterhalten könne. Der Partner hängt dagegen in der Regel noch sehr an ihr. Weder hat er je ernsthaft erwogen, allein weiterzuleben, noch bereits Ansätze zu einer anderen Lebensform entwickelt, die sich ihm jetzt als Alternative anbieten würde.

Schon die Bereitschaft, es noch einmal zu versuchen, ist meist auf beiden Seiten sehr unterschiedlich. Der Initiator hat das Gefühl, er habe sich bereits bemüht.[1] Er hat ja schon zu Anfang, als er für sich bemerkte, daß einiges nicht mehr stimmte, versucht seine Unzufriedenheit zu äußern, und war gleichzeitig bemüht, den Partner und die Beziehung seinen Bedürfnissen entsprechend zu verändern. Da dies nicht gelang, suchte er für sich nach neuen Wegen. Der Partner hingegen ist jetzt bereit, sich zu bemühen. Er kann oder will nicht sehen, wie lange der Übergangsprozeß des Initiators schon dauert und wie weit er schon fortgeschritten ist, und erkennt dessen anfängliche Bemühungen, die Beziehung zu retten, nicht als solche an.[2] Für den Partner scheint die Lösung deshalb einfach: Wenn beide sich ernsthaft Mühe geben, wird alles gut werden. Er setzt sich daher für einen neuen Anlauf ein.

Psychologin, 36, Trennung nach sechs Jahren Zusammenleben: «Ich bin kein Mensch, der leicht aufgibt. Für mich war es selbstverständlich, daß unsere Beziehung zu retten war, wenn ich wirklich tat, was ich konnte, und alles versuchte.»

Medizinisch-technische Assistentin, 30, Scheidung nach neun Ehejahren: «Ich war tief getroffen und geriet in Panik, weil ich ihn doch so sehr brauchte. Außerdem glaubte ich immer noch, daß sich der Karren wieder aus dem Dreck ziehen ließe. Ich war eigentlich die ganze Zeit noch optimistisch, daß die Beziehung zu retten war, wenn ich mir nur wirklich Mühe gab. Deshalb machte ich immer neue Vorschläge: daß wir doch zur Eheberatung gehen könnten, daß wir doch dieses oder jenes machen sollten.»

Manchmal bleibt dem Partner allerdings gar keine Chance mehr. Der Initiator weigert sich, nachdem es zur direkten Konfrontation gekommen ist, sich auf irgendwelche Bemühungen einzulassen – seine Entscheidung, Schluß zu machen, ist endgültig. Er ist vielleicht sogar schon im Gehen, wenn dem Partner der Ernst der Lage endlich bewußt wird.

Börsenmaklerin, 35, Trennung nach zwölf Jahren Zusammenleben: «Ich sagte einfach nur: ‹Bei mir ist jetzt endgültig Schluß.› Ich wußte, wenn ich noch länger bliebe, würde ich total untergehen. Das Gefühl, daß es unwiderbringlich zu Ende war, war sehr schmerzlich, und irgendwie empfand ich es auch zuerst als Versagen. Hatte ich mir wirklich alle Mühe gegeben? Aber dann wurde mir klar, daß ich von meiner Seite aus wirklich alles versucht hatte. Ich hatte alles getan, was in meinen Kräften stand. Vielleicht hätte ich objektiv mehr tun können, aber was mir damals möglich war, hatte ich versucht.»

Fertigungskontrolleur, 41, Scheidung nach neunzehn Ehejahren: «Sie meinte, sie hätte nie einen richtigen Urlaub gehabt, und wir würden nie irgendwo allein hingehen, ohne die Kinder. Was sollte ich da sagen? Ich erklärte, es täte mir leid – das sei eben so meine Art zu leben. Es sei nicht gegen sie gerichtet. Ich sei es nun mal so gewöhnt, aber ich würde auch gern verreisen. Diese Art zu leben hätte sich bei mir eingefahren, aber das ginge nicht gegen sie. Ich wollte ihr damit nicht das Leben sauer machen oder so was. Ich sei einfach gern zu Hause, aber wir hätten wirklich öfter mal zusammen ausgehen sollen. Sie sagte: ‹Mir reicht es. Ich will auch mal irgendwohin gehen und was unternehmen.› Ich meinte: ‹Ich auch. Laß es uns in Zukunft öfters machen.› Aber sie sagte: ‹Jetzt ist es zu spät.›»

Der Partner fühlt sich im Stich gelassen und beklagt sich darüber, daß der Initiator sich überhaupt nicht bemüht habe.

Elektriker, 62, Scheidung nach neununddreißig Ehejahren: «In meinen Augen war es nicht richtig, wie sie gehandelt hat. Ich finde es ein Unding, daß sie sich überhaupt nicht dafür eingesetzt hat, unsere Ehe zu retten. In dem Punkt werde ich meine Meinung auch nie ändern. Es hätte sich alles noch zum Guten wenden können, wenn sie nur bereit gewesen wäre, sich wirklich Mühe zu geben.»

Möbelrestauratorin, 32, Trennung nach neun Jahren Zusammenleben: «Ich war total überrascht. Ich hatte gar nicht gemerkt, daß für sie in unserer Beziehung etwas problematisch war, und ich reagierte deshalb vor allem schockiert. Ich sagte ihr aber auch, daß ich verletzt und sauer sei, weil sie mir überhaupt nichts davon gesagt hatte und mir in gewisser Weise überhaupt keine Chance ließ, mit ihr gemeinsam einen Ausweg zu suchen. Sie erklärt mir einfach, daß sie ein Problem mit mir hat – ich meine, sie sagt es zwar jetzt klipp und klar, aber sie läßt uns keine Möglichkeit mehr, darüber zu reden, ob wir etwas verändern können, und es noch einmal zu probieren. Sie erklärt einfach: Da ist ein Problem zwischen uns, ich gehe, adieu.»

# Die direkte Konfrontation als Chance zur Veränderung

Manchmal ergibt sich aus der direkten Konfrontation aber auch für den Partner die Chance, etwas zu verändern. Es kann sein, daß die Auseinandersetzung zugleich eine offene und intensive Form der Kommunikation ermöglicht, wie sie zwischen den beiden schon lange nicht mehr vorkam und durch die dem Initiator wieder bewußt wird, daß er doch am Partner und an der Beziehung hängt.

Außerdem hat der Partner jetzt – möglicherweise zum erstenmal – Gelegenheit, den Initiator auf Aspekte des Beziehungsgeschehens hinzuweisen, die dieser heruntergespielt, vergessen oder ignoriert hat. (Der Initiator wirft dem Partner beispielsweise vor: ‹Du hast nie versucht, dich mehr um Michael zu kümmern.› Der Partner erwidert: ‹Du hast mich ja auch nie gelassen. Du hast immer alles an dich gerissen. Du hast mich nie irgend etwas mit ihm allein machen lassen. Wir hatten überhaupt keine Chance, uns näher zu kommen.›) Der Partner kann eigene Erklärungen vorbringen, die das negative Schema, das sich der Initiator zurechtgelegt hat, in Frage stellen.

Der Partner wird vor allem versuchen, die positiven Seiten der Beziehung darzustellen. Während der Initiator aus der in Wahrheit durchwachsenen Realität die negativen Aspekte herausgegriffen hat, sieht der Partner jetzt nur das Gute. Es ist, als ob beide denselben Sandhaufen sieben und der eine nur die Steine, der andere dagegen nur den feinen Sand zurückbehält. Für jeden negativen Punkt, den der Initiator ins Feld führt, kann der Partner ein Beispiel anführen, das seine positive Darstellung stützt. Für den Partner steht das Verbindende im Mittelpunkt, für den Initiator die Zerrüttung. Der Partner erinnert an die schönen Zeiten, der Initiator an die schlechten. Manchmal endet die Konfrontation damit, daß der Initiator sich seiner Sicht der Dinge unsicher wird.

Journalist, 32, Trennung nach drei Jahren Zusammenleben: «An einem besonders schlimmen Abend entspann sich zwischen uns eine Auseinandersetzung, die sich über das ganze

Wochenende hinzog. Während dieser Konfrontation wurde mir klar, was ich gemacht hatte. Ich begriff, daß ich mir ein Schwarzweißbild zurechtgelegt hatte. Die Wirklichkeit bewegte sich dagegen im Bereich der Grautöne. Ich mußte mich mit diesen Grautönen auseinandersetzen, sowohl in bezug auf ihre Person wie auch auf die Beziehung. Wenn man in einem Schwarzweißschema denkt, macht man es sich zu leicht.»

Verwaltungsbeamter, 44, Trennung nach dreiundzwanzig Ehejahren: «Es passierte dann, daß Annette und ich pausenlos über unsere Probleme nachdachten und redeten. Ich sagte Karen, daß ich sie so lange nicht sehen konnte. Wir – Annette und ich – waren uns in diesen Gesprächen näher als in den ganzen letzten Jahren. Das ganze ging zwar mit einer Menge Tränen, Schuldgefühlen, Vorwürfen und so weiter einher, aber es war trotzdem irgendwo tröstlich, so offen über das alles zu sprechen. Für mich war es eine große Erleichterung, mir alles von der Seele zu reden, und für sie war es auch entlastend, obwohl es schlimm war. Noch schlimmer, als sie befürchtet hatte, und irgendwann schliefen wir auch miteinander und fanden es beide schön, was seit langer, langer Zeit nicht mehr passiert war.»

Die Konfrontation löst meist eine intensive Auseinandersetzung mit der Vergangenheit aus. Als Folge kann das negative Bild, das sich der Initiator vom Partner und von der Beziehung gemacht hat, ins Wanken geraten. Um der Kinder willen, der einst so tiefen Gefühle der Verbundenheit, des Partners wegen, der die Beziehung so gern aufrechterhalten möchte, um der eigenen Selbstachtung willen, der noch immer nicht ganz gestorbenen Hoffnungen, weil die Wehmut, die Zweifel, das Gewissen sich regen, weil der Mut schwindet – der Initiator findet sich zu einem neuen Versuch bereit.

Der Partner nutzt die Chance nach besten Kräften. Er ordnet der Beziehung alles unter und verwendet seine Energie darauf, den anderen zum Bleiben zu bewegen.[3] Seine Bemühungen nehmen zum großen Teil das auf, was der Initiator bereits früher zu erreichen versuchte. Er strengt sich an, sich selbst und die Beziehung entsprechend den Bedürfnissen des Initiators zu verändern. Seine Aufgabe ist klar umrissen, da der Initiator ihm schon seit längerem zu verstehen gegeben hat, was ihn an ihm stört.[4]

Reisebürokauffrau, 27, Trennung nach sechs Jahren Zusammenleben: «Er hatte kein sexuelles Verlangen mehr nach mir, und das war allein meine Schuld. Ich war übergewichtig. Das hatte ihm zwar fünf Jahre lang überhaupt nichts ausgemacht, aber jetzt störte es ihn plötzlich. Ich fing zuerst an abzunehmen, aber wenn es das nicht war, dann war es eben etwas anderes. Ich konnte schließlich wirklich nicht von heute auf morgen fünfzig oder sechzig Pfund abnehmen. Alles was ich unternehmen konnte, brauchte seine Zeit, und er war mit nichts zufrieden. Warum sollte ich mit dir schlafen wollen? Du bist dies, du bist das. Nachdem unsere Beziehung fünf Jahre lang so innig gewesen war, konnte ich es ihm plötzlich überhaupt nicht mehr recht machen.»

Der Partner tut alles, um wieder eine Person zu werden, die der Initiator lieben kann. Ein klinischer Psychologe beschrieb mir dieses Bemühen so: «Es ist, als ob man Arbeit in seinem Beruf sucht. Wenn man wüßte, daß es sowieso keine Stellen gibt und man ohnehin nicht das machen kann, was man gern machen möchte, würde man sich auch nicht länger bemühen, sondern irgend etwas anderes machen. Solange aber noch Stellen annonciert werden, studiert man die Zeitungen, guckt man nach, welche Qualifikationen gefordert werden, versucht man, seine Bewerbung entsprechend zu formulieren, und bemüht sich weiter, eine Stelle in seinem eigenen Bereich zu finden.»

Der Partner wird vielleicht versuchen, sein Äußeres zu verändern, indem er eine Diät macht oder mehr Sorgfalt auf seine Kleidung und seine Frisur verwendet. In anderen Fällen wird er sich bemühen, Gewohnheiten abzulegen, die den Initiator stören, oder auch das Sexualleben wieder kreativer und leidenschaftlicher zu gestalten. Er umwirbt den Partner aufmerksam wie selten zuvor. Sein Verhalten hat etwas Verzweifeltes und daher auch Unnatürliches, da dahinter das ängstliche Bemühen steckt, den drohenden Abbruch der Beziehung abzuwenden. Der Partner wird möglicherweise versuchen, eine gewisse Romantik wiederaufleben zu lassen, indem er Diners zu zweit bei Kerzenschein arrangiert, das Gespräch auf die schönen gemeinsamen Zeiten lenkt, eine Urlaubs- oder Kurzreise organisiert und wieder mehr gemeinsame Aktivitäten anstrebt. Vielfach bemüht er sich auch, für den Initiator wieder interessanter zu werden, indem er in irgendeiner Form etwas für seine Selbstentfaltung tut, vielleicht aber auch ein Verhältnis eingeht, um die Eifersucht des anderen zu wecken. Denkbar ist ebenfalls, daß er mehr Interesse für die Dinge aufzubringen versucht, die dem Initiator wichtig sind. Begeistert sich dieser beispielsweise für Pferderennen, kann es sein, daß der Partner nun ebenfalls zum Rennbahnbesucher wird. Ist der Initiator ein Hobbykünstler, wird der Partner vielleicht einen Malkurs besuchen. Häufig beginnt der Partner auch begierig, sich mit Zeitschriftenartikeln und Büchern zu beschäftigen, die Anleitung zur Verbesserung von Beziehungen versprechen.

Auch hinsichtlich der Form der Beziehung wird der Partner dem Initiator jetzt womöglich Zugeständnisse machen. Vielleicht schlägt er ihm jetzt vor, die grundlegenden Spielregeln der Beziehung zu verändern. («Wenn du meinst, daß du mehr Freiheit brauchst, kannst du doch vielleicht ab und zu mal eine Nacht wegbleiben.» – «Ich habe zwar bis jetzt immer eine ausschließliche Beziehung gewollt, aber wenn dir etwas daran liegt, manchmal jemanden mit hierherzubringen, können wir es ja probieren.») Oder der Partner regt jetzt eine neue Arbeitsteilung an. («Ich kann mir ja Arbeit suchen.» – «Ich bin bereit, dir den Haushalt und die Kinder zur Hälfte abzunehmen.» – «Ich werde weniger arbeiten und mehr zu Hause sein.») Oder aber er ist jetzt derjenige, der die Struktur der Beziehung verändern will, indem er dafür plädiert, die bloße Zweisamkeit aufzuheben, und sich ein Kind wünscht.

Der Partner versucht aber ebenso, den Initiator zu verändern. Intuitiv wird er alles daran setzen, dessen Interesse und Engagement wieder auf die Beziehung zurückzulenken. Er wird vielleicht darauf bestehen, daß der Initiator ein Liebesverhältnis aufgibt, seine Ausbildung abbricht, weniger Kontakt mit Singles pflegt oder nicht mehr soviel Energie in seine Arbeit steckt. Der Partner wird versuchen, dem Initiator anstelle seiner alternativen Bezüge, die das Auseinanderleben fördern, Aktivitäten nahezubringen, welche die Paaridentität stärken: ausgiebigere Beschäftigung mit den Kindern, ein gemeinsames Hobby, die Wiederbelebung gemeinsamer Geselligkeiten. Außerdem wird der Partner den Initiator möglicherweise auch dazu drängen, eine Beratung oder Therapie aufzusuchen oder sich seelsorgerischen Beistand zu holen, weil er hofft, daß es einem Experten gelingen wird, ihn wieder auf den rechten Weg zurückzuführen.

Und möglicherweise haben diese Bemühungen des Partners Erfolg. Vielleicht kommen dem Initiator ja im Zuge der Auseinandersetzung und der daraus erwachsenden Bemühungen um Verständigung doch noch einmal die guten Seiten des Partners oder der Beziehung zu Bewußtsein, und beide versuchen ernsthaft zu retten, was zu retten ist. Die Zahl derer, die es mit vereinten Kräften schaffen, ihre Beziehung wieder zu beleben, ist jedoch klein. Weitaus häufiger scheitern solche Anläufe, selbst wenn der Wille zunächst auf beiden Seiten da ist.

## Warum die Bemühungen häufig scheitern

Die Bedingungen, gegen die beide Partner mit ihren Bemühungen ankämpfen, sind mehr als widrig. Der Initiator befindet sich schon seit geraumer Zeit in einem Übergangsprozeß. Seine Einstellung, sein Freundeskreis, seine Interessen und seine ganze Art zu leben haben sich verändert, ebenso seine soziale und damit auch seine subjektive Identität. Er ist inzwischen in einem ganz konkreten Sinne ein neuer Mensch geworden. Prägnanten Ausdruck findet dieser Identitätswandel sehr häufig in dem Satz «Du kennst mich ja überhaupt nicht mehr.» Das Bemühen, die Beziehung zu retten, fordert vom Initiator eine erneute Revision seines Bildes von sich selbst, vom Partner und von der Beziehung. Dieses Umdenken erfolgt ebensowenig von heute auf morgen wie der innere Prozeß, der der Konfrontation vorangegangen ist.

Es braucht seine Zeit. Es kommt zwar vor, daß Beziehungen sich wieder stabilisieren[5], aber dieser Erfolg ist kaum je ein direktes Resultat der guten Vorsätze, die beide Partner unmittelbar nach der Konfrontation gefaßt haben.

Selbst wenn beide guten Willens sind, bewirken ihre Anstrengungen doch meist nur kosmetische Verbesserungen. Die Distanz, die durch das allmähliche Auseinanderleben im Laufe der Neuorientierung des Initiators zwischen ihnen entstanden ist, bleibt davon unberührt. Sich Mühe zu geben, heißt in diesem Fall für beide Partner, sich zu bemühen, etwas zu sein, was sie nicht sind. Solche künstlichen Anstrengungen halten meist nicht lange vor.

Möbelrestauratorin, 32, Trennung nach neun Jahren Zusammenleben: «Ich war getroffen, verletzt und traurig, aber gleichzeitig dachte ich auch irgendwo im Hinterkopf: Vielleicht wird es ja alles wieder gut, wenn ich weiter die großzügige, warmherzige, liebevolle Freundin spiele – interessant, daß ich selbst das Wort ‹spielen› benutze –, und ich kann sie vielleicht zurückgewinnen, wenn ich nicht zu wütend und nachtragend reagiere. Deshalb habe ich mir wahrscheinlich auch Reaktionen verkniffen, die eigentlich angemessen gewesen wären. Ich wollte vernünftig und stabil sein und offen und kommunikativ und all diese tollen zugewandten Sachen, um sie nur ja nicht zu verlieren. Ich hatte in Wirklichkeit alle möglichen widerstreitenden Gefühle, aber meine Reaktion war kontrolliert. Ich überlegte: Wie gehe ich am besten damit um? Wie kann ich Verständnis zeigen? Was kann ich tun, um die Beziehung zu retten? Was würde mir am meisten bringen? – All solche Dinge, die über den Kopf liefen.»

Lehrerin, 35, Scheidung nach elf Ehejahren: «Ich sah im Fernsehen einen Film mit Lee Remick – es ging darum, daß ihr Mann sich von ihr scheiden lassen wollte oder so was und daß sie sich ständig tolle Nachthemden kaufte und versuchte, besonders nett zu ihm zu sein, und sich die ganze Zeit riesige Mühe gab, weil man ja immer denkt, daß sich auf die Weise alle Probleme lösen lassen. Ich hab das alles auch gemacht. Ich war ganz sanft. Selbst nachdem ich das mit seinem Verhältnis herausgefunden hatte, war zwischen uns alles – Sie müssen sich vorstellen, er sagte: ‹Es tut mir leid›, und wir saßen abends vor dem Kamin, tranken Wein und redeten darüber.»

Beide Partner spüren, daß diese Versuchsphase zwar ein Ergebnis ihrer Auseinandersetzung ist, daß die Verbesserungen aber nichts mit der Realität der Beziehung zu tun haben, sondern einen Ausnahmezustand darstellen. Der Partner möchte gern, daß alles wieder beim alten ist. Der Initiator sehnt sich vielleicht auch nach Stabilität, aber «zurück zum alten» will er auf keinen Fall. Die Bemühungen um Besserung bleiben oberflächlich und versiegen in sehr vielen Fällen früher oder später ganz. Die notwendigen psychosozialen Veränderungen – die Revision des Verständnisses der eigenen Person, des Partners und der Beziehung – unterbleiben. Die Situation mag sich bessern, aber der Erfolg hält in der Regel nicht lange an.

Vertriebsleiter, 36, Scheidung nach elf Ehejahren: «Ich beschloß, es noch einmal zu versuchen, aber schon nach zwei Wochen war alles wieder beim alten. In diesen vierzehn Tagen war alles, was ich machte und sagte, bestens. Sie hörte mir zu, stritt nicht einmal mit mir, und aus Hägar der Schrecklichen war ein sanftes Miezekätzchen geworden. Es war, als hätte ich es mit einem ganz anderen Menschen zu tun. Ich meine, es war keine Spur mehr von der alten Person da. Sie sagte dauernd: ‹Ich würde gern das und das machen, ist dir das recht?›, anstatt es einfach zu machen, wie es vorher ihre Art gewesen war. Ich glaube, ich hatte sie in Panik versetzt. Ich hatte ihr gedroht, sie zu verlassen, und die Tatsache, daß ich wirklich gegangen war, und wenn auch nur für ein paar Stunden, hatte ihr gezeigt, daß ich es wirklich ernst meinte. Ich glaube, von dem Tag an waren ihre Reaktionen immer von einer gewissen Angst getrieben, daß die Beziehung jederzeit zerbrechen konnte. Das war keine gute Ausgangssituation, um etwas besser zu machen.»

Produktionsleiter, 52, Scheidung nach fünfundzwanzig Ehejahren: «In den folgenden Wochen war ich übertrieben bemüht. Ich führte sie ins Konzert aus und fing an, ein paar Sachen im Haus zu machen, um wenigstens auf einen Teil von dem zu reagieren, was sie mir vorwarf. Das Ergebnis war, daß sie einfach nur lachte und sagte: ‹Das wird bestimmt nicht lange vorhalten. Es ist viel zu untypisch für dich.› Das war ihre ganze Reaktion: daß es sowieso nicht von Dauer sein würde.»

Verwaltungsbeamter, 44, Trennung nach dreiundzwanzig Ehejahren: «Als die akute Krise drohte, wurde unsere Beziehung noch mal ganz intensiv und gut, aber das ließ ziemlich bald wieder nach. Richtig ins Lot sind die Dinge nicht mehr gekommen. Wir hockten auf einem Pulverfaß und klammerten uns ängstlich aneinander, aber die Krise, die uns noch mal zueinander getrieben hatte, hielt uns nicht wirklich zusammen. Es war eher so, daß wir immer wieder von ganz weit weg plötzlich ganz eng aufeinanderklatschten.»

Der Ausdruck «von ganz weit weg plötzlich ganz eng aufeinanderklatschen» beschreibt sehr treffend, was sich zwischen den beiden Partnern abspielt, die noch immer in derselben Wohnung, aber längst in zwei verschiedenen Welten leben. Im Verlauf ihrer Bemühungen agieren sie mehr und intensiver, was ihre Unterschiedlichkeit und ihre Differenzen erst recht hervortreten läßt.

Inhaber eines Antiquariats, 36, Trennung nach acht Jahren Zusammenleben: «Ich glaube, nach dem Versuch mit der Therapie stand für mich fest, daß es einfach keinen Sinn mehr hatte, und wir haben danach auch keinen gemeinsamen Anlauf mehr gemacht. Für ihn heißt Bemühen, in ein paar Punkten meinen Forderungen nachzugeben. Am ganzen Wesen der Beziehung ändert sich dadurch nichts. Er wird nie jemand werden, der sich für die Sachen interessiert, die mir wichtig sind. Irgendwann bin ich auch an den Punkt gekommen, daß ich dachte: Mit welchem Recht erwarte ich das überhaupt von ihm? Ich habe schließlich auch nicht vor, mich in den Menschen zu verwandeln, der ihm am liebsten wäre.»

Dozent an einer Fachhochschule / Schriftsteller, 39, Scheidung nach achtzehn Ehejahren: «Wir versuchten, irgend etwas zu finden, was wir zusammen machen konnten und was uns beiden Spaß machte. Sie schlug vor, wir sollten einen Garten anlegen, aber Gartenarbeit habe ich noch nie leiden können. Ich war für einen Bridgekurs, aber Kartenspielen liegt ihr nicht. Ich sagte, wir sollten es vielleicht mit Sex probieren, aber sie fand das gar nicht komisch. In Wirklichkeit war das Problem, daß sie davon auch nicht sonderlich viel hielt. Es stellte sich heraus, daß Essen so ungefähr das einzige war, woran wir beide Freude hatten, und deshalb beschlossen wir, einmal in der Woche abends zum Essen auszugehen. Das ganze sollte eigentlich dazu dienen, daß wir einen Abend ganz für uns allein hatten, aber wir hatten uns entweder gar nichts zu sagen oder nur etwas, woraus ein Streit erwuchs. Es war eine einzige Katastrophe, und für mich bestätigte sich dadurch nur, wie wenig wir gemeinsam hatten.»

Was dem Bemühen noch zusätzlich entgegensteht, ist das Machtungleichgewicht in der Beziehung. Der Partner ist eindeutig im Nachteil. Der Initiator verfügt über andere soziale Bezüge, aus denen der Partner ausgeschlossen ist. Selbst wenn der Initiator diese Alternativen aufzugeben verspricht und es auch tatsächlich tut, weiß er doch, daß es sie gibt und daß er (in vielen Fällen zumindest) jeder Zeit wieder darauf zurückgreifen kann. Der Initiator weiß, daß er seine Selbstbestätigung auch anderswoher beziehen kann. Das Wissen um Alternativen – gleichgültig, ob real oder nur vorstellbar – verleiht Macht.[6] Schließlich waren es ja auch die neuen, vom Partner unabhängigen Bezüge, die den Initiator dahin brachten, die Konfrontation zu riskieren oder den Partner durch sein Verhalten so weit zu treiben, daß dieser sich dem Konflikt stellte.

Das Machtungleichgewicht zwischen Initiator und Partner zeigt sich deutlich in der Tatsache, daß der Initiator grundsätzlich bereit ist, sich zurückzuziehen und damit das Leben des Partners ohne Rücksicht auf dessen eigene Wünsche grundlegend zu verändern. Er hat die Entscheidung in der Hand. Er steckt durch seine Kritik ab, worauf das Bemühen hinauszulaufen hat. Auch wenn Initiator und Partner beide ihren Willen bekunden, es noch einmal zu versuchen, trägt im wesentlichen der Partner die Last. Während er sich bemüht, den Bedürfnissen des Initiators gerechter zu werden, sucht er in jedem Wort und in jeder Geste des Initiators nach Zeichen dafür, daß sich bereits etwas gebessert hat. Die Soziologin Lillian B. Rubin bemerkt sehr richtig: «Wenn ich um die Anerkennung meines Status betteln muß, befinde ich mich bereits in einer hochgradig benachteiligten Position.»[7] Je mehr der Partner sich anstrengt, desto größer wird sein Nachteil. Auch wenn er hofft, die Liebe des Initiators zurückzugewinnen, weiß er doch, daß ein Versagen seiner Bemühungen den Verlust der Beziehung bedeutet. Er fühlt sich ohnmächtig und ausgeliefert.

Studentin, 30, Trennung nach zwölf Ehejahren: «Ich hatte schon lange angefangen, meine Identität zu verlieren, und sie entglitt mir immer weiter. Ich überließ ihm alle Entscheidungen. Ich war unfähig zu arbeiten. Ich brachte es nicht mehr fertig, ich selbst zu sein. Ich gab alles aus der Hand. Ich hatte keinerlei Kontrolle über die Dinge mehr. Ich wußte nicht, wie ich da wieder herauskommen sollte. Ich war mir unsicher, ob ich im Zweifelsfall wirklich allein zurechtkommen würde.»

Natürlich ist der Partner unter diesen Bedingungen von vornherein beeinträchtigt. Gerade jetzt, da er besonders attraktiv sein möchte und muß, sind sein Selbstgefühl und sein Selbstvertrauen empfindlich gestört. Hinzu kommt, daß der Partner in seinem Bemühen, alles richtig zu machen, häufig andere Dinge vernachlässigt oder aufgibt.

Studentin, 24, Trennung nach vier Jahren Zusammenleben: «Sie hatte sich beklagt, daß ich mich nicht für ihre Arbeit interessierte; deshalb fing ich jetzt an, die Bücher zu lesen, die bei ihr herumlagen.»

Sekretärin, 30, Trennung nach drei Jahren Zusammenleben: «Ich hatte soviel Angst, ihn zu verlieren, daß ich überhaupt nicht mehr mit meinen Freundinnen ausging, sondern nur noch versuchte, irgendwelche gemeinsamen Unternehmungen zu arrangieren. – Sie wissen schon: um wieder mehr Romantik in die Sache zu bringen.»

Der Partner zieht sich aus anderen sozialen Zusammenhängen zurück, die sein Selbstgefühl stärken könnten, und investiert statt dessen immer mehr Energie und Zeit in die Beziehung. Das mag zwar gelegentlich tatsächlich Erfolge zeitigen, hat aber weit häufiger die paradoxe Folge, daß der Partner für den Initiator nur uninteressanter wird, da er nichts eigenes mehr in die Beziehung einbringt. Je länger der Partner sich abrackert, desto mehr anderes gibt er auf.[8] Kommt es schließlich doch zur Trennung, steht er zudem auch noch ohne anderweitigen Rückhalt da.⁹ Der Partner gibt sich selbst auf, um seine auf die Beziehung gegründete Identität zurückzugewinnen – und verliert beides.¹⁰

Sozialpädagogin/Lehrerin, 40, Scheidung nach zwölf Ehejahren: «Ich strampelte mich total ab, weil ich immer nur daran dachte, was ich machen könnte, damit es mit diesem Mann und mit meiner Ehe klappte. Und ich kam nie auf die Idee, auch mal selbst Forderungen zu stellen, mal zu sagen: He, faß dir an die eigene Nase! Ich zermarterte mir immer nur das Hirn, was ihn wohl glücklich machen könnte, was er wohl gern hätte, und obwohl die Beziehung überhaupt nicht gut war, hatte ich immer diese Angst, wissen Sie, daß ich ihn verlieren könnte, so daß sich mein ganzes Leben nur noch darum drehte, diesen Mann glücklich zu machen, und ich überhaupt nicht wußte, wer ich selber war. Ich fange jetzt erst langsam an, mich selbst kennenzulernen.»

Verkäufer, 30, Scheidung nach drei Ehejahren: «Ich konzentrierte mich so darauf, es ihr recht zu machen, daß ich gar nicht mehr ich selbst war. Ich versuchte, mich in allem nach ihr zu richten. Ich gab alles andere auf, weil ich mit ihr zusammensein und Sachen mit ihr zusammen machen wollte. Je mehr ich mich von ihr zurückgewiesen fühlte, desto mehr ließ ich alles andere bleiben.»

Ein weiterer Faktor, der es schwer macht, wirklich etwas zu erreichen, ist die Tatsache, daß das ständige Bemühen sehr anstrengend ist. Es kostet Energie, Willenskraft und Konzentration, und der Alltag stellt schon genug Anforderungen. Wir bilden Gewohnheiten aus, weil sie uns das Leben bequemer machen; sobald sich die Beziehung wieder einigermaßen stabilisiert hat (das heißt, sobald die akute Krise gebannt zu sein scheint), fallen wir gewöhnlich wieder in unsere Gewohnheiten zurück. Wir geben uns eine Zeitlang Mühe und erreichen vielleicht auch etwas, geraten dann aber wieder in das alte Fahrwasser.

Viele Paare nehmen immer wieder neue Anläufe, weil beide Partner eine Trennung scheuen. Die Beziehung schwankt zwischen Phasen aktiven Bemühens und solchen passiver Hinnahme des Status quo hin und her, weil keiner der beiden Partner es schafft, zu einer Definition der Situation zu finden, die mit der Einschätzung des anderen übereinstimmt; beide schrecken vor dem Bruch zurück.[11] Solche zyklischen Schwankungen zehren nicht nur an den emotionalen Kräften beider Beteiligten, sondern tragen außerdem noch zur weiteren Zerrüttung der Beziehung bei. Der Initiator, der sich, wenn auch vielleicht skeptisch, auf weitere Einigungsversuche eingelassen hat, wird mit einiger Wahrscheinlichkeit zu dem Schluß kommen, daß er doch recht damit hatte, die Beziehung beenden zu wollen. Außerdem untergraben die immer neuen Rückschläge mit der Zeit auch die optimistische Einstellung des Partners, die Beziehung sei noch zu retten. Auch wenn Initiator und Partner anfangs wirklich bereit waren, ihr Bestes zu tun, wird das Hin und Her früher oder später beide zu dem Schluß bringen, daß es keinen Sinn mehr hat.

Möglicherweise ist der Partner trotz aller dieser Widrigkeiten entschlossen, die Beziehung um jeden Preis aufrechtzuerhalten, und schafft dies auch. Von Verzweiflung, Angst oder Wut getrieben, setzt er alles daran, die Gewinn-Verlust-Bilanz des Initiators zu korrigieren. Er mobilisiert dafür alle erdenklichen Mittel.[12] Der Initiator bleibt – nicht etwa, weil er sich in der Beziehung wieder besser aufgehoben fühlt –, er bleibt, weil er es sich nicht mehr leisten kann zu gehen.

Es kann sein, daß der Partner versucht, dem Initiator das Leben angenehmer und damit das Bleiben für ihn lukrativer zu machen: Er entlastet den Initiator von Haushaltspflichten, liest ihm jeden Wunsch von den Augen ab, gesteht ihm jede Art von Eigenleben zu, schenkt ihm ständige Aufmerksamkeit oder läßt ihn in Ruhe – er tut, was immer geeignet sein könnte, den anderen zu halten. In anderen Fällen bindet er den Initiator, indem er es ihm so schwer wie möglich macht zu gehen. Er wird lebensuntüchtig oder depressiv, trägt demonstrativ Schwäche oder selbstzerstörerisches Verhalten zur Schau. Manchmal begeht er sogar einen Selbstmordversuch. Eine andere Möglichkeit ist handfeste Erpressung – der Partner droht dem Initiator, ihm die Kinder wegzunehmen, den Unterhalt zu verweigern oder gemeinsamen Besitz vorzuenthalten. Manchmal versucht der Partner auch, dafür zu sorgen, daß dem

Initiator seine anderen Quellen, aus denen er Kraft schöpft, verlorengehen.[13]

Studentin, 21, Trennung nach zwei Jahren Zusammenleben: «Ich ging zu ihrer Arbeitsstelle und sagte ihr, sie sollte gefälligst meinen Freund in Ruhe lassen.»

Vertreterin, 45, Scheidung nach zehn Ehejahren: «Er hatte damit gerechnet, daß ihm seine Mutter einen Teil seiner Erbschaft ausbezahlen würde, und ich dachte mir, daß er ohne das Geld nicht in der Lage sein würde, zwei getrennte Haushalte zu finanzieren. Ich ging also zu seiner Mutter, mit der ich mich immer gut verstanden hatte, und erklärte ihr, was los war, und sie reagierte genau so, wie ich gehofft hatte. Sie wollte ihm das Geld nicht geben, wenn er auszog.»

Rechtsanwalt, 38, Scheidung nach zwölf Ehejahren: «Der Mann, mit dem sie ein Verhältnis hatte, war verheiratet und wohnte in Denver. Sie hatte ihn bei einem Kongreß kennengelernt, und danach richtete er es so ein, daß er öfters geschäftlich hierherkommen konnte, um sie zu treffen. Nachdem sie es mir gesagt hatte, rief ich seinen Chef an und machte mit ihm einen Termin aus, um ihn aufzusuchen und ihm zu erzählen, was sein leitender Angestellter trieb, wenn er unterwegs war. Ich hatte noch ein paar andere Sachen über ihn herausgefunden, die der Firma nicht gerade genützt hätten, wenn sie ans Licht gekommen wären. Der Firmenchef war heilfroh, daß ich ihn davon in Kenntnis setzte.»

Es kommt auch vor, daß der Partner körperliche Gewalt anwendet oder Gegenstände demoliert, die dem Initiator gehören. Manchmal droht der Partner sogar, die berufliche Zukunft – oder sogar das Leben – des Initiators zu zerstören, falls dieser ihn verläßt.

Selbst wenn der Initiator unter solchen Voraussetzungen bleibt, ist er innerlich nicht mehr da. Die Beziehung bleibt tot und formal, und der Initiator bezieht sein Identitätsgefühl weiterhin aus anderen Zusammenhängen. Selbst wenn er diese anderen Zusammenhänge verlieren sollte, wird er eine neue persönliche Nische finden, aus der er ein von der Beziehung unabhängiges Selbstgefühl bezieht. Die Vielfalt solcher möglicher Quellen von Selbstgefühl habe ich im ersten Kapitel zu umreißen versucht. Der Nische sieht man es auf den ersten Blick vielleicht gar nicht an, daß sie das Identitätsgefühl stärken könnte. Manche Menschen gründen jedoch ihre Identität zumindest zeitweise auf Dinge, die von außen eher Anzeichen eines Identitätsverlustes zu sein scheinen; sie flüchten zum Beispiel in Depressionen, Drogen- oder Alkoholsucht oder auch in häufig wechselnde Affären.[14] Was auch immer der Initiator sich sucht – er stützt sich auf andere Dinge und bleibt beim Partner, ohne wirklich präsent zu sein. Doch selbst in diesem Fall ist es möglich, daß der «Erfolg» nur von kurzer Dauer ist. Eine unerwartete Veränderung des Kräfteverhältnisses zugunsten des Initiators wird rasch offenbar werden lassen, daß der vermeintliche Sieg des Partners in Wahrheit nur die Erzwingung eines Aufschubes war.[15]

## Bemühungen als taktisches Manöver

Das beidseitige Bemühen kann aber auch eine ganz andere Form annehmen. Der Initiator erklärt sich zu einem neuen Anlauf bereit. In Wahrheit haben die Versprechungen, die Argumente, das Flehen und die Gegenvorwürfe des Partners im Verlauf der Konfrontation für ihn jedoch nichts geändert. Während der Partner davon ausgeht, daß die Beziehung noch zu retten ist, steht für den Initiator fest, daß dies nicht der Fall ist. Sein Ziel ist es, sich vom Partner zu trennen. Damit er den Partner verlassen kann (und auch, wie wir noch sehen werden, damit der Partner die Trennung überwinden kann), muß dieser nicht nur einsehen, daß die Beziehung ernstlich gestört ist, sondern auch selbst zu dem Schluß kommen, daß sie sich nicht mehr retten läßt. Der Initiator wird daher weiterhin so lange Unzufriedenheit zum Ausdruck bringen, bis der Partner an diesen Punkt gelangt. Er erklärt sich zwar bereit, noch einmal alles zu versuchen, aber nur, um den Partner zu überzeugen, daß nichts mehr zu machen ist. Er geht von vornherein davon aus, daß die Bemühungen nichts fruchten werden.

Lederkunsthandwerker, 42, Trennung nach zwölf Jahren Zusammenleben: «Doch, ich glaube schon, daß er vielleicht tatsächlich endlich mal verstanden hätte, was ich die ganze Zeit sagte. Aber es war einfach zu spät. Mir war inzwischen egal, was er machte. Ich war schon viel zu weit weg. Ich denke schon, daß er sich bemüht hat. Ich glaube es wirklich, aber es war mir einfach egal. Er konnte machen, was er wollte, es half alles nichts mehr. Es war zu spät. Ich war über den Punkt weg, und es war einfach nichts mehr da.»

Finanzbeamter, 33, Scheidung nach sieben Ehejahren: «Ich glaube, ich hatte davor wirklich versucht, mit der Ehe und all dem klarzukommen, aber dann driftete ich einfach weg. Ich meine damit, ich habe mich nach einiger Zeit auch gar nicht mehr bemüht, weil mir irgendwo klar war, daß es mich sexuell in eine andere Richtung zog. Unsere Ehe konnte einfach nicht funktionieren. Ich mußte Leslie davon überzeugen, daß es so war, ohne ihr zu sagen, warum.»

Der Initiator gesteht dem Partner zwar noch einen Versuch zu, schließt aber von vornherein aus, daß er zum Erfolg führen könnte.[16] Er sucht im Grunde nur eine Möglichkeit, sich allmählich aus der Beziehung herauszuziehen, und will dem Partner lediglich Zeit geben, sich darauf einzustellen.[17] Indem er den Einwand «Du hast dich ja nie wirklich bemüht» oder «Du hast mir ja gar keine Chance gegeben» entkräftet, hofft er, den Partner dahin zu bringen, daß er die Situation ebenfalls für aussichtslos hält. Manchmal geht es dem Initiator allerdings auch darum, sich selbst sagen zu können, daß er alles in seinen Kräften stehende getan hat. Oft ist es für ihn auch ein Motiv, das gleiche anderen zu beweisen, da die negativen sozialen Konsequenzen für ihn natürlich geringer sind, wenn beide Partner sich vergeblich bemüht haben und übereinstimmend befinden, daß die Beziehung nicht weitergehen kann. Bei Ehepaaren ist es für den Initiator oft ausschlaggebend, daß der Scheidungsrichter sein Bemühen anerkennen wird.[18] In allen diesen Fällen jedoch ist die Sache für den Initiator gefühlsmäßig längst entschieden.

Während die Partner es von außen gesehen beide noch einmal versuchen, verfolgen sie dabei ganz verschiedene Ziele. Der Initiator sieht keine Möglichkeit mehr, die Beziehung fortzuführen. Der Partner geht davon aus, daß sie noch zu retten sei. Jeder von beiden versucht diese Phase zu nutzen, um den anderen dazu zu bewegen, seine Einschätzung des Zustands zu akzeptieren.

Akquisiteur, 38, Scheidung nach acht Ehejahren: «Sie versuchte, mich einzuwickeln und mit allen Mitteln auszutricksen, und dabei wußte sie genau, weil ich es auch klipp und klar gesagt hatte, daß ich auf keinen Fall noch ein Kind mit ihr in die Welt setzen wollte. Das war genau der Punkt, an dem zwischen uns nichts ging: Ich rede von Scheidung, und sie redet von Kindern.»

Sozialarbeiter, 44, Scheidung nach neunzehn Ehejahren: «Ich ging in die Bücherei und holte mir einen Haufen Bücher. Ich las stapelweise Bücher zum Thema Ehe und Eheprobleme. Sie las dagegen ganz andere Sachen, die alle mit der Frauenbewegung zu tun hatten. Darin hieß es immer: Denk an dich selbst, zuerst kommst du. Ich sagte zu ihr: Und was ist mit der Verantwortung, mit der Familie, mit den Kindern, wir müssen doch nun mal gewisse Rücksichten auf die Kinder nehmen, wenn wir eine Familie sein wollen. Davon steht nichts in deinen Büchern. Darüber regte sie sich furchtbar auf. Diesen Spruch, mit dem sie mir gekommen war: ‹Du bist mein Feind und mein Unterdrücker›, hatte sie auch aus solchen Büchern, die in meinen Augen einfach nichtssagend waren. Ich sagte zu ihr: Das haben wir aber doch beide anders gesehen, als wir geheiratet haben. Wir sind eine Familie, wir können doch als Familie auch eine Menge machen. Man kann es doch auch genießen, daß man eine Familie hat.»

Während sich der Partner bemüht, die Beziehung zu retten, bemüht sich der Initiator, den Partner in eine Haltung zu manövrieren, in der dieser für sich eine Veränderung akzeptiert, die er bislang gar nicht wollte: die Trennung. Das ist gar nicht so leicht, da der Partner nicht nur darum kämpft, die Beziehung zu retten und seine Identität nicht zu verlieren, sondern auch darum, das Gesicht zu wahren. Wenn unser Status als Partner bedroht ist, weil der andere ihn in Frage stellt, zweifeln wir nicht nur selbst an uns – wir fürchten auch, daß andere sich fragen könnten, wie gut wir diese Rolle ausgefüllt haben. Zum Verlust an Selbstwertgefühl kommt der Verlust an Ansehen [19], was erklärt, weshalb der Partner nicht selten alles daran setzt, die Beziehung zu retten, obgleich er selbst, zumindest im nachhinein, zugibt, daß sie «nicht so besonders gut» gewesen sei.

Der Initiator muß den Eindruck erwecken, daß er sich ernsthaft Mühe gibt, und gleichzeitig dem Partner vermitteln, daß alles Bemühen nichts nützt.[20] Wenn er auf die Trennung hinaus will, kann er sich keine Gefühlsregungen leisten. Er wird es nie schaffen, den Bruch herbeizuführen, wenn er sich von den flehentlichen Bitten, den Ängsten, den attraktiven Seiten oder den Drohungen des Partners tangieren läßt. Berührt ihn etwas – und sei es auch nur flüchtig –, darf er es in keinem Fall zeigen, da der Partner bereits das kleinste positive Signal als Zeichen für eine neue emotionale Hinwendung interpretieren würde. Der Initiator schützt sich, indem er dem Partner gegenüber eine ärgerliche, gönnerhafte oder gleichgültige Grundhaltung annimmt, die ihn emotional dagegen panzert, sich durch die Bemühungen des anderen rühren zu lassen, und es ihm so ermöglicht, weiter auf die Trennung hinzuwirken.

Musiklehrerin, 28, Trennung nach sechs Ehejahren: «Wir hatten schon so oft die ganze Nacht damit zugebracht, uns zu streiten und zu sagen, jetzt ist Schluß, jetzt ist endgültig Schluß, bis wir schließlich einschliefen, und am nächsten Tag hieß es dann wieder, ach, laß es uns noch mal versuchen. Oder anders gesagt, wir hatten das ganze schon so oft durchgespielt, daß es unheimlich schwer war zu sagen: ‹Ich gehe› und dann wirklich zu gehen. Aber diesmal lief es irgendwie ganz anders. Ich blieb ganz ruhig. Ich fing nicht ein einziges Mal an zu weinen, und irgendwie war mir ganz klar, daß diese Fassade einfach sein mußte. Ich mußte es ernsthaft durchziehen, ich durfte meine Meinung nicht wieder ändern, ich durfte einfach nicht zusammenbrechen, weil ich es dann nicht schaffen würde. Es war unheimlich anstrengend und schmerzlich, die ganze Zeit diese kalte Fassade aufrechtzuerhalten, aber ich wußte aus Erfahrung, daß sonst wieder der gleiche Kreislauf von vorne angefangen hätte. Wir wären sonst wieder umgekippt und hätten uns die ganze negative und beängstigende

Seite vor Augen gehalten, und dann hätte ich meine Meinung wahrscheinlich wieder geändert.»

Röntgenassistent, 35, Trennung nach vier Jahren Zusammenleben: «Ich nahm mir fest vor, es wirklich durchzuhalten und mich so sanft wie möglich aus der Beziehung herauszuziehen, ohne ihm weh zu tun. Ich glaube, von meiner Seite aus war es mit der Liebe schon etwa ein Jahr vorher vorbei, ehe ich Schluß machte. Aber er war einfach noch nicht soweit. Konnte es nicht begreifen, einfach nicht glauben. Wollte es nicht hören, wenn ich darüber sprach. Es war einfach kein Durchkommen. Also mußte ich es anders angehen. Ich mußte meine eigene Haltung ändern. Ich mußte lernen, mich selbst in den Griff zu kriegen, geduldig zu sein, mich aus der Situation herauszuziehen und sie mir genau anzugucken, und ich mußte aufhören zu lieben – mir wirklich ernsthaft sagen: Ich kann so nicht mehr weiterleben, weil ich dabei nur ausgenutzt werde, deshalb muß ich das jetzt wirklich durchstehen und hinter mich bringen. Außerdem muß ich der anderen Person helfen, damit wir auseinanderkommen. Ich will nämlich kein Hickhack, keine feindselige Stimmung, keine negativen Gefühle, ich will mich auf die bestmögliche Weise herausziehen. Dazu brauchte es etwa sechs Monate. Nachdem mein Entschluß gefallen war – ich gemerkt hatte: He, ich brauche das ja gar nicht –, konnte ich ganz anders mit allem umgehen. Ich konnte mir die Dinge angucken und außerhalb stehen und doch noch in der Beziehung sein und damit umgehen.»

Die Situation kann dem Initiator aber trotzdem sehr zusetzen. Während er sich sozial und emotional schon seit längerem aus der Beziehung gelöst und sich dabei einer Reihe von anderen Leuten anvertraut hat, hat der Partner sich häufig mit seinen Ängsten noch nie an Dritte gewandt. Er scheut davor zurück, sei es, weil er Angst hat, die Dinge könnten beim Reden in Bewegung kommen, sei es, weil er noch immer glaubt, die Krise werde wieder vorübergehen und niemand brauche je davon zu erfahren. Der Initiator, der es gewöhnt ist, für den Partner zuständig zu sein, spürt ganz deutlich, daß dieser jetzt mehr denn je jemanden braucht, der sich um ihn kümmert. Nicht selten fühlt sich der Initiator genau in dem Moment verpflichtet, diese verantwortliche Rolle zu übernehmen, in dem er sie eigentlich abstreifen will.[21] Er steht vor der widersprüchlichen Aufgabe, den Partner zu verlassen und ihn gleichzeitig so auf diesen Verlust vorzubereiten, daß er ihn verkraften kann.

Manchmal wird der Initiator in dieser Zwickmühle versuchen, den Partner zu bewegen, sich anderswo seine Gefühle von der Seele zu reden und Trost zu holen.[22] Er wird vielleicht heimlich einen anderen Menschen bitten, sich um den Partner zu kümmern – jemanden aus der Verwandtschaft, aus der Nachbarschaft oder aus dem Freundeskreis des Partners, ein älteres Kind oder eine andere Person, bei der er darauf vertrauen kann, daß sie dem Partner zuhört und ihn in der schwierigen Zeit, die auf ihn zukommt, emotional unterstützt.[23] Eine andere Möglichkeit des Initiators besteht darin, daß er sich aus Sorge um den Partner und aus dem Gefühl heraus, selbst Rückhalt genug zu haben, aus bestimmten Beziehungen zurückzieht und damit gemeinsamen Freunden oder anderen, beiden nahestehenden Personen die Freiheit läßt, sich dem Partner zuzuwenden. Dieses Verhalten erleichtert es nicht nur dem Initiator selbst fortzugehen, sondern ist zugleich auch eine Form der Fürsorge für den Partner: Es soll den Trennungsschmerz für beide lindern. Das Ergebnis geht allerdings oft über die Intention hinaus: Indem der Initiator eine solche Betreuungsperson ausfindig macht, liefert er dem Partner zugleich eine Vertrauensperson, die vielleicht sogar zur Übergangsperson wird, mit der er seine eigenen geheimen Gedanken und Gefühle im Hinblick auf die Beziehung teilen kann; dabei vollzieht der Partner zugleich einen notwendigen Schritt seines eigenen Übergangsprozesses.

Der Initiator wird dem Partner möglicherweise auch vorschlagen, eine Therapie oder Beratung aufzusuchen – ebenfalls mit dem Gedanken, die Verantwortung für die emotionale Betreuung des Partners zu delegieren.[24] Vielleicht kommt der Partner aber auch selbst auf die Idee, sich gemeinsam um professionelle Hilfe zu bemühen, weil er hofft, auf diese Weise die Beziehung retten zu können. Der Initiator erklärt sich damit einverstanden.[25] Er geht ein paarmal mit zu den Sitzungen und beteiligt sich auch oberflächlich an den Gesprächen, springt dann aber wieder ab mit der Begründung, der Therapeut tauge nichts, das Ganze laufe nicht objektiv ab oder es sei ganz offensichtlich der Partner, der Hilfe brauche, so daß er keine Notwendigkeit sehe mitzukommen. Er überläßt dem Partner das Feld, damit er ungehindert eine positive emotionale Beziehung zum Therapeuten oder zur Therapeutin aufbauen kann.[26] Der Partner hat jetzt einen Menschen, bei dem er seine Gefühle loswerden kann und der ihm Trost gibt – und damit Funktionen übernimmt, die normalerweise dem Initiator zukommen.[27] Indem der Initiator wieder abspringt, demonstriert er außerdem gleichzeitig, daß diese Rettungsversuche nichts gebracht haben.

### Paartherapie als Ringen um die Beziehungsdefinition

Vielleicht wird der Initiator eine Paartherapie oder -beratung aber auch deshalb akzeptieren oder selbst vorschlagen, weil er sich erhofft, daß er die Sitzungen dazu nutzen kann, den Partner davon zu überzeugen, daß die Beziehung nicht mehr zu retten ist. In diesem Fall wird der therapeutische Prozeß – auch wenn er scheinbar aufgrund eines gemeinsamen Anliegens begonnen wurde – zu einer neuen Arena, in der die Partner miteinander um die Beziehungsdefinition ringen. Ihre unterschiedlichen Zielsetzungen machen es ihnen oft sehr schwer, sich auf eine Beratungs- oder Therapieinstitution zu einigen. Der Partner wird im allgemeinen darauf dringen, sich an jemanden zu wenden, von dem er glaubt, daß er versuchen wird, die Beziehung zu retten: wie etwa Mitarbeiter einer kirchlichen Institution. Der Initiator wird sich dagegen am ehesten dafür einsetzen, jemanden zu finden, dessen Ziel es nicht von vornherein ist, die Beziehung zu erhalten. Haben sich die Partner dennoch geeinigt, erwartet jeder von ihnen, daß der entsprechende Therapeut oder Berater sich auf seine Seite stellen wird. Jetzt konkurrieren beide um die Unterstützung dieser dritten Person.[28]

Therapeuten können zwar, ähnlich wie Soziologen, allgemeine Muster und Trends beschreiben, die sie bei ihren Klienten beobachten, aber sie können nicht voraussagen, wie sich die Dinge im einzelnen Fall entwickeln werden. Der therapeutische Prozeß kann wie eine Art Überdruckventil funktionieren und Spannungen abbauen, so daß es den Partnern möglich wird zusammenzubleiben, obgleich ihre Probleme nicht gelöst sind. Von der Versöhnung bis zur endgültigen Trennung ist alles möglich. Trotzdem meinen viele Therapeuten, daß es zu dem Zeitpunkt, an dem ein Paar Hilfe sucht, meist schon zu spät ist. Sie berichten, daß die Partner zwar häufig – wenn sie gemeinsam auftreten – erklären, sie wollten die Situation objektiv analysieren und wenn irgend möglich die Beziehung retten, daß sich in Einzelgesprächen jedoch vollkommen gegenläufige Ziele offenbaren.

Sozialarbeiter: «Ich bin mittlerweile soweit, daß ich in der Regel schon beim ersten Telefongespräch beurteilen kann, ob der Klient den Partner nur loswerden will oder nicht. Im ersten Fall wird er mir erklären: ‹Hören Sie, es geht um X› und mir die Situation dann näher erläutern, indem er X in ein schlechtes Licht rückt. Ich bekomme zu hören, wie schlimm alles stehe und wie dringend X Hilfe bräuchte, und schließlich dann, daß X endlich einsehen müßte, wie ausweglos die Sache sei. Manchmal ist der Anrufer auch ganz direkt und erklärt mir gleich, daß er jemand anderen habe, der auf ihn warte, und daß ich ihm helfen solle, die Sache endlich hinter sich zu bringen.»

Klinische Psychologin: «Sie nahm mich beiseite und erklärte mir: ‹Ich will mich von ihm scheiden lassen, aber ich habe es ihm noch nicht gesagt.› Kurz darauf nahm er mich beiseite, um mir zu erklären: ‹Ich war Alkoholiker, aber jetzt bin ich trocken. Ich möchte ihr ein guter Ehemann sein. Ich liebe diese Frau wirklich, und ich will alles tun, was in meiner Macht steht, um diese Beziehung zu retten.›»

Manchmal schafft es der Initiator, in einer therapeutischen Sitzung das zu äußern, was er bis dahin nicht sagen konnte. Durch die Anwesenheit des Therapeuten oder Beraters ermutigt, konfrontiert er den Partner offen mit Gefühlen und Gedanken, die er bis dahin für sich behalten hat: «Ich möchte, daß wir uns scheiden lassen»; «Du widerst mich an»; «Ich habe dich nie geliebt»; «Ich bin homosexuell»; «Ich will schon seit fünf Jahren Schluß machen»; «Mit dir zu schlafen war für mich nie befriedigend»; «Es gibt jemand anderen in meinem Leben». Durch diese Enthüllungen wird dem Partner zum erstenmal klar, daß für die Beziehung keine Hoffnung mehr besteht. Die Worte, die in Anwesenheit des Beraters oder Therapeuten und vielleicht auch noch anderer Familienmitglieder fallen, stürzen ihn nicht nur in Verzweiflung und Resignation, er empfindet sie zugleich auch als eine Demütigung, da er sich öffentlich als Versager hingestellt fühlt.[29]

Produktionsleiter, 52, Scheidung nach fünfundzwanzig Ehejahren: «Wir hatten alle zusammen eine Therapiesitzung, die ganze Familie. Es war ein einziges Desaster. Am Schluß weinten alle außer mir, weil ich keine Tränen mehr übrig hatte, und sie erklärte: ‹Ich liebe ihn einfach nicht mehr. Ich habe ihn einmal geliebt, aber jetzt liebe ich ihn einfach nicht mehr.› Sie hatte das auch vorher schon gesagt, in einer Sitzung, wo wir beide allein waren. Es war eins der Dinge, die dabei herauskamen, und ich fragte sie, ob wir es nicht noch einmal versuchen könnten, und sie sagte: ‹Wenn ich noch etwas für dich empfinden würde, wäre ich dazu bereit, aber ich empfinde einfach nichts mehr für dich.› Das tat mir sehr weh. Ich sagte: ‹Was glaubst du eigentlich, wie ich mich fühle, wenn du mir so einfach erklärst, daß ich als Ehemann ein Versager bin?› Aber es war nichts zu machen. Ich war der Verlierer auf der ganzen Linie. Es war, als wollte sie es in der Sitzung einfach nur noch einmal vor allen sagen. Sie will Schluß machen, sie liebt mich nicht. Es war fast so etwas wie ein großes Finale. Wir waren alle zusammen, die ganze Familie, und sie erklärte einfach laut und öffentlich, daß sie mich nicht liebte und definitiv Schluß machen und ihre Freiheit wiederhaben wollte. Vor den Ohren der Kinder. Das ganze endete damit, daß der Therapeut die Kinder aufforderte, uns zu umarmen und uns einen Kuß zu geben, und sie weinten, und wir weinten, und es war ganz offensichtlich, daß dies das Ende war.»

Möglicherweise ist der Initiator aber sogar in der stützenden Gegenwart des Therapeuten oder Beraters immer noch nicht in der Lage, den Partner direkt mit seinen Gefühlen zu konfrontieren. Er begnügt sich vielleicht damit zu hoffen, daß der Therapeut oder Berater die Trennung befürworten wird oder daß der Partner im Laufe der Gespräche selbst zu der Einsicht gelangt, daß es keinen Sinn mehr hat. Therapeuten berichteten mir, daß sie häufig erleben, wie der Initiator den Partner behutsam zu dieser Einsicht hin manipuliert, indem er sich vorsichtig und verschlüsselt ausdrückt, bis der Partner schließlich formuliert, was der Initiator nicht über die Zunge bringt: «Das klingt ja, als ob du mich nicht liebst» oder «Das hört sich für mich an, als ob du nicht mehr mit mir zusammenleben wolltest». Nach Aussagen von Familientherapeuten sind es oft die Kinder, die schließlich sagen, daß die beiden auseinandergehen sollten.

Manchmal spricht aber auch niemand den Trennungswunsch aus. Der Initiator bringt es nicht über sich, sich so direkt zu äußern, daß der Partner seine Hoffnungen unter Schmerzen, aber ein für allemal fahren lassen müßte. Beide Partner verfolgen weiter erfolglos ihre entgegengesetzten Ziele, und die Verstrickung bleibt bestehen. Frustriert und des Hin und Hers müde, geben sie die Therapie zwischendurch auf, um sie nach einiger Zeit während eines neuen Anlaufs wiederaufzunehmen und das ganze von vorn durchzuspielen. Irgendwann werden wahrscheinlich beide feststellen, daß die Therapie aus unerfindlichen Gründen nichts genützt hat.

Sonderschullehrerin, 49, Scheidung nach dreiundzwanzig Ehejahren: «Nach einem Jahr Therapie war es immer noch so, daß wir dasaßen und uns anschrien – sie ließen uns viel Zeit. Wir hatten zwei Co-Therapeuten, und wenn wir glaubten, daß wir es brauchten, was ziemlich oft der Fall war, konnten wir zwei Stunden haben. Es waren ein Therapeut und eine Therapeutin. Wir waren also jedesmal zu viert, was auch nötig war, weil wir beide sofort aneinandergerieten und jeder von uns versuchte, sie auf seine Seite zu ziehen. Wir konkurrierten wie die Wilden, und so hatte wenigstens immer jeder einen auf seiner Seite. Zumindest konnte man das Gefühl haben. Aber nach einem Jahr Therapie gingen wir immer noch hin, um uns die ganze Zeit nur anzuschreien, bis einmal der Therapeut aufstand und sagte: ‹Ich komme nicht mehr, es ist mir ganz egal, was Sie machen. Ich bin einfach nicht bereit, noch länger hier herumzusitzen und mir das anzuhören.› Und weg war er. Damit war die Therapie zu Ende. Ich hatte das Gefühl: Na, das war's dann.»

Ganz unabhängig davon, was sich in der Therapie abspielt, kann diese als solche unbeabsichtigte Auswirkungen auf die Beziehung haben. Auch wenn die Betroffenen oft deshalb therapeutische Hilfe suchen, weil sie ihre Probleme unter sich abmachen wollen, offenbaren sie dabei doch ihre Geheimnisse einer dritten Person. Das Faktum, daß sich jetzt ein Experte mit der Beziehung befaßt, wirkt sich darauf aus, wie der Partner die Situation einschätzt. Muß die Lage nicht wirklich ernst sein, wenn sie schon den Rat eines Spezialisten notwendig macht? Hinzu kommt, daß auch andere in ihrem Verhalten darauf reagieren, wenn sie erfahren, daß das Paar eine Therapie macht. Daraus ergeben sich unwillkürlich weitere Veränderungen im Privatleben der Partner. Und schließlich: Wenn die Therapie nichts fruchtet oder ergebnislos abgebrochen wird, bestätigt dies erst recht den aussichtslosen Zustand der Beziehung.[30]

## Die räumliche Trennung

In manchen Fällen wird der Initiator eine vorübergehende räumliche Trennung als möglichen Weg zur Besserung vorschlagen und dies begründen, indem er erklärt: «Ich brauche mal ein bißchen Raum für mich»; «Wir sollten vielleicht mal eine Zeitlang mehr mit anderen Leuten machen, damit wir herausfinden können, was wir wirklich füreinander empfinden»; «Ich muß mich selbst finden und mir überlegen, was ich eigentlich mit meinem Leben anfangen will»; «Wir brauchen ein bißchen Zeit, um gründlich über alles nachzudenken» oder «Ich möchte gern mal eine Zeitlang ausprobieren, wie ich mich fühle, wenn ich allein bin.» Wohl jede und jeder von uns hat irgendwann im Leben diese Worte schon einmal zu hören bekommen oder selbst gesagt. Auch in solchen Vorschlägen kommt die Rücksicht des Initiators auf den Partner zum Ausdruck: Er will ihm nicht weh tun und regt deshalb die vorübergehende Trennung an, weil er sich davon erhofft, daß sie den Partner auf sanftem Weg dazu bringt, die Aussichtslosigkeit der Beziehung einzusehen und sich selbst stärker anderen Dingen zuzuwenden.[31]

Architekt, 34, Scheidung nach acht Ehejahren: «Selbst an dem Punkt noch, als es um die räumliche Trennung ging, war ich nicht ehrlich. Ich war mir ziemlich sicher, daß es endgültig sein würde, wenn wir erst einmal auseinander waren. Trotzdem ließ ich sie in dem Glauben, daß es erst einmal nur ein Weg war, uns über alles klarzuwerden, und daß wir dann möglicherweise wieder zusammenfinden würden.»

Eine Trennung «auf Zeit» ist für den Initiator eine ganz geschickte Lösung, da sie es ihm ermöglicht, sich auf relativ schonende Weise räumlich abzusetzen. Was der Partner davon hat, ist sehr viel zweifelhafter. Natürlich ist eine solche vermeintlich absehbare Phase für ihn leichter zu verkraften als eine Trennung, die ganz eindeutig den Anfang vom Ende bedeutet. Auf der anderen Seite wird ihn eine solche verkappte Trennung, die angeblich noch immer einen Versuch darstellt, die Beziehung zu retten, natürlich nicht dazu bringen, diese endgültig verloren zu geben. Er wird weiterhin hoffen und sich bemühen und seine Energie in eine Beziehung stecken, die für den Initiator längst vorbei ist.

Die räumliche Trennung kann aber auch ein eindeutiges Signal setzen: Jeder Versuch ist zwecklos. Es kann sein, daß der Initiator – unfähig, den Partner mit sanfteren Mitteln von der Aussichtslosigkeit zu überzeugen – schlagartig den Anschein aufgibt, sich noch weiter zu bemühen. Er nutzt einen günstigen Moment, um zu gehen, und stellt den Partner damit vor vollendete Tatsachen.

Lehrerin, 31, Trennung nach vier Jahren Zusammenleben: «Wir hatten an dem Abend eine Mieterversammlung bei uns in der Wohnung. Ich kam von der Arbeit nach Hause, um mich ein bißchen zu erholen und frisch zu machen, und stellte fest, daß ihre Sachen weg waren. Es war so lange so gut zwischen uns gelaufen, daß ich nicht im Traum auf die Idee gekommen wäre, daß das passieren könnte. Ich war total perplex. Ich rief sie bei der Arbeit an. Sie sagte mir, sie sei gegangen, weil sie es einfach nicht mehr länger aushalten könne. Ich fing an zu weinen und sagte: ‹Können wir denn nicht noch mal darüber reden?› Aber sie meinte: ‹Ich habe mich schon bemüht, so gut ich konnte, es hat nichts geholfen. Für mich gibt es nichts mehr zu reden. Es tut mir leid wegen der Versammlung, aber ich kann einfach nicht mehr länger mit dir zusammensein. Auch nicht deswegen.›»

Der Auszug aus der gemeinsamen Wohnung ist ein öffentlicher Akt. Derjenige, der dafür verantwortlich ist, daß die Beziehungsprobleme so jäh publik werden, wird auch mit den meisten negativen Reaktionen konfrontiert. Wenn der Partner die Beziehung immer noch weiterführen will, ist es keine leichte Bürde, die Schuld am definitiven Bruch auf sich zu nehmen – und tatsächlich vermeidet dies der Initiator auch in den meisten Fällen.[32] Er zieht es vor, so lange weiter seine Unzufriedenheit zum Ausdruck zu bringen, bis es ihm gelingt, den Partner davon zu überzeugen, daß die Beziehung nicht mehr zu retten ist. Zur Trennung kommt es schließlich dann, wenn der Partner sie als Reaktion auf das Verhalten des Initiators selbst in Angriff nimmt oder diesem einen legitimen Grund liefert, den Bruch zu vollziehen.[33]

Das Ergebnis ist der zwar zwingende, aber dennoch falsche Eindruck, der Partner wäre der Initiator und die Trennung sei ihm anzulasten.[34] Auch wenn es der Partner durch sein Verhalten oft tatsächlich der Umwelt sehr nahe legt, ihm diese Schuld zuzuweisen (und er sie nicht selten sogar selbst auf sich nimmt), war er doch keineswegs in der Rolle eines Initiators in dem Sinne, wie ich ihn hier definiert habe: Initiator ist derjenige, der als erster beginnt, sich sozial aus der Beziehung zu lösen. Das Handeln des Partners ist eine Reaktion auf die Unmutsbekundungen des Initiators. Es ist meist nicht mit einem sozialen Übergangsprozeß verbunden, der dem des Initiators gleichkäme und den Partner auf die faktische Trennung vorbereiten könnte.[35]

Die Trennung ist Resultat derselben indirekten Methoden, die wir bereits besprochen haben: der Fixierung auf einen fatalen Fehler des Partners, der Regelverletzung oder der Einschränkung der Interaktion. Vor allem der fatale Fehler ist häufig der Anlaß für die Trennung – der Partner schafft es nicht, eine bestimmte Schwäche abzustellen, die dafür verantwortlich gemacht wird, daß die Beziehung nicht fortbestehen kann. Der Initiator bestimmt häufig nicht nur die Kriterien, an denen bemessen wird, ob das Bemühen etwas genützt hat oder nicht, sondern setzt in vielen Fällen außerdem noch eine Frist, nach deren Verstreichen der Versuch als gescheitert gelten kann und die Trennung gerechtfertigt ist.[36]

Akquisiteur, 38, Scheidung nach acht Ehejahren: «Für mich war es vorbei. Ich wußte es genau, denn als ich mich mit dieser anderen Frau einließ, war mir sofort klar, daß meine Ehe daneben keine Chance hatte, und ich fand, das sagte eigentlich sehr eindeutig, daß für uns nichts mehr drin war. Es lief dann so, daß ich mir sagte – sechs Wochen vor Weihnachten war das –: Wenn sich in den nächsten sechs Wochen nicht ganz was Grundsätzliches ändert, ist Schluß. Das sagte ich ihr dann auch sechs Wochen vor Weihnachten. Wir setzten uns zusammen hin und redeten, und ich sagte ihr, ich machte jetzt ernst, und wenn sie sich in den nächsten sechs Wochen nicht ändern würde, was für mich sowieso ausgeschlossen war, würde ich mich von ihr trennen.»

Wenn es soweit ist, kann der Initiator den Partner für die Trennung verantwortlich machen, und dieser trägt auch nach außen hin die Schuld.

Es kommt auch vor, daß der Partner – als Reaktion auf die Tatsache, daß sich der Initiator ihm immer mehr entzieht – entweder selbst geht oder damit droht oder aber den Initiator vor die Tür setzt.

Herstellungsleiter, 36, Scheidung nach elf Ehejahren: «Ich wollte raus aus unserer Ehe, aber ich wußte genau, daß sie nie von sich aus die Scheidung verlangen würde. Ich beschloß deshalb, sie einfach so zu behandeln, als wären wir bereits geschieden. Es war praktisch so eine Art Do-it-yourself-Scheidung. Ich schlief auf der Couch, ich sprach kein Wort mehr mit ihr und tat so, als ob sie gar nicht da wäre. Ich lebte einfach mein eigenes Leben. Irgendwann hat sie mich schließlich rausgeworfen.»

Vielleicht sind es aber auch die Regelverletzungen des Initiators, die den Partner dazu treiben, den ersten Schritt zu tun. Sei es aus Wut, sei es, weil er den ständigen Konflikt oder das Hin und Her nicht mehr aushält, sei es, weil er die Demütigung nicht mehr erträgt – der Partner schlägt die Trennung vor oder fordert sie sogar.[37]

Verkäufer in einer Boutique, 34, Trennung nach zwei Jahren Zusammenleben: «Er wußte genau: Ich war ein monogamer Typ und wollte, daß er auch keine anderen Beziehungen hatte. Wir hatten lang und breit darüber geredet, weil ich es nicht fair fand, wenn er andere sexuelle Kontakte einging und ich dadurch riskierte, mir AIDS zu holen. An dem bewußten Abend ging ich in eine Bar – sein Stammlokal – und fand ihn dort mit jemand anderem. Ich konnte es nicht fassen, nach allem, was wir geredet hatten. Ich holte postwendend meine Sachen und ging. Als er mich am nächsten Tag anrief, erklärte ich ihm, daß ich ihn eine Zeitlang nicht sehen wollte.»

Wenn der Partner die räumliche Trennung vorschlägt oder vollzieht, erhofft er sich dabei in der Regel, daß es wieder zur Versöhnung kommt. Er unternimmt diesen Schritt entweder, um unerträgliche Spannungen abzustellen, oder auch als Drohung, die den anderen zum Nachdenken zwingen soll. Der Initiator ergreift die Gelegenheit jedoch beim Schopf[38], um sich eilends abzusetzen oder dem Partner die Tür offen zu halten, damit er auch wirklich geht. Später stellt der Partner schockiert fest, daß der Rückweg endgültig versperrt ist.

Wir sehen, daß der Initiator die gleichen indirekten Methoden, die er häufig benutzt, um dem Partner die Verantwortung für die Konfrontation zuzuschieben, auch einsetzen kann, um sich von der Schuld an der Trennung zu befreien. Im vorhergehenden Kapitel habe ich versucht, die beabsichtigten Wirkungen dieser Strategien aufzuzeigen. Betrachten wir nun die unbeabsichtigten Nebenwirkungen, die sich daraus ergeben können.

Alle drei indirekten Strategien – das Vorwerfen eines fatalen Fehlers, die Regelverletzung und die Einschränkung der Interaktion – laufen zwar im Effekt auf dasselbe hinaus (der Partner macht sich schuldig), bringen jedoch ganz unterschiedliche

Begleiteffekte mit sich. Betrachten wir als erstes, was geschieht, wenn der Initiator dem Partner einen fatalen Fehler vorwirft. Beziehungen scheitern deshalb, weil zwischen den Partnern etwas Grundsätzliches schiefläuft. Die Möglichkeit, einen fatalen Fehler herauszugreifen, ist immer gegeben, da das Verhalten beider Beteiligten sicher nicht optimal ist. Untersuchenswert erscheint mir an dieser Stelle eine ganz bestimmte Dynamik, die aus dieser Strategie erwächst: Eine Schwäche, die ständig hervorgekehrt wird, neigt dazu, sich noch stärker auszuprägen und zu verfestigen, statt zurückzutreten oder zu verschwinden. In einer gestörten Beziehung kann das ständige Anprangern einer unliebsamen Eigenschaft oder Verhaltensweise eines der Beteiligten das weitere Beziehungsgeschehen in unvorhergesehener (und fataler) Weise beeinflussen.

Dieser paradoxe Nebeneffekt tritt nicht nur in problematischen Paarbeziehungen auf. Es ist vielmehr allgemein so, daß sich Verhaltensweisen, die einmal als abweichend etikettiert worden sind, daraufhin häufig erst recht einfahren, da sich das Selbstbild des betreffenden Menschen und seine Verhaltensmöglichkeiten durch diese Zuweisung ändern.[39] Das Dilemma ist: Wie können wir unerwünschtes Verhalten bei anderen korrigieren oder abstellen, ohne daß es zu einer negativen Einengung ihres Selbstbildes und ihrer Verhaltensmöglichkeiten kommt, die dann droht, wenn wir bestimmte Verhaltensmuster isolieren und hervorkehren?

Während die Fixierung des Initiators auf die Schwächen des Partners für diesen unbeabsichtigte, verhängnisvolle Folgen haben kann, ist es bei den Strategien der Regelverletzung und der Einschränkung der Interaktion eher so, daß sie für den Partner einen unbeabsichtigten Nutzen mit sich bringen. Er reagiert zwar darauf, indem er den Bruch initiiert, den er selbst nicht will, und es ist schwer vorstellbar, daß ein Mensch in dieser Lage noch positive Nebeneffekte wahrnimmt. Aber trotzdem gilt auch in diesem Fall: Nichts ist so schlimm, daß es nicht auch gute Seiten hätte. Wie wir bereits wissen, besteht eine der Grundregeln der Interaktion darin, unserem Gegenüber zu helfen, das Gesicht zu wahren.[40] Indem der Initiator so lange Spielregeln der Beziehung verletzt oder die Interaktion immer weiter einschränkt, bis der Partner schließlich etwas unternimmt und von sich aus das Beziehungsgeschehen in eine neue Richtung wendet, gibt er diesem zugleich die Möglichkeit, sein Gesicht zu wahren. Statt den Bruch als demütigende Zurückweisung zu erleben, kann der Partner sich selbst und anderen gegenüber den Vorgang so darstellen, daß *er* derjenige war, dem es reichte und der die Trennung wollte. Der Partner kann auf diese Weise selbst glauben und andere glauben machen, daß er die Kontrolle über das Geschehen hatte und nicht passiv der Entscheidung des anderen ausgeliefert war.[41] Die größte Ironie des Trennungsprozesses besteht darin, daß wir uns auch dann noch an die Regeln der Interaktion halten, wenn wir diese beenden.[42]

## *Sieben*
## Der Vorsprung des Initiators

Der Entschluß zur Trennung kann das Ergebnis längerer Gespräche und Überlegungen sein, er kann aber auch ganz spontan zustande kommen. Er kann gemeinsam und übereinstimmend gefaßt werden oder, wie es wohl häufiger geschieht, nur von einem Partner ausgehen. Ob die Entscheidung nun in einem heftigen Streit unter einer Straßenlaterne fällt, bei einer sachlichen und kontrollierten Diskussion quer über den Wohnzimmertisch zustande kommt oder einfach schweigend von einem vollzogen wird – die betreffende Szene ist in jedem Fall für beide Beteiligte von so zentraler Bedeutung, daß sie sich noch nach Jahren in allen Einzelheiten daran erinnern können. Auch wenn die Erinnerung an andere gemeinsame Situationen mit der Zeit verschwimmt, bleibt dieses Bild glasklar haften, da sich in ihm ein Moment von möglicher Endgültigkeit verkörpert.

Viele Betroffene begrüßen zunächst die räumliche Distanz, weil die Spannung endlich nachläßt.[1] Letztlich erleben jedoch beide Partner die Trennung als eine Phase innerer und äußerer Konfusion.[2] Der andere ist nicht mehr da. Die Partnerrolle fällt auf vorerst unabsehbare Zeit fort und mit ihr zugleich eine wichtige Identitätsgrundlage. Das Spektrum der emotionalen Reaktionen reicht von Euphorie bis zu Depressionen und Selbstmordgedanken, von Apathie bis zu verzehrendem Rachedurst. Die psychischen Begleiterscheinungen der Trennung – Trauer, Wut, Selbstablehnung, Angst, Schuldgefühle, Einsamkeit und Zweifel – sind hinreichend erforscht und bekannt, was ihr Gewicht natürlich nicht schmälert.[3] Weit weniger im Bewußtsein der Öffentlichkeit sind dagegen die sozialen Aspekte der Trennung, die eng mit den psychischen verflochten sind und das Erleben der Betroffenen nicht minder entscheidend bestimmen.

Die normalen Lebensgewohnheiten werden durch die Trennung jäh durchbrochen. Jeder der beiden Partner erfährt das Fehlen des anderen als Verlust eines wichtigen Fixpunktes, um den sich sein tägliches Leben strukturiert hat. Beide stehen vor der Aufgabe, gleichzeitig ihre wirtschaftlichen Verhältnisse, ihren Freundeskreis, ihre Alltagsgewohnheiten und ihr Sexualleben neu zu organisieren.[4] Dieses notwendige Unterfangen wird jedoch durch die Uneindeutigkeit der Situation immens erschwert. Die für diese Phase charakteristische Ungewißheit drückt sich bei Ehepartnern häufig darin aus, daß sie ihre Eheringe wiederholt ab- und wieder anlegen. Unabhängig davon, ob die Partner verheiratet waren oder in irgendeiner anderen Beziehungsform zusammen lebten, suchen sie jetzt nach einer neuen Rollenidentität, ohne die alte gänzlich hinter sich gelassen zu haben, und in vielen Fällen haben sie auch immer noch Kontakt miteinander. Ein gemeinsames Leben zu zwei getrennten Leben zu entflechten, ist keineswegs einfach. Es gibt kaum Anleitung, wie man dies am besten bewerkstelligen kann, und viele Entscheidungen müssen sofort getroffen werden. In manchen Fällen sind dem Initiator die konkreten Einzelheiten ganz oder weitgehend egal, und er überläßt es dem Partner, sie festzulegen. Bei anderen Paaren und vor allem bei solchen, die Kinder haben, zwingt allein schon die dringlichste Aufteilung von Personen, Gegenständen und Verantwortlichkeiten zu ständigen Verhandlungen. Paradoxerweise stellen die Partner in vielen Fällen fest, daß sie nach der Trennung häufiger und intensiver miteinander zu tun haben als vorher, was natürlich die ganze Angelegenheit nur noch irritierender macht.

Noch komplizierter wird die Situation, wenn die Trennung publik wird. Bestimmte Personen müssen informiert werden – die Kinder, die Eltern, gute Freunde. Mit der Benachrichtigung allein ist es jedoch nicht getan: Die Mitteilung ruft unvorhergesehene Reaktionen hervor. Als erste erfahren enge Freunde und Angehörige von der Trennung und sind entsprechend betroffen. Je weiter sich die Kunde verbreitet, desto häufiger werden sich die Partner aufgefordert fühlen, nicht nur Erklärungen, sondern zugleich Trost, beruhigenden Zuspruch und Zuwendung zu geben. Da sie selbst trost- und unterstützungsbedürftig sind, wird diese intensivierte (und oft sehr emotionale) Auseinandersetzung für sie leicht zur Überforderung.[5]

## Identitätsverlust und Preisgabe der gewohnten Strukturen

Es gibt inzwischen eine ganze Menge Literatur über den Verlust der Partnerrolle und seine Folgen, wobei sich die Forschung bislang jedoch auf heterosexuelle Beziehungen beschränkt hat.[6] Eine wichtige These besagt in diesem Zusammenhang, daß Frauen unter einer Trennung mehr leiden als Männer.[7] Mädchen, so die Begründung, lernen schon frühzeitig, ihr Wert als Person sei davon abhängig, wie sie für andere sorgen[8]; entsprechend begründen sie ihre Identität auf die Fähigkeit, Beziehungen herzustellen und aufrechtzuerhalten.[9] Folglich sei die Partnerrolle für Frauen von sehr viel zentralerer Bedeutung. Verstärkt wird dieser Unterschied in der Gewichtung durch die ökonomische Unabhängigkeit des Mannes und die Dominanz seiner Rolle als Brotverdiener; beides sind Faktoren, dank deren er noch über andere Identitätsgrundlagen verfügt, an denen es den meisten Frauen mangelt. Hinzu kommt, daß viele Frauen nicht nur hinsichtlich ihrer finanziellen Sicherheit, sondern auch in bezug auf ihr Sozialleben von Männern abhängig sind. In diesem Fall lebt die Frau für oder durch ihren Ehemann oder Liebhaber, und wenn er stirbt oder sie verläßt, verliert sie damit gleichzeitig ihr Selbstgefühl.[10]

Auch wenn Frauen in einem Beruf arbeiten, handelt es sich dabei mehrheitlich um einen Job und nicht um eine gehobene Stellung mit Aufstiegschancen.[11] Was auch immer der Grund dafür sein mag – unterschiedliche Berufschancen, Diskriminierung, Sozialisationsfaktoren –, Frauen neigen dazu, ihr Arbeitsleben so zu gestalten, daß es ihre Beziehungen nicht beeinträchtigt.[12] Die Folge ist, daß sehr viele Frauen, auch wenn sie arbeiten, ihre Identität primär auf ihre Partnerrolle stützen.[13]

Ganz so leicht ist die Frage, wen der Verlust der Partnerrolle am härtesten trifft, jedoch nicht zu beantworten. Auch wenn dies noch längst nicht in gleichem Maße wissenschaftlich anerkannt ist, erfahren Männer in einer solchen Situation ebenfalls einen Identitätsverlust. Trotz der zentralen Stellung, die die Arbeit in ihrem Leben einnimmt, sind ihre berufliche Identität und die Identität, die sie aus ihrer Rolle als Partner oder Familienvater ziehen, in vielen Fällen eng miteinander verwoben.[14] Bei einer Trennung leidet häufig nicht nur ihre Arbeitsmotivation, ebenso schwindet die Bedeutung, die sie dem Beruf als Quelle von Identitätsgefühl und Stabilität beimessen.[15] Die Familie und alles, was dort an materiellen Gütern angesammelt wurde, symbolisieren in ihren Augen auch nach außen hin, wer sie sind und wie weit sie es gebracht haben.[16] Wenn die Beziehung zerbricht, kann dies ihr Selbstbild schwer erschüttern. Verschlimmert wird dieser Identitätsverlust noch durch einen Mangel an sozialem Rückhalt.[17]

Was den Sachverhalt noch komplizierter macht, ist die Tatsache, daß auch Angehörige des gleichen Geschlechts in sehr unterschiedlichem Maße unter den Auswirkungen einer Trennung leiden können.[18] So wird ein Mann, der nur seinen Acht-Stunden-Tag ableistet und seinem Familienleben zentrale Bedeutung beimißt, sehr wahrscheinlich stärker betroffen sein als ein leitender Manager, für den sein Beruf im Mittelpunkt steht. Auf der anderen Seite wird eine Frau, die einer Erwerbsarbeit außer Haus nachgeht, sehr wahrscheinlich weniger leiden als eine Nur-Hausfrau.[19] Für Männer im Ruhestand oder ältere Frauen, die lange nicht mehr gearbeitet haben und deren Kinder aus dem Haus sind, ist die Trennung im allgemeinen ein schwererer Schlag als für jüngere Menschen, die noch mehr Chancen haben, sich beruflich zu entfalten und neue Partner zu finden.[20] Wir sehen also, daß eine Trennung sowohl Männer als auch Frauen in eine sehr kritische Situation bringen kann.

Meines Erachtens bestimmt die jeweilige Rolle, die einer der

Partner im Verlauf des ganzen Prozesses einnimmt, entscheidend darüber, wie gut die Trennung verkraftet wird. Sowohl in homosexuellen als auch in heterosexuellen Beziehungen ist der Initiator besser vorbereitet als der Partner. Unabhängig von Geschlecht, Alter, Beruf und Einkommen und unabhängig von der Schichtzugehörigkeit, der Dauer der Beziehung, der sozialen Einbettung oder anderen in diesem Zusammenhang untersuchten Faktoren, die zweifellos das Erleben mitbestimmen[21] – der Initiator ist grundsätzlich im Vorteil. Da alternative Bezüge eine von der Partnerrolle unabhängige Identität begründen, relativieren sie die Bedeutung der Beziehung für das eigene Selbstbild.[22] Wenn auch die Möglichkeit, sich solche alternativen Bezüge zu schaffen, natürlich von Alter und Geschlecht sowie den übrigen oben genannten Faktoren abhängig ist, gilt es doch, sich vor Augen zu halten, daß der Initiator in jedem Fall einen zeitlichen Vorsprung hat, da er früher begonnen hat, sich aus der Beziehung zu lösen. Er hat diese Zeit genutzt, um sich auf die faktische Trennung vorzubereiten.

### Der Zeitfaktor

Der Initiator findet nicht nur für sich eine Alternative zur Beziehung, sondern sichert sich auch im Zuge seines Übergangsprozesses noch andere, nicht minder wichtige Ressourcen, die die Trennungsfolgen für ihn abmildern.[23] Diese Ressourcen sind oft nur schwer meßbar und manchmal noch nicht einmal sichtbar. Dies gilt beispielsweise für die Ideologie, die das eigene Selbst in den Mittelpunkt stellt, und auch für die negative Version der Beziehungschronik. Trotzdem können solche Ressourcen, wenn es um die Bewältigung der Trennung geht, mehr ins Gewicht fallen als manche anderen Faktoren, denen traditionell eine zentrale Stabilisierungsfunktion zugeschrieben wird.

Ich will dies am Beispiel der gemeinhin als besonders wichtig geltenden Faktoren der sozialen Einbettung und des Einkommens demonstrieren.[24] Wenn wir davon ausgehen, daß die Einbindung in ein Gefüge von stützenden Sozialbeziehungen und ein gutes Einkommen einen wichtigen Vorteil darstellen – wie beurteilen wir dann den Fall des arbeitslosen Initiators, der nur wenige Freunde hat, während der verlassene Partner nicht nur gut verdient, sondern auch über rege und umfangreiche soziale Kontakte verfügt? Wenn wir ein solches vereinfachtes Schema zugrunde legen, müßten wir schließen, daß der Initiator es schwerhaben wird und der Partner eindeutig im Vorteil ist. Eine solche Prognose, die sich allein auf den Vergleich der sozialen und ökonomischen Ressourcen gründet, wäre jedoch voreilig.

Brauchbarere Hinweise erhalten wir, wenn wir nicht die *Quantität*, sondern die *Qualität* der jeweiligen Ressourcen betrachten. Wenn wir, um unser Beispiel noch einmal aufzunehmen, wissen, daß der eine Partner zweihundert Dollar auf dem Sparkonto und eine Handvoll guter Freunde hat, während der andere über Ersparnisse von fünftausend Dollar und viele gute Freunde verfügt, wäre nach quantitativen Maßstäben der letztgenannte eindeutig im Vorteil. Erfahren wir dagegen, daß die zweihundert Dollar heimlich auf einem gesonderten Konto deponiert wurden, während die fünftausend Dollar auf einem gemeinsamen Konto liegen, und erfahren wir weiter, daß die wenigen Freunde alleinstehend oder geschieden sind, der große Freundeskreis dagegen aus Paaren besteht, kommen wir zu einer ganz anderen Voraussage.

Soziale und finanzielle Ressourcen sind wichtig. So wichtig, daß der Initiator die Trennung nicht riskieren wird, wenn er keine solchen Ressourcen hat oder nicht zumindest darauf vertraut, daß er sie sich wird beschaffen können. Wichtig ist aber *nicht* ihre meßbare Quantität: die Zahl der Freunde, der Grad an Prestige, der dem Beruf anhaftet, die Höhe des Gehalts. Wichtig ist nicht einmal der quantitative Vorsprung im Vergleich zu den Ressourcen des Partners. Entscheidend ist, welche Rolle die jeweiligen Ressourcen für die Identität einnehmen. Der Initiator ist deshalb der Trennung besser gewachsen, weil seine Ressourcen nicht die Paaridentität, sondern sein Selbstgefühl als Individuum stützen.

Natürlich ist es von Fall zu Fall für den Initiator unterschiedlich schwierig, sich diese für die Lösung aus der Beziehung notwendigen Ressourcen zu sichern. Wenn er verheiratet ist, bedeutet eine Trennung einen Verstoß gegen zentrale gesellschaftliche Werte, und entsprechend groß ist der Aufwand, den es kostet, diesen Werten eine stärker am persönlichen Wohl ausgerichtete Ideologie entgegenzusetzen und genügend Unterstützung durch andere zu finden. In einer homosexuellen Beziehung hat der Initiator dieses Problem nicht, oder besser gesagt, er hat es schon hinter sich, weil er in seinem Coming-out als Homosexueller oder als Lesbierin bereits die Ablösung von den herrschenden Werten demonstriert hat.[25] Die Entscheidung für eine homosexuelle Lebensform verstößt gegen die wichtigste gesellschaftliche Vorschrift für die Partnerwahl nach dem Inzesttabu.[26] Das Coming-out setzt deshalb nicht nur die Entwicklung einer am eigenen Selbst orientierten Ideologie voraus, sondern auch den Bruch mit religiösen, familiären oder ethnischen Traditionen, die die Mitglieder der Gesellschaft auf die heterosexuelle Ehe verpflichten.[27]

Außerdem suchen sich Homosexuelle, wenn sie sich für das mehr oder minder offene Zusammenleben in einer gleichgeschlechtlichen Beziehung entscheiden, bereits von vornherein stützende soziale Bezüge, während sie sich gleichzeitig von Freunden, Verwandten und Bekannten, die ihre Lebensform verurteilen, distanzieren.[28] Die Situation homosexueller Paare ist der heterosexueller Ehepartner genau entgegengesetzt: Homosexuelle werden verurteilt, wenn sie eine Beziehung eingehen, und von der heterosexuellen Umwelt wohlwollend unterstützt, wenn sie sich wieder trennen. Außerdem werden in der homosexuellen Subkultur Trennungen weder sanktioniert, noch gelten sie als besonders tragisch. Sie werden vielmehr als gewöhnlicher Lauf der Dinge hingenommen. Von daher riskiert der Initiator bei der Lösung aus einer schwulen oder lesbischen Beziehung nicht im gleichen Maße negative soziale Konsequenzen wie ein verheirateter Initiator, der zuerst den sozialen Sanktionen vorbauen muß. Die verbreitete Ansicht, homosexuelle Beziehungen seien deshalb kurzlebig, weil die Partner ein sehr offenes und promiskuitives Sexualleben führen, vernachlässigt die Tatsache, daß nichttraditionelle Beziehungen (einerlei ob homo- oder heterosexuell) im Vergleich zur herkömmlichen heterosexuellen Ehe in sehr viel geringerem Ausmaß durch stützende soziale Konventionen zusammengehalten werden. Folglich ist unter dem sozialen Aspekt eine Trennung sehr viel weniger aufwendig.[29]

Der Initiator braucht grundsätzlich, unabhängig vom Geschlecht, seiner sexuellen Vorliebe und dem Status der Beziehung, bestimmte eigene Ressourcen, um den Lösungsprozeß vollziehen zu können; der Zeitraum, den er benötigt, um sich diese Ressourcen zu verschaffen, ist von Fall zu Fall verschieden. Manche Betroffene sind in besonders hohem Maße auf einen vorbereitenden Sozialisationsprozeß angewiesen und haben es zudem schwerer, Instanzen zu finden, die bei diesem Prozeß Hilfe leisten.[30] Für andere ist es schwieriger, sich neue, eigenständige soziale Bezüge zu schaffen. Manchen bereitet es besonders große Mühe, sich die nötigen finanziellen Ressourcen verfügbar zu machen oder stützende Beziehungen zu finden.[31] Anderen macht der mögliche Verlust der Mutter- oder Vaterrolle schwer zu schaffen.[32] Wieder andere scheinen ganz einfach Menschen zu sein, die sich «leicht trennen können». Sie erleben sich selbst als Personen, die sich nicht nur bei einer Trennung von einem Partner, sondern auch in anderen Lebenssituationen rasch auf Veränderungen einstellen können. Sie trauen sich zu, sich vergleichsweise problemlos die nötigen Ressourcen zu beschaffen und Ablösungsprozesse auch psychisch leicht zu verkraften. Eine der von mir befragten Personen meinte: «Umstellungen gehen bei mir immer schnell.» Für Menschen, denen das nicht so geht, stellt die Zeit einen ganz entscheidenden Faktor dar. Der Initiator läßt sich soviel Zeit, wie er braucht, um seine Schwierigkeiten zu überwinden. Wenn es zur Trennung kommt, ist er dafür gerüstet, ein Leben ohne den Partner zu wagen.[33]

## Machtverschiebungen

Natürlich gibt es in der Realität Abweichungen von diesem Schema. Der Vorteil des Initiators kann durch Umstände geschmälert werden, die eine Machtverschiebung in der Beziehung bewirken. So kann es (wie wir noch sehen werden) dem Initiator passieren, daß ihm doch schwere Zweifel kommen, wenn er erst einmal auf sich selbst gestellt ist – seine Ressourcen erweisen sich angesichts der Realität der Trennung als unzureichend.[34] Der Initiator wird nun möglicherweise doch die traumatischen Aspekte der Trennungserfahrung am eigenen Leib erleben und nicht minder zu kämpfen haben als der Partner. Eine andere unvorhergesehene Möglichkeit besteht darin, daß der Partner durchaus auf die Trennung vorbereitet und dafür gerüstet ist. Die Signale des Initiators waren eindringlich und durchgängig genug, um die Abwehr des Partners zu überwinden und diesen selbst zu dem Schluß zu bringen, daß die Beziehung keine Chancen mehr hat. So verschlüsselt die Botschaft auch vermittelt worden sein mag, ihr Inhalt ist angekommen: «Ich liebe dich nicht.» Diese Einsicht hat beim Partner bereits tiefgehende emotionale Reaktionen hervorgerufen und seine Bereitschaft zur sozialen Neuorientierung geweckt. Der Partner beginnt ebenfalls, sich Selbstbestätigung, Stabilität und neue Identitätsgrundlagen außerhalb der Beziehung zu suchen.[35]

Software-Verkäufer, 31, Trennung nach drei Jahren Zusammenleben: «Ich sagte mir, du kannst so einfach nicht mehr weitermachen. Ich meine, da war doch im Grunde nichts mehr. Er ging mit anderen aus. Wir lebten zwar im selben Haus, aber er schlief in seinem Zimmer und ich in meinem, und wenn überhaupt noch irgend etwas Sexuelles zwischen uns lief, dann war es diese Haß-Liebe-Chose. Er brachte andere Männer mit in die Wohnung, was ich nie gemacht hatte. Ich fing an, andere Beziehungen außerhalb einzugehen. Ich merkte, daß ich einfach andere Kontakte brauchte. Ich sagte mir: ‹Walt, du mußt mit ihm Schluß machen, du siehst doch, daß du es kannst. Du lebst zwar immer noch mit ihm zusammen, aber du kommst prächtig ohne ihn klar.›»

Sekretärin, 38, Scheidung nach zehn Ehejahren: «Zwei Tage

darauf zog er mit seinem Bett nach unten. Er schlief im Erdgeschoß, wollte nicht mehr mit mir schlafen und zog sich total von mir zurück. Das führte dazu, daß ich mir schließlich sagte: ‹Sieh es doch ein, du rennst doch nur gegen eine Wand an.› Es war ganz offensichtlich, daß von ihm im Grunde nichts mehr kam. Auch wenn er zwischendurch mal Schuldgefühle hatte und wieder einen Annäherungsversuch machte, war es einfach verrückt, immer wieder darauf einzusteigen. Also ließ ich es. Ich hörte auf, für ihn zu waschen und zu kochen. Ich hatte ein kleines Baby, das sehr zart war. Als ich mit ihm aus dem Krankenhaus kam, wog es gerade fünf Pfund. Ich mußte meine ganze Energie auf das Kind verwenden, verstehen Sie? Man kann nun mal nicht unbegrenzt geben. Die Folge war, daß ich Steve gegenüber total zumachte und mich emotional zurückzog.»

Psychologin, 36, Trennung nach sechs Jahren Zusammenleben: «Ich hielt die Beziehung lange Zeit einseitig aufrecht, obwohl es ganz offensichtlich war, daß ihr überhaupt nichts mehr daran lag. Ich glaube, ich war einfach schon so lange unglücklich gewesen und schon so oft enttäuscht worden – wie soll ein Mensch auch auf die Dauer so leben? Jedenfalls waren meine Gefühle irgendwann einfach tot. Mit ihr zusammenzusein bedeutete für mich einfach nichts mehr, weder Schmerz noch Glück. Es war schon so lange her, daß ich so was wie Glück empfunden hatte, und übrigblieb nur zuerst noch eine Art Verlustgefühl und dann schließlich nicht mal mehr das. Nur noch das Bedürfnis, mir in irgendeiner Form ein eigenes Leben aufzubauen.»

In diesem Fall trägt der Partner ebenfalls seine Geheimnisse mit sich herum, und auch er nutzt die Zeit für seine eigenen Zwecke. Er sucht sich andere Bezüge, die ihn von der Beziehung unabhängiger machen, entwickelt mehr und mehr eine eigenständige Identität und eine Ideologie der Selbstverantwortung und konfrontiert schließlich, wenn er selbst dafür bereit ist, den Initiator mit seinem Wunsch, die Beziehung zu beenden.[36] Möglicherweise kommt es dann zu einer einverständlichen Trennung. Anstelle des üblicheren Ungleichgewichts herrscht in diesem Fall zwischen den Partnern ein ausgewogeneres Kräfteverhältnis. Jeder verfügt über alternative Ressourcen, und beide befinden sich schon seit geraumer Zeit in einem allmählichen Ablösungsprozeß. Das bedeutet, daß beide in geringerem Maße mit Identitätsproblemen, traumatischen emotionalen Erschütterungen, sozialen Umstellungsschwierigkeiten zu kämpfen haben. Ganz ohne solche Krisen geht die Trennung jedoch kaum vonstatten. Es kann allenfalls sein, daß beide Beteiligte sie bereits im Verlauf des Ablösungsprozesses durchleben, so daß bei der faktischen Trennung das Schlimmste hinter ihnen liegt. In manchen Fällen schaffen es die Partner sogar, sich gegenseitig bei der Überwindung der verbleibenden Schwierigkeiten zu helfen.

Sprecherin einer Bürgerinitiative, 58, Scheidung nach vierundzwanzig Ehejahren: «Unsere Familien lebten in der gleichen Stadt. Während der ganzen Jahre unserer Ehe war der Kontakt nach allen Seiten sehr eng gewesen. Als wir beschlossen, uns zu trennen, war es ein großes Problem, es der Verwandtschaft beizubringen. Keiner von uns wollte das übernehmen. Irgendwie erschien es uns natürlicher und besser, es zusammen zu machen. Also fuhren wir in der Woche, ehe wir auseinanderzogen, jeden Abend zu irgendwelchen anderen Verwandten, um uns mit ihnen ins Wohnzimmer zu setzen und ihnen die Nachricht schonend beizubringen. Für uns war es leichter so, aber für die anderen war es wohl ziemlich verwirrend, weil wir beide so friedlich zusammen dasaßen. Sie wußten ja auch nicht, daß es seit Jahren das erste war, was wir zusammen machten.»

Inspekteur, 38, Scheidung nach neunzehn Ehejahren: «Wir blieben ganz ruhig und sprachen zum erstenmal offen von Trennung. Wir wohnten danach noch etwa anderthalb Monate zusammen und zogen dann am gleichen Tag beide in verschiedene Wohnungen um. Wir besprachen es sogar so: Du verläßt mich nicht, ich verlasse dich nicht, wir ziehen einfach gleichzeitig aus. Es war ganz deutlich, daß wir es beide so wollten. Als es dann soweit war, halfen wir uns gegenseitig beim Umzug. Das Gefühl zwischen uns war fast wie zwischen zwei Menschen, die sich lieben und die sich aus irgendeinem Grund trennen müssen. Am Abend nahmen wir dann Abschied – es war so gegen elf, und das Haus war ganz leer. Alle Sachen waren schon verladen und abtransportiert und so weiter, nur wir waren noch da, und weil es nichts mehr zum Hinsetzen gab, setzten wir uns auf den Boden, und dann lagen wir in unseren Mänteln da, und ich hielt sie in den Armen, und wir weinten beide, und es war herzzerreißend. Aber dann gingen wir einfach auseinander, und damit hatte es sich auch im großen und ganzen.»

Dennoch kann die Machtverteilung zwischen Partnern immer wieder plötzlichen subtilen Schwankungen unterliegen. Selbst wenn beide Partner im Grunde zur Trennung bereit sind, muß diese deshalb noch lange nicht einverständlich und harmonisch über die Bühne gehen. Derjenige, der als erster seinen Trennungswunsch äußert, bestimmt damit über den Zeitpunkt, zu dem das Thema auf den Tisch kommt. Der andere verliert dadurch, auch wenn er selbst schon weitgehend auf eigenen Füßen stehen mag, plötzlich einen seiner wichtigsten Rückhalte: die Möglichkeit, das Geschehen selbst zu kontrollieren. Diese jähe Machteinbuße kann im Verein mit dem Gesichtsverlust, den die Zurückweisung bedeutet, auch den bestgerüsteten Partner in eine unerwartet schwere Krise stürzen.[37]

## Wenn die Welt aus den Fugen gerät

Bei allen Variationen, die möglich sind, zeigt sich im typischen Fall jedoch ein Ungleichgewicht zwischen Initiator und Partner: Ersterer ist auf die Trennung vorbereitet, letzterer nicht. Der Partner verliert den Rückhalt, den die Beziehung für ihn bedeutete, ohne daß ihm ein Ersatz in Aussicht stände.[38] Er hat keine Zeit gehabt, sich auf ein eigenständiges Leben vorzubereiten. Er hat keine Pläne dafür entwickelt – er will die Trennung nicht.[39] Auch wenn er im Beruf und im Familienleben noch andere Rollen ausfüllt, hat die Partnerrolle für ihn einen zentralen Stellenwert. Sie gibt allem übrigen erst seinen Sinn. Mit dem Verlust dieser Partnerrolle gerät die Welt aus den Fugen.

Finanzberaterin, 28, Trennung nach zwei Jahren Zusammenleben: «Dann brach die Handtuchstange aus der Wand, und ich kann so was einfach nicht allein. Außerdem waren wir gerade erst eingezogen, und ich konnte überhaupt nichts finden, und eines Abends rief ich ihn an, um ihn zu fragen, wo zum Teufel die Bohrmaschine war. Ich wollte, daß er herkam und es in Ordnung brachte. Ich wollte, daß er machte, was er immer gemacht hatte.»

Noch schwerer trifft die Trennung den Partner, wenn sie zu einem Zeitpunkt stattfindet, an dem es um seine Ressourcen gerade besonders schlecht bestellt ist. Wenn sein geregelter Lebensrhythmus aus irgendeinem Grund unterbrochen ist – etwa aufgrund von Arbeitslosigkeit oder auch im Urlaub –, fallen andere Zusammenhänge außerhalb der Beziehung fort, aus denen er normalerweise ein eigenständiges Identitätsgefühl bezieht. Unter solchen Bedingungen kann der Verlust der Partnerrolle für ihn ein besonders schwerer Schlag sein.

Ebenfalls besonders problematisch ist die Situation für den Partner, wenn er derjenige ist, der auszieht. Gleichgültig, ob sein Auszug die Folge einer wütenden Auseinandersetzung oder das Resultat gemeinsamer Überlegungen und Übereinkünfte war und ob er aus eigenem Entschluß oder auf Betreiben des Initiators erfolgte – der Effekt ist derselbe. Der Partner läßt Ressourcen zurück, die ihm in dieser Phase eine wichtige Stütze sein könnten. Wenn die Kinder beim Initiator bleiben, geht zugleich mit der Partnerrolle auch die bisherige Mutter- oder Vaterrolle verloren. Die Ausübung der Funktionen als Elternteil, die bislang selbstverständlich war, muß jetzt eigens geregelt werden. Auch die Identifikation mit einer bestimmten Wohngegend und Nachbarschaft, die oft ein wichtiges Moment des eigenen Selbstbildes ist, wird durch den Umzug abgeschnitten. Der Partner büßt nicht nur Rollen ein, die bisher sein Leben bestimmt haben, sondern läßt auch sein Heim und alles, was seinen häuslichen Alltag verkörpert, zurück. Natürlich gilt all dies auch für den Initiator, wenn er auszieht, aber den Partner trifft es härter.

## Symbolische Objekte

Wir materialisieren unser Selbstgefühl in unserem materiellen Besitz. Die Gegenstände, die wir uns zulegen, haben für uns eine persönliche Bedeutung und werden zu Komponenten unserer «Identitätsausrüstung»[40]. Wenn unser Selbstgefühl sich verändert, stellen wir fest, daß bestimmte Objekte, mit denen wir uns umgeben haben, eine Bedeutung verkörpern, die nicht mehr zu der Person paßt, zu der wir uns entwickeln. Wir fühlen uns mit ihnen nicht mehr wohl, da sie uns an eine Vergangenheit binden, die wir hinter uns zu lassen versuchen. Möglicherweise leugnen wir, um auf unserem Weg weiterzukommen, den Wert und die Bedeutung, die diese Objekte einmal für uns besessen haben.

Das Heim und der gemeinsame Besitz verkörpern die Beziehung und alles, was sich zwischen den Partnern abgespielt hat.[41] Der Initiator fühlt sich durch Objekte, die den Partner und die Beziehung symbolisieren, nur allzuleicht auf eine Identität reduziert, die ihm nicht mehr «paßt» oder die er möglicherweise nie vollkommen akzeptiert hat. Ehe er sich vom Partner trennt, wird er deshalb solche Objekte, die die Paaridentität symbolisieren, für sich in einer negativen Weise neu definieren.[42]

Einzelhändler, 48, Trennung nach vierzehn Jahren Zusammenleben: «Es war so, daß er ständig hier durch die Räume ging und alles anguckte und sagte: ‹Nichts von alldem ist wirklich meins. Ich habe das Gefühl, daß ich gar nicht hierhergehöre. Das bin alles nicht ich.› Und ich sagte dann: ‹Aber du hast dieses Haus doch gebaut, was meinst du mit: Das bin nicht ich?›»

Wenn der Initiator geht, hat er daher im allgemeinen kein großes Heimweh nach der alten Wohnung. Außerdem reist er meist mit leichtem Gepäck. Von den Erinnerungsstücken an die Beziehung nimmt er nichts mit.[43] Er packt seine Kleider und anderen persönlichen Habseligkeiten ein und nimmt vielleicht noch ein paar neutrale praktische Dinge (eine Kaffeekanne) mit, aber die Fotoalben, die Geschenke, die ihm der Partner gemacht hat, die gemeinsam erworbenen Souvenirs und andere Gegenstände, die mit der anderen Person verknüpft sind, wird er zurücklassen, verkaufen oder vielleicht sogar zerstören.

Studentische Hilfskraft, 28, Trennung nach einem Jahr Zusammenleben: «Er fing an, die Tapete von der Wand zu reißen und Sachen kaputtzumachen, Porzellan und so was. Er wütete in der Wohnung herum – obwohl er doch derjenige war, der sich aus der Beziehung herausgezogen hatte. Ich vermute, das hing damit zusammen, daß ich in der Wohnung blieb, in die wir soviel Arbeit gesteckt hatten. Er wollte die Wohnung zwar nicht haben, aber er wollte sie mir auch nicht lassen. Er zog sich erst daraus zurück und demolierte sie dann.»

Künstler, 62, Scheidung nach zehn Ehejahren: «Ich nahm meine ganzen Bilder mit, aber dann vernichtete ich alles, was ich in dieser Periode meines Lebens gemalt hatte.»

Sekretärin, 35, Scheidung nach fünf Ehejahren: «Ich verkaufte all meine Möbel. Ich nahm eine Fuhre Kleider und Sachen mit, die ich wirklich haben wollte, und deponierte sie bei meiner Tante auf dem Speicher. Von da an war ich frei. Ich stieß alles ab – den ganzen in elf Jahren angesammelten Krempel. Ich sagte mir: Ich pfeif drauf – ich will jetzt ich selbst sein.»

Bleibt der Initiator in der Wohnung, wird er sie in der Regel schnell zu seiner eigenen machen, weshalb er alles entfernt, was an den Partner erinnern könnte.

Chefsekretärin, 34, Scheidung nach neun Ehejahren: «Ich war wie gesagt zehn Tage weg, dann buchte ich einen Flug, und Tom und ich flogen zurück. Ich hatte immer noch einen Schlüssel, so daß ich ins Haus konnte. Es war etwa vier Uhr nachmittags. Ich ging in Toms Zimmer und stellte fest, daß es total leer war. Es waren keine Möbel mehr drin und auch kein Spielzeug, nichts mehr. Dann ging ich in unser Schlafzimmer und schaute in die Kommodenschubladen, weil ich doch fast alle meine Sachen dagelassen hatte, und alles, was mir gehörte, war weg. Ganz offensichtlich hatte er alles verschwinden lassen, was Tommy oder mir gehörte. Tommy ging nach hinten in den Garten und kam wieder rein und sagte: ‹Meine Schaukel ist weg.› Sogar die Schaukel hatte er abgebaut.»

Indem der Initiator symbolische Objekte in negativer Weise

neu definiert, kappt er schon vor der eigentlichen Trennung die Bande, die das gemeinsame Zuhause darstellt. Der Partner praktiziert häufig das Gegenteil. Er hütet die Objekte, die für ihn den Initiator und die Beziehung symbolisieren, ja, er verwendet möglicherweise mehr Zeit und Energie als vorher darauf, sie zu hegen und zu pflegen. Wenn der Initiator gegangen ist, hält der Partner auf die einzige noch mögliche Weise an der Beziehung fest – über die Objekte, die sie repräsentieren.[44]

Mechaniker, 33, Scheidung nach zehn Ehejahren: «Ich verbrachte soviel Zeit wie möglich mit den Kindern. Es gab eine Menge Dinge im Haus, von denen sie immer wollte, daß ich sie in Ordnung bringe, und ich dachte mir, ich erledige das jetzt alles, als Überraschung für sie, wenn sie das nächste Mal herkommt. Aus ihrem Verlobungsring war ein Stein herausgebrochen, und wir hatten ihn bislang noch nicht wieder fassen lassen. Ich dachte, sie würde einsehen, daß sie mir unrecht getan hatte, wenn ich mich jetzt um solche Sachen kümmerte und ihr zeigte, wieviel mir an ihr lag.»

Buchhalterin, 38, Trennung nach dreizehn Jahren Zusammenleben: «Ich dachte mir gar nicht viel dabei, mir war einfach danach. Ich fing an, bestimmte Sachen anzuziehen, die er dagelassen hatte, vor allem seinen Bademantel und manchmal auch Hemden. Aber nur im Haus. Ich las seine Bücher. Heute ist mir das richtig peinlich. Ich machte auch ein paar Sachen in der Wohnung, von denen ich wußte, daß er es gern so gehabt hätte. Er hatte sich immer über meine Pflanzen beschwert, also schaffte ich sie ab. Heute kommt mir das selbst seltsam vor, aber damals half es mir irgendwie.»

Gelingt es dem Initiator, die Beziehung und alles, was mit ihr zusammenhängt, für sich in negativer Weise neu zu definieren, kann er sein altes Zuhause ohne Bedauern verlassen. Die Trennung bedeutet für ihn eine so große Erleichterung, daß er sich in seiner Entscheidung nur bestätigt fühlt. Manche Betroffene berichten sogar von einer regelrechten Euphorie, die sie jeden Moment ihres Alleinlebens ganz neu genießen ließ.

Computer-Fachverkäufer, 35, Trennung nach zehn Jahren Zusammenleben: «Am ersten Abend, nachdem er weg war, fühlte ich mich, als ob jemand ein Tonnengewicht von meinen Schultern genommen hätte. Ich ging zu Bett und schlief so gut wie seit langer, langer Zeit nicht mehr. Ich legte mich sogar auf die andere Seite des Betts, weil ich schon die ganze Zeit lieber dort hatte schlafen wollen. Es war, als ob eine riesige Last von mir abgefallen wäre.»

### Trauer

Ein so eindeutig positives Gefühl ist aber auch dem Initiator nicht in jedem Fall beschieden. Vor allem dann, wenn er sich von seinen Kindern trennen mußte, hat das Abenteuer eine traurige und schmerzliche Kehrseite. Selten wird jedoch der Partner etwas von diesen Widersprüchen zu sehen bekommen.[45] Alles was er sieht, ist ein Mensch, der offensichtlich voll Zuversicht und mit sich selbst im reinen seinen Weg geht und außerdem völlig frei von der Trauer und Verzweiflung zu sein scheint, die den Partner erfüllen und ihm schon die Bewältigung der simplen alltäglichen Aufgaben zur Qual machen. Der Partner, der nicht begreift, daß die Fähigkeit des Initiators, die akuten Folgen der Trennung zu verkraften, das Ergebnis eines schon lange andauernden Übergangsprozesses ist, fühlt sich erst recht verstoßen und allein gelassen.[46]

Sozialarbeiterin, 44, Trennung nach zwanzig Ehejahren: «Er scheint so verdammt zufrieden. Und warum sollte er es auch nicht sein? Er sitzt dort in diesem Haus und geht jeden Tag zur Arbeit, genau wie immer. Und wenn er abends nach Hause kommt, ist sie da. Er hat jemanden, der für ihn kocht, für ihn saubermacht und mit ihm vögelt. An mich denkt er nie. An Ken auch nicht. Und was habe ich? Ich habe das Kind. Die Wohnung ist immer ein einziges Chaos. Habe ich vielleicht jemanden, der für mich kocht und saubermacht? Nein. Und zum Vögeln habe ich auch niemanden.»

Setzer, 38, Scheidung nach vierzehn Ehejahren: «Was ich nicht verstehe, ist, wie sie einfach so ihr Heim und ihre Familie verlassen kann. Ich meine, ich verstehe ja, daß sie sich mit mir überworfen hat, aber ich kapiere einfach nicht, wie sie so cool mit der Situation umgehen kann. Ihre Schwester hat mir erzählt, daß sie jetzt mit diesem Arbeitskollegen in einem Wohnanhänger lebt. Sie hat uns total vergessen. Wie kann das zugehen, daß sie uns überhaupt nicht vermißt? Ich meine, ich selbst kann kaum noch arbeiten, es ist, als ob mir jemand mit einem Messer in den Eingeweiden wühlt. Verstehen Sie das?»

Der Initiator trauert genau wie der Partner um die Beziehung, aber er tut es schon früher: Wenn er sich zum erstenmal selbst eingesteht, daß sie möglicherweise nicht mehr zu retten ist.[47] Von da an beginnt er, sich anderen anzuvertrauen und im Gespräch mit ihnen Trauerarbeit zu leisten. Der Partner ist dagegen oft erst dann bereit, sich die Aussichtslosigkeit einzugestehen und mit anderen über die Beziehung zu reden, wenn die Trennung sich definitiv abzeichnet oder bereits eingetreten ist. Er fürchtet negative Reaktionen der Umwelt noch mehr. Da er sich an einer Ideologie ausrichtet, die Verbindlichkeit und die Verpflichtungen gegenüber dem anderen in den Mittelpunkt stellt, betrachtet er die Trennung als sein eigenes Versagen in einer selbstgewählten und hoch bewerteten Rolle. Negative Reaktionen der Umwelt – ob real oder nur befürchtet – verstärken sein Gefühl, bloßgestellt zu sein. Da er aber ebenfalls dringend Trost und Unterstützung braucht, wird sich auch der Partner schließlich an andere wenden und mit der Trauerarbeit beginnen. Er ist damit beschäftigt, Rückschau zu halten und zu analysieren, die Geschichte der Beziehung zu durchforsten, frühere Gespräche noch einmal nachzuvollziehen und im Geist das gemeinsame Leben Revue passieren zu lassen. Da der Initiator für ihn nicht mehr verfügbar ist, sucht der Partner allein und mit Menschen, die bereit sind, ihm zuzuhören, nach Erklärungen für das, was geschehen ist.

Fertigungskontrolleur, 47, Scheidung nach neunzehn Ehejahren: «Ich versuchte mir darüber klarzuwerden, was schiefgelaufen war und worum es bei dem ganzen überhaupt ging, aber das größte Fragezeichen war für mich, wo sie war und wohin sie die Kinder gebracht hatte. Mich quälte der Gedanke, es könnte das Haus oder die Wohnung eines Liebhabers sein. Nachts tat ich die meiste Zeit kein Auge zu. Ich fuhr einfach nur durch die Gegend.»

Manchmal sind die Trauer und die Suche nach Erklärungen immer noch mit Hoffnung vermischt. Jetzt ist der Partner an der Reihe, der Vergangenheit nachzugrübeln.[48] Im Unterschied zum Initiator wird er allerdings die positiven Seiten des anderen und des gemeinsamen Lebens hervorkehren.[49]

Innenarchitekt, 32, Trennung nach zehn Jahren Zusammenleben: «Ich dachte dauernd an die schönen Zeiten. An alle unsere Freunde und an alles, was wir mit ihnen gemacht hatten, und an die Reisen, alle unsere schönen Reisen.»

Studentin, 21, Trennung nach zwei Jahren Zusammenleben: «Unser Sexualleben war einfach toll. Er war immer leidenschaftlich und zärtlich, und er begehrte mich immer. Ganz egal, was sonst gerade zwischen uns war, bei der Liebe war immer ein guter Draht da, eine ganz spezielle Form der Kommunikation. Ich kann nicht begreifen und mir eigentlich auch nicht vorstellen, daß es nur für mich so gewesen sein sollte und für ihn nicht. Wie konnte er da einfach gehen?»

Da der Partner das Positive abstrahiert und hervorhebt, ist ihm die jetzige Situation unverständlich. Auch nachdem der Initiator weg ist, begreift er die Beziehung nicht als unrettbar verloren. Die Trennung ist für ihn nur ein vorübergehender Irrweg. Er gibt immer noch nicht auf und verwendet seine Energie weiterhin darauf, die Beziehung wieder zum Leben zu erwecken.

Hausfrau, 25, Trennung nach fünf Ehejahren: «Immer wenn er kam, um die Kinder zu übernehmen, sorgte ich vorher dafür, daß das Haus sauber war und daß ich möglichst hübsch aussah. Ich gab mir Mühe, keine Fragen zu stellen, verstehen Sie, damit er sich nicht ärgert, weil er sich unter Druck gesetzt fühlt.»

Volkswirtin, 34, Scheidung nach sechs Ehejahren: «Ich traf mich immer noch mit seiner Mutter und seiner Schwester und redete mit ihnen, weil ich hoffte, sie könnten ihn wieder zur Vernunft bringen. Ich verabredete mich auch mit einem seiner Freunde zum Mittagessen und bat ihn, Paul doch bitte zu sagen, was er da für einen Fehler machte. Ein ganzes Jahr lang war mein Bestreben fast ausschließlich darauf ausgerichtet, ihn wieder zu mir zurückzuholen. Meine Arbeit litt natürlich gewaltig darunter. Ich war nur damit beschäftigt, alles mögliche zu tun, um die Beziehung zu reparieren – und in meine Therapie zu gehen.»

Das Ausmaß, in dem sich der Partner weiter mit dem Initiator und dem gemeinsamen Leben beschäftigt und beides idealisiert, ist unabhängig davon, wie er die Beziehung faktisch erlebt hat. Es ist nebensächlich, ob er glücklich oder unglücklich war. Das Festhalten an der Beziehung ist lediglich eine natürliche und notwendige Phase des Übergangsprozesses, den der Partner vollziehen muß. Es gehört zu den Grundtatsachen unseres Lebens, daß wir uns gegen Veränderungen sträuben. Wenn ein vertrautes Muster bedroht ist oder durchbrochen wird, versuchen wir zunächst, die Reorganisation unserer Lebensbedingungen zu vermeiden[50] und statt dessen den alten Zustand wiederherzustellen. Der Wille, uns auf das Neue einzustellen, erwächst erst aus der Überwindung dieses nahezu allgegenwärtigen Impulses.[51] Erinnern wir uns noch einmal daran, daß auch der unzufriedene Initiator ganz zu Beginn seiner Lösung aus der Beziehung zunächst versucht hat, die Dinge wieder in Ordnung zu bringen: den Partner und die Beziehung so zu verändern, daß er an beidem hätte festhalten können. Der Partner reagiert jetzt in genau der gleichen Weise auf den Bruch, den die Trennung für sein Leben bedeutet. Er klammert sich an das Alte.

In manchen Fällen sieht der Initiator ein, daß der Partner am Beginn eines mühsamen Weges steht, den er selbst bereits zurückgelegt hat.

Sonderschullehrerin, 49, Scheidung nach dreiundzwanzig Ehejahren: «Ich kann mich genau erinnern, daß ich das auch zu meinem Mann gesagt habe, als es ihm so schlecht ging, nachdem ich beschlossen hatte, die Scheidung einzureichen. Er litt furchtbar und sagte immer zu mir: ‹Wie kannst du mir das nur antun?›, und ich habe ihm geantwortet: ‹Weißt du, das, was du jetzt durchmachst, habe ich vor sieben Jahren durchgemacht. Ich weiß genau, wie du dich fühlst. Vor sieben Jahren habe ich mich selbst total im Stich gelassen gefühlt. Ich habe bis jetzt gebraucht, um mich dazu durchzuringen, mich scheiden zu lassen, und jetzt hast *du* dieses Gefühl.› Mir war wirklich völlig klar, daß er jetzt genau das gleiche erlebte, was ich schon hinter mir hatte.»

Psychologe, 44, Scheidung nach zwölf Ehejahren: «Manchmal hatte ich schon Schuldgefühle, weil ich genau weiß, was Verna durchmachen mußte, während das Ganze für mich überhaupt nicht traumatisch war. Ich meine, ein bißchen gelitten habe ich schon, das ist ganz unvermeidlich, aber die ganze Übergangszeit war für mich im Grunde nicht schwierig. Psychisch war ich schon geschieden, ehe ich wegging. Ich glaube, so kann man es ganz gut ausdrücken. Bei mir war diese traumatische Zeit früher gewesen – es war nicht so, daß mir das total erspart blieb, während es sie mit voller Wucht traf. Ich hatte das gleiche nur zu einem anderen Zeitpunkt durchgemacht.»

Die Reaktion des Partners wird jedoch durch ein Moment zusätzlich geschürt, das für den Initiator bei seinen anfänglichen Bemühungen um die Wiederherstellung der Beziehung nicht gegeben war: Der Initiator will den Partner nicht mehr. Der Partner geht unfreiwillig einer Rolle verlustig, und die Umstände, unter denen dies geschieht, werfen ein schlechtes Licht auf seine Fähigkeit, diese Rolle auszufüllen.[52] Selbst wenn er es war, der die Trennung herbeigeführt und nach außen hin die Verantwortung dafür übernommen hat, weiß er oder ahnt er doch meist im Grunde seines Herzens, daß er vom Initiator dahin getrieben wurde. Auch wenn er der öffentlichen Demütigung möglicherweise durch sein aktives Handeln entgangen ist, kann doch der Gesichtsverlust, den er vor sich selbst erlitten hat, immer noch groß genug sein.[53] Die faktische Qualität der Beziehung tritt angesichts der bedrohlichen Alternativen zurück – der Konfusion und Umstellung, die der Partner nicht selbst gewählt hat und auch gar nicht will. Die negativen Aspekte der Beziehung scheinen unbedeutend, die positiven um so wertvoller. Indem der Partner an der Beziehung festhält und sich bemüht, das Geschehen zu begreifen, begibt er sich noch einmal intensiv in die Vergangenheit hinein. Ohne es zu wissen, produziert er eine offenbar tief in uns verwurzelte Reaktion auf unfreiwillig erlittene Verluste und erzwungene Übergangsprozesse.[54]

Die ganze Situation hat im Grunde ironische Züge. Einerseits vergrößert sich mit der Trennung die Distanz zwischen Initiator und Partner, indem zu der bereits erfolgten sozialen Ablösung nun auch noch die räumliche Entfernung hinzukommt. Auf der anderen Seite behält die Beziehung trotz dieser räumlichen Entfernung für den Partner den gleichen zentralen Platz, den sie bisher in seinem Leben einnahm – sie rückt allenfalls noch mehr in den Mittelpunkt.[55] Zugleich sind jedoch soziale Kräfte am Werk, der der vom Partner noch immer erhofften Versöhnung entgegenwirken. Bei aller Wichtigkeit, die die Beziehung für den Partner noch immer hat, verursacht die Trennung soziale Folgen, die die endgültige Lösung des Initiators aus der Beziehung vorantreiben, beim Partner einen eigenen Übergangsprozeß auslösen und die Kluft zwischen beiden verbreitern.

## *Acht*
## Vor Publikum

Wenn sich auch unsere Beziehungen in einer öffentlichen Sphäre «abspielen», wissen Außenstehende doch recht wenig über den vertrauten Bereich, den wir uns mit einem anderen schaffen. Paare verbringen ihre gemeinsame Zeit vor ständig wechselndem Publikum, aber keine Gruppe hat einen kontinuierlichen Einblick in das, was innerhalb der Beziehung vor sich geht, nicht einmal Freunde und Verwandte oder die Kinder, die in derselben Wohnung leben.[1] Zudem sichern sich die Partner ihre Privatsphäre, indem sie ihren verschiedenen Zuschauern nur ausgesuchte Informationssegmente zukommen lassen. Wir sind wohl alle daran interessiert, Dritten gegenüber einen bestimmten Eindruck von unserer Beziehung zu vermitteln, wobei wir uns darum bemühen, ein möglichst positives Bild zu hinterlassen.[2] Glauben wir, Außenstehende könnten sich einmischen, lassen wir nichts unversucht, Unstimmigkeiten und Schwierigkeiten zu vertuschen.

Da unsere Familien genau zu solchen Einmischungen neigen, gehen wir überaus vorsichtig dabei vor, ihnen unsere Beziehung darzustellen. Sind wir einmal erwachsen, beobachten unsere Familien nicht mehr unser tagtägliches Leben; sie müssen sich jetzt allein auf die Informationen verlassen, die wir ihnen zugestehen.[3] Wir verändern uns, sie aber sehen uns weiterhin als die Menschen, die sie früher einmal gekannt haben, und beurteilen uns aufgrund der kleinen Ausschnitte unseres Lebens, in die wir ihnen Einblick gewähren. Um es noch einmal zu wiederholen: Informationen zurückzuhalten ist eine gemeinschaftliche Bemühung; denn wie jeder einzelne verfügen auch Familien über ein Talent, all das unter den Teppich zu kehren, was nicht in ihr Weltbild paßt.[4] Manchmal lassen wir unsere Angehörigen zwar etwas wissen, aber sie halten sich die Ohren zu. Die Kluft zwischen dem, was wir sind, und dem, wofür sie uns halten, wird mit der Zeit größer. Diesen Widerspruch erlebt man manchmal schmerzhaft bei Familientreffen. Nachher beschweren wir uns oft und sagen: «Sie kennen mich gar nicht mehr.»

Wenn wir uns trennen, zeigen wir unsere Unzufriedenheit vor einem großen Publikum. Zwei verschiedene Haushalte machen es von nun an erforderlich, daß die ehemaligen Partner öffentlich als zwei alleinstehende Personen identifiziert werden können. Neue Telefonbucheintragungen, Anschriftenänderungen, verschiedene Bank- und Kundenkonten – dies alles sind Zeichen der Neuorientierung sowohl für Freunde und Angehörige als auch für Bekannte und Fremde. Diese «Aufführung» vor einem Publikum wirkt sich nachhaltig auf die Beziehung aus, weil es andere dazu zwingt, die Krise anzuerkennen.[5] Hören sie von der Trennung, verändern sie ihr Verhalten. Ihre Reaktionen bestätigen jetzt die neue Situation und nicht mehr die Identität der Partner als Paar; hierdurch wird die Trennung wiederum forciert, und es entstehen weitere Hindernisse für eine Versöhnung.

## Die gemeinsame Welt wird neu aufgeteilt

Neuorientierungen stellen sich ein, einige nach vorhersehbaren Mustern. Beide Partner haben alte Bindungen zu Freunden, die nun zur Stelle sind, um sie zu unterstützen[6]; die Eltern, vor die Wahl gestellt, halten vor Dritten zu ihrem eigenen Kind. Doch entspricht die Hilfe nicht immer den Erwartungen. Oft sind die Partner überrascht, daß jemand, von dem sie vermuteten, er sei auf ihrer Seite, für den anderen Partei ergreift. Ein Sohn sieht sich zum Beispiel mit dem Schwur seiner Eltern konfrontiert, sie würden nie wieder mit ihm sprechen; sie halten zur Schwiegertochter, die jahrelang als Vermittlerin zwischen ihrem Mann und seiner Familie einsprang. Ein Partner, der das Mitgefühl seines Kindes erwartet, ist entsetzt, wenn sich bei der Trennung herausstellt, daß es sich seit langem mehr zum anderen Elternteil hingezogen fühlt.[7]

Problematischer gestaltet sich das Verhältnis zu jenen Menschen, die starke Bindungen zu beiden Partnern haben. Eltern, Kinder, Geschwister und sehr gute gemeinsame Freunde sind tatsächlich «Freunde des Paares», und sie haben ein echtes Interesse am Fortbestehen dieser Verbindung. Ihre Situation gleicht in vieler Hinsicht der des Partners. Sie werden mit unfreiwilliger Veränderung konfrontiert; drohend zeichnet sich der Verlust von Ansehen, von Verwandten, Freunden oder vielleicht von eigenen Beziehungen ab, so daß sie sich häufig gegen die Trennung aussprechen. Diese Menschen sind für beide Partner wichtig; ihre Ansichten und ihre Loyalität spielen für sie eine große Rolle. Infolgedessen bedeutet den Partnern das Eingeständnis der Trennung vor diesen Menschen mehr als eine schlichte Mitteilung.[8] Da sie Widerspruch erwarten müssen, möchten sich beide ihre Freundschaft und Unterstützung erhalten – aber nichts davon kann jetzt noch als selbstverständlich vorausgesetzt werden.

Möglicherweise steht der Initiator zum erstenmal einem kritischen Publikum gegenüber. Schon lange hat er sein Unbehagen bekundet, doch hat er diese Unzufriedenheit bisher nur vor denjenigen gezeigt, auf die er zählen konnte, die ihn unterstützten, und er hat jene gemieden, die die Beendigung der Beziehung ablehnen könnten. Bei der Trennung jedoch muß sich der Initiator Menschen mitteilen, die ihn wahrscheinlich herausfordern, verurteilen und ihm widersprechen. Und diesmal hat auch die Stimme des Partners Gewicht. Um ihren eingeschlagenen Kurs halten zu können, um die schon früher Verlorenen zurückzuholen und um die noch nicht Entschlossenen auf ihre Seite zu ziehen, erzählen beide Partner ihre eigene Version der Geschichte. Sie arbeiten nicht mehr zusammen, um Einigkeit zur Schau zu stellen. Jeder von ihnen beginnt, vor Dritten die gemeinsame Biographie zu entwirren, die beide einmal für andere gewoben haben.[9]

Indem der Initiator den Partner und die Beziehung neu deutet, um ihr Ende zu rechtfertigen[10], konstruiert er eine Darstellung, die der genauen Prüfung durch andere standhalten soll. Er hat nun gesellschaftlich akzeptable Gründe für den Bruch entwickelt.[11] Mit Beziehungen im allgemeinen ist alles in Ordnung – lediglich mit dieser hat es nicht so recht geklappt.[12] Der Initiator kann die Trennung öffentlich rechtfertigen, indem er den Partner als schlecht oder zumindest als «schlecht für mich» hinstellt. Er kann den Partner für krank erklären, indem er zum Beispiel dessen Alkoholismus oder Mißbrauch von Genußmitteln betont und gleichzeitig positive Charakterzüge bestreitet. Die Auflösung der Beziehung kann auch einem äußeren Anlaß zugeschrieben werden oder einer Person, die den Partner tiefgreifend veränderte; möglicherweise «gab es nie eine richtige Beziehung», und der Initiator kann nun eine erstaunliche Fülle von Vorfällen anführen, die dies belegen.[13] Diese Darstellung wiederum wird Begebenheiten betonen, die den eingeschlagenen Kurs des Initiators rechtfertigen.[14] Der Initiator wählt aus der Geschichte der Beziehung entsprechende Informationen aus und erzählt sie so, daß bei jedem Zuhörer, den er umwirbt und für sich gewinnen will, die erwünschte Reaktion eintritt.[15]

Studentin, 26, Scheidung nach zwei Ehejahren: «Und ich habe ziemlich viel gelogen. Nie konnte ich ihnen sagen, daß ich die Scheidung immer gewollt habe, daß ich sie wünschte, weil ich Herb nicht mehr liebte und weil meine Arbeit wichtiger und etwas so viel Intensiveres und Wesentlicheres war. Ich habe das nie zugeben können. Ich erzählte ihnen vielmehr, daß zwischen Herb und mir eine offene Beziehung lief, was wir beide gewollt hatten, und daß Herb das nun anscheinend nicht mehr mitmachen wolle oder könne. Das konnte meine Mutter verstehen. Und dann sagte ich so was wie: ‹Ich glaube nicht, daß Herb mich noch liebt.› Das war eine hundertprozentige Lüge. Aber ich dachte mir, das würde die Sache rechtfertigen.»

Die Trennung zwingt den Partner dazu, sich einzugestehen, daß die Beziehung schwer gefährdet ist; gleichzeitig muß er sich und anderen die Gründe dafür erklären. Indem er sich weiter durch die Geschichte der Beziehung hindurcharbeitet, bemüht er sich zu verstehen, was falsch gelaufen ist.[16] Doch so unbestimmt und wechselhaft seine Deutungen auch sein mögen – sie weichen ab von denen des Initiators. Wie der Initiator will der Partner sein Gesicht nicht verlieren [17]; wie der Initiator sucht der Partner mitmenschliche Hilfe; und wie dem Initiator ist es nun auch dem Partner ein Bedürfnis, Gespräche zu führen und alles zu durchforschen, um sich über diese entscheidende Veränderung seines Lebens klarzuwerden.[18] Anders als der Initiator sieht der Partner jedoch die positiven Seiten der Beziehung und möchte den Weg zur Versöhnung offenhalten. Beide bemühen sich, den Versuch des anderen, die Situation zu bestimmen, in Mißkredit zu bringen oder zu neutralisieren.[19] Im Wettstreit um die Gunst ihrer Zuhörer arbeiten beide an ihrem jeweiligen Bild von sich selbst, vom anderen und von der Beziehung.[20]

## Das Tauziehen um die wichtigen Menschen

So beginnt ein Wettbewerb um das wichtigste Gut, das beide Partner im Laufe ihres Zusammenseins erworben haben: ihre Freunde und Vertrauten.[21] Sie wetteifern nicht nur um deren Unterstützung und das positive Selbstbild, das sie ihnen vermitteln, sondern sie bemühen sich auch um sie, weil sie fürchten, noch weitere Menschen zu verlieren.[22] Freunde des Paares sind selten in der Lage, beiden Partnern gleichermaßen Unterstützung zu gewähren, und fühlen sich schließlich vor die Wahl gestellt. Diese Freundschaften zu verlieren, bedeutet dasselbe, wie noch weitere Teile seiner selbst aufzugeben. Vermutlich ist darum die Rivalität so stark, denn Ersatz bietet sich nicht so leicht an. Wer könnte an die Stelle einer Schwiegermutter treten, die sich mit der jungen Frau anfreundete und sie während ihrer Schwangerschaft beriet? Wer ersetzt die Schwester, die man selbst nie hatte und die einem dank der Partnerschaft plötzlich zur Seite steht? Einige sind bei diesem Wettbewerb im Nachteil, denn die Bereitschaft, über sein persönliches Leben Auskunft zu geben, ist verschieden groß.[23] Im allgemeinen werden jedoch beide Partner ihren Anspruch um so stärker zu verteidigen versuchen, je wertvoller ihnen die jeweilige

Beziehung ist.²⁴ Die Bindung zu seinen Kindern aufzugeben, ist eine erschreckende Vorstellung, unabhängig davon, wie alt diese sind. Noch zu Hause lebende Kinder werden zum Gegenstand heftiger Auseinandersetzungen.²⁵

Um sich in Sicherheit zu bringen, nehmen die Älteren Zuflucht zu Freunden, Büchern, Hobbies oder Jobs und tauchen erst wieder auf, wenn Ruhe eingetreten ist. Einige verlassen sogar das Elternhaus. Jüngere Kinder haben dagegen nicht so viele Alternativen.²⁶ Aber alle Kinder sind unfreiwillige Beteiligte, solange sie wirtschaftlich von ihren Eltern abhängig sind.

Weil die Eltern von so einem existentiellen Verlust bedroht sind, vergessen sie manchmal die Spielregeln des fairen Wettstreits.²⁷ In ihrem Versuch, die Neuorientierung in geregelte Bahnen zu lenken, kämpfen sie darum, die Kinder in einem gerichtlichen Verfahren zugesprochen zu bekommen.²⁸ Fachleute werden hinzugezogen: Anwälte, Sozialarbeiter, Eheberater. In ihrem Bemühen, diese Spezialisten zu beeinflussen und für sich zu gewinnen, sprechen beide Partner offen über ihr Verständnis der Beziehung und des anderen. Dabei betonen sie die Rechtmäßigkeit ihrer Argumente erneut und mobilisieren in dem Streit alle ihnen zur Verfügung stehenden eigenen Kräfte.²⁹ Menschen, die bisher nie an etwas Ähnliches auch nur gedacht hätten, gehen in ihrer Angst vor endgültigem Verlust so weit, daß sie absichtlich den anderen und die Beziehung ins Negative verzerrt darstellen oder im Beisein Fremder Geheimnisse verraten, die ihnen einmal von ihrem Partner anvertraut wurden. So verstärken sie wiederum das negative Bild ihres Rivalen und verschärfen die Feindseligkeit durch ihre Handlungen und den Inhalt ihrer Darstellungen.

Ebenso wichtig wie die Frage, wem sich die Kinder zuwenden, sind für sie die Unterstützung und das Wohlwollen der Eltern. Die Lage Homosexueller hinsichtlich ihrer Eltern unterscheidet sich von der heterosexueller Paare insofern, als Homosexuelle bei ihrem Auseinandergehen oft gar nicht riskieren, den Rückhalt der Familie zu verlieren, da ihnen dieser schon vorher entzogen wurde. Es ist möglich, daß die Angehörigen nichts von den Beziehungen ihres homosexuellen Familienmitgliedes wissen, und sind sie doch darüber informiert, zählen sie sich selten zu den «Freunden des Paares». Die Familie neigt eher dazu, den Bruch als eine Rückkehr zu den traditionellen Werten zu begrüßen. Heterosexuelle Paare können nicht so selbstverständlich davon ausgehen, daß die Eltern ihrem Entschluß zustimmen.

Programmierer, 27, Trennung nach vier Jahren Zusammenleben: «Zuerst erzählte ich es meinen Eltern. Ich weiß nur eines: Ihre Billigung und Unterstützung ist das Allerwichtigste für mich. Gleich nachdem meine Eltern es von mir erfahren hatten, sagte ich zu einem Freund: ‹Von nun an werde ich nie mehr behaupten können, daß das, was meine Eltern denken, für mich unwichtig ist.› Bei früheren Entscheidungen hatte ich sie nämlich nie gefragt – wahrscheinlich weil ich ihre Zustimmung und Unterstützung für selbstverständlich hielt. Dies war die erste und einzige wirkliche Entscheidung, das erste, was ich unternahm, ohne sicher zu sein, daß sie es billigten. Und ich konnte nicht wissen, ob sie mich deckten. Und da wurde es für mich enorm wichtig, ihre Zustimmung zu erhalten.»

Wenn man den Eltern vom Scheitern der Beziehung erzählt, setzt oft ein reger Austausch von Meinungen und Gefühlen ein. In vielen Fällen ist es nach langer Zeit das erste Mal, daß die Tochter beziehungsweise der Sohn und die Eltern einen Eindruck davon bekommen, was aus dem anderen geworden ist. Das Ergebnis ist nicht vorhersehbar; denn die Preisgabe von Geheimnissen kann, wie wir gesehen haben, Bindungen schaffen oder beenden. So nähern sich die Kinder ihren Eltern manchmal mit großer Beklommenheit.

Inspekteur, 38, Scheidung nach 19 Ehejahren: «Ich hatte mir vorgenommen, an einem Wochenende zu ihnen zu fahren und es ihnen zu erzählen, meiner Mutter und meinem Vater, sie zum Essen einzuladen oder etwas Ähnliches. Ich wollte etwas Besonderes bieten und sagen: Hört mal, es ist schrecklich, aber folgendes ist passiert. Es stellte sich aber heraus, daß sie es schon von einem Freund erfahren hatten. Ich hatte mit dem Besuch zu lange gewartet. Wahrscheinlich hatte ich zu große Hemmungen. Deshalb rief mich meine Mutter an. Ich dachte, sie würde einen Herzanfall bekommen, aber sie hat sich ganz toll verhalten. Das heißt, meine Eltern sind richtig über sich hinausgewachsen, und sie mögen mich wirklich. Weil sie aus dieser engstirnigen Fundamentalistengemeinde kommen, sind sie in einer so schlimmen Lage; denn sie bekommen es mit dem Teufel zu tun... nicht mit dem Teufel – aber ebenso wie die Menschen, mit denen sie jeden Tag zubringen und mit denen sie zur Kirche gehen, glauben sie auch, daß ich in die Hölle komme, weil ich geschieden bin und den Glauben verloren habe und so weiter. Meine Eltern leben irgendwie weiter nach ihrem Glauben, und sie lieben mich trotzdem, und sie verstehen alles. Meine Mutter sagte mir: ‹Das bricht mir das Herz, aber du weißt, ich liebe dich; du bist mein Sohn. Ich werde für dich beten.› Also, ich war wirklich ganz überrascht.»

## Gewinne, Verluste und negative Festlegungen

Viele berichten, daß die Bindungen zu den Eltern und anderen Angehörigen, die sich aufgrund der Paarbeziehung gewöhnlich in mancher Hinsicht gelockert haben, in der Trennungszeit wieder stärker werden, weil nun auch innerhalb der Familie offener geredet wird. So kommt ein Geheimnis oft zusammen mit einem anderen ans Tageslicht, wodurch sich das gegenseitige Verständnis vertieft. Ein Mann, der dreißig Jahre lang verheiratet gewesen war, erzählte mir, er sei in eine weit entfernte Stadt geflogen, um seine achtzigjährige Mutter davon zu unterrichten, daß er seine Frau verlassen hatte. Er beschrieb sein einleitendes Gespräch, das flüchtige Interesse seiner Mutter und seine wachsende Angst. Seine Mutter schickte ihn zum Einkaufen fort, und er erinnerte sich, daß er in seiner Verzweiflung die Vorstellung hatte, sie würde vielleicht in seiner Abwesenheit sterben, so daß es ihm erspart bliebe, mit ihr über die Trennung zu sprechen. Als er zu ihr zurückkehrte, gab er sich einen Ruck und schilderte ihr, was vorgefallen war. Er war überrascht, wie liebevoll und fürsorglich sie auf seinen Bericht reagierte. Nachdem er ihr die Schwierigkeiten seiner Ehe anvertraut hatte, begann sie zu seiner Verwunderung, von ihrer Ehe zu erzählen und dabei Geheimnisse preiszugeben, die sie jahrelang vor ihm verborgen gehalten hatte. «Nun, wahrscheinlich wußtest du das nicht», sagte sie ihm. «Dein Vater und ich hatten im Laufe der Jahre viele Verhältnisse, aber unsere Ehe blieb dabei unangetastet.»

Oft ist die Reaktion von Angehörigen jedoch nicht so eindeutig.

Psychologe, 44, Scheidung nach zwölf Ehejahren: «Oh, ich tat mich nicht nur schwer mit Mutter, sondern auch mit den achthundert anderen Verwandten. Ich war der erste in der Familie, der sich scheiden ließ, und der erste, der aus der Kirche austrat. Das war starker Tobak! Niemand von uns hatte je so etwas getan. Aber nachdem sie mich rausgeworfen hatten, hatte ich allerhand heimliche Bewunderer. Und dann taten es die anderen auch. Jetzt haßt mich die noch katholische Hälfte der Familie, und die anderen halten mich für den Größten.» [30]

Wenn man Angehörige über die Trennung informiert, treten bislang verborgene oder vertuschte ideologische Widersprüche zutage. Die einen sind gegen die Trennung, weil eine Verpflichtung – gleich, welcher Art – nun einmal eine Verpflichtung ist. Andere ergreifen Partei aus Loyalität gegenüber dem Sitzengelassenen oder den Kindern. Im Interesse anderer, meinen sie, müsse die Beziehung weiterbestehen. Meinungsverschiedenheiten könnten bestimmt geklärt werden. Die Partner, die die Hauptlast tragen und auch nicht in der Lage sind, die Gegner für sich zu gewinnen oder sich mit ihren Einwänden und Urteilssprüchen abzufinden, lassen schließlich, verärgert über diese negativen Reaktionen, die Menschen, die sie nicht zu überzeugen vermögen, hinter sich zurück – oder diese entfernen sich selbst von ihnen.

Gemeinsame Freunde können ähnlich reagieren. Das traurige Ergebnis eines solchen Wettstreits zeigt Joyce Carol Oates eindringlich in ihrem Stück ‹Spoils›.[31] Ein Paar, das sich trennen will, ist gerade damit beschäftigt, in der Wohnung den Besitz aufzuteilen. Ein gemeinsamer Freund aus der Stadt kommt zum Essen. Im Laufe des Abends wendet das Paar seine Aufmerksamkeit von der Aufteilung der Gegenstände ab und kämpft immer heftiger um die Loyalität des Freundes. Der durch die Rivalität verängstigte Besucher verläßt schließlich beide.

Wichtige Beziehungen lösen sich, wenn Freunde die widersprüchlichen Berichte hören und sich nur mit einem der beiden Partner verbünden oder den Kontakt vermeiden, weil sie sich nicht entscheiden können und es ihnen schwerfällt, beiden Bestätigung zu geben. Sie ziehen sich zurück und treiben damit die gerade Getrennten in die Isolation.[32] Schlechte Nachrichten können auch Bindungen zerstören, nicht wegen ihres Inhalts, sondern weil sie in einer Form übermittelt werden, die gegen gesellschaftliche Normen verstößt.[33] In Zusammenhang mit Trennungen erwartet man Trauer und Gewissensbisse. Euphorie, Wohlbefinden oder inneren Frieden zur Schau zu stellen, gilt als schlechter Stil.

Rechtsanwältin, 35, Trennung nach zehn Jahren Zusammenleben: «Wenn ich mich überhaupt damals über etwas ärgerte, dann darüber, daß die Leute sich mir gegenüber mitleidig zeigten, als ob mir schweres Leid zugefügt worden wäre. Ich reagierte so, wie man es von mir erwartete – mit einem langen Gesicht und der Beteuerung, wie schlimm das alles sei. Aber eigentlich wünschte ich mir, daß die Leute es nicht als schlimm bezeichneten. Von einigen Freunden erwartet man wirklich Mitgefühl, dann kann man ihnen auch seine ganze Lage erklären. Und das habe ich auch erlebt. Aber ich wünschte mir auch, daß jemand einfach sagt: ‹Herzlichen Glückwunsch! Mach was aus deinem Leben! Das ist nicht das Ende der Welt. Das ist nichts Schlimmes. Kommt in den besten Familien vor. Ich finde das gar nicht so schlecht.›»

Jemand der den Partner offen verleumdet, anstatt ihn – wie es eher der Erwartung entspräche – indirekt zu kritisieren und den Zuhörer seine eigenen Schlüsse ziehen zu lassen, läuft ebenso Gefahr, andere zu befremden, wie derjenige, der freimütig enthüllt, daß er den Partner betrogen hat (und damit natürlich auch die Menschen, die ihm gerade zuhören).[34] Nicht nur Ausgesprochenes, auch Unausgesprochenes kann Bündnisse stiften. Ein Partner mag sich in der Umgebung bestimmter Menschen schweigsam verhalten, weil er sicher ist, daß ihm ganz von selbst – ohne daß er etwas sagen müßte – Wohlwollen und Verständnis entgegengebracht werden.

Manche Freundschaften gehen auseinander, weil die Wahrheit offengelegt, andere lösen sich, weil sie verschwiegen wird. In Erwartung einer negativen Reaktion überläßt es manchmal ein Partner dem anderen, «auszupacken».

Laborassistentin, 38, Trennung nach vier Ehejahren: «Ich saß da und erzählte ihr alles, drei Stunden lang. Dabei achtete ich darauf, daß ich nicht Don wegen der ganzen Sache beschuldigte. Aber ich sagte: Ich bin es leid, der Sündenbock dafür zu sein, und ich bin es leid, dir etwas vorzulügen. Ich habe Don die Gelegenheit gegeben, mit dir zu sprechen, aber anscheinend will er es nicht. Darum sage ich es dir, und es ist mir gleich, ob er sich ins Hemd macht oder nicht. So ist es. Er lebt mit dieser Frau, er hat ein Telefon, er belügt dich seit Jahren. Und ich habe die Nase voll. Ich habe das alles allein durchgestanden.»

Derjenige, der die Nachricht überbringt, hat einen Vorteil: Er kann die Meinung des Zuhörers beeinflussen und sich dadurch einen Verbündeten sichern. Wer dagegen zögert, es zu erzählen, weil er eine negative Reaktion befürchtet, beraubt sich selbst der Möglichkeit, von anderen Unterstützung zu erhalten.[35]

Manchmal schrecken beide davor zurück, einen Menschen über die Veränderung in der Beziehung zu informieren – zum Beispiel ältere Verwandte, die als gebrechlich gelten und deshalb geschont werden müssen. Die Tante erfährt nichts, weil man befürchtet, der Schock könnte sie zu sehr belasten. Dieses Verschweigen hat keine schwerwiegenden Folgen, wenn sich das Paar wieder verträgt. Kommt es aber tatsächlich zur Trennung, ist die Gefahr groß, daß eine weitere Beziehung zerbricht. Das anfängliche Geheimnis zieht andere nach sich. Die Tante wird nicht über die Veränderungen im Leben des Paares auf dem laufenden gehalten, denn dadurch würde sie von der Trennung erfahren. Jeder Brief an sie, jedes Telefongespräch könnte das Geheimnis aufdecken. Es ist leichter, auf Distanz zu gehen, als Lügen aufrechtzuerhalten. Ob die Aufregung die

Tante in eine lebensbedrohliche Krise gestürzt hätte oder nicht – letztlich stirbt sie auch, wenn man ihr die Wahrheit verschweigt: Ausgeschlossen aus dem weiteren Leben beider Partner, stirbt sie einen sozialen Tod.[36]

Neben den Freunden und Angehörigen beider Partner gehören zu jeder Beziehung Kollegen und Bekannte, die das Paar flüchtiger kennen. Obwohl diese mehr am Rande stehen, erhalten auch sie eine Erklärung. Der Kegelfreund, der Mitarbeiter oder der Nachbar könnten sich erkundigen. Einigen Menschen wird die Trennung aus pragmatischen Gründen mitgeteilt. Die Sekretärin im Büro erhält eine neue Telefonnummer; der Elternfahrgemeinschaft wird die neue Anschrift des Kindes gegeben. Wenn die Partner ihre Trennung Menschen bekanntgeben, die an der Peripherie ihres sozialen Umfeldes stehen, verringert sich der Umfang der Erklärung. Die Mitteilungen werden kürzer und eindeutiger formuliert.[37] Eine knappe Information tritt an die Stelle ausführlicher Enthüllungen.

Die zeitraubende und mühselige Arbeit, die ein Paar leisten muß, wenn es vor die Öffentlichkeit tritt, erleichtern sich manche, indem sie absichtlich eine Schlüsselfigur in ihrem gesellschaftlichen Umfeld informieren, von der sie erwarten, daß sie das Ereignis «unter die Leute bringt». Dies bedeutet Entlastung für beide Partner. Die Nachricht gelangt ohne ihr Zutun in immer weiter von ihnen entfernte Kreise. Doch der Vorteil der Erleichterung, den diese Methode hat, wird durch einen erheblichen Nachteil aufgewogen: Es wird unmöglich, die Interpretationen anderer zu beeinflussen.

Lehrerin, 35, Scheidung nach elf Ehejahren: «Ich wollte nicht die Verantwortung für das Versagen übernehmen. Und es gab eine Zeit, in der ich das Bedürfnis hatte, umherzugehen und kleine Feuer zu löschen. Es erschien mir sehr wichtig, daß es wie eine gemeinsame Entscheidung aussah, die besser für beide Teile war, denn ich wollte nicht als der Bösewicht gelten. Ich fing bei denen an, die mir am nächsten standen: bei meinen Kindern, meinen Eltern und Leuten, mit denen wir seit Jahren befreundet waren. Aber dann gab es noch die anderen, die gar keine Einzelheiten wußten, die uns auch nicht gut kannten, aber trotzdem die Gerüchte verbreiteten. Und ich ärgerte mich vielleicht drei, vier Tage darüber, daß ich außerstande war, das in den Griff zu kriegen. Schließlich sagte ich mir: Ich kann daran nichts ändern. Aber es blieb das Gefühl, daß ich in ein Netzwerk von Leuten verwoben bin und daß sie Anspruch auf etwas Reelles haben.»

In solchen Prozessen wird die Information verzerrt, und die Gefahr wächst, daß auch noch Beziehungen zu anderen Menschen zerbrechen.[38] Die «Zuschauer auf den hinteren Plätzen» konstruieren sich, ohne direkten Kontakt zu den Akteuren, ihre eigenen Versionen. Die Partner – beide oder einer von ihnen – werden abgestempelt, ohne sich gegen das soziale Verdammungsurteil wehren zu können.

Wenn die Probleme der Beziehung nach außen gelangen, enthüllen und verstärken die getrennten Berichte des Paares ideologische Übereinstimmungen. Dies führt dazu, daß sich Menschen zu den Partnern – und diese sich zu ihnen – hingezogen fühlen, die ähnliche Wertvorstellungen haben. Gleichzeitig entfremden sich beide von Menschen – und diese sich von ihnen –, die andere Weltbilder vertreten. Es ist für beide eine Zeit vielfacher Abschiede.[39]

Sonderschullehrer, 49, Scheidung nach dreiundzwanzig Ehejahren: «Es erscheint mir wichtig, darüber zu sprechen, denn es stellt eines der schwierigsten Probleme dar. Ich meine die vielen Trennungen, zu denen es durch die Scheidung kam. Ich verlor meine besten Freunde, und auch unsere Kinder verloren ihre besten Freunde, mit denen sie jahrelang zusammengewesen waren. Selbst Verbindungen zu Freunden aus meiner Kindheit sind abgebrochen. Die einzigen, die mir blieben, waren meine Mutter und mein Bruder. Es sah so aus, als ob ich alle anderen verliere. Ich fühlte mich von allen abgetrennt.»

Der Mythos vom «idealen Paar» schwindet rasch, wenn die Partner beginnen, die Beziehung im einzelnen aus ihrer Sicht darzustellen. Auch verraten Vertraute jetzt Kenntnisse über den abwesenden Partner, die sie früher, als das Paar noch verbunden war, nie (oder nur sehr vorsichtig) offenbart hätten. Die Vertrauten des Paares zögern meistens, Informationen preiszugeben, die den einen Partner schädigen könnten, auch wenn sie glauben, daß diese für den anderen nützlich oder von Interesse wären. Im Ungewissen darüber, wie ihr Beitrag aufgenommen wird, halten sie ihn zurück, um ihre eigene Beziehung zu dem Paar nicht zu gefährden oder um nicht einem oder beiden Schaden zuzufügen. Bei der Trennung fühlen sie sich hingegen nicht mehr zum Schweigen verpflichtet. Plötzlich werden beiden Partnern früher zurückgehaltene Informationen, Beobachtungen und Ansichten zugänglich, da andere jetzt ihr gehütetes Wissen preisgeben.[40]

Hausfrau, 50, Trennung nach achtundzwanzig Ehejahren: «Meine Mutter sagte: ‹Ein Mann, der vierzigtausend Dollar im Jahr verdient und zuläßt, daß seine Frau soviel arbeitet wie du, hat das Geld wahrscheinlich jahrelang beiseite geschafft. Laß ihn laufen.›»

Assistenzprofessorin, 37, Scheidung nach neunzehn Ehejahren: «Meine Tochter sagte zu mir: ‹Recht so, du hättest das schon vor Jahren tun sollen, damals, als ich dreizehn war.›»

Sekretärin, 30, Trennung nach drei Jahren Zusammenleben: «So kam es, daß eine Reihe von Leuten, die mir schon immer etwas über ihn hatten sagen wollen, es schließlich auch taten. Ich erfuhr, daß er mit meiner besten Freundin ein Verhältnis gehabt hatte. Sie hat mich oft gefragt, ob ich auf ihr Baby aufpasse, damit sie mal ausgehen kann – und dann gingen sie zusammen aus. Ich hörte noch andere schlimme Sachen, die er mir angetan hatte und von denen ich nichts wußte. Ich glaube, er war wirklich ein richtiger Windhund.»

Sekretärin, 26, Trennung nach fünf Jahren Zusammenleben: «Alle meine Freunde haßten sie. Aber nur eine von ihnen, eine sehr enge Freundin, hat sich deutlich über sie geäußert. Sie sagte mehrmals rundheraus: ‹Warum schaffst du dir das Miststück nicht vom Leibe?› Erst als es aus war, hatte jeder was zu erzählen.»

Buchhalterin, 29, Trennung nach drei Jahren Zusammenleben: «Meine Freundin, zu der ich schließlich zog, sagte: ‹Ich wußte, daß es so weit kommen würde. Seit dem Tag, als ich euch zum erstenmal sah, war mir klar, daß ihr nicht zusammenpaßt.›»

Verkäufer, 30, Scheidung nach drei Ehejahren: «Meine Eltern sagten, daß sie immer so launisch gewesen sei und daß man kaum an sie rankam. Sie meinten, sie sei gestört.»

Lehrerin, 48, Scheidung nach zweiundzwanzig Ehejahren: «Er sagte mir, er müsse jemanden treffen. Ich hatte keine Ahnung. Als ich später mit den Kindern darüber sprach, meinten sie: ‹Erinnerst du dich daran, als er mit dem Motorrad weg wollte und zwei Helme mitnahm?› Und ich erwiderte: ‹Aber ich habe nicht gesehen, daß er zwei Helme mitnahm. Ich weiß nicht, wann er sie überhaupt treffen konnte. Er war doch ein richtiger Familienmensch.› Erst dann sagte mein Sohn: ‹Er ist immer abgehauen, wenn er mit mir zum Fußball ging. Er brachte mich hin, blieb eine Weile und war dann verschwunden. Und gegen Ende des Spiels kam er dann wieder.›»

Es hat etwas Beängstigendes, wenn man entdeckt, daß Menschen, die unsere Beziehungen aus der Ferne begleiten und die weder unsere geheimen Gedanken noch unsere vertraulichen Gespräche kennen, Dinge über uns wissen, die uns selbst unbekannt sind.[41] Ein Mann vertraute seine Eheprobleme nach seiner Trennung seiner Schwiegermutter an. Als er endlich alles herausgebracht hatte, zeigte ihm die Schwiegermutter zu seiner Verblüffung ein Päckchen Briefe, die ihre Tochter ihr vor vier Jahren geschrieben hatte. Sie alle kreisten um den Wunsch, die Ehe zu beenden. Noch schockierender als die bloße Tatsache, daß andere Leute in Geheimnisse unserer Beziehung eingeweiht sind, ist der *Inhalt* dessen, was sie wissen und nun verraten. Eine Ehefrau war außer sich, als sie erfuhr, daß ihr Mann jahrelang versucht hatte, ihre Schwester zu verführen. Aus Angst, die Ehe zu zerstören, waren ihre Schwester und ihre Mutter – beide strenggläubige Katholiken – übereingekommen, ihr nichts davon zu erzählen. Erst nachdem ihr Mann fortgegangen war, teilten sie es ihr mit. Ein solches Durchsickern peinlicher Details berührt Initiator und Partner verschieden. Die Gedanken und Entscheidungen des Initiators hinsichtlich der Beziehung werden bestätigt. Der Partner hingegen ist am Boden zerstört. Diese Enthüllungen führen zu verletzenden Bloßstellungen und Gesichtsverlust. Der Partner muß sich sowohl an den Inhalt der Lüge gewöhnen – das Doppelleben des anderen –, als auch an die Tatsache, daß er betrogen worden ist.[42] Er denkt nicht nur über den Verlust der Zukunft nach, sondern auch über die verlorene Vergangenheit, denn sie war nicht das, was sie zu sein schien. Bei allen Ähnlichkeiten zwischen dem Verlust eines Partners durch Tod und dem Verlust eines Partners durch eine Trennung gibt es doch auch wesentliche Unterschiede. Einer von ihnen sei hier genannt: Wenn eine Beziehung auf Betreiben eines Partners zerbricht, sitzen die Leute hinterher nicht mit dem «Hinterbliebenen» zusammen und rufen sich ins Gedächtnis, was für ein wunderbarer Mensch der «Dahingegangene» war.

Man wundert sich darüber, wie andere derartig schmerzhafte Mitteilungen an jemanden weitergeben können, der offensichtlich bereits leidet. Vertraute behaupten oft, sie gäben ihre negativen Beobachtungen nur deshalb weiter, weil sie die Kränkung des Partners und den Verlust lindern wollen.[43] Würde der Partner nur einsehen, daß der Initiator kein guter Mensch ist, dann könnte er die Trennung vielleicht besser verkraften. Außerdem glauben gute Freunde, daß Hinweise auf die Fehler des Initiators und der Beziehung den Partner davon abbringen, die Verantwortung für das Versagen sich selbst zuzuschreiben, wozu er zumindest in den frühen Phasen der Trennung neigt. Doch müssen Vertraute, die ihre Kenntnisse und Ansichten über den Initiator und die Beziehung enthüllen, auch ihre eigenen Verlustgefühle überwinden. Indem gemeinsame Freunde für den einen Partner Partei ergreifen, geben sie gewöhnlich ihre Verbindung zu dem anderen auf. Die faktische Entfernung schränkt notwendigerweise den Kontakt ein, was die anderen Beteiligten, besonders die Kinder, oft als Ablehnung interpretieren.[44] Indem sich die Vertrauten des Paares auf die negativen Charakterzüge des abwesenden Familienmitglieds konzentrieren, setzen sie sich selbst mit der Zurückweisung, die sie erfahren haben, und mit dem Verlust auseinander – sie widmen sich der eigenen Trauerarbeit. Indem sie dem Partner ihre oft lang gehüteten Geheimnisse mitteilen, bahnen sie nicht nur diesem, sondern auch sich selbst einen Weg, ohne den Initiator weiterzuleben.[45]

## Hindernisse für die Versöhnung

Nach solchen peinlichen Enthüllungen werden die Gedanken beider Partner über ihre Beziehung und über den anderen immer negativer, wodurch zusätzliche Hindernisse für die Versöhnung entstehen. Beide beharren auf dem einmal eingeschlagenen Kurs, dessen Richtung vom Mitwissen Dritter bestimmt wurde.[46] In Ermangelung festgelegter Ablösungsregeln scheinen sie sich ihr eigenes Ritual zu schaffen. Jede Partei versammelt hinter sich eine «Hilfstruppe», deren Zeugen wachsam die Abwicklung der Ereignisse verfolgen. Jeder Partner spürt jetzt einen gewissen Druck, sich so zu verhalten, wie es diese Beobachter von ihm erwarten.

Jetzt, nachdem wir beschrieben haben, wie uns der andere getäuscht hat, nachdem wir erklärt haben, daß die Verbindung von Anfang an auf einer Fehleinschätzung beruhte, und sorgfältig über die Charakterfehler des Partners Buch geführt haben, würden wir einen Gesichtsverlust riskieren, wenn wir im Widerspruch zu dem von uns vermittelten Eindruck handelten. Wir können sicher sein, daß unsere Sympathisanten dies nicht schweigend dulden würden. Entweder, so würden sie denken, haben wir uns damals geirrt oder wir irren uns jetzt. Wenn die Klagen erst einmal nach außen getragen worden sind, kann die vorhersehbare Reaktion anderer jeden Gedanken an einen Kontakt zwischen den zerstrittenen Partnern unterbinden. «Wie hätte ich sie je zurückholen können», sagte einer meiner Gesprächspartner treffend, «nachdem ich jedem erzählt hatte, was für eine Niete sie ist?»

Der Entschluß, vor das Publikum zu treten, ist mit möglichen Versöhnungsversuchen ebenso unvereinbar wie mit dem noch fundamentaleren Bemühen, den Kontakt zum Partner nach der Trennung aufrechtzuerhalten. Zwei getrennte Örtlichkeiten machen es fortan notwendig, Begegnungen zu planen. Wenn ehemalige Partner zusammenkommen, müssen viele feststellen, daß es ihnen an Gesprächsstoff fehlt; die gemeinsamen Erfahrungen verringern sich, und die wenigen, die ihnen noch bleiben, fördern häufig eher das Gefühl der Entzweiung. Die Unterhaltung beschränkt sich auf das, was die

Partner einst verband («Wie geht es deiner Mutter?»), auf die Beziehung («Hast du einen schönen Urlaub verbracht?») oder auf Themen, die mit der Trennung zu tun haben («Kannst du die Kinder am Wochenende holen?»). In der Abwesenheit des Partners bespricht jeder seine Gefühle und Erfahrungen mit anderen. Dadurch wird das Bedürfnis geringer, alltägliche Ereignisse mitzuteilen.[47]

Es wird immer schwerer, aufeinander zuzugehen. Emotionale Spannungen treten auf, und die unterschiedliche Lebensführung wird betont. Selbst wenn keine Antipathie vorherrscht oder diese gering ist, lassen die Begegnungen eher eine Atmosphäre der Fremdheit entstehen. Auch neue Bekanntschaften blockieren den Zugang zum anderen. Wenn ein Partner zum Beispiel bei seinen Eltern lebt oder mit Freunden zusammen wohnt, werden diese Zeugen jedes Telefongesprächs und jedes Besuchs. Beide Partner können auch durch die Verbreitung von Klatsch zurückgestoßen werden.[48] Zieht einer der beiden mit einem neuen Partner zusammen, ist eine Annäherung noch schwieriger.

Ähnliche Probleme bei der Neuorientierung und dem Versuch, aufeinander zuzugehen, treten auch in den Beziehungen der Partner zu anderen Menschen auf. Der Ehemann, der wegen einer anderen seine Ehefrau verlassen hat, muß zur Kenntnis nehmen, daß sich die Kinder hinter ihre Mutter stellen. Da er entschlossen ist, seine Beziehung zu den Kindern zu pflegen, besucht er sie mehrmals in der Woche. Die Kinder, die sich von ihm im Stich gelassen fühlen, reagieren gleichgültig und kühl. Der Schmerz, den ihm diese Erfahrung bereitet, veranlaßt ihn, die Kinder seltener zu besuchen, wodurch er wiederum ihr Gefühl der Verlassenheit verstärkt. Es entsteht ein zerstörerischer Teufelskreis, und Eltern und Kinder werden immer weiter auseinandergetrieben.[49] Rechte abzutreten ist leichter, als sie zu verteidigen. Indem sich der eine Partner in der Umgebung des anderen immer mehr wie ein Außenseiter vorkommt, neigen beide dazu, sich von jenen zu entfernen, die zum Lager des anderen gehören. Ihre Abwesenheit läßt die Bindungen schwächer werden, wodurch die begonnene Neuorientierung fortgeführt und gestärkt wird.[50]

Beziehungen abzubrechen kostet viel Kraft. Es ist anstrengend, andere über die Trennung zu informieren und sich dann um die in Mitleidenschaft Gezogenen zu kümmern. Die Veränderung etablierter Lebensformen erfordert Energie. Ständig gilt es Hindernisse zu überwinden. Ist erst einmal eine Wohnung gefunden und jeder informiert, sind Eigentums- und Geldangelegenheiten neu geregelt, läuft die Stromabrechnung nur noch auf einen Namen, ist ein neuer Haushalt gegründet und ein eigenständiges gesellschaftliches Leben angebahnt, dann wird die Rückkehr zum ehemaligen Partner immer schwieriger. In dem Maße, wie sich die Nachricht, ausgehend vom Kreis der Verwandten und Freunde, immer weiter verbreitet, verfestigt sich die labile Situation. Da die Trennung die Veränderung der Beziehung immer mehr zu einem öffentlichen Ereignis werden läßt, wachsen die Hindernisse für beide Partner, sich einander erneut zuzuwenden.[51]

Betrachtet man die schwache Basis einer außerehelichen Beziehung, kann man vielleicht besser die Folgen verstehen, die eintreten, wenn man sich an die Öffentlichkeit wendet. Eine solche Beziehung ist ihrem ganzen Wesen nach sehr privat und verschwiegen, ein Ereignis, das man geheimhält oder anderen nur sehr behutsam anvertraut. Sie muß ohne die Bestätigung anderer – etwa in Gesprächen oder gemeinsamen Unternehmungen – auskommen. Ihr Fortbestehen beruht allein auf dem Wunsch der beiden Beteiligten. So erfordert auch ihre Beendigung nicht den Einsatz anderer Menschen. Was Eltern oder Freunde denken, spielt keine Rolle. Vergleichen wir dies mit einer Beziehung, in der der eine oder beide Partner Prominente sind. Hier wird die Trennung zum Medienereignis und ruft Reaktionen zahlloser Zeugen hervor, die es als ihr Recht ansehen, das Geschehen zu untersuchen und zu kommentieren und auf eine Weise darauf zu reagieren, die sich nicht nur auf die beiden Betroffenen auswirkt, sondern auch auf Menschen, die diesen nahestehen. Je zahlreicher das Publikum, desto stärker der gesellschaftliche Druck, für immer zusammenzubleiben – oder eine Trennung endgültig zu vollziehen.[52]

Paare, die ein nur wenig nach außen gekehrtes Leben führen, haben in dieser Hinsicht einige Vorteile: Homosexuelle, die ihre Beziehung geheimhalten; Paare, die weit entfernt von ihren Familienangehörigen in Großstädten wohnen; Paare, die kurz zuvor den Wohnort gewechselt haben oder häufig umziehen und sich deshalb nie in das gesellschaftliche Leben ihres jeweiligen Wohnorts integrieren [53], und, nicht zuletzt, Paare ohne Kinder. Sie fühlen sich freier, kritische Punkte ihrer Beziehung miteinander zu besprechen, ohne sofort andere einbeziehen zu müssen. Ihre Isoliertheit verringert das Ausmaß sozialer Brüche bei einer Trennung: Es gibt weniger Menschen, die man darüber informieren muß, es gibt weniger umkämpfte gemeinsame Freundschaften und weniger Hindernisse, wieder eine neue Beziehung einzugehen. [54]

Ein kleineres Publikum mag den Bruch weniger schlimm erscheinen lassen; über den Vorteilen sollten jedoch die Nachteile nicht vergessen werden. Die Tatsache, daß andere mit der Beziehung vertraut sind und sie anerkennen, ist mit der Erwartung an das Paar verbunden, daß es seine Konflikte austrägt, wenn ein Leidensdruck einsetzt. Ohne jede Bestätigung des sozialen Umfeldes ist eine Beziehung mehr gefährdet und weniger stabil. [55] Trennt sich das Paar, erhalten beide Partner weniger Unterstützung. An wen zum Beispiel können sich Menschen wenden, deren homosexuelle oder verheiratete Liebhaber sie verlassen, wenn niemand weiß, daß die Beziehung existiert?

Paare, die regelmäßig hin- und herpendeln oder die zusammenleben und dennoch wochen- oder monatelang voneinander getrennt sind, haben es vergleichsweise leichter. [56] Während der Freizeit kann jeder sein eigenes geselliges Leben entwickeln, zusätzlich zu den Kontakten und Freundschaften, die an das gemeinsame Heim gebunden sind. Die gemeinsamen Freunde zu Hause geben ihrer Beziehung Sicherheit. Wenn sich solche Paare trennen, kann die jedem von ihnen verfügbare individuelle Unterstützung an ihren getrennten Wohnorten das Bedürfnis verringern, um die Gunst von Freunden und Verwandten zu kämpfen, die beiden zugewandt sind. [57] Zudem wird ihr häufiges Getrenntsein von allen, die sie kennen, als selbstverständlich hingenommen, und niemand wird die Stirn runzeln, wenn sie getrennte Wege gehen. Die

Partner können ihre Probleme ohne Einmischung anderer lösen und unangefochten ihren eigenen Kurs verfolgen. Da ihre Trennung nicht sofort zu einem öffentlichen Ereignis wird, können sie weiter so auftreten, als sei die Beziehung noch intakt.

Wenn man öffentlich immer noch als Paar, privat jedoch längst getrennt lebt, können daraus gewisse Vorteile erwachsen (zum Beispiel eine günstigere Steuerklasse, bessere Möglichkeiten, selbst den Zeitpunkt zu bestimmen, zu dem man die Trennung bekanntgibt, die innere Balance wiederzufinden, ohne von außen gestört zu werden, seinen Ruf vor Eingriffen anderer zu schützen, die Freiheit zu gemeinsamen Gesprächen und Beratungen); dessenungeachtet hindert der Mangel an Stellungnahmen anderer beide Partner daran, die Stagnation zu durchbrechen. Der Initiator lernt es nicht, seinen neu gewählten Lebensstil völlig zu billigen. Der zurückgelassene Partner, der noch an die Vergangenheit und Gegenwart gebunden ist, kann sich keiner eigenen Zukunft zuwenden. Denn zusätzlich zur Konsolidierung getrennter Identitäten und zur Errichtung von Hindernissen, die einer Versöhnung im Weg stehen, fördert der Auftritt vor einem Publikum Prozesse, die für die Umorientierung von großer Bedeutung sind: die neue Definition des Selbst, des anderen und der Beziehung. Der Initiator legt das Vertuschte lediglich offen. Die Trennung vollendet und bestärkt seinen Übergangsprozeß, der schon eine Zeitlang im Gange gewesen ist. Für den Partner *beschleunigt* das Publikmachen diesen Prozeß unwillkürlich – und damit seine eigene Ablösung.

## *Neun*
## Der Übergangsprozeß des Partners

Von nun an ordnet der alleingelassene Partner seine Erinnerungen, denkt über Gespräche, Streitfragen, kritische Situationen nach und durchforscht die Geschichte der Liebesbeziehung, um Erklärungen zu finden.[1] Jetzt ist es der Partner, der trauert, der verzweifelt und enttäuscht ist und alles hinterfragt, der Leid, Verwirrung und Wut in sich aufsteigen spürt und alle diese Gefühle auch anderen gegenüber zum Ausdruck bringt.[2] In Gesprächen und Aufzeichnungen versucht er, Ordnung in das Chaos zu bringen.[3] In den Schmerz und die anderen Empfindungen mischen sich aber auch positive Gedanken und Sehnsüchte. Der Partner trauert um den Verlust der glücklichen Augenblicke und die bewundernswerten Eigenschaften des anderen; indem er den Schwerpunkt auf seine eigene Unzulänglichkeit legt, gibt er sich selbst die Schuld für das Scheitern der Beziehung.

Produktionsleiter, 52, Scheidung nach fünfundzwanzig Ehejahren: «Ich kam meistens spät von Y nach Hause; sie war immer eine gute Hausfrau, das heißt, sie hielt das Essen für mich warm. Es nervte sie, daß sie deswegen aufstehen mußte, wenn ich kam. Ich verzog mich immer und trank etwas, und sie fragte dann: ‹Willst du jetzt was essen?› Und dann antwortete ich: ‹Nein, noch nicht.› Und später: ‹Jetzt bin ich soweit›, und sie kam und machte mir das Abendessen. Ich glaube, das haßte sie. Sie beschwerte sich öfters darüber, daß sie so spät abends noch Geschirr spülen mußte und dergleichen. Darin liegt meine Schuld. Ich habe sie nämlich ausgenutzt und hielt alles, was sie tat, für ganz selbstverständlich.»

Tanzlehrerin, 28, Trennung nach vier Jahren Zusammenleben: «Es ist einfach nicht fair zu sagen, dieser Mann ist ein Scheißkerl, und er handelte so, weil er ein schlechter Mensch ist. So eine Vorstellung wäre bequem; aber ich bin mir nicht sicher. Es gehören wirklich zwei dazu, um eine Verbindung zu zerstören! Man muß etwas dafür tun, daß der andere einen verläßt. Es genügt schon, so zu sein, wie man ist.»

Der frühere Partner deutet nun die Geschichte der Beziehung so um, daß sie der gegenwärtigen Lage entspricht, indem er sich schmerzhaft genau auf alles Negative besinnt. Das Positive wird dabei nicht vergessen, sondern lediglich anders akzentuiert. Allmählich wird dem Partner bewußt, daß die Beziehung schon längere Zeit in einer Krise steckte. Rückblickend erkennt er die Signale und Vorstöße des Initiators als deutliche Zeichen, durch die dieser seinen Kummer frühzeitig zu erkennen gegeben hat. Der Partner beginnt nun, das Verhalten des Initiators in einem anderen Licht zu sehen.[4]

Lehrerin, 35, Scheidung nach elf Ehejahren: «Neulich hörte ich im Auto das Lied. Er schwärmte sehr für Country- und Western-Musik, und wir hatten viele Schallplatten. Er hat diese Platte immer wieder gespielt, und ich dachte, er mag sie einfach gern. Wenn man eine Platte öfters hört, achtet man nicht auf den Text. Aber neulich hörte ich die Worte. Der Sänger beteuert einer Frau, wie wichtig sie ihm ist, daß sie sein Leben, sein ein und alles ist, aber er kann ihr nicht näherkommen, weil er gebunden ist. Da ging mir plötzlich ein Licht auf.»

Studentische Hilfskraft, 28, Trennung nach einem Jahr Zusammenleben: «Er bewegte sich von mir fort, und ich habe es nicht gemerkt. Wir unterhielten uns einmal über materielle Dinge, und ich wunderte mich, wie emotional er in dieses Thema einstieg. So richtig begriffen habe ich das aber erst später: Er wollte nicht Teil eines Paars, einer Einheit sein; ihm ging es nur um persönlichen Besitz, um seine persönlichen Interessen und seine höchstpersönlichen Gefühle.»

Der Goldlack blättert ab – die Beziehung nimmt nun eine eher düstere Färbung an. Obwohl die meisten Partner sie in diesem Stadium für ernsthaft gefährdet halten, gibt es doch viele, die weiterhin auf Versöhnung hoffen.[5] Sie halten an den guten Eigenschaften des Initiators und den positiven Seiten der Beziehung fest. In der Hoffnung, daß noch etwas zu retten sei, möchten sie es weiter versuchen – und hindern sich so an eigenen Entwicklungsschritten, die erst möglich werden, wenn sie sich das endgültige Scheitern ihrer Beziehung eingestehen. Was für den Initiator gilt, trifft auch für seinen Partner zu: Er bringt es nicht fertig, jemanden zu verlassen, den er noch gern hat. Um seine eigene Lösung zu vollziehen, muß der Partner für den Initiator und die Beziehung eine negative Deutung finden, um so das Ende rechtfertigen zu können. Wie es der Initiator vor ihm tat, muß sich auch der Partner mit dem Leid auseinandersetzen – nicht, indem er die Vergangenheit leugnet, sondern indem er ihr einen neuen Stellenwert für sein Leben zumißt.[6]

## Strategien in der Schlußrunde

Aber wir konstruieren uns unsere Realitäten nicht allein[7]; wir tun es mit anderen, die durch ihren Widerspruch und ihre Bestätigung dazu beitragen, in welcher Weise wir die Welt und uns selbst wahrnehmen. So verhelfen dem Partner die Menschen, die sich mit ihm verbündet haben, dazu, mit den Ereignissen der Vergangenheit besser umzugehen. Doch die entscheidende Rolle bei der Veränderung seiner Sicht spielt der Initiator. Da die beiden nun getrennt sind, muß dieser den Partner davon überzeugen, daß die Beziehung gescheitert ist. Manche Initiatoren versuchen dies auf eine schonende Art; sie sind freundlich und besorgt, zeigen Mitgefühl und bieten Unterstützung an. Sie wollen dem Partner auf diese Weise helfen, sich allmählich an die Vorstellung von einem Leben ohne sie zu gewöhnen.

Studentin, 21, Trennung nach einem Jahr Zusammenleben: «Ich konnte ihm wirklich nicht sagen, daß ich ihn nicht liebte, weil ich fürchtete, das würde ihn umbringen. Darum sagte ich: ‹Ich mag dich sehr, aber ich kann nicht mit dir zusammenleben.› Und das spulte ich immer wieder ab, wenn er eine Erklärung für alles haben wollte. Es war nur zum Teil wahr. Aber ich sagte ihm das, weil ich wirklich nicht wußte, wie ich es ihm sonst beibringen sollte.»

Erzieherin, 24, Scheidung nach vier Ehejahren: «Ich beschloß, meinen Ring erst dann abzunehmen, wenn *er* es getan hatte. Und irgendwann fiel mir auf, daß er ihn nicht mehr trug. Wahrscheinlich wollte er mich damit kränken. Und selbst dann habe ich meinen immer noch mal wieder aufgesetzt, bis ich ihm schließlich ankündigte, daß ich die Scheidung einreichen würde. Da wollte ich ihn nicht mehr bis zum bitteren Ende tragen, außer wenn ich ihn oder unsere gemeinsamen Freunde traf.»

Selbst zu diesem Zeitpunkt erhält der Partner gemischte Zeichen. Der Initiator verstärkt in seinem Bestreben, freundlich und liebenswürdig zu sein, den Glauben des Partners, daß eine Versöhnung möglich sei. Er nimmt nur zu deutlich wahr, daß ihm der Initiator seine Sympathie bekundet oder den Ehering noch nicht abgelegt hat, und kann – trotz der Trennung – diese Zeichen als Hoffnungsschimmer interpretieren.

Einige Initiatoren kümmern sich weiterhin um alltägliche Belange des Partners: Sie fühlen sich nach wie vor für die Wäsche zuständig, schneiden den Rasen, besuchen Verwandte, machen Einkäufe, backen einen Kuchen, regeln die finanziellen Angelegenheiten, reparieren das Auto. Solche Handlungen entstehen vielleicht aus einem Gefühl der Verantwortung, der Schuld, aus Fürsorge oder lediglich aus Höflichkeit. Manche dieser Aktivitäten mögen auch auf der Befürchtung beruhen, der Partner könnte etwas für sich zurückbehalten, worauf der Initiator Anspruch erhebt: Geld, das Stereogerät – die Kinder. Manchmal können die Initiatoren zwar den anderen Menschen, nicht jedoch ihre Rolle als Partner aufgeben. Darum verharren sie aus Gewohnheit in einem anachronistischen Rollenverhalten. Der Partner hingegen wertet diese anhaltende Fürsorglichkeit als gutes Zeichen.

Manchmal verwirrt den Partner auch eine einzelne Handlung des Initiators.

Vertreterin, 35, Trennung nach fünfzehn Ehejahren: «Er rief nie an, er schaute nie herein. Wenn er etwas mitteilen wollte, schrieb er einen Brief. Er behielt einen Schlüssel, und manchmal, wenn er wußte, daß ich nicht da war, kam er, nur um seine Sachen zu holen. Oft stellte ich fest, daß etwas fehlte oder daß er etwas am Haus repariert hatte. Am ersten Weihnachtstag, als wir aus der Kirche kamen, war er dagewesen und hatte mir ein Geschenk hinterlassen. Er hatte mir einen Kaffeetisch gezimmert, an dem er schon das Jahr vorher gearbeitet hatte. Der stand da, fix und fertig. Ehrlich, ich wußte nicht, ob ich weinen oder böse sein sollte. Warum will dieser Mann nicht mit mir leben und macht dann so etwas?»

Eine solche Verwirrung stiftende Handlung muß keine große Geste sein. Sie kann auch etwa aus einem herzlichen Gruß bestehen, der bei einer zufälligen Begegnung auf der Straße ausgetauscht wird. Für denjenigen, der noch an der Beziehung festhält, verweist die Begegnung auf eine noch immer bestehende Verbundenheit, die ihn hoffen läßt, daß der andere zurückkommt.

Oft klammert sich der Partner an die Überzeugung, daß die Beziehung gerettet werden kann, weil der Initiator seine wahren Gefühle über den nun eingetretenen Verlauf der Beziehung verbirgt. Eigentlich ist er darüber glücklich, getrennt zu leben. Dem Beziehungskrampf entronnen, fühlt er sich nun auch von der Belastung befreit, in zwei verschiedenen Welten leben zu müssen. Jetzt (oder demnächst) wird er so leben, wie es ihm immer vorschwebte; nicht länger braucht er das falsche Leben fortzuführen, das er für andere konstruiert hatte.[8] Um den ehemaligen Partner jedoch nicht zu kränken, maskiert er seine Zufriedenheit und vermittelt statt dessen den Eindruck, er leide unter seiner Einsamkeit, sei sich seiner Gefühle nicht sicher und kämpfe mit schweren inneren Konflikten.

Wiederum erhält der Partner gemischte Zeichen: Zwar hat der Initiator die Trennung vollzogen, aber er hat anscheinend Schwierigkeiten, mit dieser Situation allein fertig zu werden; vielleicht läßt sich doch noch alles klären. Gelegentlich mag der innere Konflikt des Initiators echt sein. Ist er einmal vom Partner entfernt, mag er sich fragen, ob seine Entscheidung richtig war, und er beichtet dem Partner diese Ungewißheit; manchmal kommt er auch wieder in die gemeinsame Wohnung zurück, um dann erneut das Weite zu suchen. Der Partner, der beim Auszug des Initiators den Schluß zog, die Beziehung sei ernsthaft gefährdet, schöpft jetzt wieder Hoffnung, es könnte alles wieder gut werden. Wird das Kommen und Gehen zur Routine, dann vergißt man über diesen fortgesetzten Kontakten, was für ein deutliches Zeichen die Trennung war.

Lehrerin, 48, Scheidung nach zweiundzwanzig Ehejahren: «Er sagte: ‹Ich treff mich mit jemand.› Ich fragte: ‹Liebst du sie?› Und er antwortete: ‹Ich weiß es nicht.› Auf die Frage ‹Liebst du mich?› antwortete er: ‹Ja.› Nach einer stressigen Zeit verkündete er: ‹Jetzt ist es vorbei. Ich treff sie nicht mehr.› Und ich glaubte ihm und dachte, alles sei in Ordnung. In diesem Sommer machten wir Obst und Gemüse ein und unternahmen allerhand zusammen. Und dann, im November, kam ich eines Tages nach Hause und fand einen Zettel: ‹Ich bin gegangen. Suche mich nicht.› Ich weinte. Am nächsten Tag hörte ich sein Auto in der Einfahrt – und er war wieder da. ‹Verzeih mir, ich mach das nie wieder›, sagte er unter Tränen.

Eines Tages, sechs Monate später... ich bereitete gerade Auberginen zu und war so froh, daß er einer geregelten Arbeit nachging. Die Kinder waren schon von der Schule zurück. Er kam gewöhnlich gegen sechs Uhr abends. Da klingelte es; die Kinder gingen zur Tür. Ich machte gerade einen Kalbsbraten. Da sagten die Kinder: ‹Mutti, komm mal zur Tür, jemand will dich sprechen.› Und ich antwortete: ‹Ich kann jetzt nicht.› Aber die Kinder riefen: ‹Nein, Mutti, sie müssen mit dir sprechen.› So ging ich zur Haustür, und ein Beamter überreichte mir eine Vorladung für die Scheidung. Und die Kinder wollten wissen, was los sei, und standen um mich herum; und so stehe ich da, umringt von meinen Kindern. ‹Vati will sich scheiden lassen.› Da mußte ich weinen. Währenddessen war alles angebrannt, und wir saßen hier. Um sechs Uhr abends kommt er herein mit den Worten: ‹Hallo, miteinander!› Ich meinte: ‹Wie kannst du so etwas sagen. Schau dir das an!› – ‹Ach, Mary›, erwiderte er, ‹weißt du, ich habe schon lange daran gedacht.› Er hatte mir zwar von seiner Liebesbeziehung erzählt, aber irgendwann hatte er auch gesagt, daß nun alles vorbei sei. Also fragte ich ihn: ‹Wegen ihr?› Und er antwortete: ‹Nein, ich möchte frei und unabhängig sein.› Er blieb aber, und alles wurde wieder stressig, und er meinte: ‹Also, ich bin mir nicht sicher, ob ich die Scheidung will oder nicht.› Und als die dreißigtägige Frist abgelaufen war, zog er den Antrag zurück.»

Der Partner erhält auch gemischte Zeichen, wenn die Trennung schon verabredet ist, beide aber aus verschiedenen Gründen weiter zusammenleben. So wird seine Hoffnung genährt, und die Lage verschlechtert sich drastisch, wenn der Initiator, der sich dazu gedrängt fühlt, auf die optimistische Stimmung des Partners zu reagieren und ihn davon zu überzeugen, daß die Beziehung nicht mehr zu retten sei, seinen Unwillen energisch offenbart.

Student, 24, Trennung nach vier Jahren Zusammenleben: «Sie schien das Bedürfnis zu haben, unsere Probleme zu besprechen, damit ich es aus ihrer Perspektive sehen könne. Eines Nachts redete sie von elf bis zwei auf mich ein. Sie machte ihrem ganzen Groll Luft, der sich in der letzten Zeit angestaut hatte. All die Minuspunkte, von denen ich noch gar nichts wußte, zählte sie auf und machte mich zum Bösewicht. Solche Härte hatte ich noch nie erlebt – ich war völlig niedergeschmettert.»

Schreiner, 23, Trennung nach einem Jahr Zusammenleben: «Diesmal sprach er nicht mit mir. Es herrschte eine lange Zeit das große Schweigen, und er weigerte sich damals, mir mehr zu sagen. Wir aßen zusammen, wir führten oberflächliche Gespräche, sahen fern, gingen ins Kino, all das. Aber wenn ich ihm eine wichtige Frage stellte, antwortete er nicht. Ich weiß nicht, warum. Er war total auf Distanz bedacht.»

Kellnerin, 28, Scheidung nach sieben Ehejahren: «Nein, die ganzen fünf Monate, in denen wir im selben Haus wohnten, ließ er nicht zu, daß ich irgend etwas für ihn tat. Viele Nächte kam er nicht nach Hause, und ich hatte keine Ahnung, wo er war. Oft kam er erst um sieben Uhr morgens, duschte, zog sich um und ging dann zur Arbeit.»

Es kommt auch vor, daß der Initiator keinen Raum für Zweifel läßt. Nachdem er ausgezogen ist, wird ihm klar, daß der Partner seine Hoffnung nicht aufgeben wird, bis jede Möglichkeit der Versöhnung ausgeschlossen ist. Um einen klaren Schlußstrich zu ziehen, zündet der Initiator, der zuvor seine Gefühle nicht in ihrem ganzen Ausmaß offenbart hat, nun eine Sprengladung: Er enthüllt ein Geheimnis, das die Beziehung mit tödlicher Sicherheit beendet.[9]

Chefsekretärin, 34, Scheidung nach neun Ehejahren: «Er sagte, daß er schon seit sieben Jahren nichts mehr für mich empfinde, einfach gar nichts. Und ich fragte: ‹Und wie war es damals, als wir nach Cleveland gingen?› Er antwortete, daß es schwierig für ihn gewesen sei, weil er keine Gefühle für mich gehabt habe. ‹Und ich dachte, dir ginge es gut›, erwiderte ich, und er antwortete: ‹Ich habe Theater gespielt.› Schließlich meinte er: ‹Hör zu, ich habe dich nie gern gehabt. Ich habe dich geheiratet, weil wir schon sechs Jahre zusammen waren und weil man das sozusagen von uns erwartete. Aber wenn ich richtig darüber nachdenke, habe ich dich nie wirklich geliebt.›»

Student, 35, Trennung nach zwei Jahren Zusammenleben: «Sie erzählte mir die tollsten Erlebnisse mit ihrer neuen Freundin, und ich sagte ihr, daß sie mir damit weh tue. Ich bezweifle, daß sie mich kränken wollte. Ich vermute, sie sah in mir einen Freund. Sie gab offen zu, daß sie glücklich über ihre neue Freiheit war, und wünschte wohl, daß ich ihr Glück teilte. Aber offensichtlich konnte ich das nicht, es machte mich völlig fertig. Ich sagte ihr, daß ich es einfach nicht verkraften könne und daß ich nicht wisse, warum wir auseinandergegangen seien, und daß ich außerdem nichts von dieser Frau hören wollte. In Wirklichkeit wollte sie mir zu verstehen geben: Ich liebe nicht mehr dich, sondern jemand anders.»

Medizinisch-technische Assistentin, 30, Scheidung nach neun Ehejahren: «Er hat schon immer gesagt, daß ich nichts wieder ins Lot bringen könne. Ich sei die perfekte Ehefrau, die perfekte Mutter. Nur liebe er mich leider nicht mehr. Er brachte mich zum Wahnsinn damit, denn er konnte mir keine Gründe nennen. Ich beschuldigte ihn, mich angeschwindelt zu haben. Wenn da eine Frau im Spiel gewesen wäre, hätte ich ihn verstanden und mich mit allem besser abgefunden. Damals stritt er es noch ab, aber nach der Trennung gab er zu, daß er mich betrogen hatte. Er sei – wie sagt man – sozusagen in eine sexuelle Experimentierphase gekommen.»

Andere wiederum versuchen, ihre Partner von der Endgültigkeit der Trennung zu überzeugen, indem sie erneut zu jenen indirekten Methoden greifen, derer sie sich schon seit Beginn ihres Übergangs bedient hatten, um ihr Unbehagen zum Ausdruck zu bringen. Sie lassen etwa die Kommunikation bis zum völligen Abbruch einschlafen.[10] Vielleicht ziehen sie aus und geben dem Partner anstelle gemischter Signale nur ein einziges, aber eindeutiges: Sie sind nicht mehr da. Einige bleiben, vermitteln aber die gleiche Botschaft, indem sie jede Interaktion verweigern. Andere legen ein unhöfliches Verhalten an den Tag, verstoßen gegen die Regeln des guten Umgangs und zeigen ihre mangelnde Betroffenheit und Liebe auf eine Weise, die die Würde des Partners verletzt.

Büroangestellte, 28, Trennung nach sechs Ehejahren: «Nie besucht er seine Kinder, wenn er es sollte. Entweder vergißt er es oder kommt zu spät, und manchmal sehen sie ihn später im Supermarkt oder mit einer Frau im Auto. Kann man von mir erwarten, daß ich den Kindern sage, er sei ein guter Mensch?»

Rechtsanwalt, 38, Scheidung nach zwölf Ehejahren: «Sie versuchte, soviel Geld wie möglich zu ergattern. Ihr Anwalt kam mit diesem unglaublichen Antrag. Sie wußte nicht einmal, wieviel ich verdiente und was wir besaßen. Aber dieser Antrag war darauf ausgerichtet, mich total auszuplündern, und ich wäre bettelarm geworden. Sie war da gnadenlos und empfand keine Spur von Mitleid. Gar nichts fühlte sie.»

Chefsekretärin, 34, Scheidung nach neun Ehejahren: «Ich hatte mit seiner neuen Bekannten nur ein einziges Mal zu tun. Es war am Tag des Erntedankfestes. Er hatte sich schon einige Tage nicht zu Hause blicken lassen, und ich fing gerade an, mir selbst leid zu tun. Dann rief ich sie an – ich wußte ja ihren Familiennamen – und fragte sie: ‹Sehen Sie Ronnie heute?› Und sie antwortete: ‹Er wird wahrscheinlich vorbeikommen.› Und ich sagte: ‹Gut, dann richten Sie ihm alle guten Wünsche für das Fest aus.› Das war alles. Spätnachmittags kreuzte er dann bei mir auf. Und was machte der verdammte Kerl? Er holte sich das elektrische Tranchiermesser aus der Küche und verschwand wieder. Er hatte sein Festessen bei ihr!»

Durch diese Strategien veranlaßt der Initiator den Partner früher oder später dazu, die Beziehung unter negativen Vorzeichen neu wahrzunehmen. Eine solche negative Neubewertung ist für den Übergangsprozeß des Partners genauso wichtig wie zuvor für den des Initiators. Durch die Betonung der Mängel läßt der Partner den Initiator allmählich hinter sich zurück. Um sich aber ganz lösen zu können, ist es für ihn notwendig, Alternativen zu finden, die ihm die Stabilität und Identität ersetzen, die ihm früher die Beziehung bot. Dies ist nicht so einfach, und die Möglichkeiten sind, wie wir gesehen haben, von Fall zu Fall sehr unterschiedlich.[11] Dabei sind die Partner gewöhnlich unmittelbarer benachteiligt als die Initiatoren. Erstens haben sie nicht die Muße, die sich ihnen bietenden Alternativen abzuwägen.[12] Das Konto, die Wohnung, die Kinder, die emotionale Zuwendung, die andere erwarten – diese und viele andere Grundanforderungen im alltäglichen Leben lassen sich nicht auf die lange Bank schieben. Zweitens hat der Partner, ungeachtet der Dringlichkeit, große Mühe, Ressourcen für sein eigenes Wohl zu erschließen.

## Der schwierige Absprung

Der verlassene Partner hat sein Selbstgefühl verloren, das er dringend benötigte, um sich ein neues soziales Umfeld aufzubauen. Er erfährt nicht nur den Verlust seiner Identität, sondern muß gleichzeitig mit dem Gedanken fertig werden, daß er eine wichtige Bewährungsprobe des Erwachsenseins nicht bestanden hat: die Anforderung, eine feste Bindung einzugehen.[13] Mancher schätzt seinen Selbstwert so gering, daß er sich einbildet, es geschehe ihm nur recht, wenn man ihn verlasse.[14] Oft hindert ihn sein Ohnmachtsgefühl daran, Kontakte anzubahnen, die ihm helfen oder wichtige Hinweise für die Gestaltung seines veränderten Lebens vermitteln könnten. Er zieht die Sicherheit, die ihm seine Einsamkeit zu gewähren scheint, riskanten Begegnungen vor.[15] Diese Isolation führt dazu, daß er für das positive Feedback anderer unzugänglich wird, für die Anerkennung, die so wichtig für ihn wäre, um sein Selbstvertrauen und die Fähigkeit, alle eigenen Kräfte zu mobilisieren, zurückzugewinnen.

Außerdem ist die Motivation gering, sein Leben wieder in die Hand zu nehmen. Denn er leidet nicht nur an seinem Identitätsverlust, sondern auch an der Unsicherheit, wo sein Platz in der Gesellschaft ist. Erwartungen greifen jetzt ins Leere; er hat seine Zukunftsperspektive verloren. Die Veränderungen in seinem Leben haben sich weitgehend seiner Kontrolle entzogen, und er ist gezwungen, Alternativen zu entwickeln und Entscheidungen zu treffen, die keineswegs seinen Wünschen entsprechen. Oft ist der Partner nicht nur unfähig, sondern auch unwillig, sich in eine neue Rolle hineinzufinden, und er wird sich erst dann auf ein eigenständiges Leben einlassen können, wenn er akzeptiert hat, daß die Beziehung endgültig gescheitert ist.[16]

Einige reagieren auf den Verlust, indem sie vorübergehend allen Ressourcen entsagen, die ihnen zur Verfügung stehen. Sie brechen aus ihrer gewohnten Umgebung aus, verzichten auf frühere Rollen, die ihrem Leben eine Struktur gegeben haben, und steuern in eine Existenz hinein, die sich von außen als «chaotisches Leben» darstellt. Sie brechen Beziehungen zu Freunden, Eltern, Kindern ab, kündigen, nehmen unbefristeten Urlaub oder wechseln den Wohnort.[17] Doch der äußere Anschein kann täuschen: Viele, die so ein «chaotisches Leben» führen, schaffen sich in Wirklichkeit eine neue Ordnung, die ihnen sinnvoll erscheint. Solche ziellos umherschweifenden Menschen sind offenbar imstande, Beziehungen zu erneuern, die ihnen zu einem positiven Selbstbild verhelfen: Sie nehmen Verbindung zu alten Freunden auf, besuchen Orte, die mit guten Erinnerungen verknüpft sind. Vielleicht gewinnen sie ihr Gleichgewicht einfach dadurch zurück, daß sie sich nicht mehr den immer wiederkehrenden Konfrontationen mit der Krise aussetzen.

Maschinenschlosser, 29, Scheidung nach sechs Ehejahren: «Ich verließ meinen Arbeitsplatz etwa in der zweiten Woche, weil ich das Gezeter bis obenhin satt hatte. Ich fuhr los, hielt irgendwo an und übernahm jeden Job, den ich bekommen konnte – sogar Arbeit im Garten. An einer Stelle blieb ich zwei Monate, das war die längste Zeit. Ich suchte mir ein Zimmer und saß einfach nur da. Manchmal ging ich auch raus, aber in erster Linie brauchte ich Ruhe, um nachzudenken. Ich war so fertig, daß ich zu Hause nicht denken konnte. So etwas war mir noch nie passiert – für die Kinder und so habe ich nämlich wirklich ein Verantwortungsgefühl. Aber ich war dem Ganzen einfach nicht mehr gewachsen und brauchte Abstand.»

Wir irren uns, wenn wir glauben, das Leben von Aussteigern sei wahl- und ziellos, denn die Anforderung, Tag für Tag die Existenz zu sichern, verlangt eine gewisse Fähigkeit zur Planung. Partner, die dem Alkohol oder anderen Drogen verfallen, schaffen sich einen Lebensstil, der zu ihren Gewohnheiten paßt. Auch Obdachlose, psychisch Kranke und Tramps führen ein Leben, das durch ein hohes Maß an Routine charakterisiert ist.[18] Ein Partner, der vor der Trennung seine Arbeit und nach der Trennung sein Haus verlor, wurde Taxifahrer. Zwar fehlten in diesem Job alle Elemente seiner früheren Routine, doch nahm er eine neue Gewohnheit an, die ihn vorübergehend entlastete: Da er ein mitteilsamer Mensch war, setzte er sich in Gesprächen mit seinen Fahrgästen «viele tausendmal» mit der Geschichte seiner unglücklichen Beziehung auseinander. Wenn er seine Schicht gefahren hatte, saß er Abend für Abend allein vor seinem Glas. «Irgend etwas mußte ich ja tun», sagte er. Auch häufig wechselnde sexuelle Kontakte können Stabilität und Ordnung in das Leben eines Menschen bringen, denn es erfordert Zeit, Ausdauer und planmäßiges Vorgehen, ständig neue Partner zu finden.

Andere wenden sich verstärkt Ressourcen zu, die ihrem Leben auch schon vor der Trennung Kontur gaben. Viele finden Halt in ihrem Privatbereich und in der Unterstützung durch Nachbarn und Freunde. Sie widmen sich mehr ihren Kindern oder stützen sich auf den Trost und die Gesellschaft derjenigen, die auf ihrer Seite stehen. Vielleicht kehren sie auch in ihr Elternhaus zurück oder ziehen mit einem erwachsenen Kind zusammen. Manche wenden sich ganz ihrer Arbeit und dem täglichen Beisammensein mit ihren Kollegen zu. Andere gehen eine neue Liebesbeziehung mit einem Menschen ein, mit dem sie schon vorher befreundet waren.

Partner, die sich schnell auf eine neue intime Beziehung einlassen, wählen wahrscheinlich jemanden aus, bei dem sie sich aufgehoben fühlen und der keine feste Verbindung anstrebt. Da ihre Wunden noch nicht verheilt und sie vielleicht noch mit vielen ungeklärten Problemen belastet sind, können Partner den Gedanken an ein erneutes Scheitern nicht ertragen. In jeder Hinsicht «sichere» Menschen sind allerdings schwer zu finden. Entweder leben sie nur vorübergehend am gleichen Ort, oder sie weichen – etwa hinsichtlich ihres Alters, ihres Berufes oder ihrer Weltanschauung – so stark von den eigenen Erwartungen ab, daß eine längere Bindung ausgeschlossen ist. Vielleicht hat der neue Liebhaber auch gerade eine Trennung hinter sich und ist darum ebenso zurückhaltend. Andere berichteten mir, daß sie zu einer Phantasiebeziehung Zuflucht genommen hätten, die mehr ihren Wunschvorstellungen als der Realität entsprach. Der neue imaginäre Liebhaber lebt vielleicht weit entfernt, ist fest gebunden, emotional distanziert oder erwidert nicht die Gefühle des verlassenen Partners. Dennoch bezieht der Partner eine neue Identität von dieser anderen Person, festigt dadurch sein brüchiges Selbstbild und schützt es zugleich vor neuen Erschütterungen, indem er sich für jemanden entscheidet, der offensichtlich auf Dauer unerreichbar bleibt.

Andere Partner finden Trost in ihrem Glauben. Interessanterweise traf ich keinen Initiator, der sich, als Alternative zu seiner Beziehung, der Religion zugewandt hatte. Im Gegenteil: Viele Initiatoren erwähnten, daß sie sich während ihrer Übergangsphase irgendwann von der Religion abgewandt hatten. Dieser Unterschied ist nicht überraschend. Beide Akteure – der Initiator wie der Partner – streben nach Konsistenz und suchen Alternativen, die sich mit ihrem Selbstgefühl und ihrem Lebensraum in Einklang bringen lassen. Initiatoren finden keine Konsistenz, wenn sie einer religiösen Glaubensgemeinschaft angehören, die Beziehungen als Verpflichtung begreift. Für Partner gilt das häufig nicht; sie stehen zu ihrem Glauben, zumindest in den frühen Phasen der Trennung.

Einige Partner, die nach der Trennung nicht fähig sind, sich stabile Verhältnisse zu schaffen, ziehen sich aus ihren gewohnten Interaktionen zurück, erleiden einen psychischen Zusammenbruch oder werden krank.[19] Wenn dies auch, von außen betrachtet, als Selbstaufgabe erscheinen mag, so finden doch manche Befriedigung und eine neue Identität in der Rolle des Opfers: Von nun an ordnet sich ihr ganzes Leben planvoll um die Zurückweisung, die sie erlitten haben. Aufgrund der sichtbaren Gefährdung wird ihnen Unterstützung von außen zuteil. Sie zentrieren ihr Leben um den Verlust und um die nun einsetzende Aktivität professioneller Helfer, die sie in ihren Alltag integrieren oder in einer entsprechenden Institution in Anspruch nehmen.

Partner sind auf der Suche nach rascher Entlastung, wo auch immer diese zu erhalten ist; sie suchen vorübergehend Zufluchtsorte, um ihre Erfahrung zu verarbeiten. Aber das bedeutet noch nicht, daß sie in ihrer Entwicklung vorankommen, denn sie organisieren ihr Leben weiterhin um die Beziehung herum – sie denken daran, sie reden davon, sie schreiben darüber; sie versuchen nach wie vor, mit dem Initiator zu kommunizieren. Sie lassen den Verlobungsring wieder reparieren, streichen das Haus neu an, sprechen mit dem Anwalt, besuchen Kurse zur Selbstentfaltung, demolieren die Wohnung des Initiators oder entführen die Kinder. Möglicherweise gehen sie der Lieblingsbeschäftigung des Initiators nach: Sie bleiben aktive Fans einer bestimmten Mannschaft, hegen eine Vorliebe für mexikanische Restaurants, lesen Horrorgeschichten, übernehmen Arbeiten für irgendein Hobby des Initiators oder pflegen dessen Freundschaften.

Und sie warten. Sie warten darauf, daß das Telefon läutet, daß der Brief beantwortet wird, daß der Scheck eintrifft, daß er die Kinder besucht. Sie planen die nächste Begegnung: was sie sagen und was sie anziehen werden. Sie fahren fort, sich in die Vergangenheit und in die andere Person hineinzuversetzen. Solche Aktivitäten weisen deutlich auf die Intensität der Bindung hin. Vielleicht haben es die Partner hinsichtlich ihrer Orientierungslosigkeit, die mit der Trennung einherging, zu einer gewissen Stabilität gebracht; sie haben aber noch keine eigenständige Identität entwickelt.[20]

Gelegentlich wird die erste Zuflucht des Partners zu dauerhaften Existenzform – eine Folge fehlender Alternativen. Eine Wahl schließt andere Möglichkeiten aus.[21] Partner, die Trost in einer Phantasiebeziehung finden, die sich mit ihren Träumen von einem romantischen Pas de deux mit einem unerreichbaren Partner stabilisieren, berauben sich sowohl der nötigen Bereitschaft als auch der Zeit, nach einem Menschen Ausschau zu halten, der eventuell ein echter Gefährte sein könnte. Genau dies ist zwar anfangs sein Bestreben, doch versperrt die Phantasiebeziehung auch langfristig die Möglichkeit, sich umzuorientieren, denn verglichen mit dem Erträumten scheint die Wirklichkeit natürlich weniger interessant. Als ein weiteres Beispiel einer vermeintlich vorübergehenden Alternative, die zur Dauereinrichtung wird, kann man den Partner anführen, der zu seinen Eltern zieht, weil er sich kein eigenständiges Leben leisten kann. Wenn auch die Fürsorge und Unterstützung der Eltern während der Krisenzeit unschätzbar sind, so übernimmt der Partner doch andererseits in gewisser Hinsicht Rechte und Pflichten eines Familienmitglieds und verringert so die zur Verfügung stehende Zeit, um sich mit anderen Möglichkeiten zu befassen. Seine Wahl ist kein Anzeichen zunehmender Autonomie, sondern bestärkt vielmehr eine alte Identität: die des abhängigen Kindes.

Partner, die in der ehemals gemeinsamen Wohnung bleiben, begrenzen in ähnlicher Weise ihre Wahlmöglichkeiten. Sie verlängern das Zugehörigkeitsgefühl zum anderen und halten an der Identität fest, die an das Zusammenleben als Paar gebunden war. Eine Nachbarschaft, in der (vielleicht) nur Paare leben und wo jeder als «bessere Hälfte» angesehen wird, hindert sie daran, einen von der Vergangenheit abweichenden neuen Lebensplan zu entwerfen. Nicht alle Alleingebliebenen fühlen sich wohl bei dem Gedanken fortzuziehen, und auch nicht alle haben diese Chance. Aus wirtschaftlichen Gründen oder wegen der Kinder können manche Partner ihre alte Umgebung nicht verlassen.[22] Es kann sein, daß sie darin Halt finden und aus diesem ihnen vertrauten Umfeld Kraft schöpfen; ihr Übergangsprozeß aber, die Entwicklung einer vom Initiator losgelösten Identität gestaltet sich schwieriger. Wenn hingegen der Partner den Wohnort wechselt, fördert dieser Umzug die Orientierung auf ein neues Selbstbild und beschleunigt den Übergangsprozeß: Jetzt steht der Partner vor der Aufgabe, sich in einer neuen Umgebung zu behaupten, neue Freunde zu gewinnen und sich ohne den anderen ein Nest zu bauen. All das trägt dazu bei, daß er sich eine eigenständige, vom Initiator unabhängige Identität schafft.

Eine Variante der zu einem Dauerzustand werdenden «Zwischenlösung» betrifft Partner, die finanzielle Unterstützung vom Staat erhalten. Die Übertragung der wirtschaftlichen Abhängigkeit vom Initiator auf den Staat schränkt die Bewegungsfreiheit ein; die Erwerbstätigkeit kann jetzt unattraktiv erscheinen. Der Partner vergibt die Chance, die ihm die Arbeit bietet: Sie könnte ihm eine positive Identität vermitteln und ihm weitere Möglichkeiten erschließen. Statt dessen begibt er sich in eine recht zweifelhafte Rolle, die nicht ohne Wirkung auf andere Alternativen bleibt.[23] Partner, die ihre Elternrolle als wichtigste Grundlage ihrer Identität begreifen, machen ihre Kinder manchmal zu einem so ausschließlichen Lebensinhalt, daß sie sich selbst die Möglichkeit zu irgendeinem eigenen sozialen Leben vorenthalten. Auch steht ihnen ein weiterer und um so schmerzhafterer Übergangsprozeß bevor, wenn ihr letztes Kind das Haus verläßt.

Einige Partner tragen für immer das Mal des Sitzengelassenen: Sie spielen ständig die Rolle des Opfers. Sichern sie sich dadurch auch anfangs die Aufmerksamkeit und Hilfe der Familie, der Freunde und vielleicht sogar des Initiators, so verringert doch das längere Vermeiden normaler Interaktion schließlich die Chance, neue Rollen zu finden. Möglicherweise geben sie es auf, sich um Arbeit zu bemühen, verlieren die Arbeit oder ziehen sich von anderen Verantwortlichkeiten zurück, die zu einem positiven Selbstbild verhelfen könnten. Im gleichen Maße, in dem ihr Spektrum von Alternativen kleiner wird, investieren sie aus ihrem Mangel heraus mehr und mehr Energie in ihre Opferrolle und engen ihren Blickwinkel auf die Beziehung und den Verlust ein. Sie erzählen immer wieder die Episoden, in denen sie ihrer Meinung nach zum Opfer des Initiators wurden, und werden so stark von dem Gefühl bestimmt, sozial und persönlich versagt zu haben, daß sie unfähig sind, ein anderes Selbstbild zu entwerfen. Zunächst gehen die Mitmenschen auf ihr Elend ein, indem sie sich ihnen zuwenden und ihre Unterstützung anbieten. Dadurch belohnen sie sie gewissermaßen für ihren Verlust und bestätigen und bestärken sie in ihrer Opferrolle.²⁴

Schließlich aber befremdet der Partner solche wohlmeinenden Helfer, die angesichts seiner anscheinend endlosen Innenschau, seiner Wutausbrüche und seines negativen Denkens ermüden. Es wiederholt sich das, was zwischen Partner und Initiator geschah: Der Partner kann gerade dann nicht anziehend sein, wenn seine Anziehungskraft dringend erforderlich wäre.²⁵ Freunde ziehen sich zurück. Mit der fortschreitenden Dezimierung anderer möglicher Rollen neigt der Partner dazu, sich auf die einzige Alternative zurückzubesinnen, die ihm bleibt. Indem er sich an die Opferrolle klammert, stellt er seinen Weltbezug weiterhin allein auf die Grundlage seines Verlustes.²⁶ Ich vermute, daß viele Suizidfälle unter den verlassenen Partnern darauf zurückzuführen sind, daß sie niemanden mehr haben, der ihre Opferrolle bestätigt. Wenn sie aus dieser einzigen Rolle, die ihnen verblieben ist, keine Identität mehr beziehen können, unternehmen sie einen Schritt, der sich ihnen als Konsequenz aus ihrer sozialen Realität darstellt: die Selbstzerstörung.

Was kann diesen Abwärtstrend aufhalten? Manchmal kommen Partner in ihrer verzweifelten Lage ohne sichtbare Veränderung der äußeren Umstände an einen inneren Punkt, an dem sie eine eigene Kraft entdecken, die ihnen hilft, sich wieder auf die soziale Welt einzulassen. So beschrieb jemand, wie er einen Abend zu Hause verbrachte und ein gutes Buch las. «Ich hatte ganz vergessen, daß ich auch allein zufrieden sein konnte. Bevor wir zusammenlebten, bin ich ja auch allein glücklich gewesen. Und bei diesem Gedanken wußte ich auf einmal, daß ich es allein schaffen würde.» Eine Frau berichtete von ihrer depressiven Phase, die so lange dauerte, daß sie mit dem Gedanken spielte, sich das Leben zu nehmen. «Dann bemerkte ich eines Tages, daß alle außer mir vergnügt waren, und da wurde mir plötzlich klar: Wenn ich jetzt nicht anfange, mich meines Lebens zu erfreuen, werde ich es nie mehr schaffen. Von da an ging es bergauf.» Auch ein unerwartetes Ereignis kann den Abwärtstrend aufhalten, dem Partner Selbstvertrauen und den Anstoß geben, sich wieder auf das Leben einzulassen. Eine Stelle bietet sich an, um die man sich vor einem halben Jahr beworben hat. Ein einfühlsamer Mensch zerstreut die Verzweiflung in einer Liebesbeziehung, die meist nicht lange andauert, aber den Partner durch ihre Intensität zur Umkehr bewegt. Unabhängig davon, ob die Arbeitsstelle oder die Liebesbeziehung Bestand hat, betrachtet er diese Ereignisse als Sinnbilder eines neuen Lebens, das ihm offensteht, und beginnt von vorn.

## Auf dem Weg zu einem neuen Selbstbild

Die sozialen Auswirkungen der Trennung verändern jedoch das Leben der meisten Partner so tiefgreifend, daß der erste Zufluchtsort nicht von Dauer ist, sondern nur eine vorläufige Station seiner Entwicklung darstellt, einen sicheren Schutzraum, von dem aus sie schließlich den Aufbruch wagen können. Sie sind darauf angewiesen, auf eigene Faust neue soziale Bezüge zu schaffen. Sie sind aus ihren alten Gleisen geworfen und müssen sich doch den alltäglichen Anforderungen stellen. Das Leben geht weiter – und ein neues kommt bereits auf sie zu.

Wenn sie ihren Alltag neu einrichten, erhalten sie Einblick in soziale Bereiche, wo sie andere Lebensstile beobachten und für sich durchspielen können. Eindringlich prüfen sie ihre Umgebung, sammeln und sortieren Informationen, die ihnen Anregungen für ein Leben ohne den anderen liefern könnten. Eine Frau, die vorher nie erwerbstätig war, verbringt ihre Tage im Büro und wird Zeugin von Unterhaltungen, die sie mit den Gewohnheiten und Wertvorstellungen ihrer Kollegen vertraut machen. Ein Mann zieht vorübergehend in eine Männerwohngemeinschaft und erhält dabei Einblick in das soziale Leben von Junggesellen.

Indessen sind einige Partner auf einen solchen Schritt nach vorn besser vorbereitet als andere. Aufgrund früherer Erfahrungen haben sie Fähigkeiten erworben, die es ihnen nun erleichtern, sich in dem neuen Leben zu behaupten. Ein Mann sprach vom Wert seiner Militärzeit, in der er gelernt hatte, für sich selbst zu sorgen. Eine Frau erzählte, wie die vielen Umzüge ihrer Familie, die sie als Kind miterlebt hatte, ihr dazu verhalfen, sich schnell auf jede Veränderung einzustellen. Andere nannten kulturelle Unterschiede und familiäre Erwartungen, die sie zu anpassungsfähigen Menschen werden ließen. Eine Frau glaubte sogar, daß in erster Linie ihre Ehe sie darauf vorbereitet habe, eigenständig zu leben.[27]

Einige Menschen gehen davon aus, daß sie gewisse Vorteile hätten, weil sie früher schon einmal einen ähnlichen Verlust erlitten haben. So sagte jemand: «Ich weiß schon, was jetzt kommt.» Sie schicken sich in das unfreiwillige Dasein eines Alleinstehenden wie ein geübter Überlebenskünstler. Dennoch erleben sie häufig Überraschungen. Mit was für einem Erfahrungshintergrund auch immer die Partner in eine Trennung gehen – die Erfahrung des Verlustes ist für alle einzigartig. Aufgrund einer ähnlichen Erfahrung können einem die eher praktischen Aspekte schon bekannt sein, etwa wie man Beziehungen beendet oder wie man unabhängig lebt und lernt, auf eigenen Füßen zu stehen. Aber auf den Verlust eines Menschen wurde man nicht vorbereitet. Auch wenn man das Gefühl, abgelehnt zu werden, bereits von früher her kennt, kann einen die erneute Ablehnung völlig lähmen. Die vergangene Erfahrung erweist sich als nutzlos.

Infolgedessen versuchen die Partner, ihre gegenwärtige Erfahrung in den Griff zu bekommen und sich auf ein neues Leben vorzubereiten. Vielleicht lesen sie Bücher über Beziehungsprobleme, Kindererziehung, sexuelles Glück, über die Kunst, miteinander zu reden, oder die Möglichkeiten der Selbstverwirklichung; um zu erfahren, was falsch gelaufen ist, und um es in Zukunft besser zu machen – wenn nicht mit dem Initiator, so doch wenigstens mit dem nächsten Partner. Sie beschaffen sich Fachliteratur über Themen, von denen sie nun unmittelbar betroffen sind: Trennung, Singles, Verlusterfahrungen, Übergangssituationen, Scheidung. Andere schließen vor alldem eine Zeitlang die Augen, wie sie auch nur widerwillig den Ernst ihrer eigenen Lage akzeptieren. Wieder andere fühlen sich geradezu magisch zur Literatur über den Trennungsprozeß hingezogen. Sie verschlingen alles, was es an Büchern dazu gibt. Sie sprechen vielleicht mit einem Anwalt, sie lauschen gebannt den Beziehungsproblemen anderer und hoffen, dadurch ihre eigenen Probleme besser zu verstehen. Viele sehen sich gezwungen, sich mit dem Thema zu befassen: Das Gericht sendet ihnen einen Termin für das Scheidungsverfahren.

Auch vertrauliche Gespräche vermitteln dem Partner Informationen, sobald er Freunde gefunden hat, denen er seine geheimsten Gedanken und Gefühle anvertrauen kann. Einigen fällt es jedoch schwer, anderen Menschen Einzelheiten aus ihrem persönlichen Leben mitzuteilen. Andere verfügen aufgrund ihrer Lebensumstände kaum über Ressourcen, auf die sie zurückgreifen könnten.

Florist, 29, Trennung nach sieben Jahren Zusammenleben: «Wir lebten zusammen, besaßen zusammen ein Geschäft, und wir arbeiteten zusammen. Als er wegging, war ich ziemlich isoliert. Damals wußte niemand aus meiner Familie, daß ich schwul bin. Ich besaß auch keine anderen guten Freunde. Er hatte sie ganz mühelos aus meinem Leben entfernt. Es war okay, eine Freundin zu haben, denn sie stellte keine Bedrohung dar; aber er glaubte, Freunde seien für ihn doch eine indirekte Gefahr. So lebte ich damit, mit dieser Eifersucht. Ich hatte zwei Freundinnen, die lesbisch waren, aber ich konnte ihnen nicht vertrauen; ich konnte einfach nicht mit ihnen reden.»

Sekretärin, 27, Scheidung nach fünf Ehejahren: «Ich lebte in der Stadt mit meinem Mann. Er war der einzige Mensch, den ich dort kannte. Ich glaube inzwischen, daß vieles geschehen ist wegen des Abstandes zwischen mir und all den anderen Leuten und weil ich nur Bill hatte. Ich glaube, ich habe damals zuviel in die Ehe investiert. Damit war aber klar, daß ich bei unserer Trennung allein dastand, ohne meine Familie und all meine Freunde. Diejenigen, die sofort auftauchten, waren alle auf *seiner* Seite – seine Schwester, seine Eltern und die Geschäftsfreunde. Ich hatte niemanden.»

Wissenschaftlicher Verwaltungsangestellter, 38, Scheidung nach sechzehn Ehejahren: «Mein ganzes Leben bestand nur aus Arbeit und Familie, Familie und Arbeit. Ich hatte eigentlich keine eigenen Freunde. *Sie* war mein bester Freund. Sie gestaltete unser Privatleben; keinen von unseren Freunden hatte *ich* in die Beziehung gebracht. Es ist seltsam, aber ich hatte mir nie klargemacht, wie wenig außer Arbeit und Familie mir nach ihrem Weggehen bleiben würde. Zunächst einmal gab es für mich in meiner freien Zeit nichts zu tun. Es war beängstigend, daß es niemanden gab, der sich um mich kümmerte oder fragte, wie es mir ginge, nicht einmal meine Familie. *Sie* hatte immer die engen Kontakte gehabt. Für mich war da niemand, mit dem ich sprechen konnte. Das Ende vom Lied: Ich verbrachte meine Abende und Wochenenden in Bars und sprach mit jedem, der mir zuhörte.»

Ungeachtet ihrer Vorbehalte und des Mangels an Vertrauten finden zumeist auch die Schüchternsten beim Scheitern ihrer Beziehung jemanden, der ihnen zuhört.[28] Sie wenden sich an einen vertrauenswürdigen Freund oder Verwandten oder meiden umgekehrt alle guten Bekannten und ziehen statt dessen Menschen ins Vertrauen, die nichts mit ihrem Alltagsleben zu tun haben. Einige sprechen tatsächlich «mit jedem, der zuhört», sei es an der Theke oder im Nachtbus.

Der Partner bittet womöglich einen Pfarrer, Sozialarbeiter, Anwalt oder Eheberater um Rat. Die Geselligeren schließen sich vielleicht einem Single-Club an, beginnen eine Gruppentherapie oder gehen in eine Selbsterfahrungsgruppe. Auch wenn der Partner noch immer bemüht ist, Vertraute zu finden, die ihm mit Rat und Tat bei der Rettung der Beziehung zur Seite stehen, fördern diese Kontakte zugleich seinen Übergangsprozeß. Durch die ständigen Begegnungen mit diesen Fachleuten (ich nenne sie so – entweder aufgrund ihrer Ausbildung oder ihrer Erfahrung) lernt der Partner die neuen Worte, Gewohnheiten und Umstellungen kennen, die eine Trennung und eine Zurückweisung begleiten, und er kann andere beobachten, die ihre Übergangsphase bereits bewältigt haben.[29]

Unter diesen Menschen – seien es solche, die von sich aus auf ihn zugekommen sind, oder solche, die er sich gesucht hat, seien es alte Freunde oder neue Bekannte, die er während seines Trennungsprozesses kennengelernt hat – findet der Partner eine Übergangsperson. Menschen die sich früher am Rand seines Umfelds aufgehalten haben, rücken jäh ins Zentrum seines Lebens, weil er erkennt, daß sie über Erfahrungen verfügen, die für ihn wichtig sind: Sie leben allein, sind getrennt oder geschieden. Aber eine wirkliche Übergangsperson muß oft noch auf sein Thema spezialisiert sein. Partner fühlen sich gewöhnlich eher zu anderen Partnern hingezogen, die eine ähnliche Erfahrung hinter sich haben, während, nebenbei bemerkt, Initiatoren sich mit Initiatoren umgeben. Wie der Initiator findet auch der Partner meistens mehr als eine Übergangsperson, da auch er sein Leben neu gestaltet, so daß er neue Rollen annehmen und alte abstoßen oder verändern muß. Darum wird sich der Partner eher auf einen Kollegen, Liebhaber, alten Freund, einen Anwalt oder Therapeuten verlassen – oder er wird seinen Beraterstab variieren und erweitern, indem er sich auf den Kollegen, den Liebhaber, den alten Freund, den Anwalt *und* den Therapeuten verläßt.

Ganz allmählich verändert sich der Freundeskreis des Partners. Das Hin und Her von Anziehung und Abstoßung und die mit der Trennung verbundene soziale Dynamik bringen Bewegung in seinen Übergangsprozeß. Der Partner treibt allmählich von seinem ehemaligen sozialen Umfeld fort[30] und sucht sich Leute, die ihm mehr entsprechen.[31] In seinem neuen Leben ist er durch viele Gemeinsamkeiten mit jenen verbunden, die es mit ihm teilen; wachsende Unterschiede in seiner neuen Lebensführung und Lebenserfahrung trennen ihn zunehmend von den Menschen seiner früheren Existenz.[32] Er mag diese Beziehungen auf der Grundlage alter Verbindungen aufrechterhalten, aber die Unterschiede behält er für sich. Er behauptet sich in seinem neuen Leben, indem er sich seine eigenen Geheimnisse schafft. Einige versuchen, alten Freunden Einblick in ihre veränderten Lebensumstände zu gewähren, aber schließlich gestehen sie sich doch ein: «Ich bin ihnen fremd geworden.» Die Verbindungen werden trotz der guten Absicht schwächer, weil sich der Partner, die Freunde oder beide allmählich zurückziehen.[33]

## Symbolische Objekte

In dem Maße, wie der Partner sein Privatleben mit dem sich wandelnden Selbstbild in Einklang bringt, verändert sich auch die materielle Welt. Andere bemerken nun auch Anzeichen seines Übergangsprozesses – er ist sehr damit beschäftigt, ein neues Selbstbild zu entwerfen. Materielle Veränderungen begleiten die neue Lebensweise oder gehen ihr voraus. Ob der Partner ins Berufsleben eintritt oder sich aus ihm entfernt, ob er sich weiterbildet oder einen Abstecher in die Single-Szene macht, mit Jogging beginnt oder Fürsorgeempfänger wird – alles, was seine neue Identität ausmacht, spiegelt sich in äußeren Veränderungen wider: Er nimmt ab oder zu, trägt eine neue Frisur oder kleidet sich anders.

Zu einem gewissen Zeitpunkt des Übergangs verändert der Partner die gemeinsame Wohnung völlig, um sie *seinen* Bedürfnissen anzupassen. Möbel werden umgestellt oder ausrangiert, Schränke und Schubladen umgeräumt.

Kunsterzieher, 31, Trennung nach sechs Ehejahren: «Wissen Sie, was geschah? Ich ging an meinem Geburtstag fort. Ich nahm meinen Hund und ging zelten. Als ich aufwachte, war mir ganz schön traurig zumute. Wissen Sie – der erste Geburtstag, den ich je allein verbrachte. Aber das ging vorüber. Ich kehrte zurück und war ziemlich deprimiert; ich schmiß ein paar Sachen gegen die Wand, war richtig sauer auf die Sachen – aber dann sagte ich mir: Entweder ich ertrinke oder ich schaff es, mich freizuschwimmen. Ich war für mich allein verantwortlich. Und an dem Tag veränderte ich mich. Ich erinnere mich, daß ich an dem Abend sehr lange aufblieb und alles im Haus ummodelte. Ich tat das, was ich tun wollte, ich räumte um. Ich riß die Vorhänge ab und verbrannte sie, weil ich das Muster nie gemocht hatte, und nahm den ganzen Mist von den Wänden, den ich nicht leiden konnte: Zeichnungen oder Gemälde oder ähnliches, meine Sachen, ihre Sachen, gemeinsamen Besitz. Aber vor allem verrückte ich die Möbel, und ich stellte sie so, wie ich es haben wollte. Ich veränderte die Wohnung so lange, bis sie mir behagte, und von da an tat ich, was mir Spaß machte, und ich fühlte mich wohl.»

Der Übergangsprozeß des Partners kommt unter anderem darin zum Ausdruck, daß er sich von Dingen trennt, die die Beziehung symbolisieren: Fotos vom anderen werden weggeschafft oder vernichtet; die Visitenkarte wird zerrissen, der Ring abgelegt.[34] Eine Frau ging mit einer Plastiktüte durch das Haus und entfernte alles, was ihr Partner ihr geschenkt hatte. Ein Mann trieb in einem fast schon rituellen Akt das Alte durch das Neue aus: Er lud seine neue Freundin zum Wochenende ein, und die beiden putzten, fegten und bohnerten so lange, bis der Mann das Gefühl hatte, daß auch die letzten Spuren seiner früheren Partnerin entfernt waren. Ein anderer verteilte alle gemeinsamen Hochzeitsgeschenke an Freunde und Bekannte: die Baby-Ausstattung, das Service, die Handtücher, das Silber und die Möbel. Seinen Neuanfang startete er im ausgeräumten Wohnzimmer mit einem neuen Rennrad. Frauen neigen dazu, mit dem Schlafzimmer anzufangen.

Medizinisch-technische Assistentin, 30, Scheidung nach neun Ehejahren: «Immer wenn ich die Bettwäsche wechselte, ärgerte ich mich, denn sie gehörte Doug und mir. Ich ging also los und kaufte neue Bettlaken, eine Tagesdecke und so weiter und richtete das Zimmer her. Ich strich die Wände. Aus meinem Eheschlafzimmer machte ich mein eigenes Zimmer.»

Der Partner gibt dem Initiator sein Eigentum zurück oder vernichtet es. So wie die beiden nun von «deinen» und «meinen» Freunden sprechen, gibt es jetzt auch «deine» und «meine Platten», «deine» und «meine Möbel» usw.

Besondere Umgebungen und Erlebnisse werden für immer mit dem Initiator und dessen Beziehung zum Partner verbunden bleiben: ein bestimmter Lieblingsplatz, ein Ferienort, eine gemeinsame Beschäftigung. Manche meiden solche Orte und Erfahrungsbereiche, da sie sie zu schmerzhaft an die Vergangenheit erinnern, andere wiederum bestätigen, daß sie sich bemühen, dieses gefühlsbefrachtete Terrain für ihre eigene, unabhängige Biographie zurückzuerobern.

Elektriker, 62, Scheidung nach neununddreißig Ehejahren: «Ich erinnere mich, wie sich meine Einstellung zu Ballspielen veränderte. Helen mochte Ballspiele immer ganz besonders gern. Eine Zeitlang verfolgte ich solche Spiele im Fernsehen und in der Zeitung, aber das machte mich so einsam. Aber es erschien wichtig, sich auf dem laufenden zu halten, denn ich dachte dann, ich könnte mit ihr über die Mannschaft reden, falls ich sie sähe. Das hatte uns nämlich immer viel Spaß gemacht. Und dann kam die Zeit, als ich es nicht mehr aushielt, die Mannschaft zu sehen oder etwas von ihr zu hören. Und dann machte ich Schluß damit; ich wußte nicht, wie der Spielplan war, wo sie spielten. Später traf ich mich mit dieser anderen Frau, mit Betty. Und eines Abends fragte ich sie, ob sie mitkäme. Sie müssen wissen, daß mir gar nicht klar war, wie ich mit der Situation fertig werden sollte. Sie hatte auch keine Ahnung, was mit mir los war. Aber es war toll. Zwar dachte ich manchmal noch an Helen, aber vor allem amüsierte ich mich mit Betty. Es kam mir so vor, als ob ich ein Hindernis genommen hatte – ich konnte mit einer anderen zusammensein.»

Gelegentlich erinnern sich die Partner an Momente, die für ihre Zeit als Paar besonders wichtig waren: zum Beispiel ein Silvesterabend oder die erste gemeinsame Nacht. Einige Initiatoren wiesen sogar darauf hin, daß ihre Partner bewußt an dem Tag eine neue offizielle Bindung eingegangen seien, der für ihre ehemalige Beziehung einmal eine große Bedeutung gehabt hatte: der Tag der Eheschließung oder der Wiederverheiratung; manche schliefen an ihrem ehemaligen Hochzeitstag zum erstenmal mit dem neuen Partner.

Der Partner ist weiterhin damit beschäftigt, seine Privatsphäre, bedeutungsvolle Symbole, Freundschaften, den Lebensunterhalt, sein Sexualleben und seine Gewohnheiten neu zu gestalten und zu organisieren, um sich und anderen eine Identität zu vermitteln, die sich von der seines ehemaligen Partners unterscheidet.

Medizinisch-technische Assistentin, 26, Trennung nach drei Jahren Zusammenleben: «Es gab noch viel, womit ich fertig werden mußte. Ich stellte fest, daß ich nicht einmal andere Beziehungen aufrechterhalten konnte, weil die mit ihm noch bestand. So fragten die Leute, was denn los sei. Ich verließ Menschen, die mich mochten – ich ließ sie nicht an mich heran. Sie konnten natürlich nicht begreifen, was mit mir los war. Der

Grund lag darin, daß die andere Beziehung noch nicht beendet war. Ich liebte noch jemanden, von dem ich wußte, daß ich nie wieder mit ihm zusammenleben und nie wieder die gleiche Beziehung haben könnte wie früher.»

# *Zehn*
# Ablösung

Mechaniker, 39, Scheidung nach zwölf Ehejahren: «Der Begriff ‹abkuppeln› kommt aus der Sprache der Eisenbahner. Wenn eine Beziehung scheitert und man sich trennt, geschieht dasselbe wie beim Abkuppeln der Lokomotive von einem Waggon oder wenn zwei Waggons voneinander abgekuppelt werden. Sie werden durch Gelenkkupplungen zusammengehalten, die wie Fingergelenke beim Falten der Hände ineinandergreifen. Beim Abkuppeln der Lokomotive entfernt man einen Gelenkbolzen auf einer Seite, und der eine Teil löst sich, oder man macht es auf der gegenüberliegenden Seite, so daß der andere Teil sich löst, oder man entfernt die Gelenkbolzen auf beiden Seiten, dann lösen sich beide Teile. Ich kenn mich da aus – ich war Bremser. Verstehen Sie den technischen Vorgang? Es ist dasselbe wie bei einer Beziehung. Der eine kann sich lösen, der andere ebenso, und beide können es gleichzeitig tun. Aber es ist auch ein technischer Trennungsvorgang, weil beide nicht mehr zusammenleben. Sie leben voneinander getrennt. Sie gehen verschiedene Wege. Sie sind technisch nicht mehr aneinandergekoppelt.»

Obwohl die beiden Partner jetzt voneinander getrennt leben, verfolgt jeder, wie der andere seinen Übergangsprozeß meistert. Waren sie früher Teilhaber am Leben des anderen, so sind sie jetzt Beobachter. Sie sehen, wie das ehemals gemeinsame Heim verändert wird oder neue Bewohner einziehen; oder sie stellen jetzt physische Veränderungen beim anderen fest. Es überrascht sie, daß der andere neue Fertigkeiten erworben hat und unerwartete Kenntnisse vorweisen kann. Sie sehen ihn in Gesellschaft eines anderen Menschen. Sowohl für den Initiator wie auch für den Partner sind solche Wahrnehmungen von einem Gefühl des Ausgeschlossenseins und des Verlustes begleitet. Ebenso bedeutungsvoll erscheint ihnen das, wovon sie nichts wissen. Daß man faktisch vom tagtäglichen Leben des anderen Menschen abgeschnitten ist, vermindert jedoch nicht die Gedanken daran.[1] Zu wissen, daß der andere Geburtstag hat, und nicht anwesend zu sein, von einer persönlichen Notlage zu erfahren und nicht zu helfen, am Sonntagnachmittag daran zu denken, daß er gerade die Sportveranstaltung besucht – all das trägt dazu bei, daß beide sich selbst und den anderen als voneinander getrennt definieren.

Beide Menschen erleben auch, wie sie sich persönlich verändern, was wiederum den Prozeß des Umdenkens begünstigt. Während sie das Leben allein meistern, erfahren sie allmählich, wer sie ohne den anderen sind. Sie gelangen zu Einsichten über die Beziehung, indem sie langsam ehemalige Verhaltens- und Denkmuster aufgeben, die sie gemeinsam mit dem früheren Partner entwickelt haben. Diese Erfahrung wird von vielen als ganz neue Entdeckung empfunden.

Rechtsanwalt, 50, Trennung nach sechsundzwanzig Ehejahren: «Mein Leben lang hatte ich mich mit antiken Möbelstücken des achtzehnten Jahrhunderts umgeben. Nun wollte ich mir Möbel kaufen und stellte zu meiner Überraschung fest, daß ich den modernen schwedischen Stil bevorzugte.»

Leitender Büroangestellter, 27, Trennung nach fünf Jahren Zusammenleben: «Alex ging von mir weg und sagte, bei mir finde er nicht genügend sexuelle Befriedigung. Er meinte auch, jeder andere ließe mich fallen, sobald er das wisse. Inzwischen habe ich gemerkt, daß Alex ein ziemlich mieser Liebhaber war.»

Hausfrau, 60, Trennung nach neununddreißig Ehejahren: «Ich hatte meine Zweifel, ob mich irgend jemand nur meinetwegen besuchen würde. Und ich war überrascht: Es geschah wirklich.»

Töpferin, 32, Trennung nach neun Jahren Zusammenleben: «Sie wollte immer, daß ich mich nach dem Essen mit ihr vor den Fernseher hockte. Aber ich hatte immer etwas zu erledigen. Und was machte ich, als wir uns getrennt hatten? Ich stellte den Kasten fast jeden Abend an. Selten hatte ich etwas zu tun. Es war wohl meine Art gewesen, das Zusammensein mit ihr zu vermeiden.»

Solche Einsichten sind nicht immer angenehm. Ist der andere nicht mehr in unserer Umgebung, steht uns kein Sündenbock für unsere eigenen Schwächen zur Verfügung. Wenn das gleiche immer wieder in ganz verschiedenen Situationen geschieht, müssen wir wohl oder übel der schmerzlichen Tatsache ins Auge sehen, daß wir selbst unseren Teil der Verantwortung dafür tragen.

Rechtsanwalt, 32, Scheidung nach neun Ehejahren: «Ich glaubte immer, Jamie hindere mich daran, Karriere zu machen. Nachdem sie fort war, begriff ich, daß das nichts mit ihr zu tun hatte.»

Dozent an einer Fachhochschule / Schriftsteller, 39, Scheidung nach achtzehn Ehejahren: «Immer beschwere ich mich über das Haus. Als ich wegging, zog ich zu einem Freund, und auch dort lagen überall Zeitungen, Bücher, Bleistifte und Papierfetzen herum. Ich fuhr nach Hause, um meine Frau zu besuchen, und da war alles sauber und aufgeräumt. Ich war schockiert – es hatte die ganze Zeit an mir gelegen.»

Lederkunsthandwerker, 42, Trennung nach zwölf Jahren Zusammenleben: «Nie machte es mir Spaß, mit anderen auszugehen, und ich dachte, das liegt an den Leuten. Seitdem ich jetzt mit vielen anderen zusammengekommen bin, mußte ich mir eingestehen, daß ich mich einfach in Gruppen nicht wohl fühle. Ich fühle mich minderwertig, und das zieht mich runter.»

Der Entschluß verheirateter Partner, einen Rechtsanwalt aufzusuchen und die Scheidung einzureichen, verleiht dem Scheitern der Ehe einen gewissen formalen Charakter. Standesamtliche Eintragungen mögen einer beginnenden Partnerschaft Dauer und Beständigkeit verleihen, doch für die Auflösung einer zerrütteten Ehe stellt die juristische Prozedur ein Hindernis dar. Um die Trennung zu vollziehen, müssen sich die Verheirateten nicht nur vor Verwandten, Freunden und Bekannten, sondern auch vor den amtlichen Stellen wieder als eigenständige, von der Paaridentität unabhängige Individuen definieren. Doch haben diese Formalitäten auch einen Vorteil: Sie erleichtern es jedem einzelnen, sein Selbstbild neu zu bestimmen – eine wesentliche Voraussetzung für den Übergangsprozeß. Durch die juristischen Schritte bekunden die beiden Ehepartner einem größeren sozialen Umfeld die Veränderung, die in der Beziehung stattgefunden hat, und demonstrieren ihren Unmut in einem offiziellen Rahmen. Die Aufspaltung in gegnerische Parteien verschärft und bekräftigt die Auflösung der gemeinsamen Biographie, da jeder in dem Bestreben, sein eigenes Ziel zu verfolgen, amtliche Festlegungen seiner Identität zu beeinflussen versucht.[2] Die offizielle Verteilung des Eigentums, die Sorgerechtsregelung, das Ablegen der Ringe und die gesetzliche Aufhebung der Ehe, all das verkündet nicht nur Außenstehenden, sondern den beiden Hauptbeteiligten selbst, daß die Beziehung definitiv beendet ist.

Hausfrau, 41, Scheidung nach zwanzig Ehejahren: «Seit zehn Jahren wollte ich schon raus aus der Ehe, und ich hatte immer wieder darüber nachgedacht. Als er ging, bedauerte ich es kein einziges Mal, und ich vermißte ihn auch nicht. Aber als ich die Trennungsvereinbarung las, seinen und meinen Namen, Datum und Ort unserer Eheschließung, Namen und Geburtsdaten unserer Kinder, überkam es mich. Zwanzig Jahre gemeinsamen Lebens gingen zu Ende, waren eingeschrumpft auf ein paar amtliche Schreiben. Das hatten wir uns selbst zuzuschreiben.»

Sekretärin, 38, Scheidung nach zehn Ehejahren: «Ich hatte an dem Tag das Gefühl, als ob ein Bleigewicht von mir genommen wurde. Nun war es also endlich vorbei – nachdem wir schon zweimal vorher auseinandergegangen und wieder zusammengezogen waren. Und ich wollte nur noch meinen Frieden. Der Rest war eine Formalität. Im Gericht fand die Schlußszene statt. Der Vorhang war gefallen: Wissen Sie, es ist die Rechtsgültigkeit, die das Ganze greifbar macht. Es war schaurig, wie auf der Bühne. Aber das mußte man hinter sich bringen. So viel war geschehen. Dies war eine Schlußszene, die ich brauchte. Ich war erfüllt von dem Gefühl des Verlustes, des Versagens. Und das Urteil war gefällt.»

Je weiter sich die Nachricht von der Veränderung der Beziehung verbreitet, desto mehr nimmt die Fragwürdigkeit der neuen Regelung ab. Aber dies bedeutet noch nicht die vollständige Ablösung. Sie ist erst dann vollzogen, wenn die Beteiligten sich selbst als zwei voneinander getrennte und unabhängige Menschen definieren und diese Definition von anderen bestätigt bekommen; wenn sie ihre ehemalige Partnerrolle nicht mehr als eine Hauptquelle ihrer Identität ansehen, sondern diese aus anderen Quellen schöpfen. Um sich dorthin zu entwickeln, bedarf es eines komplizierten Zusammenspiels: Der Partner muß sich selbst, den anderen und die Beziehung neu definieren. Und dafür benötigt er eine nicht vorhersehbare Zeitspanne – die räumliche Trennung und die Scheidung sind selten das Endstadium.[3] Ehemalige Partner können voneinander getrennt leben oder geschieden sein, ohne sich voneinander gelöst zu haben.[4]

Sozialarbeiter, 44, Scheidung nach neunzehn Ehejahren: «Nach der Scheidung war es noch längst nicht zu Ende. An dem Tag, als sie stattfand, war uns noch nicht klar, was eigentlich geschehen war. Überhaupt nicht. Wir gingen zusammen essen und so. Sie küßt mich, ich küsse sie. Wir fuhren zusammen in Urlaub. Und als wir ihre Schwester besuchten, schliefen wir im selben Bett. Ihre Schwester fragte: ‹Seid ihr zwei auch wirklich geschieden?› Wir gingen zusammen aus. Sechs Monate lang hatten wir noch ein ganz enges Verhältnis zueinander. Aber sie wollte die Ehe nicht. Ich hätte sie wieder geheiratet, aber sie wollte nicht.»

Zahnarzthelferin, 27, Trennung nach drei Jahren Zusammenleben: «Ich wußte, daß es mir besser ging als ihr, denn die Trennung war von mir ausgegangen. Aber noch ein Jahr danach war ich für alles, was sie tat, sehr empfänglich – wenn ich sie im Einkaufszentrum sah oder wenn jemand das Gespräch auf sie brachte oder wenn sie wegen irgendeiner Sache anrief – das geschah ziemlich häufig – sie suchte geradezu nach einem Thema, um mit mir zu reden: ob ich die Ausstellung gesehen hätte, Soundso habe sie besucht, der Hund sei krank, wissen Sie, ich regte mich dabei jedesmal auf, wenn ich mit ihr sprach und mich an alles erinnerte. Ich wollte nur den Schlußstrich ziehen, aber dafür braucht man eine lange Zeit; ich meine, um so eine Verbindung abzubrechen.»

Die beiden Beteiligten lösen sich nicht zum gleichen Zeitpunkt aus der Beziehung. Sie machen zwar den gleichen Übergangsprozeß durch, um die Trennung überhaupt vollziehen zu können, aber sie beginnen und beenden die Ablösung zu verschiedenen Zeitpunkten. Wie wir gesehen haben, hat der Initiator einen Vorsprung. Beeinflußt durch dessen Verhalten, durch das Abschätzen von Alternativen und die Unterstützung von Freunden läßt aber auch der Partner die Beziehung allmählich hinter sich zurück. Er erkennt an, daß die Beziehung gescheitert ist. Nachdem er die Trauerarbeit geleistet hat, gelangt auch er schließlich zu einer neuen Beurteilung der Beziehung, die ihm ihr unerwartetes Scheitern erklären kann.[5] Über eine Beziehung «hinwegzukommen» bedeutet nicht, die Zeit unseres Lebens, die wir mit einem anderen Menschen geteilt haben, in unserem Gedächtnis auszulöschen. Vielmehr geht es darum, zu einer Einschätzung der Beziehung zu gelangen, die es uns erlaubt, ihren veränderten Stellenwert zu akzeptieren und zu verstehen.[6] Gelingt uns eine solche Neubewertung, sind wir imstande, sie in unser Leben zu integrieren und uns weiterzuentwickeln.

Im Laufe der Zeit verändern sich die Darstellungen des Partners. Die Selbstbezichtigungen, zu denen er anfangs neigte, waren erste Versuche, dieses schockierende Erlebnis zu verstehen. Glaubt der Partner, er selbst trage die Schuld am Scheitern der Beziehung, geht er noch davon aus, daß diese zu retten sei. Einen Schaden, den er selbst angerichtet habe, glaubt er, könne er auch wieder beheben. Wenn er jedoch einsieht, daß die Beziehung verloren ist, wird er in seinen Darstellungen auch das Ende rechtfertigen, weil er das Scheitern nun als einen Vorgang begreift, den er nicht beeinflussen konnte.[7] Wie der Initiator vor ihm folgert jetzt auch der Partner, daß die Entzweiung das Ergebnis unvermeidbarer äußerer Umstände oder irgendeines fatalen Fehlers in der Beziehung war – oder daß der Keim des Verderbens schon in den Anfängen lag.

Student, 24, Trennung nach vier Jahren Zusammenleben: «Ich habe nicht geglaubt, daß sie mich wirklich verlassen hat, sondern war davon überzeugt, daß sie es mit Menschen zu tun hatte, die sie von mir wegzogen. Und ich denke: Wenn sie mich wegen eines anderen Mannes verlassen hätte, weil sie mich nicht mehr liebte oder was auch immer, wäre ich damit fertig geworden. Aber so erinnerte mich das fast an die alten Shirley-Temple-Filme. Jemand kidnappt sie. Es war einfach ungerecht, daß man sie mir fortnahm – daß jemand sie mir raubte, und es war entsetzlich, dieses Gefühl, daß es keine Hoffnung gab, sie zurückzugewinnen.»

Psychologe, 36, Trennung nach sechs Jahren Zusammenleben: «Sie war der gefühlsmäßig unersättlichste Mensch, dem ich je begegnet bin. Das lag daran, daß sie ihr ganzes Leben lang nie emotional befriedigt wurde. Alles, was uns widerfuhr, laste ich ihren Eltern an; sie waren einfach gräßlich, ganz erbärmliche Leute.»

Chefsekretärin, 34, Scheidung nach neun Ehejahren: «Im Grunde mache ich für meine Scheidung die Tatsache verantwortlich, daß ich zur Zeit der Eheschließung noch zu jung war. Ich heiratete mit neunzehn, und er war einundzwanzig, und ich glaube, daß wir damals noch keine festen Wertvorstellungen hatten; später entwickelten wir uns eben in verschiedene Richtungen.»

Hausfrau/Zwischenhändlerin für kunstgewerbliche Artikel, 35, Trennung nach fünfzehn Ehejahren: «Warum er sich so verhielt, hängt ganz entscheidend damit zusammen, daß er sich plötzlich als Vater von heranwachsenden Töchtern sah und nicht mehr von kleinen Kindern. Er empfand sich als alt und machte seine Midlife-crisis durch. Außerdem war er ziemlich krank, so daß es ihm schlimmer als anderen zusetzte. Er benahm sich einfach verrückter als sonst, und das brachte mich zur Besinnung. Ich dachte mir: Besser wird es mit ihm nie, vielmehr wird er von Jahr zu Jahr überspannter. Als mir das klar wurde – das war so etwa sechs Monate nach unserer Trennung –, war ich mir absolut sicher, daß ich nichts mehr mit ihm zu tun haben wollte.»

Der ehemalige Partner stellt die Beziehung auf eine Weise als endgültig gescheitert dar, die das Gefühl des persönlichen Versagens und die Gefahr gesellschaftlicher Ächtung soweit wie möglich verringert. Indem er zu einer Darstellung greift, die vollständig und kohärent erscheint, verkürzt das die Zeit des Reflektierens und der Diskussion über die Beziehung. Auch er gelangt nun an einen Punkt, an dem ihm der andere fremd geworden ist.[8]

Lehrerin, 35, Scheidung nach elf Ehejahren: «Er hat sich verändert. Seine Haare sind gelockt und an der Oberfläche eisgrau. Mit der Dauerwelle sieht er seltsam aus. Er ist nicht mehr der Mann, mit dem ich zusammengelebt habe. Jedenfalls kommt er mir wie ein völlig anderer Mensch vor. Ich bin mir ziemlich sicher, daß er Drogen nimmt. Er war früher der solide, verantwortungsbewußte Geschäftsmann mit Anzug und Krawatte, und plötzlich erscheint er mit Goldkettchen, Jeans, offenem Hemdkragen, und seine Augen sind ganz glasig.»

Buchhalterin, 38, Trennung nach dreizehn Jahren Zusammenleben: «Ich sehe sein Gesicht und erinnere mich an ihn als Person. Aber ich habe in meinem Gedächtnis völlig ausgelöscht, was damals für mich ein unerträglicher Schmerz über all die Jahre war. Ich empfinde ihm gegenüber keinen Haß, auch keine Bitterkeit. Es ist so, als ob man einem Fremden gegenübersteht. Grundsätzlich muß ich mich ihm gegenüber vernünftig verhalten haben, denn ich bin dabei gut herausgekommen. Ich kann mit ihm vernünftig reden, lachen, Spaß machen, und es erscheint mir so, als ob ich mit jemandem spräche, den ich von früher her kenne und einfach lange nicht gesehen habe.»

Maschinenschlosser, 29, Scheidung nach sechs Ehejahren: «Ich hatte nicht das Gefühl, geschieden zu sein, als wir uns trennten. Man kann sagen: Irgendwann hakte bei mir etwas aus, und ich fühlte mich danach wie geschieden. Ich erkannte nämlich, daß diese Frau, die ich so sehr liebte, für die ich mein Leben riskiert hätte, um sie zu retten – daß diese Frau nur darauf aus war, mich zu schädigen. Da klickte es bei mir, und dann kam eine Zeit, in der ich mich mehr und mehr von ihr geschieden fühlte, und danach lebte ich unabhängig von ihr mein eigenes Leben, ohne auf ihre Gefühle angewiesen zu sein.»

Studentische Hilfskraft, 28, Trennung nach einem Jahr Zusammenleben: «Wir beide kamen aus gleichen familiären Verhältnissen und beurteilten vieles gleich. Gutes Benehmen, Höflichkeit und gegenseitige Achtung bedeuteten uns viel. Und dann, am Ende, wollte er davon nichts mehr wissen, und er wurde liederlich, leichtsinnig und überspannt, grob, anmaßend und rücksichtslos gegen andere – fast ein ganz anderer Mensch.»

Manche Partner wollen nicht eher daran glauben, daß die Beziehung gescheitert ist, bis der Initiator eine neue Paarbeziehung eingeht. Mit diesem Schritt ist die Probezeit zu Ende. Wenn der Initiator sich schon bald nach der Trennung erneut bindet, sind der verlassene Partner und ehemalige gemeinsame Freunde meistens schockiert. Wie ist es möglich, daß er so schnell jemanden gefunden hat? Was andere für einen abrupten und unverständlichen Wechsel halten, bereitet sich in Wirklichkeit langsam vor und ist eine Folge des Übergangsprozesses. Der Schock des Partners geht häufig mit einem Gefühl des Verlustes einher, selbst dann, wenn beide jeden regelmäßigen Kontakt aufgegeben haben. Eine neue Beziehung des Initiators verändert und beschränkt die Kommunikation zwischen den ehemaligen Partnern. Diejenigen, die immer noch auf eine Versöhnung gehofft haben, müssen diese Möglichkeit nun ausschließen. Ebenso ergeht es den Kindern, Freunden und Angehörigen, die sich ähnlichen Hoffnungen hingegeben haben.[9] Doch auch für den Initiator ist die Nachricht, daß sein früherer Partner eine neue Beziehung eingegangen ist, von Bedeutung und führt häufig zu unerwarteten Reaktionen.

Wenn zwei Menschen sich wirklich gelöst haben – wenn sie sich Lebensumstände geschaffen haben, die ihre voneinander unabhängige Identität bekräftigen –, sind sie wieder in der Lage, gute und schlechte Eigenschaften des ehemaligen Partners und der Beziehung zu erkennen. Negative Deutungen sind für den Übergangsprozeß unumgänglich, aber oft von begrenzter Dauer. Wenn man sich auf ein solides Selbstbild stützen kann, ist es überflüssig, sich weiterhin von der Beziehung zu distanzieren, indem man die negativen Eigenschaften des anderen unterstreicht und seine eigene Unzufriedenheit hervorhebt. Nun ist es möglich, die Geschichte der Beziehung mit anderen Augen zu sehen und die guten Erinnerungen an die gemeinsame Zeit wieder zu berücksichtigen.[10] An die Stelle des Unmuts tritt jetzt bei vielen Teilnahmslosigkeit. («Ich hasse ihn nicht. Ich liebe ihn nicht. Ich möchte nicht, daß ihm etwas Schlimmes passiert. Sollte ihm etwas Gutes zustoßen, mach ich mir nichts daraus. Mir ist das alles gleichgültig.») Vor Dritten erwähnt man nun auch die angenehmen Seiten des ehemaligen Partners. («Er ist ein guter Vater.» – «Sie ist sehr tüchtig.») Es kommt sogar vor, daß man dem anderen gegenüber Entgegenkommen und Freundlichkeit zeigt.

Wahrscheinlich wird der Initiator die guten Seiten des Partners und der Beziehung vor der Trennung bestätigen. Ist der Partner dagegen noch immer auf die Beziehung fixiert, hält sich der Initiator mit positiven Äußerungen zurück, da er fürchtet, die Hoffnung des anderen auf eine Fortsetzung der Beziehung zu bestärken. Wenn jedoch *beide* Betroffenen vor ihrer räumlichen Trennung schon eine große Wegstrecke des Übergangsprozesses hinter sich gebracht haben, stellt sich die Situation ganz anders dar. Jeder kann sich dann unbefangen um den anderen kümmern, kann ihm seine Wertschätzung zeigen und mit ihm trauern, ja, er kann dem Partner buchstäblich und im übertragenen Sinne helfen, die Tür zu öffnen und ins Freie zu treten[11] – wie im Fall des Paares, das sich auf dem Fußboden der leeren Wohnung zärtlich umarmt hielt.

Frühere Partner neigen nicht nur dazu, dem anderen positive Charakterzüge zuzugestehen; ebenso kann sich ihre großzügige Beurteilung auch auf andere Beziehungen auswirken, die als Folge des Lösungsprozesses auf der Strecke geblieben sind. Hat der Partner erst eine unabhängige Identität entwickelt, besteht nicht länger die Notwendigkeit, sich von seinem früheren Lebensstil zu distanzieren. Es steht ihm frei, die schätzenswerten Eigenschaften ehemaliger Freunde und der Familie anzuerkennen und diese Menschen vielleicht wieder in sein Leben einzubeziehen. Manchmal werden diese Verbindungen viele Jahre später erneuert. So sah zum Beispiel ein Rechtsanwalt als Neunundzwanzigjähriger seinen Vater zum erstenmal seit der Trennung der Eltern wieder. Damals war er drei Jahre alt gewesen. Auch werden Verbindungen zur Familie und zu Freunden oftmals wiederaufgenommen, wenn der eine oder der andere eine neue Beziehung eingeht. Hat er sich zu einem neuen Partner bekannt, kehrt er vielleicht wieder in seine alten Kreise zurück und knüpft gemeinsam mit dem neuen Lebensgefährten an den abgerissenen Kontakten an, wobei er sich naturgemäß kleine Schönheitskorrekturen und Verzierungen erlaubt, die der veränderten Figurenkonstellation Rechnung tragen.

Die das Scheitern der Beziehung betreffende Darstellung beider Partner verändert sich insofern nochmals, als jeder zu einer konstanten Erklärung findet, die entweder beiden die Schuld abspricht oder beide in die Verantwortung nimmt.[12] Weil ihre Eigenständigkeit es ihnen ermöglicht, die Licht- und Schattenseiten des anderen zu sehen, können sie schließlich auch zurückschauen und ihren eigenen Beitrag zum Scheitern beurteilen. Die Entdeckung, daß sie über eine eigene Identität verfügen, die vom anderen unabhängig ist, hilft ihnen, denn gewöhnlich haben sie etwas über sich gelernt, das ihre Einschätzung der Vergangenheit verändert.

Studentin, 21, Trennung nach zwei Jahren Zusammenleben: «Ich betrachtete und bewertete die Dinge nicht mehr so, wie ich es eigentlich sollte. Ich betrachtete mich selbst und sagte mir: ‹Was hast du getan? Wie kam es zu der Verbindung mit diesem Menschen?› Ich mußte das alles im nachhinein tun, nachdem wirklich alles vorbei war, als all der Schmerz und all die Schwierigkeiten weg waren, nachdem ich ihm in die Augen blicken konnte und mein Herz keinen Takt schneller schlug beim Anblick eines Menschen auf der Straße, der aussah wie er. Aber das brauchte Zeit.»

Sozialarbeiter, 44, Scheidung nach neunzehn Ehejahren: «Die Abhängigkeit auf beiden Seiten hörte auf, als ich sagte: Okay, ich möchte alles möglichst ehrlich auswerten. Ich werde mich nicht entschuldigen, das hab ich nicht mehr nötig. Dann dachte ich nach über unsere gemeinsame Zeit. Was habe ich gesagt und getan? Was mußte sie einstecken, was ging auf mein Konto? Wie haben wir uns gegenseitig behindert – und wir haben teuer dafür bezahlt. Neunzehn Jahre lang ein Leben unter unserem Niveau. Wir müssen viel wiedergutmachen. Ihre Verluste, meine Verluste.»

Einigen gelingt es nie, sich vollständig aus der Beziehung zu lösen. Sie sind nicht in der Lage, sich ein neues Leben aufzubauen, aus dem sie Selbstbestätigung schöpfen können. Das kann für einen, aber auch für beide Partner gelten. In solchen Fällen signalisieren die fortgesetzten Unmutsäußerungen, daß sie sich noch nicht voneinander gelöst haben.[13]

Studentin, 30, Trennung nach zwölf Ehejahren: «Viel Zeit habe ich damit verbracht, darüber zu sprechen und alles zu überdenken. Ich habe darüber so lange gegrübelt, wie ich es für richtig hielt. Die Beziehung stellt ständig einen Teil meines Lebens dar. Ganz gleich, was ich unternehme oder mit wem ich zusammen bin, diese Erlebnisse und Erinnerungen werden stets ein Teil meines Seins bleiben. Und viele von ihnen möchte ich gar nicht vergessen. Ich weiß, daß ich ihm gegenüber noch viel Wut und Abneigung verspüre, die ich noch nicht ganz rausgelassen habe. Und manchmal merke ich, wie meine ganze unterdrückte Wut und all die Kränkungen hochkommen. Und dann sage ich mir... entschuldigen Sie – anscheinend brauch ich das jetzt, daß mir die Tränen kommen, irgendwas macht mich hier unsicher oder so... ich bin gezwungen, das zu tun, um meine Lage neu zu bewerten, oder aber ich werde wirklich wütend und schlage auf dieses Kissen ein und schreie dabei: ‹Hol dich der Teufel – ich hasse dich für das, was du mir angetan hast!›»

## Was die Trennung überdauert

Obwohl sich Menschen trennen, fortziehen oder scheiden lassen, bleiben doch häufig deutlich sichtbare Zeichen der Bindung zwischen den ehemaligen Partnern zurück.[14] Ähnlich wie sich Spuren eines ehemaligen Eisberges an einer Endmoräne erkennen lassen, spiegeln sich die sozialen Folgen der Verbindung zwischen den Partnern in verschiedenen Formen wider. Nach dem formalen Bruch erkennt man die bestehenden Bindungen an fortgesetzten Interaktionsmustern und Ähnlichkeiten in den Gewohnheiten und im Lebensstil der ehemaligen Partner.

Frühere Ehepartner lassen die Verbindung oft deshalb nicht abreißen, weil sie noch etwas anderes gemeinsam haben, das das Scheitern ihrer Ehe überdauert und sie zusammenführt. Den wichtigsten Platz nehmen gemeinsame Kinder und die angeheiratete Verwandtschaft ein.[15] Während letztere aus praktischen Gründen gewöhnlich aus dem neuen Leben herausgehalten wird[16], geschieht dies selten bei den Kindern; allein deren Existenz ist sowohl eine Erinnerung an die Beziehung als auch ein Grund dafür, daß die Eltern in Kontakt bleiben.[17] Solche Zusammenkünfte können auch stattfinden, um Gespräche über gemeinsames Eigentum zu führen[18] oder über einen Vorfall, der mit ihrer früheren Partnerschaft zusammenhängt. Für kurze Zeit kann die Beziehung wieder aufleben, wenn zum Beispiel ein gemeinsames Kind festgenommen wird oder ein früherer Hauseigentümer Entschädigung fordert oder das Finanzamt eine Prüfung der gemeinsamen Steuererklärung vornehmen will. Gelegentlich bringen traurige Anlässe oder sehr erfreuliche Neuigkeiten die Partner zusammen. Die Beziehung erlangt dann vorübergehend wieder ihre alte Funktion, denn die gemeinsam verbrachte Zeit haben beide zu intimen Kennern des anderen gemacht. Tritt im Leben des einen ein einschneidendes Ereignis ein, versteht vielleicht nur der frühere Partner die Bedeutung. Beide wünschen sich in solchen Momenten, daß der andere jetzt bei ihnen ist.

Sekretärin, 38, Scheidung nach zehn Ehejahren: «Ich schlief nicht mit ihm, als sein Vater gestorben war, aber an dem Wochenende war ich fast so zu ihm wie seine Frau. Nur um ihm die Dinge leichter zu machen natürlich. Wissen Sie, er war erschüttert über den Tod seines Vaters, und ich konnte ihm helfen. Es ist wohl ganz in Ordnung, wenn man sich noch um jemanden kümmert, mit dem man so lange zusammengelebt hat. Beim Tod seines Vaters konnten wir uns beide auf eine gemeinsame Vergangenheit beziehen, die seine jetzige Frau nicht teilt. Sie hatte seinen Vater nur einmal gesehen; daher war es wohl ganz wichtig, ihn zu trösten, als er es mir am Telefon sagte. Und ich erinnerte ihn an viele gemeinsame Momente mit seinem Vater und sagte ihm, daß er nach dem Tod seiner Frau nie mehr ganz glücklich gewesen sei.»

Rechtsanwalt, 36, Trennung nach sechs Jahren Zusammenleben: «Jahrelang hatte ich für die Beförderung gearbeitet, und ich mußte zugeben: Auch sie hatte auf ihre Weise dazu beigetragen. Sie hat mir in vielen Dingen geholfen, und damals erkannte ich, daß es uns beide viel gekostet hatte. Als die Zeit zum Feiern gekommen war, gab es niemanden, der besser als sie wußte, was es für mich bedeutete, und deshalb wollte ich mit *ihr* feiern.»

Juwelenhändlerin, 54, Scheidung nach achtzehn Ehejahren: «Mein langjähriger Liebhaber starb unerwartet mit vierzig Jahren. Mein früherer Ehemann war zum zweitenmal geschieden, und er schlug mir vor, zusammen mit ihm eine Reise zu machen. Wir entschieden uns für Europa. Andere Paare in der Reisegesellschaft verkündeten, sie müßten sich ja wohl nach ihrer Rückkehr scheiden lassen, nachdem sie uns kennengelernt hätten – so gut, wie *wir* miteinander auskämen.»

Zwar wird die Scheidung meistens als das Ende einer Beziehung angesehen, doch paradoxerweise kann gerade das Scheidungsverfahren die beiden ehemaligen Partner zusammenhalten und daran hindern, sich von der Stelle zu bewegen. Zwei Menschen werden gezwungen, sich fortlaufend auf die Ehe und aufeinander zu konzentrieren. Der juristische Streit verbraucht Energien, die man dringend für andere Aktivitäten benötigte. Das Hin und Her von Klage und Gegenklage kann sich über Jahre hinziehen. Unterhaltsfragen und die Regelung oder Revision des Sorge- und Besuchsrechts können die Betroffenen noch lange Zeit nach dem vermeintlich endgültigen Urteil vor den Familienrichter bringen.[19]

Häufig kommt es aus Gründen zu weiteren Kontakten, die bewußt von einem der ehemaligen Partner oder von beiden nach oder während des formalen Abbruchs der Beziehung geschaffen wurden. Diese «fabrizierten Kontakte» spiegeln ebenfalls die fortgesetzte Bindung zwischen den früheren Partnern. Sie verdeutlichen die Schwierigkeit, die Bindung zum anderen vollständig zu lösen; denn auch ärgerliche und konfliktträchtige Kontakte sind immer noch ein Mittel, die Beziehung in Gang zu halten.[20] Ich fasse einige Beispiele aus meinen Interviews zusammen:

Der Initiator zieht aus. Der Partner hilft ihm am Wochenende dabei, sich neu einzurichten. Er hängt Bilder auf, verrückt Möbelstücke.

Der Initiator zieht aus und läßt das Handwerkszeug zurück. Einige Jahre später – der Initiator ist schon wieder verheiratet – sind die Werkzeuge immer noch da. Der Initiator kommt und holt sich jedesmal nur ein Werkzeug. Der Partner plant, in einen anderen Stadtteil zu ziehen. Er nimmt die Werkzeugkiste in die neue Wohnung mit.

Der Initiator zieht aus, läßt sich aber Zeit, seine neue Adresse bei der Post anzugeben. Anstatt auf den Umschlägen die neue Anschrift zu vermerken und die Briefe weiterzusenden, übergibt der Partner sie ihm wöchentlich oder der Initiator holt sie sich ab.

Der Initiator zieht aus. Der Partner weigert sich, die Nähmaschine der Großeltern des Initiators herauszugeben. Der Konflikt macht viele Telefongespräche und Besuche erforderlich.

Gewaltsame Sexualpraktiken gehörten zu ihrer Beziehung. Nach ihrer Trennung sucht sich jeder einen neuen Partner. Dennoch treffen sie sich einmal im Monat in einem Motel, um gemeinsam ihrer Leidenschaft freien Lauf zu lassen.

Den Bestimmungen der Vermögensregelung zufolge hat der Partner halbjährlich eine Zahlung zu leisten. Anstatt das Geld zu überweisen, überreicht er dem Initiator den Scheck persönlich während eines opulenten Essens, zu dem er den Initiator alle sechs Monate einlädt.

Der Scheck für den Unterhalt der Kinder trifft immer verspätet oder gar nicht ein, was den Partner dazu zwingt, mit dem Initiator zu telefonieren oder ihm zu schreiben. Die Briefe bleiben unbeantwortet. Der Partner erhält den Scheck nur dann, wenn er ihn persönlich abholt.

Aber ganz allmählich lassen die Kontakte zwischen den ehemaligen Partnern nach.[21] Im Laufe der Zeit widmen sich beide immer mehr ihrem eigenen Leben und verlieren langsam das Bedürfnis und die Fähigkeit, miteinander zu kommunizieren. So kann beispielsweise die Gründung einer neuen Familie die Zeit und Aufmerksamkeit für die frühere Bindung stark einschränken.[22] Auch entfallen immer mehr Gründe für Kontakte: Die Kinder werden Erwachsene, Verwandte ziehen fort, Haustiere sterben, gemeinsames Eigentum wird verkauft.[23]

Obwohl die Kontakte nach dem Abbruch der Beziehung immer geringer werden, kann die Realität der Trennung gelegentlich Jahre später wieder an Aktualität gewinnen. Beklemmende Gefühle der Trauer über das unwiederbringlich Verlorene steigen auf, die beide überraschen und sie erneut an ihre gemeinsame Vergangenheit erinnern. Drei Jahre nach der Scheidung beschloß ein getrenntes Ehepaar, den früheren Familienbesitz zu verkaufen, in dem schon längere Zeit keiner von ihnen mehr gewohnt hatte. Eine ihrer erwachsenen Töchter lebte dort und regelte das Kommen und Gehen ihrer Eltern, ihrer Geschwister und zahlreicher Freunde der Familie sowie verschiedener Untermieter. In der Woche, als die neuen Eigentümer das Haus in Besitz nehmen wollten, organisierte die Familie eine Art Versteigerungsparty, die sie in ihren Einladungen «Ein Fest der Neuanfänge» nannte. Einer der beiden ehemaligen Partner erzählte mir, für ihn sei die Scheidung «ein Klacks» gewesen im Vergleich zu dem Eindruck, den das Ausräumen und der Verkauf des Familienbesitzes bei allen Betroffenen hinterließ. Mit dem Verlust dieses Ortes der Begegnung kam die Einsicht, daß das Familienleben für die Beteiligten von nun an definitiv anders verlaufen würde.

Wenn sich auch die Kontakte zwischen früheren Partnern verringern, so wirkt doch ihre innere Verbundenheit in ähnlichen Gewohnheiten und einer ähnlichen Lebensweise nach, die Trennung und Scheidung anscheinend überdauern. Nach dem Bruch neigen einige sogar dazu, charakteristische Eigenheiten ihres früheren Partners anzunehmen. Einige Beispiele: Ein Mann berichtete, daß seine Partnerin, mit der er zehn Jahre lang zusammengelebt hatte, nicht einschlafen konnte, wenn die Türen des eingebauten Schlafzimmerschrankes nicht geschlossen waren. Er ließ sie häufig offenstehen, woraufhin sie immer aufstand, um sie zu schließen. (Die nervliche Belastung solcher fast regelmäßiger nächtlicher Schlafzimmerszenen ist gut nachvollziehbar.) Nach ihrer Trennung stellte er dann fest, daß es *ihm* unmöglich war, mit offenen Schranktüren einzuschlafen, und noch drei Jahre später stand er – wie unter Zwang – auf, um sie zu schließen, wenn er oder eine Freundin sie hatte offenstehen lassen. Eine Frau, deren Ehemann sich darüber beschwert hatte, daß sie nie passend gekleidet war, wenn sie zusammen ausgingen, stellte nun fest, daß sie im ersten Urlaub nach der Trennung kaum etwas anderes tat, als sich Kleider zu kaufen. Sechs Jahre nach der Scheidung hatte sie sich mit einer Garderobe ausgestattet, um die sie viele beneideten. Ein Mann stritt sich lange vor der Scheidung mit seiner Frau ständig über den Zustand ihrer gemeinsamen Wohnung. «Es war mir verhaßt, vom Staubsauger vertrieben zu werden, und die Waschmaschine lief immer auf Hochtouren, und sie reinigte die Aschenbecher, bevor überhaupt Asche drin war. Langsam drehte ich durch. Unglaublich, wie oft wir deswegen miteinander stritten! Und heute ertappe ich mich dabei, daß ich mich wegen des Zustandes meiner Wohnung wie besessen aufführe: Sie muß sauber und ordentlich sein! Das hätte ich mir nicht träumen lassen, daß ich mal genauso werden könnte wie sie! Es ist mir ein Rätsel, wie es dazu gekommen ist. Und dann noch genau das, was ich immer so haßte» (Akquisiteur, 38, Scheidung nach sechs Ehejahren).

In solchen Erlebnissen spielen an sich unbedeutende Gewohnheiten und Werte eine unverhältnismäßig wichtige Rolle, die sich mit unserem unfehlbaren Instinkt für das Aufspüren von Schwächen anderer erklären lassen und die nun, wie Cyrano de Bergerac sagt, «ins Bewußtsein geschleudert» werden.[24] Eine weitere mögliche Erklärung besteht darin, daß wir uns mit der Lösung vom Partner gleichzeitig von den Teilen unseres Selbst lösen, die ihm ähnlich sind. Im Laufe der Trennung treten früher verdeckte Verhaltensweisen zutage, denn sie drücken jetzt unsere eigenständige Identität und nicht die unseres ehemaligen Partners aus.

Gelegentlich sind die Ähnlichkeiten zwischen den beiden früheren Partnern noch eindrucksvoller. Es kommt vor, daß einer die Lebensweise des anderen übernimmt. Ein verheirateter Pfarrer verliebte sich; er ließ sich von seiner Frau scheiden und zog mit seiner neuen Partnerin fort. Seine frühere Frau nahm die Arbeit im Beratungszentrum der Kirche auf, das er vorher geleitet hatte, sie studierte wieder, promovierte in Sozialpädagogik und wurde hauptamtliche Mitarbeiterin in dem Zentrum. Ein Englischprofessor stellte fest, daß sich seine ehemalige Partnerin kurze Zeit, nachdem er sich von ihr getrennt hatte, als Studentin in seinem Fachbereich einschreiben ließ. Ähnlichkeiten im Lebensstil können zum Teil deswegen eintreten, weil ein Wandel in der gegenseitigen Abhängigkeit stattgefunden hat. Der eine kann sich nicht mehr darauf verlassen, daß der andere Aufgaben erledigt, die an die frühere Beziehung gebunden waren. Obwohl es Auswege gibt, um mit dem Problem fertig zu werden, hat häufig jeder Partner die Pflichten des anderen zusätzlich zu seinen eigenen zu übernehmen. Das klassische Beispiel ist eine Ehe mit Kindern, wo die Scheidung dazu führt, daß die Frau erwerbstätig und der Mann mehr ans Haus gebunden ist.[25] Im Verlauf dieser Arbeitsteilung gleichen sich ihre Lebensumstände einander an.

Ähnlichkeiten im Lebensstil ergeben sich aber auch daraus, daß unsere Verbindung zum Partner viel mehr wiegt als das bloße faktische Beisammensein. In Beziehungen entwickelt sich ein Netz von schwer definierbaren, sich gegenseitig ergänzenden Übereinstimmungen, das aus Geschmacksrichtungen, Meinungen, Verhaltensweisen, Werten und Ideen besteht, die wir regelmäßig miteinander austauschen und voneinander lernen. Wir schaffen uns einen gemeinsamen Horizont. Im Gegensatz zu den rein materiellen Aspekten unseres Lebens lassen sich die ideellen nicht so leicht auseinanderdividieren. So nehmen wir beim Abschied zwar unseren Besitz mit, aber wir hinterlassen andere Spuren unserer Gegenwart.[26] Im Rückblick nehmen wir unsere früheren Partner als Übergangspersonen wahr, denn sie spielen eine entscheidende Rolle, indem sie uns auf das Künftige, was auch immer es sein mag, vorbereiten. Sowohl in dem, was wir von ihnen gelernt haben, wie auch in dem, wovon wir uns wieder distanzieren, beeinflussen sie unser weiteres Leben.

Zwar können wir unsere Beziehungen formal beenden und uns ein Leben ohne den anderen Menschen aufbauen. Aber unsere früheren Beziehungen werden in uns weiterwirken, denn die Vergangenheit beeinflußt die Zukunft, und die Erinnerung liegt auf der Lauer, um uns auf überraschende Reisen in die Vergangenheit zu führen. Eine Freundin schrieb mir: «Man kann die Erinnerung nie daran hindern, über die Schwelle zu treten. Sie ist vorhanden und taucht immer wieder auf, selbst dann, wenn man es nicht bemerkt. Vielleicht reifen wir nur dann, wenn wir es schaffen, die Erinnerungen zuzulassen, oder wenn wir sie uns bewußtmachen und mit ihnen umgehen lernen. Aber man ist nie ganz frei, höchstens etwas frei-er – oder mehr / weniger gebunden.»

Ebenso wie wir uns verändern, wenn wir eine Beziehung beginnen, verändern wir uns, wenn wir uns trennen. Aber meistens enden unsere Beziehungen nicht. Sie verändern sich, brechen aber nicht ab. Wenn beide Individuen eine eigenständige Identität entwickeln, können sie ihre Verbundenheit bejahen.[27] Einige können sich dazu nicht durchringen. Aber andere verwandeln ihre Beziehung zu dem früheren Partner. Viele entwickeln neue Eigenarten, die deutlich von denen der Vergangenheit abweichen und ihren gegenwärtigen Bedürfnissen entsprechen.[28] Frühere Partner werden vielleicht Freunde oder Vertraute, die einander aufsuchen, wenn sie Rat oder Hilfe brauchen. Es kann auch sein, daß sie gelegentlich wieder miteinander schlafen oder daß sie eine berufliche Beziehung entwickeln, die es ihnen erlaubt, regelmäßig am Leben des anderen teilzuhaben. Fast scheint es so, als wollten wir darauf bestehen, daß die gemeinsame Zeit nicht umsonst war.

Bankkassiererin, 23, Trennung nach drei Jahren Zusammenleben: «Ich bin nicht sicher, ob man je das Bedürfnis, den Wunsch verliert, daß man für den wichtig ist, der eine so entscheidende Rolle in seinem Leben gespielt hat. Und ich denke, es ist gut für mich zu glauben, daß er immer noch das Bedürfnis hat vorbeizukommen, und etwas loswerden oder besprechen will, das ihm auf der Seele liegt.»

Hausfrau/Kunstgewerbehändlerin, 35, Trennung nach fünfzehn Ehejahren: «Es ist wahr, daß ich wütend auf ihn bin, aber ich bin auch... Es wird für mich nie jemand anders geben, von dem ich mir Kinder wünsche. Weil wir heirateten und Kinder hatten, wird er immer einen besonderen Platz einnehmen, und weil ich seine Eltern und seine Probleme verstehe. Ich kann ihn anblicken und sagen, der Mann ist erbärmlich, aber er ist der Vater unserer Kinder, und darum empfinde ich trotz all des Ärgers auch ein gewisses Mitleid mit ihm.»

Verwaltungsbeamter, 44, Trennung nach dreiundzwanzig Ehejahren: «Dies ist die Mutter meiner Kinder, und ich habe vielleicht keine romantischen Gefühle für sie, aber immer noch ein Verantwortungsgefühl, und sie wird immer ein wichtiger Mensch in meinem Leben bleiben. Aber da rumort immer noch ein Gefühl von Verlust und Verletztsein. Sie wissen, wie das ist; wenn jemand stirbt, den man liebte, besucht man sein Grab, weil man sich erinnern will; und vielleicht kann man sich dort dem geliebten Menschen am nächsten fühlen. Ja, ich denke, durch so einen großen Verlust entsteht Schmerz. Jemand den man so liebte, daß man eine Zeitlang mit ihm zusammenlebte, und der nun nicht mehr da ist... Und ich glaube, daß der Kummer und die Gefühle fast so sind, als ob jemand stirbt. Aber diese Menschen leben noch, darum will man von ihnen hören, sie sehen und gelegentlich berühren. Es ist so, als ob man zum Grab geht, als ob man eine Chance hätte, sie vom Reich der Toten zurückzubekommen, und vielleicht kann man freundlich miteinander sein. Ich möchte sie nicht besitzen, ich möchte nicht ihr Ehemann sein. Ich möchte nicht einmal, daß die Beziehung weitergeht, aber da ist so ein gewisses... Ich möchte wissen, daß es ihr gutgeht, und gelegentlich möchte ich einfach mal vorbeischauen dürfen.»

Und so bleiben wir in Kontakt, oder wir nehmen etwas von dem mit in unser Leben, was uns der andere Mensch gab, und gehen unseren Weg.

## Die Aussöhnung

Die Trennung ist nicht zwangsläufig eine Reise in die Ferne, von der es kein Zurück mehr gibt. Allerdings – wenn erst einmal die Probleme der Beziehung immer mehr nach außen dringen, wird ihre Wiederbelebung immer schwieriger.[29] Jede einzelne Trennungsphase verschließt eine weitere Tür. Aber zu jedem Zeitpunkt kann der Prozeß unterbrochen werden. Und auch nach der Trennung oder Scheidung kann sich ein Paar versöhnen.

Doch ist eine echte Aussöhnung ein heikles und schwieriges Unterfangen. Um sie herbeizuführen, ist es nötig, daß beide Partner den jeweils anderen und die Beziehung in positiver Weise neu definieren. Außerdem müssen sie auf die Einschätzungen anderer von sich selbst und ihrer Beziehung einwirken. Indem sie sich für eine Versöhnung entscheiden, riskieren beide Partner, Befremden und Spott hervorzurufen, denn sie haben sich dazu entschlossen, sich erneut ganz auf einen Menschen einzulassen, dessen Fehler sie eine Zeitlang vor Dritten kritisierten; jetzt müssen sie ihre Zufriedenheit mit ihm zum Ausdruck bringen, um die Versöhnung zu rechtfertigen.

Eine weitere Schwierigkeit besteht darin, daß sich beide Partner bei der Versöhnung wieder für und gegen Verwandte, Freunde und Bekannte entscheiden müssen. Neue Beziehungen müssen hinzugewonnen, andere fallengelassen werden. Mitwisser und Menschen aus der Übergangszeit werden oft gemieden, entweder weil sie Erinnerungen an einen zurückliegenden Lebensstil verkörpern, den man jetzt wieder aufgeben will, oder weil die Geheimnisse, die sie über beide Partner erfahren haben, zukünftige Gemeinsamkeiten ausschließen. Die Versöhnung als solche erfordert einen Vergleich möglicher Alternativen; beide Partner müssen deutlich machen, daß es besser für sie ist, bei dem anderen zu bleiben, als andere Möglichkeiten wahrzunehmen.

Sich zu versöhnen bedeutet nicht, lediglich an den Ort zurückzukehren, der einem vertraut war, sondern sich auf einen neuen Übergangsprozeß einzulassen, der seinen besonderen Preis fordert. Beide Betroffenen müssen bereit sein, die soziale, emotionale und finanzielle Zerreißprobe durchzustehen, die mit der Neuregelung ihrer materiellen und sozialen Welt einhergeht. Unter welchen Umständen ziehen Getrenntlebende einen solchen Schritt in Betracht? Der Initiator stellt jetzt vielleicht fest, daß der Preis der Trennung viel höher ist, als er angenommen hat.[30] Er ist niedergeschlagen, weil er Zurückweisungen und Verluste erfahren hat; er vermißt den Partner oder die Umgebung seines Heims; oder ihn überkommen

Schuldgefühle, weil er anderen Leid zugefügt hat. Der neu gewählte Lebensstil kann enttäuschend sein: Das Leben als Alleinstehender ist wesentlich anstrengender, als er es sich vorgestellt hatte; der Liebhaber erweist sich als schwierig oder treulos; auch die Arbeit ist eher mühsam als befriedigend, wenn niemand daran Anteil nimmt; das Einkommen entspricht nicht mehr den Bedürfnissen.

Wenn jedoch der Initiator die Versöhnung lediglich wünscht, weil er das Gefühl hat, der partnerlose Zustand sei unerträglich, und weder sich, den anderen oder die Beziehung neu überdenkt, dann wird der Widerspruch zwischen seinem Selbstverständnis und dem Wunsch nach einer sozialen Nische bestehen bleiben. Dennoch können die beiden zusammenbleiben, etwa weil dem Initiator nicht genügend Alternativen zur Verfügung stehen, um seinen Übergangsprozeß zu meistern, oder weil er eine Alternative findet, die es ihm ermöglicht, in der Beziehung zu bleiben. Manche Paare versöhnen sich auch nur vorübergehend.

Dekorateur, 52: «Wir waren achtzehn Jahre lang verheiratet und stritten uns wie die Kesselflicker. Schließlich ließen wir uns scheiden. Drei Jahre lang lebten wir getrennt, und wir fühlten uns so verdammt einsam, daß wir uns zur Wiederheirat entschlossen. Nach weiteren drei Jahren holten uns all die alten Probleme wieder ein, und wir ließen uns wieder scheiden. Mein Vater sagte damals: ‹Alan, wenn du das noch mal machst, lasse ich dich verhaften.›»

Auch der Initiator kann nach den notwendigen Neudefinitionen die Versöhnung anstreben. Die Trennung verändert ihn und bewirkt, daß er seine Prioritäten und Verpflichtungen neu überdenkt und bewertet. Die Ironie – vielmehr eine der vielen Ironien – des Lösungsprozesses liegt darin, daß die Trennung soziale Barrieren für die Versöhnung errichtet, während das getrennte Leben selbst die Partner aber zugleich so verändern kann, daß beide wieder besser miteinander umgehen könnten. Es handelt sich hierbei um Veränderungen, die eine Trennung überflüssig gemacht hätten, wenn sie während der gemeinsamen Zeit mit dem Partner eingetreten wären. Ist der Initiator erst einmal faktisch vom anderen getrennt und hat er eine gewisse Autonomie erreicht, erübrigen sich negative Definitionen. Da er jetzt sein neues Leben mit dem früheren unvoreingenommen vergleichen kann, mag er zu der Schlußfolgerung gelangen, daß die Verluste höher sind als der vermeintliche Gewinn.

Das Vermögen des Initiators, den Partner und die Beziehung wieder neu und positiv zu bewerten, beruht nicht nur darauf, daß die Trennungserfahrung ihn verändert hat. Eine ebenso wichtige Voraussetzung sind die Veränderungen des Partners.[31] Ein Initiator, der sich beklagte, sein Partner sei langweilig, überdachte diesen Eindruck, nachdem er sechs Monate nach der Trennung beim Partner die Auswirkungen eines neuen Jobs und regelmäßiger Aerobic-Kurse festgestellt hatte. Ein Initiator, der in der Beziehung die Erwartung hatte, daß er gebraucht wird, reagierte empfindlich, als der Partner eine interessante und reizvolle Arbeit annahm. Als Folge der Trennung erlitt der Partner einen Nervenzusammenbruch und war außerstande, seine Stelle zu behalten; er wurde wieder hilfsbedürftig und abhängig. Ein anderer Initiator beklagte sich, daß der Partner ständig mit Arbeit eingedeckt sei. Nach der Scheidung beschloß dieser, weniger zu arbeiten und mehr für sich persönlich zu tun. Ein Initiator litt darunter, daß der Partner nie seine Gefühle äußerte, weder von Liebe sprach noch Zuneigung zeigte. Nach der Scheidung begab sich der Partner in eine Therapie und besuchte Kurse, in denen er lernte, seine Gefühle zum Ausdruck zu bringen.[32]

Veränderungen von einem oder beiden Beteiligten nach ihrer Trennung können eine Versöhnung beschleunigen, selbst wenn beide viele Übergangsphasen durchlebt haben, wie es der folgende Fall zeigt:

Ellen lernte Jack im College kennen. Sie verliebten sich ineinander und heirateten. Jack war seit seiner Geburt blind. Am College studierte er Pädagogik und musizierte. Beide bewunderten die Selbständigkeit des anderen. In der Ehe stellte sie ihre eigene Karriere zurück, um seine zu fördern, und half ihm, wo sie nur konnte. Sie verwandte viel Zeit auf seine Bedürfnisse: auf den Transport, das Anfertigen von Bandaufnahmen und das Kopieren von Noten für die Musiker seiner

Gruppe. Tagsüber unterrichtete er an einer Blindenschule, abends trat er als Musiker auf. Sie hatten einen Sohn. Ellens Leben war nicht wie das ihres Mannes nach außen gekehrt, sondern zentrierte sich um die Familienangelegenheiten. Sie nahm zu. Nach zwölf Ehejahren verließ Jack Ellen wegen einer alten Schulfreundin. Eine Zeitlang litt Ellen, doch dann besann sie sich auf ihr eigenes Leben. Sie begann zu arbeiten, verschaffte sich Anerkennung, ging zum College zurück und nahm ab. Sie reichte die Scheidung ein, schloß sich einer Selbsthilfegruppe für Alleinerziehende an und suchte sich eine Single-Gruppe. Sie traf sich mit anderen Männern. Während der ganzen Zeit begegneten Jack und Ellen einander sporadisch, und sie schliefen weiterhin miteinander. Am Abend vor ihrer Scheidung versöhnten sie sich.

Noch häufiger offenbaren nach der Trennung stattfindende Veränderungen eine weitere Ironie des Lösungsprozesses: Die Versöhnung kommt zu spät.[33] Möglicherweise ist der Initiator über die Veränderungen des Partners nicht auf dem laufenden. Oder er hat – auch wenn er vielleicht die Veränderungen wahrnimmt – eine neue soziale Nische gefunden, die bequem ist und ihm Bestätigung gibt. Er nimmt zwar die Fähigkeiten des Partners wahr, strebt aber nicht nach einer Versöhnung. Wenn er schließlich in die alte Beziehung zurückkehren möchte, ist es vielleicht zu spät; der Partner hat sich von ihm gelöst. Sein Vorwärtskommen macht ihn für den Initiator oft wieder attraktiv. Indem sich der Partner ein neues Leben aufbaut, erwirbt er sich die Grundlage für seine Entwicklung. Wünscht der Partner die Versöhnung, liegt seine Chance nicht darin, auf sein Ziel zuzusteuern, sondern darin, sich von ihm abzuwenden. Sobald er die Vergangenheit aufgibt und statt dessen seine Zukunft ins Auge faßt, kann er allmählich eine neue Identität entwickeln. In einem derartigen Prozeß erwirbt der Partner wieder das Selbstgefühl, das ihm bei der Trennung verlorengegangen war. Da er nun abermals «im Besitz seiner Identität» und somit «gelassen» ist, bringt sein Verhalten Stärke zum Ausdruck.

Um dahin zu gelangen, muß sich der Partner für eine Bewertung des Bruches entschieden haben, die diesen glaubwürdig erscheinen läßt. Er hat die Geschichte der Beziehung neu geordnet und ist zu dem Schluß gekommen, daß sie nicht seinen Bedürfnissen entspricht oder entsprechen konnte. Folglich mag der Partner nicht gewillt sein, sein früheres Leben wiederaufzunehmen oder ein neues mit dem anderen zu beginnen. Der Initiator möchte zum Partner zurückkehren. Der Partner lehnt dies ab. Nun erfährt der Initiator eine Zurückweisung und versinkt, indem er sich auf die guten Seiten des Verlorenen konzentriert, in dem Sumpf, aus dem sich sein ehemaliger Partner so mühsam befreit hat. Die Versöhnung ist somit nicht nur eine Angelegenheit der erneuten Definition des Selbst und der Beziehung, sondern sie muß auch zum richtigen Zeitpunkt stattfinden.

# *Elf*
# Übergangsrituale

Trennung wird von allen, die das durchmachen, als chaotisches Durcheinander schmerzhafter Ereignisse und Gefühle erlebt, was ja auch zutrifft. Beide Partner erwerben einen reichen, wenn auch nicht gerade beneidenswerten Erfahrungsschatz an Gefühlen wie Verunsicherung, Wut, Trauer und Schmerz. Und doch liegt allen noch so verworrenen Trennungserfahrungen eine Gesetzmäßigkeit zugrunde, die unabhängig ist von sexuellen Wünschen und Neigungen und auch nichts zu tun hat mit irgendwelchen speziellen, einzigartigen Eigenschaften der Partner und ihrer Beziehung zueinander.[1] Unter der aufgewühlten, vielgestaltigen Oberfläche aller Fälle lassen sich doch regelmäßige Verhaltensmuster erkennen, nach denen jeder Trennungsprozeß abläuft.

Wenn zwei auseinandergehen, müssen beide mit einem Verlust fertig werden, und das bedeutet für sie: Veränderung. Ob sie es wollen oder nicht, sie stehen beide vor demselben Dilemma: Der andere ist jetzt weg, und was wird nun aus mir? Die Suche nach einer Antwort auf diese Frage vollzieht sich nach so strengen, geradezu eingefleischten Regeln, daß man den Trennungsprozeß als ein Geschehen beschreiben kann, das den Vorschriften eines Rituals gehorcht. Beide Partner müssen sich selbst, den jeweils anderen und die Beziehung zwischen ihnen umdefinieren. Beide durchlaufen die sozialen Etappen der Trauer, der Hilfesuche und der Anknüpfung von provisorischen Bekanntschaften. Beide machen ihre Erfahrungen mit dem Aussieben und Neuzusammenstellen ihres Freundeskreises. Die Liste solcher Etappen und Phasen ist lang. Ganz wesentlich ist dieser Prozeß an Sprache gebunden. In dem Maße, in dem die beiden sich Trennenden nach außen zu erkennen geben, wie jeder einzelne sich nun neu definiert, wird ihr sich vollziehendes Getrenntsein mit jedem Gespräch über dieses Problem vertieft und beschleunigt. Schließlich findet jeder einzelne seine Selbstverwirklichung anderswo und nicht mehr in der ursprünglichen Beziehung. Das Resultat ist eine Identitätsumformung, der Weg dahin ein sozialer Übergang.

Im Laufe unseres Lebens bewegen wir uns ständig weiter. Irgendwann müssen wir uns alle einmal ent-lieben, uns scheiden, uns trennen, wir verlieren geliebte Menschen durch den Tod und sterben selbst. Wir trennen uns ständig, sowohl von Insitutionen wie auch von Individuen. Wir verlassen Arbeitsplätze, Eltern, Kollegen, Kirchen, Wohnorte, Krankenhäuser, Lehrer, Schulen und Universitäten, Gefängnisse, Vereine, Kinder und Freunde. Und sie verlassen uns. Obgleich die Umstände jedes Abschieds unverwechselbar sind, hält ein gemeinsames Band sie zusammen: Jeder Abschied hat einen Rollenverlust zur Folge, und das schafft Raum, sich selbst neu zu definieren. Folglich weisen auch die anderen Übergangsprozesse viele Merkmale eines Rituals auf, die wir bei der Trennung von Partnern beobachten können.[2]

Betrachten wir zum Beispiel einmal die Parallelen zwischen dem Abbruch einer Beziehung und einem Übergangsprozeß, den wir fast alle kennen: dem Stellenwechsel. Unzufriedene Arbeitnehmer, die von sich aus kündigen wollen, verhalten sich ähnlich wie der Initiator, der sich in seiner Beziehung unglücklich fühlt und daraus zu lösen beginnt.[3] Sie prüfen ihre Erfahrungen mit dem jetzigen Arbeitgeber und artikulieren ihre Unzufriedenheit gegenüber Menschen, bei denen sie sich sicher fühlen. Sie gehen Informationen über andere Möglichkeiten nach. Vielleicht finden sie eine Übergangsperson (etwa einen anderen verärgerten Kollegen, jemand, der die Firma schon verlassen hat, oder jemand, der bereits dort arbeitet, wohin sie ihre Fühler ausstrecken). Sobald ihnen eine neue Stelle sicher ist, geben sie bekannt, daß sie gehen. Die spontane Reaktion der Kollegen besteht häufig darin, die Vorzüge der betreffenden Person in den Vordergrund zu stellen. Man schmeichelt oft denen, die mit ihrem Ausscheiden drohen, mit

Einladungen zum Essen, mit der Aussicht auf Beförderungen oder andere Belohnungen. Sollten diese Bemühungen jedoch erfolglos sein, finden sich die Kollegen meist mit der Weigerung und dem Verlust ab, konzentrieren sich nun auf die Verfehlungen, die sich der Fahnenflüchtige in der Vergangenheit und Gegenwart zuschulden kommen ließ, und zeigen ihre Ablehnung oft in einer Weise, die dem Betroffenen den Abschied wahrlich nicht schwermacht.

Und nun malen wir uns aus, daß die Firma mit dem Arbeitnehmer unzufrieden ist. Schon sehen wir seine Vorgesetzten, wie sie seine Leistungen kritisch untersuchen und sich auf das Negative konzentrieren. Sie können den Arbeitnehmer auf der Stelle entlassen oder indirekte Methoden wählen: zum Beispiel einen vorübergehenden Personalabbau, der sich schließlich als endgültig erweist. Arbeitnehmer, denen eine Kündigung droht, scheinen einen ähnlichen Weg zu beschreiten wie die verlassenen Partner einer Beziehung.[4] Sie neigen dazu, die guten Seiten ihres Arbeitsplatzes hervorzuheben, um ihn sich zu erhalten; sie opfern alle Energie, um ihre Leistungen zu verbessern, oder gehen vielleicht vor das Arbeitsgericht. Sie vergeben damit viele Möglichkeiten, sich um Alternativen zu kümmern. Wenn dann ihre Versuche, die Stelle zu behalten, doch fehlschlagen, konzentrieren sie sich nach dieser tiefen Kränkung nun voll auf die negativen Seiten der Firma. Ihr pausenloses Kritisieren an allem und jedem wird so manchen abstoßen, einige Kollegen werden sich zurückziehen; andere halten sich heraus, weil sie nicht Partei ergreifen wollen oder können. Wieder andere werden in irgendeiner Form ihre Hilfe anbieten und sich mit dem ausscheidenden Kollegen solidarisieren; sie helfen mit, die Trauer über den Verlust gemeinschaftlich zu verarbeiten, wenn die Suche nach einem anderen Arbeitsplatz beginnt.

Ob man von sich aus geht oder von der anderen Seite zum Gehen gezwungen wird, scheint grundsätzlich mit Gesetzmäßigkeiten zusammenzuhängen, die in vielen anderen Übergangsprozessen zu beobachten sind. Kinder, die erwachsen werden, neigen zum Beispiel dazu, sich ausschließlich mit den Fehlern ihrer Eltern auseinanderzusetzen.[5] Anstatt sich zu bemühen, die Beziehung zu ihren Eltern zu erhalten, scheinen viele Kinder einen Haufen Energie dafür aufzuwenden, sich öffentlich von den beiden Menschen abzunabeln, die für ihre Geburt verantwortlich sind, bis sie ein gewisses Maß an Unabhängigkeit erreicht haben und endlich anerkennen können, daß ihre Eltern auch einige gute Eigenschaften besitzen. Bei Rockgruppen herrscht eine größere Nachfrage nach Lead-Gitarristen, Keyboardspielern, Bassisten und Schlagzeugern aufgrund ihrer größeren Virtuosität. Da sie ihr Verlangen nach Selbständigkeit innerhalb der Gruppe kaum befriedigen können, sind sie diejenigen, die am häufigsten die Gruppe wechseln.[6] Menschen, die sich entschlossen haben, einer religiösen Sekte beizutreten, suchen sich eine Übergangsperson und nehmen Verbindungen zu einem oder mehreren Mitgliedern der religiösen Gemeinschaft auf; sie meiden entsprechend den Kontakt zu solchen Menschen, die versuchen könnten, sie von dem Übertritt abzuhalten.[7]

In Kinderfreundschaften verliert häufig das eine Kind die Lust an der Freundschaft eher als das andere. Das verlassene Kind quält sich mit der Ablehnung und dem Verlusterlebnis und versucht herauszubekommen, was falsch gelaufen ist.[8] Verwitwete Partner neigen dazu, nur die guten Eigenschaften des Verstorbenen zu sehen, und halten noch lange nach dem Tod des anderen diejenigen Gegenstände in Ehren, die für sie die Beziehung symbolisieren.[9] Geht dem Tod eine längere Krankheit voraus, so verstärken Partner ihre Fürsorge für den Kranken häufig derart, daß sie andere Aktivitäten aufgeben und damit auch mögliche andere Quellen ihrer Identität. Nach dem Tod setzen die Überlebenden ihre Bindung an den Toten oft dadurch fort, daß sie die Lebensarbeit des anderen weiterführen oder einen Kreuzzug gegen die Todesursachen ihres geliebten Partners unternehmen. Rentner, die aus Altersgründen ihre Arbeit verlieren, beschäftigen sich oft in Gesprächen und Gedanken vornehmlich mit ihren früheren Leistungen und leiten ihre Identität aus der Vergangenheit ab und nicht aus dem, was sie in der Gegenwart sind und tun.[10] Den Alten versagt die Gesellschaft immer mehr andere mögliche Rollen, die sie ausfüllen könnten, und reduziert sie statt dessen auf die einzige ihnen verbleibende: die Rolle von Kranken. Einige brechen auch damit und nehmen sich selbst das Leben.¹¹ Sobald es eine eigene Kultur für Alte gibt, die ihnen die Möglichkeit einer anderen Identität bietet, kann dieser Teufelskreis wahrscheinlich aufgehoben werden.¹²

Die bei Trennungen und anderen Übergangsprozessen gefundenen Verhaltensmuster ergeben sich aus der Beobachtung zahlreicher Lebensläufe – Lebensläufe von vielen Menschen, die einen Rollenverlust hinnehmen mußten und versuchten, mit den Folgen fertig zu werden. Aber jede Einzelerfahrung widersetzt sich der Absolutsetzung. Jeder einzelne lebt in so schwankenden, unbeständigen und von Willkür abhängigen Situationen, daß wir nie voraussehen können, wie sie sich entwickeln werden. Obwohl wir bei Trennungsprozessen regelmäßige Verhaltensmuster erkennen können, läßt sich daraus nicht folgern, daß in jedem Einzelfall alle Verhaltensmuster auftreten müssen. Viele der von mir beschriebenen kommen vor, aber nicht notwendigerweise alle. Ebensowenig können wir nicht aus der Regelmäßigkeit von Verhaltensmustern folgern, Trennung sei ein irreversibler Übergangsprozeß. Eine solche Folgerung spricht nämlich fälschlicherweise dem einzelnen die Fähigkeit ab, soziale Schranken zu überwinden und sich sein persönliches Leben so zu gestalten, wie er es sich wünscht. Selbst wenn eine Beziehung schon viele Etappen der Trennung hinter sich hat, kann der Prozeß doch jederzeit unterbrochen werden.

Ebensowenig sollte die Darstellung von Regelmäßigkeiten die tatsächliche Komplexität des Geschehens verschleiern. Verhaltensmuster entstehen aus unzähligen täglichen Aktionen und Reaktionen der beiden Beteiligten – sowohl miteinander als auch mit anderen – über eine längere Zeitspanne. Diese Verhaltensmuster sind so ineinander verwoben, daß sie im Grunde genommen nicht zu trennen sind. Das Umdefinieren des Selbst, des anderen und der Beziehung bildet zum Beispiel keine voneinander abgesetzten Phasen des Ablösungsprozesses, sondern geschieht während des gesamten Prozesses. Um die Verhaltensmuster beschreiben zu können, mußte ich sie entwirren und gab ihnen eine so klare und einfache Form, wie sie im wirklichen Leben nicht vorkommt.

Die Entdeckung ritualisierter Merkmale sollte auch nicht die Erschütterung der beiden Menschen, die durch diese Erfahrung gehen, dem Blick entziehen. Ein Initiator ist zum Beispiel nicht jemand, der sich entschließt, eine Beziehung abzubrechen, sich dafür einen Plan ausdenkt und diesen dann durchzieht. Ein Initiator ist ein unglücklicher Mensch. Anfänglich weiß er manchmal gar nicht, warum er unglücklich ist. Er reagiert auf die Situation, unter welcher er leidet, so daß er sich für eine Reihe scheinbar kleiner Schritte entscheidet. Ohne daß er es will, beginnt er sich vom Partner zu distanzieren. Zu irgendeinem Zeitpunkt wird das Unbeabsichtigte zur Absicht. Der Initiator entschließt sich, daß er die Beziehung lösen will. Aber wie er die Beziehung löst, ist selten das Ergebnis eines wohldurchdachten Plans, der beim ersten Anzeichen von Unzufriedenheit entstanden wäre. Die Langzeitwirkungen von Entscheidungen können nicht vorhergesehen werden, da die Menschen nicht die Folgen erkennen können, die ihre Handlungen für ihre Identität und damit auch für die Beziehung nach sich ziehen werden.[13] Sie erkennen nicht, daß ihre vielen kleinen Entscheidungen allmählich in eine deutliche soziale Veränderung übergehen. Denken wir an einen Weberknecht, der auf einem Blatt sitzt, das im Winde zittert. Um im Gleichgewicht zu bleiben, setzt das Spinnentier vorsichtig ein Bein nach dem anderen auf ein Blatt in der Nähe, das sicherer erscheint. Schließlich befindet sich das Lebewesen auf dem anderen Blatt.

Indem der Initiator auf seine Lage so reagiert, daß er nur ans Heute und gerade noch ans Morgen denkt, entwickelt er etwas, was ich in allen Fällen beobachten konnte: eine Beendigungsstrategie. Ein Begriff, der ein Verhaltensmuster angemessen beschreibt, ist für die Beschreibung eines Einzelfalles völlig ungeeignet. Unser Verhalten dient der Bedürfnisbefriedigung. Eine «Strategie» ist oft eher das Resultat kurzfristiger Gefühlsreaktionen als langfristiger Planung. Tatsache ist, daß wir nicht wissen, wie wir unseren Partnern sagen sollen, daß wir nicht mehr mit ihnen zusammensein möchten. Es gibt weder eine gute, noch eine liebevolle, noch eine lockere Art, es dem anderen zu sagen, ohne ihn zu verletzen. Oft leiden wir selbst so, wenn wir weggehen wollen, daß wir eher aus Frustration als aus rationalen Gründen handeln und anderen weh tun, obwohl wir rücksichtsvoll sein möchten.

Weil er kein Spezialverfahren zur schmerzfreien Übermittlung von schlechten Nachrichten kennt, stützt sich der Initiator auf seine bisherige Lebenserfahrung. Er greift auf die Distanzierungsrituale zurück, die er schon sein ganzes Leben benutzt hat. Denken wir doch zum Beispiel einmal an zwei kleine Mädchen, die auf dem Teppich liegen und Monopoly spielen. Das Spiel zieht sich hin (wie es bei Monopoly vorkommt), und eines der Mädchen hat keine Lust mehr. Es möchte nach Hause. Sie kann ihrer Mitspielerin sofort sagen, daß sie keine Lust mehr hat und gehen will. Tut sie das, wird sie wahrscheinlich Streit kriegen oder muß andere gefühlsmäßige Reaktionen riskieren – besonders wenn ihre Partnerin am Verlieren ist. Vielleicht plant sie, ihren Aufbruch noch ein bißchen hinauszuschieben, indem sie, eine weitere Freundin zum Spielen dazuholt oder so spielt, daß die Freundin mit ihrem Geld nicht mehr so schlecht dasteht. Dann wird ihre Spielgefährtin nicht mehr soviel gegen ihr Weggehen vorzubringen wissen. Sollte sie die Folgen ihres direkten Handelns nicht tragen können oder wollen, kann sie sich der Konfrontation ganz entziehen und einfach ohne ein Wort weggehen. Oder sie spielt immer weiter und wünscht sich, daß das Schicksal sie aus der Verantwortung erlöst, das Spiel zu beenden. Vielleicht wird es bald dunkel, dann ruft ihre Mutter an und bittet sie, nach Hause zu kommen.

Sie kann sich aber auch für indirektere Methoden entscheiden, welche die Last, das Spiel abzubrechen, der Freundin aufbürden. So kann sie ihre Beteiligung einschränken: Sie gibt sich zwar den Anschein fortgesetzter Teilnahme, denn sie bleibt auf dem Teppich liegen, entzieht sich aber gleichzeitig, indem sie sich in Comic-Hefte vertieft oder den Fernseher einschaltet. Oder sie verläßt das Spiel öfter, um einen Abstecher in die Küche, zur Toilette oder nach draußen zu machen; oder sie ergreift die Chance einer eingeplanten Pause, um zum Abendessen nach Hause zu gehen und nicht zurückzukommen; oder die unzufriedene Spielerin verschwindet, ohne Abschied zu nehmen, während die Partnerin zur Toilette geht. Sie hat noch andere Möglichkeiten. Sie kann die Spielregeln verletzen. Oder sie kann ihre Unzufriedenheit zeigen, indem sie sich beklagt, laut oder albern wird oder die Ordnung der Karten und des Spielgeldes so lange durcheinanderbringt, bis die andere mit dem Spiel aufhört. Oder sie mogelt. Die Spielgefährtin erwischt sie, beschwert sich und will nicht mehr weiterspielen. Vielleicht macht sie aber auch einen ganz bösen Fehler und wird wütend wegen des häufigen Weggehens der Freundin oder ihrer ewigen Ablenkung durch die Comics. Unsere unzufriedene Spielerin ergreift die Gelegenheit beim Schopf und geht mit den Worten nach Hause: «Wenn du mich nur anmekkern willst, geh ich.»

Die sozialen Folgen des vollständigen Abbruchs aller Interaktionen sind immer schwer zu ertragen, und wir lernen schon früh, wie solche Folgen zu vermeiden sind. Ganz routinemäßig nehmen wir Zuflucht zu indirekten Strategien, um etwas abzubrechen, anstatt die direkte Konfrontation zu wählen. Ein unzufriedener Arbeitnehmer ergreift die Gelegenheit eines Standortwechsels seiner Firma, um zu erklären, er könne den Weg dorthin nicht schaffen und müsse deshalb kündigen. Nach einem ersten enttäuschenden Rendezvous sagt derjenige, welcher schon genug hat: «Ich ruf dich an», ohne im entferntesten daran zu denken. Ein ständig schlechtgelaunter Teenager, dessen Eltern darauf bestehen, daß er morgens weiter die Zeitungen austrägt, macht seine Arbeit so schlampig, daß man ihn rausschmeißt. Schüler, die der Unterricht langweilt, stören so lange, bis der Lehrer sie vor die Tür setzt. Ein Fahrgast im Zug nimmt ein Buch oder täuscht Müdigkeit vor, um sich mit seinem redseligen Nachbarn nicht unterhalten zu müssen. Ein Gast, der auf einer Party von einem lästigen Dauerschwätzer festgenagelt wird, will sich nur schnell etwas zu trinken holen und kommt nicht zurück.

Obwohl diese Methoden es einem ermöglichen, sich anderen mit ganz geringem Aufwand zu entziehen, bieten sie doch keine Garantie dafür, daß sie ebenso schnell eine Liebesbeziehung beenden können. Eine solche Beziehung umfaßt sowohl ein persönliches als auch ein öffentliches Engagement, eine gemeinsame Geschichte und eine gemeinsame Wohnung. Einige dieser Beziehungen werden durch bindende Verträge untermauert, die nur durch das Gericht wieder gelöst werden können. Liebesbeziehungen lassen sich nun einmal nicht so brüsk abbrechen wie der Besuch eines aufdringlichen Vertreters. Leidvolle Erfahrungen und eigene Bedürfnisse sind oft der Grund, warum manch ein Initiator immer wieder auf diese Rituale zurückgreift; er versucht, seinen Partner davon zu überzeugen, daß ihre Liebe keine Zukunft hat, er zeigt sich unzufrieden, manchmal sogar jahrelang, und verlängert dadurch seinen eigenen Schmerz und den seines Partners. Das wirklich Überraschende ist, daß es zwischendurch überhaupt noch Augenblicke der Freundlichkeit und Achtung gibt.

Gleichwohl ist der Trennungsprozeß von einem bisher noch nicht erwähnten Verhaltensmuster gekennzeichnet: der Fürsorglichkeit. Die Trennung als solche gilt im allgemeinen als eine konfliktgeladene Angelegenheit, die mit einem unerbittlichen Kampf zwischen zwei Feinden endet, die nichts anderes im Sinn haben, als sich gegenseitig bis aufs Blut zu befehden. Und häufig geschieht das auch. Aber in den Interviews für die vorliegende Untersuchung zeigt sich selbst bei den mit größter Härte durchgefochtenen Trennungen die Fürsorglichkeit jedes Betroffenen gegenüber dem anderen.[14] Es hat den Anschein, als ob die beiden Strukturelemente der Fürsorglichkeit und des Verantwortungsgefühls, die sich entwickeln, wenn sich zwei Menschen zusammentun, nicht so leicht zu zerstören sind. Vielfach überdauern sie den ganzen Trennungsprozeß und bleiben auch noch später erhalten.

Zweifellos würden viele, die mitten im Trennungsprozeß stehen, heftig bestreiten, daß angesichts dessen, was ihnen geschieht, ausgerechnet von Fürsorglichkeit die Rede sein kann. Das Bedürfnis, sich zu entzweien, indem man jetzt den anderen und zurückliegende Ereignisse negativ bewertet, macht dies notwendig. Dennoch gibt es Beweise für diese gegenseitige Besorgtheit, und das führt zu folgender Frage: Könnte sich der Initiator nicht diese Fürsorglichkeit und Teilnahme eingestehen und in einen humaneren Umgang mit seinem Partner einfließen lassen? Um entscheiden zu können, was als «human» gelten soll, müssen die kurzfristigen und die langfristigen Folgen einer bestimmten Haltung gegeneinander abgewogen werden. Während einer direkten Konfrontation enthüllt der Initiator geheimgehaltene Gefühle, Gedanken und Handlungen so unverblümt, daß der Partner diese weder bestreiten, beschönigen, ignorieren noch wegerklären kann. Kurzfristig gesehen erscheint direkte Konfrontation grausam und inhuman. Behält der Initiator die Dinge für sich, die den Partner höchstwahrscheinlich vernichten, oder versucht er, den anderen so freundlich zu behandeln, daß diesem seine Integrität und Selbstachtung erhalten bleiben, so wird ein noch liebender Partner seine Aufmerksamkeit auf die ihm erwiesene Freundlichkeit und nicht auf die Unzufriedenheit, auf die gute und nicht auf die schlechte Mitteilung des Initiators konzentrieren. Der Partner wird sich nicht eingestehen, daß die Beziehung ernsthaft gefährdet ist, bis er ein negatives Signal erhält, das so eindeutig ist, daß er es nicht mehr übersehen kann. Genaugenommen bringt eine direkte Konfrontation, die schmerzhafte Enthüllung von bisher geheimgehaltenen Tatsachen, beide Beteiligte in eine schwierige Situation, denn die Offenbarungen verletzen nicht nur mit Sicherheit die Integrität des Partners, sondern führen zu einem Riß, dessen Auswirkung und Dauer nicht vorhersehbar sind.

Aber wie sieht die Alternative aus? Ein Initiator, der nicht in schmerzhafter Weise direkt sein kann, ist meistens in schmerzhafter Weise indirekt. Gefangen in seiner unglücklichen Lage reagiert er so, daß er sich mehr und mehr über die Schwächen des Partners aufregt, sie ihm ständig vorhält, was vielleicht dazu führt, daß der Partner irgendeinen verhängnisvollen Fehler begeht – und während dieses Prozesses mit Sicherheit sein Selbstvertrauen verliert. Oder aber der Initiator erreicht auf anderem Weg schließlich das gleiche, indem er Spielregeln bewußt verletzt oder die Auseinandersetzung mit dem Partner mehr und mehr reduziert. Wenn es auch human erscheint, die Kommunikation und Auseinandersetzung zu verringern, weil sich mancher Partner allmählich an das Alleinsein gewöhnt und schließlich eine Trennung hinnimmt oder diese sogar initiiert, wird ihm der Verlust an Selbstachtung und Selbstvertrauen nicht erspart, der den unfreiwilligen Liebesentzug begleitet.

Da es keinen schmerzlosen Weg gibt, dem anderen klarzumachen, daß man mit ihm nicht länger zusammensein will, mag auf lange Sicht direkte Konfrontation die angenehmste Art sein, unserem Partner zu sagen, daß wir unglücklich sind. Direkte Konfrontation erlaubt es dem Partner einzugreifen. Sie gibt ihm Gelegenheit, andere mögliche Interpretationen seines Selbst, der Beziehung und des anderen in die Diskussion einzubringen. Sie macht es möglich, daß die beiden miteinander verhandeln und ihre Probleme aushandeln. Sie bietet die Chance, eine Beziehung so zu verändern, daß sie für beide erträglicher wird. Und: Sollte sich der Versuch als erfolglos erweisen, so hat diese Erfahrung immerhin die Situation geklärt. Direkte Konfrontation ermöglicht es dem Partner, mit der veränderten Lage schneller fertig zu werden. Sie befreit ihn aus den Fesseln des Hoffens und Nichtwissens und zeigt ihm, daß er sich ein neues Leben aufbauen muß.

Das Ironische daran ist, daß die Fürsorglichkeit gegenüber dem anderen Menschen – und die Rücksicht auf uns selbst – uns während der frühen Phasen unseres Unglücklichseins vor der direkten Konfrontation zurückschrecken lassen. Beziehungen erfordern ein ständiges Aushandeln, dazu kommt es aber nicht ohne die Bereitschaft zur direkten Konfrontation. Und trotzdem neigen wir hier zum Kneifen oder gehen die Sache nur halbherzig an. Erst wenn wir ein neues Plätzchen für uns gefunden haben, zeigen wir unsere wahren Gefühle und auch nur soweit es nötig erscheint, um das Ohr des anderen zu erreichen. Wenn wir doch nur den Mut hätten, die Verantwortung für unsere Übergangsphasen zu übernehmen, aus unseren ritualisierten Verhaltensmustern auszubrechen und uns regelmäßig mit unserem Partner auseinanderzusetzen, *bevor* wir den anderen Menschen aus unserem Leben ausklammern, indem wir ihn umdefinieren und uns davonmachen, dann könnten wir möglicherweise unsere Beziehung auf eine neue Basis stellen und unseren Partner – wenn das unser Wunsch ist – mitnehmen.[15]

Denken wir doch einmal an das folgende Beispiel frühzeitiger direkter Konfrontation und die möglichen Folgen. Beziehungen zwischen Partnern, die zusammenleben, geraten oft in eine Krise wegen der Frage, ob man sich für ein Kind entscheiden soll oder nicht. Der Streit geht meist um folgende Standpunkte: Der eine möchte eine Familie gründen, der andere ist ganz zufrieden mit der gegenwärtigen Lage und will kein Kind. Da beide für dieses Dilemma keine Lösung finden, schlägt der eine oder der andere die Trennung vor. Obwohl sie sich noch lieben, trennen sie sich. Keiner will ohne den anderen leben. Keiner von beiden hat eine Alternative entwickelt, um die aus der Beziehung gewonnene Stabilität und Identität zu ersetzen. Und obwohl beide grollen und gekränkt sind, haben sie kein vollkommen negatives Bild vom Partner entworfen. In der Abwesenheit des anderen erinnern sie sich an die positiven Eigenschaften ihres Partners und der Beziehung zwischen ihnen. Für beide bleibt diese Beziehung etwas Zentrales, für ihr Leben und ihre Identität. Sie sprechen miteinander, bleiben gewissermaßen in Verhandlungen. Und oft schaffen sie es auch, eine Lösung zu finden.

Es stimmt: Konfrontationen sind riskant. Sie setzen etwas in Bewegung. Sie können Bindungen zerstören, aber auch neue hervorbringen. Selbst wenn die direkte Konfrontation bereits in einem frühen Stadium der Unzufriedenheit erfolgt, reagiert der konfrontierte Partner vielleicht in einer Form, die die negative Sicht des Initiators nur noch bestätigt und seinen Übergangsprozeß beschleunigt. Ein weiteres Risiko liegt darin, daß der Partner in Reaktion auf die Unzufriedenheit des Initiators seinerseits beginnt, sich abzulösen. Wenn aber beide Partner die Hindernisse, die dem Offenlegen von Geheimnissen und der Aufnahmebereitschaft für Signale entgegenstehen, überwinden können und sich bereits auf eine direkte Konfrontation einlassen, wenn die Unzufriedenheit noch in den Anfängen steckt, dann besteht die Chance, daß beide Seiten noch ein lebhaftes Interesse an der Fortsetzung der Beziehung haben. Nie werden sich beide im gleichen Ausmaß einsetzen und engagieren. Jedoch hat die Beziehung für das Leben und die Identität jedes einzelnen einen solchen Stellenwert, daß keiner von ihnen bereit ist zu gehen. Die frühzeitige Offenbarung geheimgehaltener Tatsachen verhindert ein Ungleichgewicht, das die meisten Trennungen kennzeichnet, und eröffnet die Chance, daß zwei Menschen es noch einmal versuchen – und schaffen.

# Nachwort

Die Bitte um ein Interview war gleichbedeutend mit der Aufforderung, einer Fremden intime Dinge aus dem Privatleben zugänglich zu machen. Das Interview selbst war so etwas wie die Verheißung einer Beziehung, weil dabei sehr persönliche Gedanken und Vorkommnisse enthüllt wurden. Einige Menschen schrecken davor zurück, vertrauliche Details ihres Lebens Außenstehenden – und sogar Nahestehenden – zu «verraten», wenn dies nicht unbedingt nötig ist; anderen wiederum fällt es relativ leicht, sich jemandem anzuvertrauen, der mit ihrem sonstigen Alltagsleben nichts zu tun hat. Was auch immer ihre Gründe waren – diejenigen, die sich mit einem Interview einverstanden erklärten, hatten keine Probleme damit, mir Vertrauliches mitzuteilen. Die Unterschiede zwischen denen, die bereit waren, einer Fremden gegenüber die Geheimnisse ihrer Liebesbeziehung offenzulegen, und jenen, die sich weigerten, werfen die Frage auf, ob die vorliegende Untersuchung nach einer Richtung hin voreingenommen sein könnte – eine Frage, die diskutiert werden muß. Deshalb ist es wichtig, einen Blick darauf zu werfen, wie ich Menschen für diese Arbeit gewonnen, die Interviews geführt und das Material analysiert habe.

Die Pilotstudie, die ich am Ende meines Studiums anfertigte, bestand aus Interviews mit Leuten, die über gute Bildungsvoraussetzungen verfügten, denn die ersten Erkundigungen waren lediglich Sondierungsgespräche, und ich bat zunächst meine Bekannten zum Interview. Von ihnen bekam ich weitere Personen genannt, die für ein solches Interview in Frage kamen.

Aus diesen Interviews erarbeitete ich ein vorläufiges Konzept, das ich ausbauen und weiterentwickeln wollte. So hoffte ich, den ersten Entwurf zu verfeinern und ihm die noch nicht vorhandene Vielseitigkeit zu geben. Dabei war ich unter mehreren Aspekten um Breite bemüht, Schichtzugehörigkeit war nur *ein* Auswahlkriterium. Ebenso wollte ich Junge und Alte, Männer und Frauen, Homosexuelle und Heterosexuelle, Verheiratete und Leute, die ohne Trauschein zusammenleben, befragen.

Mein erster Versuch, Personen mit möglichst unterschiedlichem sozialen Hintergrund in die Untersuchung miteinzubeziehen, erwies sich als kläglicher Fehlschlag. Ich schrieb einhundert Briefe an einzelne Personen (nicht an Paare), deren Namen ich systematisch dem amtlichen Scheidungsverzeichnis in der Zeitung entnahm. Diese Listen waren ein bis fünf Jahre vor dem Beginn meiner Untersuchung veröffentlicht worden. Ganze vier Antworten tröpfelten ein. Um nachzufassen, rief ich an und erfuhr so, daß viele Menschen weggezogen waren. Einige antworteten höflich, andere barsch, jedoch niemand fand sich zu einem Interview bereit. Dieses – im Verhältnis zu meinem Arbeitsaufwand – sehr dürftige Echo veranlaßte mich, mir zunächst mehr Informationen zu verschaffen, bevor ich weitermachte. Ich verteilte Kopien eines von mir verfaßten Artikels über den Trennungsprozeß an Gesprächsberater, die in ihren Einrichtungen Personen aus der Unterschicht betreuten: an einen Priester, dessen Gemeinde sich in einem schwarzen Arbeiterviertel befand; an einen Sozialarbeiter, der hauptsächlich mit Puerto Ricanern zu tun hatte, die sehr häufig den Wohnort wechselten; an einen weiteren Sozialarbeiter, der sich mit Vorbestraften – häufig aus zerrütteten Familien – befaßte, und an einen Drogenberater. Ich traf mich mit jedem dieser Fachleute, nachdem sie den Artikel gelesen hatten, und bat sie, meinen Text mit ihren Erfahrungen über die Beziehung ihrer Klienten zu vergleichen. Ihre Antworten lauteten alle gleich: Erklärungen darüber, was eine Beziehung bedeute und was von einer Beziehung erwartet werde, wären so unterschiedlich, daß die einzelnen Fälle sich nicht dazu eigneten, zu einem Vergleich herangezogen zu werden. Klärende

Gespräche oder schrittweise Übergangslösungen wären kein fester Bestandteil zu Ende gehender Beziehungen dieses Personenkreises.

Obwohl dies genau dem entsprach, was ich untersuchen wollte, äußerten sich alle Berater pessimistisch über meine Chancen, die mich interessierenden Einzelinformationen von ihren Klienten zu bekommen, da diese tendenziell jeden Außenstehenden als potentielle Bedrohung erlebten (wie zum Beispiel Bewährungshelfer, Spitzel, Sozialarbeiter, Gläubiger, Gerichtsvollzieher oder andere, die gelegentlich unerwünscht in ihren Angelegenheiten herumschnüffelten). Infolge der spärlichen Ergebnisse, die meine Zeitungsaktion erbracht hatte, sowie der trüben Aussichten, die von den Beratungsstellen eröffnet wurden, traf ich eine pragmatische Entscheidung. Ich begrenzte die Untersuchung (und folglich dieses Buch) auf eine Beschreibung der Trennung von Paaren aus der breiten Mittelschicht der Bevölkerung. Nach wie vor lag mir an Variationsbreite hinsichtlich Geschlecht, Alter, gesetzlichen Status der Beziehung und sexueller Präferenzen. Bei der Suche nach Interviewpartnern ging ich zu einem Schneeballsystem über, von dem ich mir eine relativ große Vielfalt versprach und das unbeeinflußbar ist von freundschaftlichen Querverbindungen.[1] Die Voraussetzung meiner Untersuchung, einer fremden Person Intimitäten über Liebesbeziehungen mitzuteilen, hatte Einfluß auf das Spektrum der Menschen, die daran teilnahmen. Diejenigen, die ich zum Interview bat, wollten mir nicht die Namen anderer geben, bevor sie nicht deren Erlaubnis dazu besaßen. Diese nur sehr geringe Distanz zwischen den Befragten war nicht das, was ich eigentlich wünschte. Um das Problem der freundschaftlichen Vernetzung so klein wie möglich zu halten, entwickelte ich schließlich eine Strategie, die sich am besten als ein Schneeballsystem beschreiben läßt, dessen vielfältige Ausgangspunkte ich in der Einleitung beschrieben habe. Da es schwer war, zu einigen Arten von Erfahrungen Zugang zu bekommen, suchte ich gezielt passende Fälle, um diese Lücken zu füllen.

Für diejenigen, die sich entschlossen hatten, an der Untersuchung teilzunehmen, wurde ich zu einer Vertrauensperson. Da ich nun zur Geheimnisträgerin geworden war, fühlte ich mich in der Verantwortung, mich sowenig wie möglich in ihre Beziehungen einzumischen und es zu vermeiden, ihr persönliches Wohlergehen zu beeinträchtigen. Ich versuchte, eine Interviewatmosphäre zu schaffen, in der sie sich nicht nur ungestört und sicher fühlten, sondern es auch tatsächlich waren. So überließ ich es ihnen, sich eine Umgebung auszusuchen, in der sie sich wohl fühlten. Meistens trafen wir uns dann in meiner oder ihrer Wohnung, gelegentlich aber auch in meinem Büro. Besonders behutsam ging ich bei der Darstellung meiner Forschungsziele vor, weil mir bewußt war, wie mein Interesse an Trennungsprozessen auf solche Menschen wirken mußte, deren Beziehung sich gerade in einem Übergangsprozeß befand. Ich erklärte ihnen, daß meine Untersuchung sich zwar auf die Lösung von Beziehungen konzentriere, daß meine Befragung jedoch nicht notwendigerweise bedeute, ihre Beziehung sei gescheitert. Denn leider ist in der Tat nur wenig darüber bekannt, wie Partner nach einer Krise wieder zusammenfinden; und ich war ebenso daran interessiert, möglichst viel über Aussöhnungen zu erfahren, was ich den Betreffenden auch sagte. Ich verständigte mich mit den Befragten über die Anonymität und strenge Vertraulichkeit der Untersuchung, indem ich ihnen erklärte, wie ich ihre Erfahrungen mit den Erfahrungen anderer zusammenbringen und verbinden würde; ferner erzählte ich von meinem Plan, bestimmte Punkte besonders hervorzuheben, indem ich anschauliche Zitate aus einzelnen Interviews in den Text einflechten wollte, und erklärte auch, in welcher Weise ich die Zitate ausweisen würde. Außerdem bot ich ihnen das Tonband oder eine Kopie der maschinengeschriebenen Umschrift des Interviews an.

Dann bat ich sie, mir von ihrer Beziehung zu erzählen, angefangen an dem Zeitpunkt, als sie zum erstenmal spürten, daß etwas nicht ganz in Ordnung war. Sie bemühten sich, ihre Erlebnisse chronologisch zu ordnen, und ich warf dabei Fragen ein. Oft waren die Befragten geradezu quälend freimütig, wie die Zitate belegen. Meiner Ansicht nach entsprang diese Offenheit vor allem der Freiwilligkeit der Teilnehmer. Das chronologische Ordnen ihrer Erlebnisse wirkte sich förderlich auf das Erinnerungsvermögen der Befragten aus. Während sich jede Geschichte entfaltete, schien sie eine bestimmte Eigendynamik zu entwickeln. Beim Erzählen kamen die alten Gefühle wieder hoch, die nun die Darstellung weitertrieben; häufig wurden dabei Vorkommnisse und deren Folgen noch einmal hervorgeholt, die wesentlich zur Erklärung des Ereignisablaufs beitrugen, unabhängig davon, welches Licht diese Aktionen und Reaktionen auf den Charakter des Sprechers selbst warfen.

Gleichzeitig machten sich die Befragten Sorgen, was ich mir wohl bei alldem denken mochte, indem sie sich für Tränen oder Wutausbrüche entschuldigten oder mich fragten, ob das, was sie in ihrer Beziehung taten, fühlten oder dachten, auch «normal» sei. Immer wieder war ich verwundert, wie isoliert jeder einzelne seine eigenen Erfahrungen wahrnimmt, und ich versuchte, solche Antworten zu finden, die ihnen das Verallgemeinerbare ihrer Erfahrungen deutlich machen konnten.[2] Entweder erzählte ich ihnen dann das, was ich im Verlauf meiner Untersuchung gelernt hatte (zum Beispiel: «Die Menschen weinen manchmal, wenn sie mit mir sprechen. Trennung ist eine traumatische Erfahrung, und wenn man darüber spricht, brechen gelegentlich die alten Narben wieder auf»), oder ich sprach über mein eigenes Leben. Da ich schon sowohl in der Rolle des Initiators wie auch der des Partners gewesen war, konnte ich immer direkt und einfühlend reagieren. Fragte man mich um Rat, so habe ich das immer abgelehnt. Ich wies darauf hin, daß ich dafür nicht ausgebildet sei, ermutigte aber die Betreffenden, zu einem Spezialisten zu gehen, wenn sie Fragen oder Probleme hatten, mit denen sie allein nicht fertig werden konnten.

Jedoch hielt ich es für meine Aufgabe, ihnen beim Übergang vom Interview, in dem es um ihre Vergangenheit ging, in ihr gegenwärtiges Leben zu helfen. – Die chronologische Darstellung ihres Lebens führte sie ganz natürlich in die Gegenwart, und ich schloß jedes Interview nur dann ab, wenn der Befragte alles gesagt hatte, was er auf dem Herzen hatte. Anschließend stellte ich Fragen zum Interview, um es als eigenständige Erfahrung herauszuheben und abzutrennen von den Erfahrungen, die sie während ihrer Beziehung gemacht hatten. Ihre Gedanken über das Interview waren wichtig, denn mir lag daran zu erfahren, in welcher Hinsicht der Inhalt des Gesagten von der Art des Interviews berührt worden war und wie sie sich am Ende meiner Befragung fühlten. Ich erkundigte mich, ob sie vorher darüber nachgedacht hätten, und falls ja, mit welchen Vorstellungen sie an die Sache herangegangen seien. Ich wollte wissen, wie ihnen während und am Schluß der Befragung zumute gewesen sei. Wenn sie sich beim Reden über irgend etwas aufgeregt hatten, hörte ich ihnen so lange zu, bis sie sich wieder beruhigt hatten. Manche verabschiedeten sich von mir mit einer Bemerkung, die durchblicken ließ, daß sie, nachdem sie mich gerade eben in ihre Geheimnisse eingeweiht hatten, von mir hören wollten, ihr Leben sei ganz in Ordnung. Aufgrund meiner Eindrücke konnte ich das jedesmal aufrichtig bejahen und war zugleich beeindruckt von ihrer Fähigkeit, trotz allem als Gewinner aus der Erfahrung hervorzugehen.

Um die wesentlichen Verhaltensmuster während des Übergangsprozesses aufzudecken, las ich alle einhundertunddrei niedergeschriebenen Interviews durch und klopfte die Geschichte jeder Person darauf ab, wo sich größere Wendepunkte im Verlauf der Beziehung abzeichneten. Ich sah mir die Ergebnisse meiner Pilotstudie aus der Studienzeit an: Dort hatte ich sechsundzwanzig Wendepunkte oder Symptome des Übergangsprozesses entwickelt.[3] Diese benutzte ich als Richtschnur, indem ich spezifische Aussagen in den Interviews kennzeichnete, die ein besonderes Stadium anzuzeigen schienen. Jetzt entschied ich, ob der Befragte der Initiator oder dessen Partner war. Anschließend zerschnitt ich den Interviewtext, klebte jede gekennzeichnete Aussage auf eine Karteikarte und beschriftete die Karte mit der entsprechenden Kategorie, die ich am Typoskriptrand vermerkt hatte. Jeder Sprecher wurde mit einer Nummer, seiner Rolle, der Art der Beziehung, seinem Geschlecht und seiner sexuellen Präferenz gekennzeichnet. Die Karten wurden nach den von mir festgelegten Kategorien und in der Reihenfolge geordnet, die mir chronologisch sinnvoll erschien. Die erste Phase zum Beispiel nannte ich «Geheimnisse».

Für Informationsmaterial aus anderen Quellen legte ich eine andere Kartei an: Interviews mit Leitern von Beratungsstellen, Buchbesprechungen, Beobachtungen, die ich bei Selbsthilfegruppen Getrennter oder Geschiedener gemacht hatte, Gesprächsnotizen und persönliche Beobachtungen, Autobiographien, Zeitschriften, Zeitungen und so weiter. Auch diese wurden nach den Kriterien der ursprünglichen sechsundzwanzig Wendepunkte systematisiert. Dann ging ich die Karteien weiter durch, machte genauere Unterscheidungen, suchte negative Beispiele und entwarf neue Kategorien und Unterkategorien, die sich auf das vorhandene Material stützten. Wenn ich eine neue Klassifizierung in der «Interview-Kartei» einführte, sorgte ich dafür, daß sie auch in die Kartei «Andere Quellen» kam und umgekehrt. Bei der Arbeit in und zwischen den Karteien unterschied ich einhundertundzwanzig Kategorien und Unterkategorien für den Übergangsprozeß.

Danach wandte ich mich wieder den Reinschriften der Interviews zu, analysierte sie noch einmal anhand der erweiterten Kategorien, indem ich zusätzliches Material hinzuzog und es in der entsprechenden Kartei einordnete oder eine neue einrichtete. Ich fuhr fort, die Karten zwischen den verschiedenen und innerhalb jeder einzelnen Kartei wieder und wieder neu zu verteilen, bis ich glaubte, jetzt sei es genug. Zum Schluß besaß ich drei Ablagekästen mit «Interviews» – Karten und drei mit der Aufschrift «Andere Quellen»; sie waren so geordnet, daß sie den zeitlichen Ablauf des Übergangsprozesses wiedergaben und damit die Kapitelfolge dieses Buches. Ich schrieb das Buch, indem ich von einer Kategorie zur nächsten voranschritt, vom Anfang der Karteikästen bis zu ihrem Ende, und dabei das Material beider Systeme in meine Darstellung einfließen ließ.

Das Schreiben und das Analysieren waren beides Arbeiten, die mich gefühlsmäßig stark beschäftigt haben. Während der Interviews war ich oft gerührt von dem, was die Befragten äußerten, doch nahm mich meine Rolle als Interviewleiterin voll in Anspruch. Jede emotionale Anwandlung meinerseits konnte nur flüchtig sein, mußte ich doch jede neue Aussage analysieren und überdenken, um das Interview steuern zu können. Es überraschte mich, festzustellen, wie emotional ich auf das Leben dieser Menschen reagierte, als ich mit der Analyse der Tonbandprotokolle begann. Bei dem Versuch, im Übergangsprozeß die Verhaltensmuster zu erkennen, veranlaßte mich die Lektüre der Interviews, über jede der Geschichten in ihrer Totalität nachzudenken. Während ich die Stadien des Übergangs feiner differenzierte, erschütterten mich manche Sätze, andere brachten mich zum Lachen, zum Weinen oder in Rage. Auch das Schreiben, das nicht einfach ein Kompilieren von Karteimaterial war, sondern auch voraussetzte, sich mit einigen Informationen näher zu befassen und sie aus verschiedenen Quellen zusammenzutragen, erschien mir nicht nur wie das Eindringen in die Lebenserfahrung und menschliche Verwundbarkeit anderer, sondern ließ mich auch in meinen eigenen Erinnerungen versinken.

Das wiederholte Durcharbeiten dieser Vielzahl von Lebenserfahrungen mit gleichzeitiger Chiffrierung, Klassifizierung und all dem anderen Drum und Dran soziologischer Forschung verringerte schließlich die besondere Bedeutung der individuellen Erfahrung, machte mich emotional unempfindlicher und gestattete es mir, mich auf die gemeinsamen Verhaltensmuster der verschiedenen Erfahrungen zu konzentrieren. Während der gesamten Zeit der Datensammlung, der Analyse und der Niederschrift verließ ich mich auf die Verfahren systematischer Verallgemeinerung, um mich vor einer unbeabsichtigten Befangenheit in Vorurteilen bei der Arbeit zu schützen.[4] Die Einzelerfahrungen werde ich im Gedächtnis behalten, nicht nur, weil die Menschen, ihre Geschichten und ihre Einsichten als solche bemerkens- und erinnernswert sind, sondern auch, weil die Interviews – ob man sie nun einzeln oder zusammen betrachtet – ein Bild davon abgeben, welchen unvergleichlichen Stellenwert im Leben diese Menschen ihren Beziehungen beimessen.

Obwohl die Befragten bereit waren, einem fremden Menschen ihre Intimitäten anzuvertrauen, glaube ich, daß sie in ihren Enthüllungen manches aussparten, sowohl aus Gründen der Geheimhaltung wie auch wegen der natürlichen Neigung, sich nicht bloßstellen zu wollen. Außerdem mußten sie einer Außenstehenden, die weder ihre Geschichte noch ihren Charakter kannte, eine höchst komplizierte Situation erklären, und dies in einem Interview, dem natürlich hinsichtlich des Zeit- und Energieaufwandes Grenzen gesetzt waren. Sie waren gezwungen, eine Auswahl zu treffen, selbst wenn sie während ihrer Schilderungen versuchten, ins Detail zu gehen. Ich erfuhr daher nicht sämtliche ihrer Geheimnisse, die ich aber auch gar nicht alle benötigte. Die groben Umrisse jeder einzelnen Erfahrung genügten, um im Zusammenhang mit all den anderen die typischen Verhaltensmuster des Übergangsprozesses zu bestimmen. Zudem wollte ich nicht nur wissen, welche Erfahrungen sie in ihrem Leben gemacht hatten, sondern es interessierte mich außerdem, wie sie ihre Erfahrungen erklärten, bewerteten und mitteilten.

Sprechen ist schließlich auch ein Verhalten. Da die Konstruktion einer autobiographischen Darstellung zu den unerläßlichen Bestandteilen des Übergangsprozesses gehört, ist diese Darstellung selbst von Interesse.[5] Die mündlichen Berichte unterschieden sich im Inhalt (Deutung des Selbst, des anderen und der Beziehung), in der Form (Beständigkeit, Prägnanz, Umfang und Verständlichkeit) und in ihrer Gefühlstönung in einer Weise, die es mir ermöglichte, wichtige Unterschiede hinsichtlich der Frage festzustellen, wie ein Mensch seine Beziehung zu verschiedenen Zeitpunkten seiner Geschichte erlebt. Wenn es möglich war, dieselbe Person mehrere Male nach ihrer Trennung zu befragen, konnte ich feststellen, wie sich die Darstellung im Laufe der Zeit veränderte. Weil ich viele Menschen befragte, die sich in verschiedenen Stadien des Übergangsprozesses befanden, hatte ich überdies Gelegenheit, mehr über die einzelnen Stadien zu erfahren, indem ich die Aussagen derer miteinander verglich, die eine Trennung erwogen, die sich gerade frisch getrennt hatten und die schon eine Zeitlang getrennt lebten.[6]

Das Auswahlprinzip beim Aufbau einer individuellen Fallgeschichte wirft eine wichtige Frage hinsichtlich der Rollenverteilung (Initiator oder Partner) auf. Davon ausgehend, daß die von mir Befragten eine Darstellung für mich konstruierten, fragte ich mich, mit welcher Sicherheit sich überhaupt bestimmen ließ, wer welche Rolle beim Auseinandergehen gespielt hatte? Ich fragte die Menschen nie, ob sie Partner oder Initiator gewesen seien. Statt dessen prüfte ich den gesamten Ablauf der Ereignisse, den sie beschrieben hatten. Die Festlegung, wer Initiator und wer Partner ist, kann nicht mit Haltungen oder Handlungen begründet werden, die bei der faktischen Trennung oder Scheidung zutage treten. Manchmal wünschen beide diesen Schritt. Auf meine einleitende Frage: «Erzählen Sie mir etwas über Ihre Beziehung von dem Augenblick an, als sie zuerst spürten, daß etwas nicht in Ordnung war», begann der Initiator über ein unbefriedigendes Erlebnis oder ein Gefühl der Unzufriedenheit zu sprechen, das von Gedanken begleitet war, sich vom Partner distanzieren zu wollen. Diesen Gedanken folgte eine Reihe von Handlungen, die dazu dienten, vom anderen loszukommen, zunächst sozial, später faktisch. Der Partner hingegen begann damit, einige Vorfälle oder unglückliche Gefühle zu beschreiben, die ihn annehmen ließen, der andere wolle die Beziehung abbrechen. Seine Handlungen zielten nun darauf ab, den Zusammenbruch der Beziehung aufzuhalten. Das entscheidende Kriterium für die Rollenbestimmung liegt darin, welcher der beiden Partner sich der Trennung widersetzt.

Weil dieses Buch auf individuellen Fallgeschichten beruht, müssen die spezifischen Eigenarten derjenigen, die an der Untersuchung teilgenommen haben, kritisch berücksichtigt werden. Unterscheiden sich ihre Trennungsprozesse von den Erfahrungen anderer, die ich nicht für ein Interview gewinnen konnte? Da ich über keine Daten von solchen Personen verfüge, die ich nicht befragen konnte, lassen sich nur Vermutungen darüber anstellen, inwieweit ihre Lösungsprozesse von den hier dokumentierten abweichen.

Ganz sicher steht die Art, in der sich die Trennung vom Partner vollzieht, im Zusammenhang mit der Schichtzugehörigkeit der Beteiligten. Die Mehrzahl der von mir Befragten hatte zumindest einen High-School-Abschluß, die Untersuchung erfaßte jedoch weder die sehr Reichen noch die sehr Armen. Wie die Menschen am äußeren Rand der Gesellschaft Beziehungen definieren, was sie von ihnen erwarten, welcher Zusammenhang zwischen ihrer Partnerrolle und ihre Identität besteht, ob und welche Bereitschaft zur Auseinandersetzung sie in ihren Beziehungen aufbringen und wie sich der allmähliche Übergangsprozeß vollzieht, wenn ihre Beziehungen auseinandergehen – all das ist mir unbekannt. Es ist die Aufgabe weiterer Forschung, diese offenen Fragen in Angriff zu nehmen.

Abgesehen vom Problem der Schichtzugehörigkeit kann meine Untersuchung – die ja im wesentlichen darauf beruhte, daß Leute bereit waren, einer fremden Person intime Dinge anzuvertrauen – noch durch andere Faktoren beeinflußt worden sein. Man denke nur daran, wie die Unterschiede zwischen denen, die sich befragen ließen, und denen, die sich weigerten, das Untersuchungsmaterial von Kapitel acht, «Vor Publikum», beeinflußten. Das Kapitel beschreibt, wie das Auspacken gegenüber Dritten die Entwicklung der persönlichen Fallgeschichte bestimmt und dazu beiträgt, daß der Betroffene zunehmende soziale Unterstützung erfährt. Ich behaupte, daß beides für den Übergangsprozeß eines jeden Partners wesentlich ist. Wenn jedoch meine Untersuchung selektiv vor allem solche Menschen anzog, die allgemein eher bereit sind, persönliche Erlebnisse anderen anzuvertrauen, dann werden die Ergebnisse von Kapitel acht vielleicht nicht repräsentativ widerspiegeln, wie Trennungsprozesse ablaufen, weil es nur die Erfahrung von redseligen Leuten wiedergibt. Personen, die sich nicht beteiligten, vertrauen sich vielleicht schon anderen an, aber nur bis zu einem gewissen Grade; und einige mögen sich vielleicht niemandem gegenüber öffnen, sie entwickeln ihre eigene Version des Geschehens und bewältigen ihren Übergang allein.

Aufgrund der vielen anderen Quellen, die ich neben meinen Interviews berücksichtigt habe, bin ich davon überzeugt, daß die Beschreibungen in Kapitel acht zutreffen. Sowohl die soziale Unterstützung als auch eine Version des Hergangs, die den Verlust rechtfertigt, sind nicht nur für die Trennung, sondern ebenso für alle Übergangsprozesse wesentlich.[7] Ohne diese beiden Komponenten des Trennungsprozesses werden Menschen sich nicht von ihrem Partner lösen – wobei es keine Rolle spielt, ob sie sich vielen oder wenigen Menschen anvertrauen. Vielleicht neigen die Teilnehmer an meiner Untersuchung im Durchschnitt eher dazu, ihr Privatleben mehreren Menschen anzuvertrauen, während die anderen generell weniger bereit sind, über private Angelegenheiten zu sprechen, und sich entsprechend weniger Menschen anvertrauen. Diese Vermutung halte ich aber für ein mögliches Vorurteil, denn sowohl die von mir befragten Initiatoren als auch die Partner kannten eine unterschiedliche Anzahl von Menschen, mit denen sie über ihre Beziehung sprachen. Ungeachtet der Rolle, die sie im Übergangsprozeß einnahmen, erzählen einige, daß sie sich sehr stark nach außen wenden und mit Freunden, Verwandten, Therapeuten und jedem anderen, der ihnen zuhört, reden und ebenso Gruppengespräche suchen. Andere berichten wiederum, daß sie ihre Situation nur mit einem oder zwei Menschen erörtert hätten.

Wenn die von mir befragten Personen sich in der Weise, wie sie nach außen gehen, von anderen Menschen ähnlicher sozialer Herkunft unterscheiden, so vermute ich, daß der Unterschied nicht darin liegt, ob sie diesen Schritt tun oder nicht oder in welchem Ausmaß er erfolgt, entscheidend ist vielmehr die spezifische Wahl der Vertrauenspersonen. Ich kehre zu dem ursprünglichen Problem zurück, nämlich der Bereitschaft, einem fremden Menschen Vertrauen zu schenken; dabei verstehe ich unter einem «fremden Menschen» sowohl einen Menschen, den ich überhaupt nicht kenne, wie auch einen Menschen, von dem mir bestimmte Dinge bekannt sind, die ihn fremd erscheinen lassen, und der deshalb in einer gewissen Weise abseits steht. Die von mir nicht Befragten bilden zwei Gruppen: jene, die man nicht zur Beteiligung aufgefordert hatte, und jene, welche die Gelegenheit hatten, freiwillig mitzumachen, und sich weigerten (wie zum Beispiel die übrigen

Mitglieder von Gruppen, aus denen ich meine Interviewpartner bezog; ferner Personen, die ich brieflich kontaktierte, die meine Interviewpartner nur vermitteln wollten oder die ich direkt ansprach). Ihnen war ich nicht völlig unbekannt, als sie ihre Entscheidung trafen. Sie hatten entweder mit mir gesprochen, von mir und dem Projekt durch andere etwas gehört oder einen Brief erhalten, worin sie um ihre Teilnahme gebeten wurden. Zweifellos wurden sowohl diejenigen, die sich zur Mitarbeit bereit erklärten, wie auch jene, die dazu nicht bereit waren, von einigen meiner persönlichen Merkmale dazu bewogen: vom Beruf, von der Art und Weise, wie ich mein Projekt vorstellte, meiner persönlichen Ausstrahlung, meinem Alter, der Rasse oder dem Geschlecht.

Ich bin mir sicher, daß die Unterschiede bei der Wahl von Vertrauenspersonen in keiner Weise irgend etwas von dem in Frage stellen, was die Betroffenen nach außen bekanntmachen. Einige allerdings wollten sich nicht beteiligen, weil ich zuvor ihren Partner befragt hatte. Gelegentlich interviewte ich beide Partner getrennt. Obwohl dieses Verfahren ganz klar die Gefahr von Vorurteilen mit sich brachte, erhielt ich dadurch jedoch zusätzliche Einblicke in die Kommunikation zwischen den beiden Partnern und in die verschiedenen zeitlichen Stadien des Übergangsprozesses, in denen sie sich jeweilig gerade befanden. Daß einige ein Interview ablehnten, weil ihr Partner sich zur Verfügung gestellt hatte, führt zu einer weiteren möglichen Einseitigkeit. Das Kapitel «Ablösung» sollte unter Berücksichtigung der folgenden Einwände betrachtet werden. Aufgrund des Verhaltens derer, die sich zum Interview meldeten, und derer, die es ablehnten, kam ich zu dem Schluß, daß die Gelegenheit, beide Partner zu befragen, vom Zustand ihrer jeweiligen persönlichen Beziehung zueinander abhängig war.

Als ich mit den Interviews begann, brachte mich die Reaktion auf meine Bitte, auch den jeweiligen Partner befragen zu dürfen, in Zweifel, ob ich vielleicht dadurch ihre Beziehung stören würde. Einmal sensibilisiert für diese Möglichkeit, bat ich nur noch dann darum, wenn ich den Eindruck hatte, daß die Verhältnisse relativ stabil waren (zum Beispiel, wenn die

Partner schon längere Zeit getrennt lebten). Dennoch lernte ich bei diesen ersten Versuchen viel über die Bereitschaft, mit einer fremden Person intime Dinge zu bereden, und über Vorurteile. Wenn ich mit meinen Interviewteilnehmern die Möglichkeit ventilierte, auch mit ihren ehemaligen Partnern zu sprechen, stellte ich klar, daß dies nicht etwa der Versuch sei, zu irgendeiner «Wahrheit» zu kommen, indem ich die Darstellung der einen mit der Gegendarstellung der anderen Seite vergliche; denn jede Erfahrung ist für den, der sie durchgemacht hat, «wahr». Jedoch interessierte es mich schon, den zeitlichen Ablauf des Übergangsprozesses beider Partner zu vergleichen, und das war am besten zu machen durch ein gemeinsames Interview beider Partner. (Denn natürlich sind mir die Einzelheiten eines Interviews mit der Zeit entfallen, besonders wenn sich Interviews mit anderen Probanden zwischen das Gespräch mit Beziehungspartner A und das spätere Gespräch mit B schoben.)

Wenn es mir erlaubt wurde, auch den anderen Partner zu befragen, so handelte es sich bei diesen Beziehungen um eine andere Kategorie als bei denjenigen, die mir eine solche Erlaubnis verweigerten. Der zuerst Befragte konnte meine Bitte mit seinem ehemaligen Partner absprechen und konnte es zulassen, daß dieser seine eigene Version der Geschichte darstellte. Aus diesem Umstand und aus dem Inhalt der betreffenden Interviews folgerte ich, daß diese ehemaligen Partner in der Lage waren, sich wechselseitig in einem positiven Licht zu sehen, und ihre alte Beziehung transformiert hatten. Jeder von ihnen hatte ohne den anderen einen eigenen Lebensstil entwickelt. Auf eine der Fragen, die ich regelmäßig am Ende jeder Einzelbefragung direkt zum Interview stellte, bekam ich oft die Antwort, seit langer Zeit sei dies das erste Mal gewesen, daß sie wieder über ihre ehemalige Beziehung nachgedacht und gesprochen hätten. (Wie gesagt: Erst wenn die Trennungserfahrung eines Menschen zu einer stimmigen Geschichte geronnen ist, erst dann wird er wieder frei für neue Entwicklungen – wenn man endlich aufhört, sich selbst und anderen erklären zu wollen, weshalb es zum Bruch gekommen ist.) Vielmehr sahen nun beide Beteiligten ihre gemeinsame Geschichte so, daß der Verlust einen Sinn bekam: Entweder übernahmen sie gemeinsam die Verantwortung für das Scheitern ihrer Beziehung, oder sie nannten äußere Faktoren, die keiner von beiden in seiner Macht gehabt hatte («Unsere Wertvorstellungen waren zu verschieden», «Wir waren zu jung», «Er suchte sexuell etwas anderes»). Beides ist etwas ganz anderes, als sich selbst oder dem Partner die Schuld zu geben.

Bei Beziehungen, in denen mir jemand nicht gestattete, auch seinen Partner zu befragen, schien man sich mitten im Übergangsprozeß zu befinden. In diesen Fällen zeichnete der eine (oder jeder) vom anderen ein ausgesprochen negatives Bild. Das erste Interview ließ mich in den Augen beider als Verbündete meines ersten Gesprächspartners erscheinen. Wenn der den Wunsch äußerte, ich solle seinen Partner nicht auch noch befragen, dann klang oft durch, zu welcher Partei er mich rechnete. Ein Proband zeigte sich beunruhigt darüber, daß die Darstellung der anderen Seite seine eigene Version in Frage stellen könnte und ich dann den anderen besser finden würde. Jemand anders befürchtete, sein Partner könne es ihm übelnehmen, mir Geständnisse gemacht zu haben, und dies werde die angespannte Beziehung nur erschweren. Selbst wenn sie mir erlaubten, mich an den anderen zu wenden, zogen sie es vor, diese Begegnung nicht selbst zu vermitteln. In solchen Fällen schrieb ich einen Brief, in dem ich mein Forschungsvorhaben erklärte, und rief anschließend an. Das Telefongespräch verlief in der Regel so lange herzlich, bis ich erwähnte, daß ich den anderen Partner bereits interviewt hatte, woraufhin mein Gegenüber das Gespräch sehr schnell beendete.

Wenn ich von diesen ersten Versuchen der «Paar»-Befragung auf andere Personen schließe, die gebeten wurden, bei der Untersuchung mitzuarbeiten, dann komme ich zu dem Ergebnis, daß ihre Bereitschaft zum Interviewtwerden eventuell mit der Art ihrer Verbindung zu ihrem früheren Partner zusammenhängt. Die Bereitschaft und die Fähigkeit von Menschen, über ihre Beziehungen zu sprechen, erreichen ein Höchstmaß, wenn sie ihre Beziehung als äußerst traumatisch erleben – weil sie dann am meisten Verständnis und am meisten Hilfe benötigen. Je weiter jemand in seinem eigenen Übergangsprozeß vorangekommen ist, desto geringer ist sein Bedürfnis, die verlassene Beziehung zu erörtern. Das führt zu der Frage, warum Menschen, die schon lange ihre Beziehung hinter sich gelassen haben, einem Interview zustimmen.

Diese Menschen mögen *deshalb* zu einem Interview bereit gewesen sein, weil sie ihre Beziehung transformiert und ein positives, in gewissem Maße auf gegenseitiger Hilfe beruhendes Verhältnis zu ihrem früheren Partner entwickelt haben. Menschen, die bereits eine Zeitlang getrennt leben und die Möglichkeit hatten, am Interview teilzunehmen – es aber nicht taten –, haben ihre Beziehung vielleicht noch nicht positiv transformiert. Vielleicht haben sie keinerlei Verbindung mehr zu ihrem früheren Partner, und sie empfinden eher ein Gefühl von Apathie als von Sympathie. Sie mögen ihren Übergangsprozeß hinter sich haben und so weit vorangekommen sein, daß sie eine Zeitlang weder an ihre Beziehung denken noch darüber sprechen. Das Interview bedeutete für sie vielleicht eine erneute Begegnung mit ihrer Vergangenheit, mit der sie nichts mehr zu tun haben oder an die sie nicht erinnert werden wollten.

Auf viele Menschen, die sich schon vor Jahren getrennt hatten und *dennoch* mit mir sprachen, trifft diese Beschreibung in der Tat zu. Nichtsdestoweniger bewies die Mehrheit der Befragten gegenüber dem früheren Partner entweder Fürsorglichkeit, Verbundenheit oder beides. Aufgrund meiner Interviews und anderer Quellen folgerte ich in Kapitel zehn: «Ebenso wie wir uns verändern, wenn wir eine Beziehung beginnen, verändern wir uns, wenn wir uns trennen. Aber meistens enden unsere Beziehungen nicht. Sie verändern sich, brechen aber nicht ab. Wenn beide Individuen eine eigenständige Identität entwickeln, können sie ihre Verbundenheit bejahen.» Ich muß jedoch betonen, daß einige diesen Weg nicht wählen. Wenn ehemalige Partner, die schon lange Zeit getrennt leben, sich zu einem Interview bereit erklärten und sich befragen ließen, weil sie ein positives Verhältnis zu ihrem früheren Partner besaßen, während die Unwilligen sich verweigerten, weil dies bei ihnen nicht der Fall war, dann hat diese Selektion meiner

Interviewpartner möglicherweise den von mir erhobenen Daten eine bestimmte Schlagseite gegeben. Es ist möglich, daß sich mehr Menschen aus ihren Beziehungen lösen und niemals wieder zurückschauen, als ich auf der Basis meiner Interviews vermute. Und gerade weil sie nie zurückblicken, wollten sie mit mir nicht reden. Letzten Endes muß natürlich das Verhalten von Nichtbefragten immer im Bereich der Spekulation bleiben. Und trotzdem lohnt es sich, über das Unbekannte zu spekulieren, denn daraus ergeben sich manchmal die Grenzen dessen, was wir wissen.

# Dank

Während meines Graduiertenstudiums hörte ich einmal einen anerkannten Professor sagen: «Wissenschaftliche Arbeit kann manchmal eine verflixt einsame Angelegenheit sein.» Seither mußte ich immer wieder feststellen, daß er nur zu recht hatte. Ich habe oft an diese Worte gedacht, wenn ich mich damit abplagte, Tonbandaufnahmen umzuschreiben, Karteikartensysteme anzulegen oder einem allem Anschein nach uninterpretierbaren Faktum einen plausiblen Sinn abzuringen. Wichtig ist dabei allerdings das Wörtchen «manchmal», da der Rückzug in die Klausur, um ungestört Gedanken nachgehen zu können, auch befriedigend, tröstlich und vor allem spannend sein kann. Außerdem geschieht Forschung nicht nur im Elfenbeinturm, und die Isolation wird immer wieder von Phasen intensiven Austauschs mit anderen durchbrochen, deren Interesse, ermutigender Zuspruch und Kritik für die wissenschaftliche Arbeit von ebenso zentraler Bedeutung sind wie jene Momente des schöpferischen Prozesses, die zwangsläufig im stillen Kämmerchen stattfinden müssen.

Ich bedanke mich bei allen, die zu dieser Arbeit beigetragen haben. Ohne sie wären meine Recherchen tatsächlich zu einem einsamen Unterfangen geworden, vor dem man mich gewarnt hatte. Mein besonderer Dank gilt Laurel Richardson und den Teilnehmern ihres Seminars über die Soziologie der Geschlechter an der Ohio State University; ihre kreativen Gedanken legten 1976 den Grundstein für dieses Buch. Weiter danke ich Peter L. Berger, der mich nicht nur durch seine Arbeiten überhaupt erst zu meiner Fragestellung inspiriert, sondern auch durch seine wertvollen Kommentare zu meinen ersten Erkundungen auf diesem Gebiet entscheidend weitergebracht hat. Der tatkräftigen Unterstützung durch das National Institute of Mental Health verdanke ich es, daß ich meine Untersuchungen als Forschungsstipendiatin der Yale University fortsetzen konnte. In dieser Zeit habe ich den größten Teil meiner Feldstudien durchgeführt, wobei ich sowohl von den Kommentaren der Teilnehmer des Forschungsseminars über die ‹Soziologie der sozialen Kontrolle› und des Seminarleiters Albert J. Reiss, Jr. wie auch von den Erkenntnissen Kai T. Eriksons und der Mitglieder seines Schreibseminars für graduierte Studenten profitieren durfte. Danken möchte ich ferner Marlene Brask und Betty Dahill, die mir beim Abtippen der Interviewtransskripte halfen.

‹Wenn Liebe keine Zukunft hat› ist in drei verschiedenen Städten entstanden, da ich während der Arbeit nach Boston übersiedelte. Als Gastdozentin am Wellesley College Center für Frauenforschung schloß ich die Befragungen ab und analysierte die Daten. Für die Entwicklung meiner Arbeit und meiner Person gleichermaßen wichtig war in dieser Zeit der Kontakt zu Jane Traupman. Ich begann mit dem Schreiben, während ich am Boston College lehrte, dabei waren die Ideen der Fakultätsmitglieder und Studenten im Graduiertenstudium sowie deren Unterstützung sehr hilfreich. Die mühselige Arbeit, meine mit Heftklammern, Tesafilm und Diagrammen gespickten Manuskriptseiten in einen druckfertigen Text zu verwandeln, übernahmen Kathleen Crowell, Martha Roth, Shirley Urban und Sarah White. Sie erwiesen sich dabei nicht nur als tüchtig und geduldig, sondern auch als aufmerksame und hilfreiche Leserinnen, was um so wichtiger war, als sie ja die ersten waren, die sich durch das ganze Manuskript hindurcharbeiteten. Mein Dank geht weiter an Janet Wirth-Cauchon und Sarah Schoonmaker, die bei den organisatorischen Arbeiten und insbesondere bei der Textverarbeitung halfen.

Als mein Text weitgehend seine endgültige Form angenommen hatte, erhielt ich eine wichtige Rückkoppelung durch die Kommentare mehrerer Kollegen, die das Manuskript teilweise oder ganz gelesen hatten. Hierfür danke ich Jack

Ammerman, Nancy Ammerman, Lee J. Cuba, M. C. Devilbiss, Patricia Ewick, William A. Gamson, David A. Carp, Stephen J. Pfohl und Albert Reiss Jr. Da ich sie alle als gewissenhafte Wissenschaftler schätze, waren mir ihre Reaktionen besonders wichtig. Mein Dank gilt weiter Susan Rabiner, meiner Lektorin bei Oxford Press, und allen, die im Verlag dazu beigetragen haben, daß dieses Buch erschien, insbesondere Joan Bossert, Laura Brown, Peg Munves, Helena Schwarz, Jeff Seroy und Rosemary Wellner. Ich schulde auch noch anderen Personen Dank, die mir auf mehr informelle Weise während der gesamten Entstehungszeit dieses Buches geholfen haben: Mildred Fox, Sandra Joshel, Margo McLeod, David M. Petersen, John Tryneski, Eleanor Westney und Stanton Wheeler. Besonders aber danke ich Tina Packer und Dennis Krausnick dafür, daß sie mir einen letzten idyllischen Schreibsommer hindurch ihr Haus, ihr Eiscreme-Gefrierfach sowie Shakespeare and Compagnie zur Verfügung stellten, und ebenso herzlich möchte ich mich bei Patricia Ewick und Lee J. Cuba bedanken, die mir als Kollegen und Freunde über die Jahre hinweg geholfen haben, meine Ideen zu entwickeln.

Und zu guter Letzt noch drei wichtige Danksagungen: an meine Eltern, die letztlich die Grundlage für dieses Buch legten, indem sie mich lehrten, daß es die Beziehungen zu anderen Menschen sind, die unser Leben reich machen, und daß jedes einzelne Lebensschicksal faszinierend ist, wenn wir uns nur die Zeit nehmen, es genau zu betrachten; an meine Kinder, die mich die gleichen Lektionen lehren, indem sie den von ihren Großeltern gewiesenen Weg weitergehen, und an all diejenigen, die dieses Buch möglich machten, indem sie mich an ihren Beziehungserfahrungen teilhaben ließen.

Boston,
im April 1986                                                                   D. V.

# Anmerkungen

S. steht für Seitenangaben in den deutschsprachigen und *p*. bzw. *pp*. für solche in den englischsprachigen Texten.

## Einleitung

1. Peter Berger und Hansfried Kellner: «The Social Construction of Marriage», *Diogenes* 46 (1964), pp. 1–25.
2. Einen Überblick über die Fülle von Untersuchungen zum Thema Aushandeln bieten Ralph LaRossa und Jane H. Wolf: «On Qualitative Family Research», *Journal of Marriage and the Family* 47 (1985), pp. 531–541, und Reuben Hill: «Whither Family Research in the 1980's: Continuities, Emergents, Constraints, and New Horizons», *Journal of Marriage and the Family* 43 (1981), pp. 255–257.
3. Siehe zum Beispiel Eleanor D. Macklin: «Review of Research on Nonmarital Cohabitation in the United States», in: Bernard I. Murstein (Hg.): ‹Exploring Intimate Lifestyles›, New York: Springer, 1978, pp. 197–243; Michael D. Newcomb: «Relationship Qualities of Those Who Live Together», *Alternative Lifestyles* 6 (1983), pp. 78–102; Eleanor D. Macklin: «Nontraditional Family Forms: A Decade of Research», *Journal of Marriage and the Family* 33 (1980), pp. 905–922. Untersuchungen über schwule und lesbische Paarbeziehungen blieben bis in die Mitte der siebziger Jahre weitgehend unbeachtet. Siehe zum Beispiel Alan Bell und Martin Weinberg: ‹Homosexualities›, New York: Simon and Schuster, 1978 (dt.: ‹Der Kinsey-Institut-Report über weibliche und männliche Homosexualität›, München: Bertelsmann, 1978); Carol Warren: ‹Identity and Community in the Gay World›, New York: John Wiley, 1974; Joseph Harry: ‹Gay Couples›, New York: Praeger, 1984. Weitere Literaturhinweise: Kapitel 7, Anmerkung 25.
4. Jetse Sprey: «The Family as a System in Conflict», *Journal of Marriage and the Family* 31 (1969), pp. 699–706; Scanzoni, p. 62.

## Kapitel eins

1. Erving Goffman: ‹The Presentation of Self in Everyday Life›, New York: Anchor, 1959, p. 64 (dt.: ‹Wir alle spielen Theater. Die Selbstdarstellung im Alltag›, München: Piper, 1969).
2. Kurt H. Wolff (Hg. und Übers.): ‹The Sociology of Georg Simmel›, New York: Free Press, 1950, pp. 315–316, 326–329 (dt.: Georg Simmel: ‹Soziologie. Untersuchungen über die Formen der Vergesellschaftung›, Leipzig: Duncker & Humblot, 1908).
3. Im ganzen Buch kommen Initiatoren und Partner/innen immer wieder zu Wort. Unabhängig von ihrer Herkunft erleben Menschen mit der gleichen Rolle im Trennungsprozeß diese Übergangsphase auf ähnliche Weise. So habe ich die Stationen dieses Übergangsprozesses dadurch zu veranschaulichen versucht, daß ich Passagen aus den Interviews mit Initiatoren und Partnern ausgewählt habe, die nicht nur eine typische Erfahrung darstellen, sondern diese Stationen auch am besten verdeutlichen. Alter, Beruf, Art und Länge der Beziehung der einzelnen Gesprächspartner/innen erwähne ich nur, um dem Gesagten einen Rahmen zu geben. Die Bearbeitung der zitierten Passagen beschränkt sich auf die Änderung der Namen und die Streichung redundanter Teile innerhalb eines Kommentars. Die Berufsangaben habe ich genau so festgehalten, wie sie mir von den Befragten gemacht worden sind.
4. George J. McCall und J. L. Simmons: ‹Identities and Interactions›, New York: Free Press, 1966, pp. 90–94 (dt.: ‹Identität und Interaktion›, Düsseldorf: Schwann, 1974).
5. Steve Duck: «A Topography of Relationship Disengagement and Dissolution», in: Steve Duck (Hg.): ‹Personal Relationships. 4: Dissolving Personal Relationships›, London: Academic Press, 1982, p. 9.
6. Sissela Bok: ‹Secrets: On the Ethics of Concealment and Revelation›, New York: Pantheon, 1982, p. 19.
7. Bok, p. 23. Bok stellt darüber hinaus fest, daß Geheimnisse für jegliche Beziehungen, in denen ein Austausch stattfindet, wichtig sind. «Im Gemeinschaftsleben bietet die Kontrolle über Geheimnisse ein Sicherheitsventil für die einzelnen Menschen; sie ermöglicht eine Einflußnahme auf Transaktionen zwischen der Welt der persönlichen Erfahrung und der Welt, die wir mit anderen teilen. Hätten die Menschen keine Kontrolle über einen derartigen Austausch, dann wären sie nicht in der Lage, über ihr Leben zu entscheiden. Mit manchen Informationen hält man hinter dem Berg, während man anderen freien Lauf läßt; manches behält man für sich, anderes wiederum teilt man den anderen Leuten mit; an dem, was man weiß, läßt man einige, aber längst nicht alle Menschen teilhaben, die sich dafür interessieren;

man vertraut sich anderen Menschen an und wird von ihnen ins Vertrauen gezogen, und man errät dabei noch viel mehr. Bei alldem trachtet man danach, die Kontrolle in der Hand zu behalten. Jeder zwischenmenschliche Kontakt ist von diesen Bemühungen durchdrungen.» Bok, p. 20.

8. Bok, p. 26; Wolff, p. 314, p. 337.

9. McCall und Simmons, pp. 67, 80–94.

10. George Eliot: ‹Middlemarch. Eine Studie über das Leben in der Provinz›, Stuttgart: Reclam, 1985, Kapitel 42.

11. Siehe auch Julia Brannen und Jean Collard: ‹Marriages in Trouble: The Process of Seeking Help›, London: Tavistock, 1982, pp. 47–71, 72–92, 140–167. Die Autorinnen beschreiben die Verhaltensmuster von Klienten, die sich in Großbritannien hilfesuchend an einen praktischen Arzt beziehungsweise eine Ärztin oder an eine Einrichtung wenden, die von ehrenamtlichen Mitarbeitern betreut wird.

12. Georg Simmel diskutiert die Folgen einer solchen äußeren Veränderung: wozu es führt, wenn zu einem Paar ein drittes Mitglied hinzukommt. Siehe Wolff, pp. 118–169.

13. In bezug auf Geheimnisse merkt Simmel an: «Denn auch wo der Andre das Vorliegen eines solchen [Geheimnisses] nicht bemerkt, wird damit doch jedenfalls das Verhalten des Verbergenden, und also das ganze Verhältnis modifiziert.» Simmel, S. 358. Simmel führt außerdem ein extremes Beispiel an, bei dem der eine die Beziehung ohne das Einverständnis des anderen verändert. Um zu leben, ist ein Paar auf beide Mitglieder angewiesen; eines allein aber kann ihm durchaus den Todesstoß versetzen. Wolff, p. 124.

14. Goffman, pp. 19–76.

15. Von meinen Interviews her zu urteilen, scheinen unverheiratete Paare besser vorauszuplanen als verheiratete. In Ehen wird meist einfach angenommen, daß ein gemeinsames Verständnis da sei. Paare, die ohne Trauschein zusammenleben, geben jedoch, unabhängig davon, ob sie nun homo- oder heterosexuelle Neigungen haben, bei Befragung häufig an, daß sie ihre Beziehung vorausplanen, ehe sie zusammenziehen. Sie tendieren vor allem dazu, bestimmte Regeln hinsichtlich der Arbeitsteilung und sexueller Intimitäten mit anderen festzulegen. Siehe auch Carol Warren: ‹Identity and Community in the Gay World›, New York: John Wiley, 1974; Joseph Harry und William DeVall: ‹The Social Organization of Gay Males›, New York: Praeger, 1978, p. 92; Joseph Harry: ‹Gay Couples›, New York: Praeger, 1984, pp. 65–66; Ira L. Reiss: ‹Family Systems in America›, New York: Holt, Rinehart and Winston, 1980, p. 105.

16. Siehe auch Kristine M. Rosenthal und Harry F. Keshet: ‹Fathers Without Partners: A Study of Fathers and the Family after Marital Separation›, Totowa, N. J.: Rowman and Littlefield, 1981, p. 35; Dennis T.

Jaffe und Rosabeth Moss Kanter: «Couple Strains in Communal Households: A Four-Factor Model of the Separation Process», *Journal of Social Issues* 32 (1976), p. 181.

17. Norman K. Denzin: «Rules of Conduct and the Study of Deviant Behavior: Some Notes on the Social Relationship», in: George J. McCall, Michal M. McCall, Norman K. Denzin, Gerald D. Suttles und Suzanne B. Kurth: ‹Social Relationships›, Chicago: Aldine, 1970, pp. 66–70; Murray S. Davis: ‹Intimate Relations›, New York: Free Press, 1973, p. 329.

18. McCall und Simmons, pp. 81, 88–104, 104–124, 125–166.

19. Siehe auch Michael P. Johnson: «Social and Cognitive Features of the Dissolution of Commitment to Relationships», in: Duck, p. 55.

20. McCall und Simmons, pp. 244, 249.

21. Lillian Breslow Rubin: ‹Worlds of Pain: Life in the Working Class Family›, New York: Basic Books, 1976, p. 82; Rosenthal und Keshet, pp. XVIII–XIX, 48.

22. Stanton Wheeler: «Double Lives» (Referat anläßlich der *American Sociological Association Annual Meetings*, Washington D.C., 26.–30. August 1985).

23. Sam D. Sieber: «Toward a Theory of Role Accumulation», *American Sociological Review* 39 (1974), pp. 567–578.

24. Stephen R. Marks: «Multiple Roles and Role Strain: Some Notes on Human Energy, Time, and Commitment», *American Sociological Review* 42 (1977), p. 931; Jaffe und Kanter, p. 179; McCall und Simmons, pp. 188–189, 229–244.

25. Keiner der von mir interviewten Initiatoren gab an, von Drogen oder Alkohol abhängig zu sein. Man könnte annehmen, dies sei auf meine Untersuchungsmethode zurückzuführen. (Unsere Kultur steht einer solchen Abhängigkeit überwiegend ablehnend gegenüber, und die Befragten mochten im Interview vielleicht keine Verhaltensweise zugeben, die von der Gesellschaft abgelehnt wird.) Andererseits sprachen die befragten Initiatoren frei und offen über viele Aspekte ihres Lebens, auch wenn ihr dabei zum Ausdruck kommendes Verhalten gesellschaftlich nicht akzeptiert war. Einige *Partner* gaben hingegen an, inzwischen des öfteren zur Flasche zu greifen oder Drogen zu nehmen. Vielleicht ist es so, daß Initiatoren, die eine derartige Abhängigkeit oder Sucht entwickeln, keine Initiatoren mehr bleiben. Der Alkohol oder die Drogen bewirken unter Umständen, daß diese Menschen die in ihrer Beziehung bislang negativ hervorstechenden Punkte als gar nicht mehr so störend empfinden. Infolgedessen fühlen sie sich in ihrer Paarbeziehung nicht mehr unglücklich und können sie fortsetzen. Andererseits ist es auch möglich, daß diese Menschen in ihrer Beziehung zwar weiterhin unglücklich sind, daß

sie aber in dem zu ihrer Sucht gehörenden sozialen Rahmen – etwa einer Drogensubkultur – Selbstbestätigung finden. Und drittens kann es auch sein, daß ihre Sucht sie so sehr schwächt, daß ihnen andere Wahlmöglichkeiten gar nicht mehr zur Verfügung stehen: Sie sind immer stärker auf ihre Beziehung angewiesen und sind zu einer Trennung letztlich nicht mehr in der Lage.

26. Siehe auch Brian Miller: «Adult Sexual Resocialization: Adjustments toward a Stigmatized Identity», *Alternative Lifestyles,* Mai 1978, p. 226.

27. Denzin, in: McCall et al., pp. 62–94.

28. In manchen Paarbeziehungen ist es so, daß sich die Partner gegenseitig die Freiheit zugestehen, auch anderweitig sexuelle Kontakte zu haben. (Siehe zum Beispiel Naomi Gerstel: «Marital Alternatives and the Regulation of Sex: Commuter Couples as a Test Case», *Alternative Lifestyles* 2, Mai 1979, p. 165; Joseph Harry: ‹Gay Couples›, pp. 65–66.) Das wird dann entweder diskret gehandhabt und nicht weiter besprochen, oder aber das Paar geht mit den anderen Beziehungen offen und sachlich um. Dabei sind andere sexuelle Kontakte normalerweise solange akzeptiert, wie sie nicht zu einer bedeutungsvollen Beziehung führen. Ein lockeres Verhältnis zu jemand anderem führt zwischen den Partnern noch nicht zum Bruch – auch wenn sie miteinander nicht weiter darüber reden –, denn beide haben sich damit im voraus prinzipiell einverstanden erklärt. Infolgedessen wird um die Existenz solcher lockeren Beziehungen kein Geheimnis gemacht, auch wenn man die Einzelheiten gewöhnlich für sich behält. Sexuell offene Paarbeziehungen bieten häufig Anlaß zu Streit zwischen den Partnern, weil immer die Gefahr droht, daß aus einem lockeren Verhältnis eine bedeutungsvolle Beziehung wird und die bisherige Paarbeziehung dann auseinandergeht. Wenn aber einer der Partner eine bedeutungsvolle Beziehung mit jemand anderem eingeht, verletzt er die beiderseitige Übereinkunft. Es entsteht ein Geheimnis, das er dem anderen Partner nicht mitteilen kann, was zu absehbaren Konsequenzen führt, die schließlich auf eine Trennung hinauslaufen.

29. Miller, p. 229. Bei meinen Interviews habe ich es im Hinblick auf die Änderung der sexuellen Präferenz nur mit Leuten zu tun gehabt, die von einer heterosexuellen zu einer homosexuellen Beziehung gewechselt hatten. Ich nehme jedoch an, daß Geheimhaltung sich auch im umgekehrten Fall als geboten erweist, denn auch dann verläßt man eine soziale Gruppe zugunsten einer anderen. In beiden Fällen müssen die Initiatoren sich damit auseinandersetzen, daß ihre neue sexuelle Identität als Abweichung von der Norm ihrer bisherigen Gruppe angesehen wird. Wenn man von der Homo- zur Heterosexualität wechselt, hat das jedoch andere soziale Konsequenzen,

als wenn man den umgekehrten Weg geht, und dementsprechend unterschiedlich kann in beiden Situationen auch der Grad der Geheimhaltung sein.

30. Erving Goffman: ‹Interaction Ritual›, New York: Anchor, 1967, p. 127 (dt.: ‹Interaktionsrituale. Über Verhalten in direkter Kommunikation›, Frankfurt a. M.: Suhrkamp, 1971).

31. Wolff, p. 345, Goffman: ‹The Presentation of Self›, pp. 141–142 (dt.: ‹Wir alle spielen Theater›).

32. Wolff, pp. 314, 330.

33. Johnson zufolge ist jeweils parallel zur Auflösung einer Paarbeziehung zu beobachten, daß die Partner miteinander immer seltener vertraute Gespräche führen. Der Trennungsprozeß schafft folglich das Bedürfnis, neue Kommunikationsformen zu entwickeln. Das könnte sich in beide Richtungen vollziehen: Wenn man neue Kommunikationsformen findet, braucht man sich für vertraute Gespräche weniger auf die eigene Paarbeziehung zu stützen; wenn man in der Beziehung immer weniger miteinander redet, verspürt man andererseits immer stärker das Bedürfnis, anderswo vertraute Gespräche zu führen. Johnson, in: Duck, p. 67. In einer Querschnittsuntersuchung von Kommunikationsmustern fand Milardo heraus, daß Menschen, deren Paarbeziehung sich verschlechterte, signifikant häufiger und länger mit Bekannten zusammen waren, je mehr ihre Beziehung auseinanderging. P. Milardo: «The Social Context of Developing Relationships» (Dissertation, Pennsylvania State University, 1980), in: Johnson, in: Duck, p. 60.

34. Berger und Kellner, pp. 1–25.

## Kapitel zwei

1. Siehe auch Steve Duck: «A Topography of Relationship Disengagement and Dissolution», in: Steve Duck (Hg.): ‹Personal Relationships. 4: Dissolving Personal Relationships›, London: Academic Press, 1982, p. 18.

2. Michael P. Johnson: «Social and Cognitive Features of the Dissolution of Commitment to Relationships», in: Duck, pp. 70–72; Duck, in: Duck, pp. 13, 17–21.

3. Murray S. Davis: ‹Intimate Relations›, New York: Free Press, 1973; Johnson, in: Duck, pp. 70–72.

4. Duck, in: Duck, pp. 21–24.

5. David R. Unruh: «Death and Personal History: Strategies of Identity Preservation», Social Problems 30, No. 5 (Februar 1983), p. 345; Peter L. Berger: ‹Invitation to Sociology›, New York: Anchor,

1963, pp. 54–65 (dt.: ‹Einladung zur Soziologie. Eine humanistische Perspektive›, Olten/Freiburg: Walter, 1969).

6. Unruh, p. 341.

7. Unruh, p. 342; Berger, p. 57.

8. Berger, p. 61.

9. Unruh, pp. 341, 345.

10. Waller, p. 122; Kurt H. Wolff (Hg. und Übers.): ‹The Sociology of Georg Simmel›, New York: Free Press, 1950, p. 168 (dt.: Georg Simmel: ‹Soziologie. Untersuchungen über die Formen der Vergesellschaftung›, Leipzig: Duncker & Humblot, 1908).

11. Siehe auch Dennis T. Jaffe und Rosabeth Moss Kanter: «Couple Strains in Communal Households: A Four-Factor Model of the Separation Process», *Journal of Social Issues* 32 (1973), p. 179; Brian Miller: «Adult Sexual Resocialization: Adjustments Toward a Stigmatized Identity», *Alternative Lifestyles*, Mai 1978, pp. 207–234.

12. Wenn wir uns binden und uns dafür enscheiden, mit jemand anderem zusammenzuleben, engen wir unsere übrigen Wahlmöglichkeiten ein. Wir treffen eine Wahl, und diese wirkt sich auf die folgenden Entscheidungen aus, indem sie die zukünftigen Möglichkeiten jedes der beiden Partner begrenzt und einengt. Peter Berger und Hansfried Kellner: «Marriage and the Construction of Reality», *Diogenes* 46 (1964), p. 15. Bei der Trennung vollzieht sich der umgekehrte Prozeß. Man trifft eine Wahl, die die Bandbreite zukünftiger Wahlmöglichkeiten potentiell *erweitert*.

13. J. W. Thibault und H. H. Kelley: ‹The Social Psychology of Groups›, New York: John Wiley, 1959.

14. Willard Waller: ‹The Old Love and the New›, New York: Liveright, 1930, p. 126; Peter M. Blau: ‹Exchange and Power in Social Life›, New York: John Wiley, 1964, pp. 115–142; Sam D. Sieber: «Toward a Theory of Role Accumulation», *American Sociological Review* 39.

15. Jaffe und Kanter, p. 179.

16. Georg Simmel geht besonders auf den Zusammenhang ein, der zwischen dem Akt des Schreibens und der Veröffentlichung von Geheimnissen besteht. Er stellt fest: «Der geistige Inhalt, einmal niedergeschrieben, hat damit eine objektive Form erhalten, eine prinzipielle Zeitlosigkeit seines Da-Seins, einer Unbeschränktheit – im Nacheinander wie Nebeneinander – von Reproduktionen in subjektiven Bewußtseinen zugängig, ohne aber seine Bedeutung und Gültigkeit, da sie fixiert ist, von dem Kommen oder Ausbleiben dieser seelischen Realisierung durch Individuen abhängig zu machen. So besitzt das Geschriebene eine objektive Existenz, die auf jede Garantie des Geheimbleibens verzichtet.» Simmel, S. 380.

17. Berger und Kellner, pp. 5–11; George McCall: «Becoming Unrelated: The Management of Bond Dissolution», in: Duck, p. 220.

18. Scanzoni beschreibt die psychologischen Wurzeln dieses Verhaltens. Ein ungelöster Konflikt wird auf andere Bereiche übertragen. John Scanzoni: ‹Sexual Bargaining: Power Politics in the American Marriage›, Englewood Cliffs, N. J.: Prentice-Hall, 1972, p. 75.

19. Goffman: ‹The Presentation of Self›, pp. 190–191 (dt.: ‹Wir alle spielen Theater›).

20. Siehe auch Weiss, p. 30.

21. Goffman: ‹Interaction Ritual›, p. 24 (dt.: ‹Interaktionsrituale›).

22. Jaffe und Kanter, pp. 185–186.

23. Berger und Kellner, pp. 11–12.

24. McCall, in: Duck, p. 221.

25. Aufgrund der Ergebnisse meiner Interviews scheint mir diese Tendenz, «erfahrene» Bekannte ins Vertrauen zu ziehen, ein durchgängiges Verhaltensmuster zu sein. Auch aus eigener Erfahrung kann ich das bestätigen. Zum einen vertrauen sich mir Menschen an, weil ich selbst eine Scheidung durchgemacht habe und somit eigene Erfahrung mitbringe, zum anderen hat aber auch meine Untersuchung dazu geführt, daß sich Freunde ebenso wie Fremde an mich wenden und mich um Rat fragen, wenn ihre Beziehung in Schwierigkeiten gerät. Häufig enthüllen sie mir, der Außenstehenden, Geheimnisse, die sie jemand anderem nicht mitteilen wollen.

26. Julia Brannen und Jean Collard: ‹Marriages in Trouble: The Process of Seeking Help›, London: Tavistock, 1982, p. 185. Eli Coleman: «Developmental Stages of the Coming Out Process», American Behavioral Scientist 25 (1982), p. 473.

27. Ibid., p. 62.

28. Richard Schickel: ‹Singled Out›, New York: Viking, 1981, pp. 16–28; Kristine M. Rosenthal und Harry F. Keshet: «The Impact of Childcare Responsibilities on Part-Time or Single Fathers: Changing Patterns of Work and Intimacy», Alternative Lifestyles 4, November 1978, pp. 465–491. Dieser Ansatz hat seine Grenzen: Wenn wir einen Menschen als «Übergangsperson» definieren, gehen wir davon aus, daß es letzten Endes zu einer Trennung kommen wird. Daher läßt sich diese Rolle so, wie sie traditionell beschrieben wird, nur im nachhinein identifizieren. Das heißt, in unseren Augen ist der beziehungsweise die Betreffende erst dann eine «Übergangsperson», wenn er oder sie uns bereits verlassen hat – oder wenn, umgekehrt, wir diesen Schritt getan haben. Der jeweilige Zeitpunkt der Trennung läßt eine weitere Frage aufkommen: Kann ein geliebter Mensch, der dem Initiator während des Lösungsprozesses aus der ersten Beziehung zur Seite steht und sechs Jahre lang bei ihm bleibt, als «Übergangsperson» gelten?

29. Der Partner nimmt diese Änderung durchaus wahr. «Viele Ehepartner sind tief beunruhigt, wenn sie bemerken, daß mit dem

Therapeuten beziehungsweise der Therapeutin ein anderer wichtiger Mensch in ihr Eheleben getreten ist, jemand, den sie vielleicht nicht einmal kennen. Vertrauliche Gedanken, die man früher mit dem Gatten besprochen hat, sind jetzt vielleicht allein für den Therapeuten bestimmt. Das kann dazu führen, daß die Ehepartner sich noch weiter voneinander entfernen, daß ihre Beziehung noch mehr abkühlt und daß sie in bezug auf bedeutsame Gespräche an einen Tiefstpunkt gelangen.» – «Demands of Intense Psychotherapy Take Their Toll on Patient's Spouse», *New York Times*, 28. Dezember 1982.

30. John Lofland und Rodney Stark: «Becoming a World-Saver: A Theory of Conversion to a Deviant Perspective», in: Howard Robboy, Sidney L. Greenblatt und Candace Clark: ‹Social Interaction: Introductory Readings in Sociology›, New York: St. Martin's, 1979, p. 466. Eine vollständige Beschreibung dieses Phänomens, das dem von mir dargestellten Lösungsprozeß in vielem zu gleichen scheint, findet sich in: John Lofland und Rodney Stark: «Becoming a World-Saver: A Theory of Conversion to a Deviant Perspective», *American Sociological Review* 30 (1965), pp. 862–875.

31. George McCall und J. L. Simmons: ‹Identities and Interactions›, New York: Free Press, 1966, pp. 76–81, 229–243 (dt.: ‹Identität und Interaktion›, Düsseldorf: Schwann, 1974); Barney G. Glaser und Anselm L. Strauss: ‹Status Passage›, London: Routledge and Kegan Paul, 1971, pp. 142–156.

32. Berger und Kellner, pp. 21–25.

33. Brannen und Collard, pp. 50–61; Judith S. Wallerstein und Joan B. Kelly: ‹Surviving the Breakup›, New York: Basic Books, 1980, p. 21.

34. Albert K. Cohen: ‹Deviance and Social Control›, Englewood Cliffs, N.J.: Prentice-Hall, 1966, pp. 7–8 (dt.: ‹Abweichung und Kontrolle›, München: Juventa, 1968).

35. Berger und Kellner, pp. 21–25.

36. Erving Goffman: ‹The Presentation of Self in Everyday Life›, New York: Anchor, 1959, pp. 77–105 (dt.: ‹Wir alle spielen Theater›).

37. Siehe auch Robert S. Weiss: ‹Marital Separation›, New York: Basic Books, 1975, p. 30 (dt.: ‹Trennung vom Ehepartner›, Stuttgart: Klett-Cotta, 1980).

38. John J. LaGaipa: «Rules and Rituals in Disengaging from Relationships», in: Duck, pp. 193–196.

39. Siehe auch DeMonteflores, p. 64; Miller, p. 227. Garfinkel befaßt sich damit, wie sich die öffentliche Aufkündigung der Beziehung auf die Identität auswirkt, und stellt fest: «Die Aufkündigungsarbeit wirkt sich auf die Umgestaltung des objektiven Charakters des wahrgenommenen Gegenübers aus: In den Augen derjenigen, die seine Handlungsweise verurteilen, wird der Betreffende buchstäblich zu

einem anderen, einem völlig neuen Menschen. Es ist nicht so, daß die neuen Eigenschaften dem alten ‹Kern› hinzugefügt werden. Er wird nicht verändert, sondern neu geschaffen.» Harold Garfinkel: «Conditions of Successful Degradation Ceremonies», *American Journal of Sociology* 61, März 1956, pp. 421–422.

40. Marvin Scott und Stanford M. Lyman: «Accounts», *American Sociological Review* 33 (1968), pp. 904–913. Siehe auch Gresham Sykes und David Matza: «Techniques of Neutralization: A Theory of Delinquency», *American Sociological Review*, 22. Dezember 1957, pp. 664–669.

41. Wolff, pp. 328, 330. Siehe auch Laurel Walum Richardson: «Secrecy and the Construction of Intimacy: Relationships Between Single Women and Married Men» (unveröffentlichtes Manuskript, Department of Sociology, The Ohio State University, 1981).

42. Weiss, p. 30.

43. Goffman: ‹Interaction Ritual›, p. 106 (dt.: ‹Interaktionsrituale›).

44. Coleman, pp. 473–475; Barry Dank: «Coming Out in the Gay World», *Psychiatry* 34 (1971), pp. 180–197; Carmen DeMonteflores und Stephen J. Schultz: «Coming Out: Similarities and Differences for Lesbians and Gay Men», *Journal of Social Issues* 34, No. 3 (1978), p. 65. Blood und Wolfe erklären, die öffentliche Sichtbarkeit einer Paarbeziehung sei eine integrative Kraft, durch die «Regelverstöße» wie etwa eine Scheidung verhindert würden. R. O. Blood und D. M. Wolfe: ‹Husbands and Wives: The Dynamics of Married Living›, New York: Free Press, 1960. Jaffes und Kanters Untersuchung über Wohngemeinschaften deutet jedoch darauf hin, daß es sich, *je nach den Normen und der Weltanschauung* der Betreffenden, *entweder* trennend *oder* integrierend auswirken kann, wenn andere eine Paarbeziehung beobachten (p. 186).

45. Berger und Kellner, pp. 1–11.

46. Berger und Kellner; Unruh, p. 349; siehe auch George McCall: «Becoming Unrelated: The Management of Bond Dissolution», in: Duck, p. 220.

47. Goffman: ‹The Presentation of Self›, pp. 49, 137–140 (dt.: ‹Wir alle spielen Theater›). Goffman verweist darauf, daß die Aufspaltung des Publikums ein Kunstgriff sei, der häufig angewandt werde, um den Eindruck, den man zu erwecken versuche, zu schützen: «Der Darsteller spaltet sein Publikum so auf, daß die Zuschauer, die ihn in der einen Rolle sehen, nicht die gleichen sind, die ihn dann in einer seiner anderen Rollen erleben» (p. 138). Des weiteren «dürfte es klar sein, daß es für die Vorstellung genauso wie für den Darsteller günstig ist, wenn Personen, die ihn in einer anderen, zur jetzigen im Widerspruch stehenden Vorführung gesehen haben, von der Vorstellung ausgeschlossen werden» (pp. 138–139).

48. Berger und Kellner, p. 12.

49. Robert K. Merton: «Socially Expected Durations: A Case Study of Concept Formation in Sociology», in: Walter W. Powell und Richard Robbins (Hg.): ‹Conflict and Consensus: A Festschrift in Honor of Lewis A. Coser›, New York: Free Press, 1984, pp. 262–283.

50. Scott und Lyman: «Accounts». Für nähere Einzelheiten siehe Johnson, in: Duck, pp. 55, 69.

51. Willard Waller: ‹The Family: A Dynamic Interpretation›, New York: Cordon, 1938, zitiert nach McCall, in: Duck, p. 218. Nach McCall beginnt der Prozeß des Trauerns mit dem Wunsch, die Beziehung zu beenden. Unabhängig davon, ob diese nun tatsächlich ein Ende findet oder nicht, verdirbt er sie und löst den Prozeß des öffentlichen Trauerns aus, der es dem einzelnen ermöglicht, mit dem Verlust fertig zu werden. Ibid., pp. 217–220.

52. Weiss (pp. 78–81) verweist darauf, daß eine solche zwanghafte Rückschau normalerweise mit einer Identitätsveränderung einhergeht, und zwar immer dann, wenn eine für den Betreffenden wichtige Beziehung zerbricht. Somit müßte die physische Trennung diese Rückschau bei *beiden* Partnern auslösen. Meines Erachtens beschäftigt sich der Initiator jedoch bereits *vor* der Trennung intensiv mit der Beziehung und dem Partner, während der Partner die Rückschau erst *später* hält. Da der Wandlungsprozeß für den Initiator und den Partner nicht zur selben Zeit beginnt, setzt bei beiden auch die zwanghafte Rückschau (und damit der Prozeß des Trauerns) zu einem unterschiedlichen Zeitpunkt ein. Für den Initiator fängt die Trauer lange vor der Trennung an. Beim Partner löst meist erst die physische Trennung den Wandlungsprozeß und damit den Beginn der Rückschau und des Trauerns aus. In Kapitel 7 setze ich mich eingehender mit diesem Vorgang auseinander.

53. Scott und Lyman: «Accounts»; verschiedene Möglichkeiten, den anderen und die Beziehung in einem neuen Licht zu zeigen, sowie den Prozeß des Trauerns um eine Beziehung beschreibt McCall, in: Duck, pp. 211–231.

54. Bei Weiss heißt es: «Diejenigen, die eine Ehe wegen der Fehler ihres Partners beenden, leiden oftmals unter starken Schuld- und Reuegefühlen. Nur wenn die Fehler des Ehepartners wirklich unerträglich sind, fühlen sie sich dazu berechtigt, ihn zu verlassen, und selbst dann haben sie vielleicht immer noch das Gefühl, ihren Partner im Stich gelassen und damit falsch gehandelt zu haben.» Weiss, pp. 19–20. Siehe auch Duck, in: Duck, p. 13, und Weiss: «The Emotional Impact of Marital Separation», in: Peter J. Stein (Hg.): ‹Single Life: Unmarried Adults in Social Context›, New York: St. Martin's, 1981, p. 75.

## Kapitel drei

1. John Van Maanen und Edgar H. Schein: «Toward a Theory of Organizational Socialization», in: Barry Staw und L. L. Cummings (Hg.): ‹Research in Organizational Behavior›, Greenwich, Conn.: JAI Press, 1979, pp. 214–215; Jeylan T. Mortimer und Roberta G. Simmons: «Adult Socialization», *Annual Review of Sociology* 4 (1978), pp. 421–454; O. G. Brim Jr. und Stanton Wheeler (Hg.): ‹Socialization After Childhood›, New York: John Wiley, 1966 (dt.: ‹Erwachsenen-Sozialisation. Sozialisation nach Abschluß der Kindheit›, Stuttgart: Enke, 1974). Barney G. Glaser und Anselm L. Strauss: ‹Status Passage›, London: Routledge and Kegan Paul, 1971, pp. 60–73.

2. Siehe auch George McCall: «Becoming Unrelated: The Management of Bond Dissolution», in: Steve Duck: ‹Personal Relationships. 4: Dissolving Personal Relationships›, London: Academic Press, 1982, p. 221.

3. Austin Sarat und William L. F. Felstiner: «The Ideology of Divorce: Law in the Lawyer's Office» (Referat beim Workshop «Untersuchung über die Interaktion zwischen Rechtsanwalt und Klient», Rijksuniversiteit, Groningen, Niederlande, Oktober 1984).

4. McCall, in: Duck, p. 221.

5. Peter Berger und Hansfried Kellner: «Marriage and the Construction of Reality», *Diogenes* 46 (1964), pp. 5–7.

6. Dennis T. Jaffe und Rosabeth Moss Kanter: «Couple Strains in Communal Households: A Four-Factor Model of the Separation Process», *Journal of Social Issues* 32, No. 1 (1976), pp. 182–183.

7. Michael P. Johnson: «Social and Cognitive Features of the Dissolution of Commitment to Relationships», in: Duck, pp. 67–68.

8. Lucia H. Bequaert: ‹Single Women: Alone and Together›, Boston: Beacon, 1976, pp. 12–13. Aus ihrer eigenen Untersuchung über die Anschauungen von getrennt lebenden und geschiedenen Frauen in der Frauenbewegung folgert Ambert, daß die Emanzipation von der Geschlechtsrolle erst auf die Scheidung *folgt*. Ich habe festgestellt, daß der Zeitpunkt, zu dem sich verheiratete Frauen, die sich von ihrem Mann trennen oder geschieden werden, mit der Frauenbewegung identifizieren, davon abhängt, ob die Betreffende die Trennung als Initiatorin betreibt oder ob sie sich ihr als Partnerin widersetzt. Von den verheirateten Frauen, die bei meiner Untersuchung angaben, daß die Frauenbewegung für sie bei ihrem Ablösungsprozeß eine wichtige Rolle gespielt habe, empfanden Initiatorinnen sie schon vor, Partnerinnen hingegen erst nach ihrer Trennung als wichtig. Ambert kommt in ihrer Untersuchung ganz offensichtlich zu anderen Ergebnissen als ich. Das läßt sich nicht nur daraus erklären, daß Ambert

unberücksichtigt läßt, welche Rolle die betreffende Frau im Trennungsprozeß spielt, sondern auch daraus, daß wir auf unterschiedliche Art an unsere Informationen gelangt sind. Siehe Anne-Marie Ambert: «The Effect of Divorce on Women's Attitude Toward Feminism», *Sociological Focus* 18, No. 3 (1985), pp. 265–272.

9. Lynnette Triere unter Mitarbeit von Richard Peacock: ‹Learning to Leave: A Woman's Guide›, New York: Contemporary Books, 1982, p. 75.

10. George J. McCall und J. L. Simmons: ‹Identities and Interactions›, New York: Free Press, 1966, pp. 80, 220 (dt.: ‹Identität und Interaktion›, Düsseldorf: Schwann, 1974). Erving Goffman: ‹The Presentation of Self in Everyday Life›, New York: Anchor, 1959, p. 81 (dt.: ‹Wir alle spielen Theater›). Eine gründliche Diskussion der Bezugsgruppentheorie findet sich in: Robert K. Merton unter Mitarbeit von Alice Rossi: «Contributions to the Theory of Reference Group Behavior», in: Robert K. Merton: ‹Social Theory and Social Structure›, New York: Free Press, 1968, pp. 279–334; Robert K. Merton: «Continuities in the Theory of Reference Groups and Social Structure», ibid., pp. 335–440.

11. Merton: «Contributions», p. 324; McCall und Simmons, pp. 105–124, 125–165.

12. McCall und Simmons, pp. 251–254.

13. McCall, in: Duck, p. 221.

14. McCall und Simmons, p. 84.

15. Gerald R. Miller und Malcolm R. Parks: «Communication in Dissolving Relationships», in: Duck, pp. 136–137.

16. Siehe auch Robert S. Weiss: ‹Marital Separation›, New York: Basic Books, 1975, p. 97 (dt.: ‹Trennung vom Ehepartner›, Stuttgart: Klett-Cotta, 1980).

17. Merton: «Contributions», p. 324. Siehe auch Carmen DeMonteflores und Stephen J. Schultz: «Coming Out: Similarities and Differences for Lesbians and Gay Men», *Journal of Social Issues* 34 (1978), p. 62.

18. Murray S. Davis: ‹Intimate Relations›, New York: Free Press, 1973, p. 248; McCall und Simmons, pp. 188–189, 197–198.

19. Erving Goffman: ‹Interaction Ritual›, New York: Anchor, 1967, p. 126 (dt.: ‹Interaktionsrituale. Über Verhalten in direkter Kommunikation›).

20. Merton: «Contributions», p. 324.

21. Ibid.

22. McCall und Simmons, pp. 190–191.

23. Ibid.

24. Kristine M. Rosenthal und Harry F. Keshet: ‹Fathers Without Partners: A Study of Fathers and the Family After Marital Seperation›

(Totowa, N. J.: Rowman and Littlefield, 1981), pp. 2–5.

25. Peter L. Berger und Hansfried Kellner: «Marriage and the Construction of Reality», *Diogenes* 46 (1964), pp. 12–13.

26. Blau erklärt: «Wenn eine der beiden Parteien das Gefühl hat, daß das Kosten-Nutzen-Verhältnis für sie unbefriedigend ist, steckt sie nicht mehr soviel Energie in die Beziehung und erreicht dadurch, daß die andere Seite nicht mehr so zufrieden ist wie bisher. Auf diese Weise wird es immer wahrscheinlicher, daß die Beziehung auseinandergeht.» Peter M. Blau: ‹Exchange and Power in Social Life› (New York: John Wiley, 1964), p. 84. In ihrer Untersuchung über utopisch ausgerichtete Wohngemeinschaften und Kommunen weist Kanter darauf hin, wie sehr das System durch Verbundenheitsgefühle gegenüber äußeren Beziehungen oder den Kindern geschwächt wird. In dem Maße, wie für den einzelnen die Möglichkeit zu anderweitigen Beziehungen steigt, schwindet seine Bereitschaft, mit der Gruppe Frieden zu schließen. Rosabeth Moss Kanter: ‹Commitment and Community: Communes and Utopia in Sociological Perspective› (Cambridge: Harvard University Press, 1972), p. 83. Siehe auch Davis, p. 232 und Weiss, pp. 26–27.

27. Kurt H. Wolff (Hg. u. Übers.): ‹The Sociology of Georg Simmel› (New York: Free Press, 1950), p. 146 (dt.: Georg Simmel: ‹Soziologie. Untersuchungen über die Formen der Vergesellschaftung›).

28. Miller und Parks, in: Duck, pp. 136–137. In dem in der Sprache zum Ausdruck kommenden Abstand zeigt sich zum Teil, daß der oder die Betreffende mit dem anderen Menschen nicht öffentlich in Verbindung gebracht werden möchte. Die Distanz, die sich darin spiegelt, ist wirklich vorhanden. Die zwei reden miteinander nicht mehr soviel wie früher, weil der Initiator seine persönlichen Gefühle für sich behalten möchte, und außerdem verbringen die beiden weniger Zeit miteinander, so daß sie auch nicht mehr so viele Gemeinsamkeiten haben.

29. Glaser und Strauss, pp. 60–73. Die Erwachsenen-Sozialisation geht jedem Rollenwechsel voraus. (Siehe Mortimer und Simmons, pp. 421–454). Wheeler beschäftigt sich in einer klassischen Untersuchung mit der Sozialisation von Strafgefangenen, und zwar sowohl nach ihrer Einlieferung als auch vor ihrer Entlassung. Siehe Stanton Wheeler: «Socialization in Correctional Communities», *American Sociological Review* 26 (1961), pp. 697–712.

## Kapitel vier

1. Meine Gedanken über die Kommunikation in Intimbeziehungen habe ich von Spence abgeleitet, der in seinem Buch erläutert, wie Entscheidungen in Organisationen getroffen werden, auch wenn man das Produkt, um das es geht, nicht genau kennt. Siehe Michael Spence: ‹Market Signaling›, Cambridge: Harvard University Press, 1974. Eine weitere Anwendungsform findet sich in Diane Vaughan: ‹Controlling Unlawful Organizational Behavior: Social Structure and Corporate Misconduct›, Chicago: The University of Chicago Press, 1983, Kapitel 4. Die konzeptionelle Vorarbeit sowohl für Spences als auch für meine Arbeit hat Goffman geleistet. Siehe Erving Goffman: ‹The Presentation of Self in Everyday Life›, New York: Anchor Books, 1959, p. 249 (dt.: ‹Wir alle spielen Theater›). Wenn sich im Laufe der Zeit zwischen zwei Menschen Gewohnheiten einschleifen, nimmt die Intimität in ihrer Beziehung natürlicherweise ab; einen informativen (und entmutigenden) Einblick vermittelt dazu John J. Macionis: «Intimacy: Structure and Process in Interpersonal Relationships», *Alternative Lifestyles* 1, Februar 1978, pp. 113–130.

2. Siehe auch Steve Duck: «A Topography of Relationship Disengagement and Dissolution», in: Duck, p. 19.

3. Stephen R. Marks: «Multiple Roles and Role Strain: Some Notes on Human Energy, Time, and Commitment», *American Sociological Review* 42, Dezember 1977, p. 927.

4. Ibid., pp. 921–935. Siehe auch Dennis T. Jaffe und Rosabeth Moss Kanter: «Couple Strains in Communal Households», *Journal of Social Issues* 32, 1976, pp. 178–182.

5. Goffman beschreibt, wie eine bestimmte Vorführung oder äußere Fassade (beziehungsweise in unserem Fall eine bestimmte Abfolge von Signalen) dazu «tendiert, hinsichtlich der durch sie genährten abstrakten, stereotypen Erwartungen institutionalisiert zu werden, und dadurch eine Bedeutung und Beständigkeit annimmt, die mit der speziellen Aufgabe, die zu einer bestimmten Zeit in ihrem Namen erfüllt wird, nichts mehr zu tun hat». ‹The Presentation of Self›, p. 27 (dt.: ‹Wir alle spielen Theater›).

6. Marian R. Yarrow et al.: «The Psychological Meaning of Mental Illness in the Family», *Journal of Social Issues* 11, 1955, pp. 12–24; Jerome K. Myers und Bertram H. Roberts: ‹Family and Class Dynamics›, New York: John Wiley, 1959, pp. 213–220.

7. Erving Goffman: ‹Interaction Ritual: Essays on Face-to-Face Behavior›, New York: Anchor Books, 1967, pp. 126–129 (dt.: ‹Interaktionsrituale: Über Verhalten in direkter Kommunikation›, Frankfurt a. M.: Suhrkamp, 1971).

8. Erving Goffman: ‹The Presentation of Self›, pp. 17–76, 248–255 (dt.: ‹Wir alle spielen Theater›).

9. Goffman, ibid., p. 43; Kurt H. Wolff (Hg. u. Übers.): ‹The Sociology of Georg Simmel›, New York: Free Press, 1950, p. 311 (dt.: Georg Simmel: ‹Soziologie. Untersuchungen über die Formen der Vergesellschaftung›).

10. Wolff, ibid., pp. 311–312.

11. Goffman: ‹The Presentation of Self›, p. 60 (dt.: ‹Wir alle spielen Theater›); Spence: ‹Market Signaling›.

12. Goffman: ‹Interaction Ritual›, p. 127 (dt.: ‹Interaktionsrituale›).

13. Goffman: ‹The Presentation of Self›, pp. 58, 251 (dt.: ‹Wir alle spielen Theater›). Zur Anwendung genau dieser Ideen auf das Thema Manipulation und Verfälschung von Signalen zwischen Organisationen siehe Vaughan, pp. 78–81.

14. Goffman: ‹The Presentation of Self›, pp. 58, 249 (dt.: ‹Wir alle spielen Theater›).

15. Peter Marris: ‹Loss and Change›, London: Routledge and Kegan Paul, 1974, pp. 5–22; Peter L. Berger und Thomas Luckmann: ‹The Social Construction of Reality›, New York: Doubleday, 1966 (dt.: ‹Die gesellschaftliche Konstruktion der Wirklichkeit›, Frankfurt a. M.: Fischer, 1969).

16. Marris, pp. 9–11; Gerald Zaltman: «Knowledge Disavowal» (Referat anläßlich der «Conference on Producing Useful Knowledge for Organizations», Graduate School of Business, University of Pittsburgh, Oktober 1982).

17. Barney G. Glaser und Anselm L. Strauss: ‹Status Passage›, London: Routledge and Kegan Paul, 1971, pp. 33–56; Robert K. Merton: «Socially Expected Durations: A Case Study of Concept Formation in Sociology», in: Walter W. Powell und Richard Robbins (Hg.): ‹Conflict and Consensus: A Festschrift in Honor of Lewis A. Coser›, New York: Free Press, 1984, pp. 262–283.

18. Gerald Zaltman: «Knowledge Disavowal».

19. Kenneth Arrow: ‹The Limits of Organization›, New York: W. W. Norton, 1974, pp. 37–39 (dt.: ‹Wo Organisation endet. Management an den Grenzen des Machbaren›, Wiesbaden: Gabler, 1980). Arrow geht auf die begrenzte Fähigkeit der Individuen ein, Informationen zu erlangen und zu gebrauchen.

20. Sissela Bok: ‹Secrets: On the Ethics of Concealment and Revelation›, New York: Pantheon, 1982, p. 60. Zur Fähigkeit des Individuums, sich selbst etwas vorzumachen, siehe Goffman: ‹The Presentation of Self›, p. 81 (dt.: ‹Wir alle spielen Theater›); Paul Ekman: ‹Telling Lies: Clues to Deceit in the Marketplace, Politics, and Marriage›, New York: Norton, 1985; Daniel Goleman: ‹Vital Lies, Simple Truths: The Psychology of Self-Deception›, New York: Simon and Schuster, 1985.

21. Nach Goffman ist jede «Vorstellung» so labil, daß das kleinste mit ihr kollidierende Ereignis den Eindruck, den der Darsteller gerade zu erwecken versucht, zerstören kann. ‹The Presentation of Self›, p. 56 (dt.: ‹Wir alle spielen Theater›). Folgen wir dieser Ansicht, dann müssen wir uns darüber wundern, wie es der Partner jeweils fertigbringt, Hinweise zu mißachten, die den gerade vermittelten Eindruck in Frage stellen. Zum Teil ist dieses Problem wohl aus der gegenseitigen Abhängigkeit von Initiator und Partner erklärbar. Wenn (um Goffmans Begriffe zu gebrauchen) Darsteller und Publikum nicht in einem gegenseitigen Abhängigkeitsverhältnis stehen, hat das Publikum an dem vom Darsteller vermittelten Eindruck kein persönliches Interesse, und dementsprechend fallen ihm dissonante Zwischentöne auf. Sind Darsteller und Publikum jedoch voneinander abhängig, dann hat das Publikum (in diesem Fall der Partner) ein persönliches Interesse daran, daß die Vorstellung ohne Reibungsverluste weitergeht. Folglich werden Signale, die anzeigen, daß die Vorstellung nun einen Verlauf nimmt, der den Partner letztlich einiges kosten wird, einfach ignoriert. (Siehe auch Marris: ‹Loss and Change›, pp. 5–22.)

22. Bok, p. 69; Marris, pp. 5–22. Zaltman; Julia Brannen und Jean Collard: ‹Marriages in Trouble: The Process of Seeking Help›; London: Tavistock, 1982, p. 70.

23. Bok, p. 71.

24. Joan Emerson: «Nothing Unusual is Happening», in: Tomatsu Shibutani: ‹Human Nature and Collective Behavior›, Englewood Cliffs, N. J.: Prentice-Hall, 1970; Brannen und Collard, p. 70.

25. William H. Gram: «Breaking Up: A Study of Fifty-Nine Case Histories of Marital Collapse» (Dissertation, Northwestern University, 1982), p. 176.

26. Goffman: ‹The Presentation of Self›, pp. 77–105 (dt.: ‹Wir alle spielen Theater›).

27. Für ihre Studie untersuchten Brannen und Collard, wie Menschen, die Eheprobleme haben, dazu kommen, sich an eine Beratungsstelle zu wenden, und sie stellten fest, daß Leute, die nur einen sehr kleinen Bekanntenkreis hatten und von ihrem Ehepartner stark abhängig waren, sich und anderen kaum je eingestanden, daß ein Eheproblem überhaupt existierte. Siehe ‹Marriages in Trouble›, p. 89.

28. Vortrag von Sergeant Harold («Sonny») Weatherman, Columbus Police Department, März 1976, Department of Sociology, Ohio State University.

29. Ibid., p. 64.

30. Brannen und Collard, p. 70. Brannen und Collard haben dieses Thema im einzelnen untersucht und festgestellt, daß (in der Ehe) der Mann relativ gesehen mehr Macht hat, «das Problem» auf die

Frau zu schieben, und die Frau entsprechend stärker dazu neigt, die Schuld auf sich zu nehmen; pp. 58–61.

31. Ein historisches Beispiel für eine ähnliche Reaktion einer Gemeinschaft auf das als abweichend empfundene Verhalten einzelner liefert Kai T. Erikson: ‹Wayward Puritans›, New York: John Wiley, 1966 (dt.: ‹Die widerspenstigen Puritaner. Zur Soziologie abweichenden Verhaltens›, Stuttgart: Klett-Cotta, 1978).

32. Brannen und Collard, p. 64.

33. Ibid., p. 62.

34. Ibid., p. 163.

35. Brannen und Collard, pp. 50–61; Judith S. Wallerstein und Joan B. Kelly: ‹Surviving the Breakup›, New York: Basic Books, 1980, p. 21.

36. Marris, pp. 5–22.

37. Goffman: ‹Interaction Ritual›, pp. 15–18, 31, 97–112 (dt.: ‹Interaktionsrituale›).

38. Ibid., p. 17.

39. Ibid., pp. 18–19.

# Kapitel fünf

1. Wie wichtig es ist, die Aktion, Reaktion und Interaktion bei den Partnern zu untersuchen, schildern Gerald R. Miller und Malcolm R. Parks: «Communication in Dissolving Relationships», in: Steve Duck (Hg.): ‹Personal Relationships. 4: Dissolving Personal Relationships›, London: Academic Press, 1982, p. 146.

2. Davis beschreibt verschiedene Gesprächsformen, die bei einer Konfrontation auftreten können. Siehe Murray A. Davis: ‹Intimate Relations›, New York: Free Press, 1973, pp. 217–235.

3. Vergleiche John Loflands und Rodney Starks Äußerungen über die «Wendepunkte» in «Becoming a World-Saver: A Theory of Conversion to a Deviant Perspective», in: Howard Robboy, Sidney L. Greenblatt und Candace Clark: ‹Social Interaction: Introductory Readings in Sociology›, New York: St. Martin's, 1979, p. 465.

4. J. W. Thibault und H. H. Kelley: ‹The Social Psychology of Groups›, New York: John Wiley, 1959.

5. Barney G. Glaser und Anselm L. Strauss: ‹Status Passage›, London: Routledge and Kegan Paul, 1971, pp. 83–84.

6. Inwiefern die Identität bei der jeweiligen Planung eine ausschlaggebende Rolle spielt, diskutieren George J. McCall und J. L. Simmons: ‹Identities and Interactions›, New York: Free Press, 1966, pp. 244–249 (dt.: ‹Identität und Interaktion›, Düsseldorf: Schwann,

1974). Goffman bezeichnet solche Pläne als «strategische Geheimnisse»: Absichten und Fähigkeiten, die eine/r verbirgt, um zu verhindern, daß andere Leute sich wirksam auf das beabsichtigte Ziel einstellen können. Erving Goffman: ‹*The Presentation of Self in Everyday Life*›, New York: Anchor, 1959, p. 142 (dt.: ‹*Wir alle spielen Theater. Die Selbstdarstellung im Alltag*›, München: Piper, 1969).

7. Lucia H. Bequaert: ‹*Single Women: Alone and Together*›, Boston: Beacon, 1976, p. 27.

8. Lofland und Stark, p. 465.

9. Glaser und Strauss, pp. 17, 21–24.

10. Gram, p. 151.

11. Nicky Hart: ‹*When Marriage Ends: A Study in Status Passage*›, London: Tavistock, 1976, pp. 94–95.

12. Siehe auch Judith S. Wallerstein und Joan Berlin Kelly: ‹*Surviving the Breakup: How Children and Parents Cope with Divorce*›, New York: Basic Books, 1980, p. 136. Vergleiche Carmen DeMonteflores und Stephen J. Schultz: «Coming Out: Similarities and Differences for Lesbians und Gay Men», *Journal of Social Issues* 34 (1978), p. 62.

13. Siehe auch Robert S. Weiss: ‹*Marital Separation*›, New York: Basic Books, 1975, p. 22 (dt. ‹*Trennung vom Ehepartner*›, Stuttgart: Klett-Cotta, 1980).

14. Peter M. Blau: ‹*Power and Exchange in Social Life*›, New York: John Wiley, 1964, p. 84.

15. Oscar Wilde: ‹*Das Bildnis des Dorian Gray*›, Frankfurt a. M.: Insel, 1982.

16. Regelverletzungen hängen mit der Machtverteilung in einer Beziehung zusammen. Näheres siehe Kapitel 6, Anmerkung 34. Vergleiche Norman K. Denzin: «Rules of Conduct and the Study of Deviant Behavior: Some Notes on the Social Relationship», in: George J. McCall, Michal M. McCall, Norman K. Denzin, Gerald D. Suttles und Susan B. Kurth: ‹*Social Relationships*›, Chicago: Aldine, 1970, pp. 62–94.

17. Davis, pp. 265–267.

18. Erving Goffman: ‹*Interaction Ritual: Essays on Face-to-Face Behavior*›, Garden City, N. Y.: Anchor, 1967, pp. 5–45, 97–112 (dt.: ‹*Interaktionsrituale. Über Verhalten in direkter Kommunikation*›, Frankfurt a. M.: Suhrkamp, 1971 u. ö.).

19. Vergleiche Weiss, p. 30. Er verweist darauf, daß in der Verletzung der Treue-Norm eine außergewöhnliche Kraft steckt, die von ihrer symbolischen Bedeutung herrührt. Eine solche Regelverletzung stellt nicht nur in Frage, ob der Initiator sich überhaupt noch an die Beziehung gebunden fühlt, sondern suggeriert auch, daß der Partner auf sexuellem Gebiet unzulänglich sei, und verletzt somit sowohl dessen öffentliches Ansehen als auch sein Selbstwertgefühl.

20. Vergleiche Gram, p. 83.

21. Erving Goffman: ‹Frame Analysis: An Essay on the Organization of Experience›, New York: Harper & Row, 1974, p. 463 (dt.: ‹Rahmen-Analyse. Ein Versuch über die Organisation von Alltagserfahrungen›, Frankfurt a. M.: Suhrkamp, 1977).

22. Daß Initiatoren eher dazu neigen, eine Konfrontation zu umgehen, als sie zu suchen, meinen auch R. E. Kaplan: «Maintaining Interpersonal Relationships: A Bipolar Theory», *Interpersonal Development* 6 (1976), pp. 106–119, und Steve Duck: «The Personal Context: Intimate Relationships», in: P. Feldman und J. Orford (Hg.): ‹Psychological Problems: The Social Context›, London: John Wiley, 1980, pp. 73–96.

23. Paul Ekman: ‹Telling Lies: Clues to Deceit in the Marketplace, Politics, and Marriage›, New York: Norton, 1985.

24. Steve Duck: «A Topography of Relationship Disengagement and Dissolution», in: Duck (Hg.), p. 22.

25. Goffman: ‹Interaction Ritual›, pp. 126–129 (dt.: ‹Interaktionsrituale›).

26. Goffman: ‹The Presentation of Self›, p. 210 (dt.: ‹Wir alle spielen Theater›).

## Kapitel sechs

1. Siehe auch William H. Gram: «Breaking Up: A Study of Fifty-Nine Case Histories of Marital Collapse», Dissertation, Northwestern University, 1982, pp. 174–175.

2. Ibid., p. 176.

3. Kanter ist in Kommunen auf ein ähnliches Phänomen gestoßen. Potentiell nimmt die Zufriedenheit des einzelnen innerhalb einer Gruppe in dem Maße zu, wie für ihn die Möglichkeit, anderweitig Beziehungen zu knüpfen, abnimmt, denn «er muß mit der Gruppe Frieden schließen, weil er sich nirgendwo anders hinbegeben kann». Verlöre er die Gruppe, würde der einzelne völlig ohne Rückhalt dastehen. Siehe Rosabeth Moss Kanter: ‹Commitment and Community: Communes and Utopias in Sociological Perspective›, Cambridge, Mass.: Harvard University Press, 1972, p. 83.

4. Murray S. Davis: ‹Intimate Relations›, New York: Free Press, 1973, p. 217.

5. Wie es zur Versöhnung kommt, wird in Kapitel 10 behandelt.

6. Peter M. Blau: ‹Exchange and Power in Social Life›, New York: John Wiley, 1964, pp. 118–122.

7. Lillian B. Rubin: ‹Women of a Certain Age: The Midlife Search For Self›, New York: Harper & Row, 1979, p. 73.

8. Schwartz geht auf den Zusammenhang zwischen Warten und Machtverteilung ein: «Wer die Macht hat, einen anderen warten zu lassen, besitzt vor allem auch die Möglichkeit, dessen Verhalten so zu beeinflussen, daß es mit seinen eigenen Interessen übereinstimmt. Wer gezwungen ist zu warten, ist von der Laune desjenigen abhängig, auf den er wartet.» Siehe Barry Schwartz: «Waiting, Exchange, and Power: The Distribution of Time in Social Systems», *American Journal of Sociology* 79 (1973), pp. 841–870.

9. Blau bezeichnet dies als die «Kosten des Verzichts auf Alternativen». Ein bestimmter gesellschaftlicher Umgang bringt den einzelnen um die Möglichkeit, seine Zeit und seine sonstigen begrenzten Mittel anderen gesellschaftlichen Gruppen zu widmen, bei denen er vielleicht Bestätigung erführe. Siehe Blau: ‹Exchange and Power in Social Life›, p. 101.

10. Wie es dazu kommen kann, daß Menschen aufgrund ihrer Stellung innerhalb einer bestimmten Struktur in einer Art Teufelskreis gefangen sind, der sie bindet und immer weiter einengt, erläutert Rosabeth Moss Kanter: ‹Men and Women of the Corporation›, New York: Basic Books, 1977, pp. 250–253.

11. Siehe auch Davis: ‹Intimate Relations›, p. 272.

12. David Mechanic: «Sources of Power of Lower Participants in Complex Organizations», *Administrative Science Quarterly* 7 (1962) 3, pp. 349–364.

13. Siehe Blau: ‹Exchange and Power in Social Life›, p. 121.

14. Vergleiche Kapitel 1, Anmerkung 25.

15. Barney G. Glaser und Anselm L. Strauss: ‹Status Passage›, London: Routledge and Kegan Paul, 1971, p. 26.

16. Goffman weist darauf hin, daß eine Methode des Bluffens darin besteht, dem anderen noch einmal eine Gelegenheit zu geben, sich für die Rolle, an der er (oder sie) gescheitert ist, zu qualifizieren. Obwohl eine solche zweite Gelegenheit häufig gewährt wird, wird sie doch selten wahrgenommen, wie der Autor aufzeigt, «denn wer in einer Rolle versagt hat, zählt nicht länger zur Gemeinschaft der Erfolgreichen, gehört aber auch – zumindest im Geiste – nicht mehr der Gruppe derjenigen an, die gerade erst dabei sind, einen Versuch zu unternehmen oder noch keinen unternommen haben. Wer in einer Rolle versagt hat, bringt andere unaufhörlich in Verlegenheit, da sie mit keinem der üblichen Verhaltensmuster auf ihn zugehen können. Statt eine zweite Gelegenheit wahrzunehmen, zieht sich der Betreffende meist an einen anderen Ort zurück, an dem sich seine Vergangenheit nicht peinlich auf seine Gegenwart auswirkt» (p. 457). Meines Erachtens hängt eine solche Reaktion allerdings davon ab, in welchem Maße sein Versagen publik ist. Gesellschaftliche Erwartungen, die an die erfahrene Unfähigkeit anknüpfen, und zusätzlich noch

das mit dem Versagen verbundene soziale Stigma können die Fähigkeiten und den Mut des Betreffenden untergraben und ihn dazu bringen, lieber wegzugehen, als das Risiko eines nochmaligen Versagens auf sich zu nehmen. Wenn man ihm jedoch eine zweite Chance gibt, bevor sein Versagen publik wird (sogar bevor er selbst sich darüber klar wird – wie etwa ein Ehepartner, der meint, bisher noch gar keine Möglichkeit zu einem Versuch gehabt zu haben, oder eine Angestellte, die zum Chef ins Büro gerufen wird und glaubt, sie könne den Fehler wiedergutmachen), erlebt er das als Gelegenheit, die Aufgabe diesmal mit Erfolg meistern zu können, und greift zu. Erst wenn die zweite Chance nur als Möglichkeit zu versagen – und in aller Öffentlichkeit zu versagen – empfunden wird, wird der Betreffende sie ablehnen. Siehe Erving Goffman: «On Cooling the Mark Out: Some Aspects of Adaptation to Failure», *Psychiatry* 15 (1952), pp. 451–463.

17. Ibid., pp. 457–458; Gram: «Breaking up», p. 125.

18. Siehe auch Julia Brannen und Jean Collard: ‹Marriages in Trouble: The Process of Seeking Help›, London: Tavistock, 1982, p. 81.

19. Goffman: «On Cooling the Mark Out», p. 454.

20. Erving Goffman: ‹Interaction Ritual: Essays on Face-to-Face Behavior›, New York: Anchor, 1967, p. 127 (dt.: ‹Interaktionsrituale über Verhalten in direkter Kommunikation›, Frankfurt a. M.: Suhrkamp, 1971 u. ö.).

21. Goffman: «On Cooling the Mark Out», p. 452; Davis: ‹Intimate Relations›, p. 263.

22. Goffman: «On Cooling the Mark Out», pp. 452, 457.

23. Ibid., p. 457.

24. Goffman (ibid., p. 458) sagt, die Arbeit der Psychotherapeutin beziehungsweise des Psychotherapeuten bestehe darin, «denjenigen eine Beziehung anzubieten, die in einer Beziehung mit jemand anderem gescheitert sind».

25. Laut einer Studie über Ehepaare mit Scheidungsabsichten hatten 30 Prozent der Interviewten im Jahr vor ihrer erstmaligen Befragung keinerlei Beratungsstelle oder ähnliches aufgesucht. William M. Holmes, Gay C. Kitson und Marvin B. Sussman: «Social Supports and Adjustment to Divorce», vervielfältigtes Manuskript, Case Western Reserve, 1981.

26. Brannen und Collard, pp. 47–71.

27. Goffman: «On Cooling the Mark Out», pp. 457–458.

28. Wenn zu einer Zweiergruppe eine dritte Partei hinzukommt, ändert sich die Form der Interaktion. Siehe allgemein dazu Georg Simmel, der sinngemäß anmerkt: «Oftmals ergibt sich aus der Beziehung zwischen zwei Parteien und einem Unparteiischen eine neue Beziehung. Das dritte Element, zuvor mit einer der beiden Parteien

auf ungleiche Weise verbunden, beteiligt sich und bildet mit der einen oder der anderen eine interaktionale Einheit, die die Machtdistanz und damit den Kreis der Beteiligten verändert.» Kurt H. Wolff (Hg. u. Übers.): ‹The Sociology of Georg Simmel›, New York: Free Press, 1950, pp. 154–155 (dt.: Georg Simmel: ‹Soziologie. Untersuchungen über die Formen der Vergesellschaftung›, Leipzig: Duncker & Humblot, 1908). Zur Übertragung dieser Überlegungen auf die Beratungssituation siehe John P. Speigel: «The Resolution of Role Conflict within the Family», in: N. W. Pell und E. F. Vogel (Hg.): ‹A Modern Introduction to the Family›, New York: Free Press, 1968, pp. 391–411, bes. 409.

29. Harold Garfinkel: «Conditions of Successful Degradation Ceremonies», American Journal of Sociology 61 (1956), pp. 420–424.

30. Ähnliches ist in pädagogischen Beratungsstellen festgestellt worden. Cicourel und Kutsuse zeigen auf, wie die Klassenunterschiede durch die Arbeit der psychologisch-pädagogischen Beratungsstellen in der Schule eine Fortsetzung und Bestätigung erfahren, obwohl diese mit Hilfe der genannten Einrichtungen doch gerade abgebaut werden sollten. Siehe Aaron V. Cicourel und John Kitsuse: ‹The Educational Decision-Makers›, Indianapolis: Bobbs-Merrill, 1963. Wird ein Problem, das man gern lossein möchte, offiziell angegangen, so kann es sein, daß gerade auch aufgrund dieser offiziellen Bearbeitung das Phänomen fortbesteht, denn es erhält dadurch ein Etikett, das sich auf das Selbstbild des einzelnen auswirkt und die Reaktion der Gesellschaft beeinflußt. Zur theoretischen Erklärung dieses Vorgangs siehe Edwin Lemert: ‹Social Pathology›, New York: McGraw-Hill, 1951, und Edwin Lemert: ‹Human Deviance, Social Problems, and Social Control›, Englewood Cliffs, N. J.: Prentice-Hall, 1967.

31. Goffman: «On Cooling the Mark Out», p. 458. Gram führt an, daß bei 88 Prozent der Trennungen, die er untersucht hat, die Person, die sich der anderen gegenüber abweisend verhielt, die Ehe bereits zu dem Zeitpunkt beenden wollte, als sie zum erstenmal anfing, auf eine Trennung hinzuarbeiten. Und der oder die Betreffende wollte die Ehe nicht nur jetzt für immer beenden, sondern hatte das schon jahrelang tun wollen. Siehe Gram: «Breaking Up», p. 174.

32. R. E. Kaplan: «Maintaining Interpersonal Relationships: A Bipolar Theory», Interpersonal Development 6 (1976), pp. 106–119, und Steve Duck: «The Personal Context: Intimate Relationships», in: P. Feldman und J. Orford (Hg.): ‹Psychological Problems: The Social Context›, London: John Wiley, 1980, pp. 73–96.

33. Davis, p. 263.

34. Quantitative Untersuchungen von Trennungen und Scheidungen bei heterosexuellen Paaren haben ergeben, daß es eher die

Frauen sind, die die Beziehung beenden, als ihre männlichen Partner. Siehe Charles T. Hill, Zick Rubin und Letitia Anne Peplau: «Breakups Before Marriage: The End of 103 Affairs», *Journal of Social Issues* 32 (1976), pp. 147–168; Zick Rubin: «Loving and Leaving: Sex Differences in Romantic Attachments», *Sex Roles* 7 (1981), pp. 821–835; William J. Goode: ‹After Divorce›, Glencoe, Ill.: The Free Press, 1956; Maureen Baker: ‹Support Networks and Marriage Dissolution›, Abschlußbericht, Toronto: Connaught Foundation Project, University of Toronto, 1980. Diese Daten spiegeln jedoch nur den letzten Entschluß (Wer strebt die Trennung an? Wer reicht die Scheidung ein?) und befassen sich nicht mit der Interaktion, die zu diesem Entschluß führt. Aus Daten, die von anderen – auf eingehenden Interviews beruhenden – Untersuchungen stammen, lassen sich einige Einzelheiten des Trennungsprozesses ablesen, die eine Erklärung für die oben angeführten Ergebnisse bieten. Frauen berichten eher als Männer, daß sie die Trennung nicht gewollt hätten, aber durch die Regelverletzung ihres Partners dazu getrieben worden seien (Gram, p. 165; Baker, pp. 19, 49). Oder aber sie sagen, sie hätten einen (wie ich es hier genannt habe) fatalen Fehler begangen: In der Hoffnung, auf diese Weise zu einer Versöhnung zu gelangen, hätten sie ihrem Partner eine vorübergehende Trennung vorgeschlagen oder ihn zeitweilig verlassen, hätten dann aber feststellen müssen, daß der andere das als eine Gelegenheit benutzt habe, um die Beziehung zu beenden (Gram, p. 165). Um diese statistisch belegten Tatsachen zu erklären, verweisen manche Forscher/innen darauf, daß es bei Trennungen möglicherweise einen Kavalier-Faktor («Laß Hanna das machen») gebe (Goode, pp. 133–135; Hill et al.; Gram, pp. 95, 154). Das hieße, daß die von Goffman beschriebene Grundregel sozialer Interaktion (dem anderen helfen, sein Gesicht zu wahren) in heterosexuellen Beziehungen noch weit stärker von männlichen Initiatoren befolgt werden würde als von weiblichen.

Bei dieser Argumentationsweise wird das Ganze letztlich auf die geschlechtsspezifische Sozialisation reduziert, und das halte ich für eine übermäßige Vereinfachung. Dabei wird nämlich der Aspekt der Selbstlosigkeit hervorgehoben, gleichzeitig aber außer acht gelassen, daß die Menschen einem gesellschaftlichen Druck unterliegen, ihre Beziehung aufrechtzuerhalten, und daß Initiatoren in ihrem eigenen Interesse handeln, wenn sie der negativen Reaktion der Gesellschaft aus dem Weg gehen, die sie – unabhängig vom Geschlecht – auf sich ziehen würden, wenn sie ihren Partner einfach fallenließen. Auch Frauen werden von der Gesellschaft verurteilt, wenn sie eine Beziehung beenden (vielleicht sogar stärker als Männer, vor allem wenn Kinder mitbetroffen sind). Warum sollten die vorhandenen Daten nicht genausogut widerspiegeln, daß Frauen in ähnlichem Maße ihre

Zuflucht zu Taktiken nehmen, die dem Partner die soziale Verantwortung auferlegen?

Zwar kann ich auf keinerlei Untersuchung verweisen, die einer verallgemeinerbaren repräsentativen Stichprobe gleichkäme, doch deuten meine Informationen darauf hin, daß sowohl in homo- als auch in heterosexuellen Beziehungen der Machtfaktor in bezug auf den Trennungsprozeß einen größeren Erklärungswert besitzt als geschlechtsspezifische Rollenerwartungen. Sowohl in homo- als auch in heterosexuellen Beziehungen wird die direkte Konfrontation (eine direkte Taktik) tendenziell eher von solchen Menschen gesucht und werden Regelverletzungen (eine indirekte Taktik) tendenziell eher von denjenigen begangen, die in der Beziehung als die Stärkeren empfunden werden. Unabhängig von ihrem Geschlecht oder ihrer sexuellen Präferenz neigen Initiatoren, die ihren Partner für (körperlich, finanziell oder sonstwie) stärker als sich selbst halten, dazu, Taktiken anzuwenden, die die Reaktion des anderen möglichst klein halten. In bezug auf die direkten Taktiken ist bei Initiatoren, die sich als schwächer erleben, zum Beispiel die Wahrscheinlichkeit größer, daß sie ihren Partner einfach verlassen, als ihn direkt damit zu konfrontieren, daß sie die Beziehung beenden wollen. In bezug auf die indirekten Taktiken ist bei Initiatoren, die weniger stark sind, die Wahrscheinlichkeit größer, daß sie sich mehr und mehr aus der Beziehung zurückziehen oder den fatalen Fehler des Partners ausnutzen, als daß sie eine Regelverletzung begehen. Beiden Fällen ist eins gemeinsam: Wenn ein Initiator seinen Partner nicht direkt mit seinem Wunsch nach Trennung konfrontiert, weil er den Partner in irgendeiner Hinsicht als stärker empfindet, dann wird er konsequenterweise auch keine indirekte Taktik (Regelverletzung) anwenden, die ja potentiell die gleichen Auswirkungen heraufbeschwören könnte: Zorn, Vergeltungsmaßnahmen oder die Beschneidung des Zugangs zu bestimmten Ressourcen.

Von daher können die verfügbaren statistischen Daten, die darauf hindeuten, daß in heterosexuellen Beziehungen Frauen öfter als Männer die Trennung betreiben, durch die folgenden Punkte verzerrt sein:

1. Partnerinnen betreiben manchmal die Trennung, weil sie von stärkeren männlichen Initiatoren dazu manipuliert worden sind.
2. Bei Frauen ist es in einer solchen Situation wahrscheinlich, daß sie erkennen, was vorgeht, und es der Forscherin beziehungsweise dem Forscher gegenüber als Manipulation bezeichnen, weil Männer sich auf Regelverletzungen verlegen und damit eine Taktik anwenden, die geeignet ist, der Partnerin das Gefühl zu geben, daß sie vielleicht *wirklich* manipuliert worden sei.
3. Manchmal betreiben Männer die Trennung, weil eine schwächere Initiatorin sie dazu gebracht hat.

4. Bei Männern ist es in einer solchen Situation *kaum* wahrscheinlich, daß sie erkennen, was vorgeht, und es der Forscherin beziehungsweise dem Forscher gegenüber als Manipulation bezeichnen, weil Initiatorinnen subtilere indirekte Taktiken anwenden (etwa einen langsamen Rückzug aus der Beziehung oder den fatalen Fehler), wenn sie ihren Partner als stärker empfinden.

5. Wenn Männer erkennen, daß sie manipuliert worden sind, sind sie unter Umständen nicht bereit, das auch zuzugeben.

35. Ein wichtiges Kriterium bei der Einteilung in Initiator und Partner ist für Gram, wer von den Beteiligten der Trennung Widerstand entgegensetzt. William H. Gram: «Breaking Up: A Study of Fifty-Nine Case Histories of Marital Collapse» (Dissertation, Northwestern University, 1982), p. 141.

36. Glaser und Strauss, pp. 28–29. Hawkins, der sich mit der Wasserverschmutzung und ihrer Kontrolle beschäftigt, zeigt auf, wie man durch das Setzen einer Frist beide Parteien dazu bringen kann, eine Situation ähnlich zu definieren. «Wird eine Frist eingehalten, dann ist das ein Zeichen dafür, daß ein Fortschritt erzielt worden ist – daß man vorangekommen ist. Hält ein Schadstoffeinleiter hingegen eine gesetzte Frist nicht ein, dann gilt das als klares Versäumnis, ja sogar als unkooperatives Verhalten.» Siehe Keith Hawkins: «Bargain and Bluff: Compliance Strategy and Deterrence in the Enforcement of Regulation», *Law and Policy Quarterly* 5, Nr. 1 (1983), p. 55.

37. Siehe auch Davis: ‹Intimate Relations›, pp. 263, 265–266.

38. Gram, pp. 82, 105, 106; Judith S. Wallerstein und Joan Berlin Kelly: ‹Surviving the Breakup: How Children and Parents Cope with Divorce›, New York: Basic Books, 1980, p. 21.

39. Mit den sozialen Folgen, die sich aus der Abstempelung abweichenden Verhaltens ergeben, befaßt sich ausführlich Stephen J. Pfohl: ‹Images of Deviance and Social Control: A Sociological History›, New York: McGraw-Hill, 1985, pp. 283–328.

40. Erving Goffman: ‹Interaction Ritual: Essays on Face-to-Face Behavior›, New York: Anchor, 1967, pp. 15–18, 31, 97–112 (dt.: ‹Interaktionsrituale. Über Verhalten in direkter Kommunikation›, Frankfurt a. M.: Suhrkamp, 1971 u. ö.).

41. Goffman: «On Cooling the Mark Out», p. 458.

42. Diese Idee verdanke ich Patricia M. Ewick.

## Kapitel sieben

1. Abigail Trafford: ‹Crazy Times: Predictable Stages of Divorce›, New York: Harper & Row, 1982, pp. 95–96; Maureen Baker: ‹Support Networks and Marriage Dissolution›, Abschlußbericht, Toronto: Connaught Foundation Project, University of Toronto, 1980, p. 41.
2. Robert S. Weiss: ‹Marital Separation›, New York: Basic Books, 1975, pp. 3–4, 36–68 (dt.: ‹Trennung vom Ehepartner›, Stuttgart: Klett-Cotta, 1980); Judith S. Wallerstein und Joan Berlin Kelly: ‹Surviving the Breakup: How Children and Parents Cope with Divorce›, New York: Basic Books, 1980, pp. 13–14, 108.
3. Siehe zum Beispiel Weiss: ‹Marital Separation›, pp. 36–68 (dt.: ‹Trennung vom Ehepartner›); Robert S. Weiss: ‹Loneliness: The Experience of Emotional and Social Isolation›, Cambridge: MIT Press, 1973; John Bowlby: ‹Attachment and Loss›, New York: Basic Books, 1969–1982 (dt.: ‹Bindung. Eine Analyse der Mutter-Kind-Beziehung› und ‹Trennung. Psychische Schäden als Folge der Trennung von Mutter und Kind›, München: Kindler, 1975 bzw. 1976); James J. Lynch: ‹The Broken Heart: The Medical Consequences of Loneliness›, New York: Basic Books, 1977 (dt.: ‹Das gebrochene Herz›, Reinbek: Rowohlt, 1979); Abigail Trafford: ‹Crazy Times›; Paul Bohannon: ‹Divorce and After›, Garden City, N. Y.: Anchor Books, 1971; William J. Goode: ‹After Divorce›, New York and Glencoe, Ill.: The Free Press, 1956; John Bowlby: «Process of Mourning», International Journal of Psychoanalysis 44 (1961), pp. 317–335; Robert S. Weiss: «The Emotional Impact of Marital Separation», in: Peter J. Stein (Hg.): ‹Single Life›, New York: St. Martin's, 1981, pp. 69–78; Graham B. Spanier und Linda Thompson: «Relief and Distress After Marital Separation», Journal of Divorce 7 (Herbst 1983), pp. 31–49; Bernard L. Bloom und Robert A. Caldwell: «Sex Differences in Adjustment During the Process of Marital Separation», Journal of Marriage and the Family (August 1981), pp. 693–701; John F. Crosby, Bruce A. Gage und Marsha Croy Raymond: «The Grief Resolution Process in Divorce», Journal of Divorce 7, No. 1 (Herbst 1983), pp. 3–18.
4. Siehe Willard Wallers klassische, einsichtsreiche Beschreibung in ‹The Old Love and the New›, Carbondale: Southern Illinois University Press, 1930.
5. Ibid.; John J. LaGaipa: «Rules and Rituals in Disengaging from Relationships», in: Steve Duck (Hg.): ‹Personal Relationships. 4: Dissolving Personal Relationships›, London: Academic Press, 1982, pp. 189–210.
6. Siehe zum Beispiel Naomi Gerstel, Catherine Kohler Riessman und Sarah Rosenfield: «Explaining the Symptomatology of Sepa-

rated and Divorced Women and Men: The Role of Material Conditions and Social Networks», *Social Forces* 64 (September 1985), pp. 84–101; Weiss: ‹Marital Separation›, pp. 69–82 (dt.: ‹Trennung vom Ehepartner›); Nicky Hart: ‹When Marriage Ends: A Study in Status Passage›, London: Tavistock, 1976; Starr Roxanne Hiltz: «Widowhood: A Roleless Role», in: Peter J. Stein (Hg.): ‹Single Life›, New York: St. Martin's, 1981, pp. 79–97; Helena Lopata: «On Widowhood: Grief Work and Identity Reconstruction», *Journal of Geriatric Psychiatry* 8 (1975), pp. 41–55; Bernard L. Bloom und Cheryl Clement: «Material Sex Role Orientation and Adjustment to Separation and Divorce», *Journal of Divorce* 7 (1984), pp. 87–98; Graham B. Spanier und Linda Thompson: «Relief and Distress After Marital Separation», *Journal of Divorce* 7 (Herbst 1983), pp. 31–49.

7. Nicky Hart: ‹When Marriage Ends: A Study in Status Passage›, London: Tavistock, 1976, p. 45. Bisweilen heißt es, Frauen seien durch die emotionalen Auswirkungen unerwünschter Ereignisse im Leben leichter verletzlich als Männer. Eine kritische Würdigung und Zurückweisung dieser Ansicht findet sich in: Ronald C. Kessler und Jane D. McLeod: «Sex Differences in Vulnerability to Undesirable Life Events», *American Sociological Review* 49 (1984), pp. 620–631.

8. Carol Gilligan: ‹In a Different Voice: Psychological Theory and Women's Development›, Cambridge, Mass.: Harvard University Press, 1982, pp. 17–27 (dt.: ‹Die andere Stimme. Lebenskonflikte und Moral der Frau›, München/Zürich: Piper, 1984); Lillian B. Rubin: ‹Worlds of Pain: Life in the Working-Class-Family›, New York: Basic Books, 1976, p. 119. McCall bemerkt, daß «Frauen einer Bindung anscheinend mehr Bedeutung beimessen als Männer, und das praktisch in jedem Alter und bei allen persönlichen Beziehungen». George J. McCall: «Becoming Unrelated: The Management of Bond Dissolution», in: Duck, p. 215. Mit geschlechtsspezifischen Unterschieden bei der Sozialisation befaßt sich eingehend Laurel Walum Richardson: ‹The Dynamics of Sex and Gender: A Sociological Perspective›, Boston: Houghton Mifflin, 1981, pp. 1–97.

9. Jean Baker Miller: ‹Toward a New Psychology of Women›, Boston: Beacon Press, 1976, p. 83 (dt.: ‹Die Stärke weiblicher Schwäche. Zu einem neuen Verständnis der Frau›, Frankfurt a. M.: Goverts/S. Fischer, 1977); Lillian B. Rubin: ‹Women of a Certain Age: The Midlife Search For Self›, New York: Harper&Row, 1979, p. 117.

10. Peter M. Blau: ‹Exchange and Power in Social Life›, New York: John Wiley, 1964, pp. 88–142. Blau (p. 104) weist darauf hin, wie wichtig für das Verständnis von *Austauschbeziehungen* der soziale Kontext ist. Der Austausch wird von den verschiedenen Rollen, die jeder der Partner hat, beeinflußt. Mit anderen Worten: Es wirken sich die Rollenrelationen oder -beziehungen aus, die jeder der beiden auf-

grund seines für diesen Austausch relevanten sozialen Status hat. Die Rollenrelationen bestimmen die Alternativen der beiden. Frauen, die wirtschaftlich abhängig sind und deren Paarbeziehung auf traditionellen geschlechtsspezifischen Rollenerwartungen aufbaut, haben im allgemeinen nicht so viele verschiedene Rollen wie ihr Ehemann oder Lebensgefährte. Für ihre Identität sind sie deshalb stärker auf ihre Partnerrolle angewiesen als umgekehrt der Mann. Wallerstein und Kelly (p. 193) stellen fest, daß sich offenbar mehr Frauen als Männer einsam fühlen, was daher komme, daß es ihnen an Gelegenheiten zu geselliger Interaktion fehle. Ob sich einem Menschen weniger oder mehr Gelegenheiten bieten, hängt ganz klar davon ab, wie viele Rollen er hat und wie stark er sich in diesen engagiert. Siehe auch Samuel Sieber: «Toward a Theory of Role Accumulation», *American Sociological Review* 39 (1974), pp. 567–578. In bezug auf Untersuchungen, die den Zusammenhang von Wohlbefinden und Rollenvielfalt bei Frauen belegen, siehe Grace Baruch, Rosalind Barnett und Caryl Rivers: ‹*Life Prints: New Patterns of Love and Work for Today's Women*›, New York: McGraw-Hill, 1983. Siehe auch Weiss: ‹*Marital Separation*›, p. 74 (dt.: ‹*Trennung vom Ehepartner*›); Rubin: ‹*Women of a Certain Age*›, pp. 121, 125; Hiltz, pp. 79–97; Helena Lopata: «Self Identity in Marriage and Widowhood», *Sociological Quarterly* 14 (1973), pp. 407–418; Lopata, pp. 41–55.

11. John Scanzoni: ‹*Sexual Bargaining: Power Politics in the American Marriage*›, Englewood Cliffs, N. J.: Prentice-Hall, 1972, p. 70.

12. Ibid., p. 70.

13. Rubin: ‹*Women of a Certain Age*›, pp. 42, 114, 121, 125. Weiss: ‹*Marital Separation*›, p. 74 (dt.: ‹*Trennung vom Ehepartner*›).

14. Hart, p. 47.

15. Es gibt historische Belege dafür, daß sowohl Männer als auch Frauen von ihren Partnern als Objekt behandelt werden, von dem diese ihre Identität beziehen. Und bis auf den heutigen Tag werden Frauen häufig als Objekte angesehen, die man verkaufen, tauschen und benutzen kann, während Frauen ihrerseits Männer auf Objekte reduzieren und ihre Beziehungen zu ihnen von Einkommens-, Prestige- und Machtgedanken geprägt sind. Siehe Constantina Safilios-Rothschild: ‹*Love, Sex, and Sex Roles*›, Englewood Cliffs, N. J.: Prentice-Hall, 1977, pp. 26–40, 41–53.

16. Ibid., pp. 47–48; siehe auch Weiss: ‹*Marital Separation*›, pp. 74–75 (dt.: ‹*Trennung vom Ehepartner*›).

17. Gerstel et al., pp. 84–101.

18. Hart, pp. 45–51.

19. Kanter stellt fest: «Sowohl bei Männern als auch bei Frauen können die Normen, die allgemein mit geschlechtsspezifischen Rollen in Verbindung gebracht werden, von denen anderer legitimer so-

zialer Rollen verdrängt werden. Dadurch kann jemand, der eine bestimmte Position innehat, sich dann so verhalten, daß er sich mit den Anforderungen seiner Position im Einklang befindet. Von der *Theorie sozialen Austauschs* her betrachtet, heißt das, daß Frauen, die gesellschaftliche Positionen innehaben, die mit anerkannten Rechten und – gegenüber anderen Menschen in Gegenpositionen – mit Privilegien verbunden sind, ein ähnliches soziales Austauschverhalten zeigen wie Männer in ähnlichen Positionen.» Rosabeth Moss Kanter: «Some Effects of Proportions in Group Life: Skewed Sex Ratios and Responses to Token Women», *American Journal of Sociology* 82, No. 5 (1977), pp. 965–990. Martin und Osmond weisen außerdem darauf hin, wie wichtig die sozio-strukturellen Bedingungen sind, wenn es darum geht, Übereinstimmungen und Unterschiede im Sozialverhalten von Männern und Frauen in Austauschbeziehungen zu erklären. Siehe Patricia Yancey Martin und Marie Withers Osmond: «Gender and Exploitation: Resources, Structure, and Rewards in Cross-Sex Social Exchange», *Social Forces* 15, No. 4 (Oktober 1982), pp. 412–413.

20. Hart (p. 50) geht auf den Zusammenhang zwischen Alter, Dauer einer Beziehung und Gelegenheiten, einen neuen Partner zu finden, ein. In bezug auf «irreversible Investitionen» und eine daraus folgende Verringerung der Alternativen siehe Johnson, in: Duck, p. 55, sowie Kenneth Arrow: ‹*The Limits of Organization*›, New York: W. W. Norton, 1974, pp. 39–40 (dt.: ‹*Wo Organisation endet. Management an den Grenzen des Machbaren*›, Wiesbaden: Gabler, 1980). Siehe auch W. P. Cleveland und D. T. Giranturco: «Remarriage Probability After Widowhood: A Retrospective Method», *Journal of Gerontology* 31 (1976), pp. 99–103, sowie «Plight of the Gray Divorce», *New York Times Magazine,* 19. Dezember 1982, pp. 89–95.

21. Hart, pp. 45–51, besonders p. 50.

22. Sieber, pp. 567–578; Blau, p. 104, Anmerkung 12; Stephen R. Marks: «Multiple Roles and Role Strain: Some Notes on Human Energy, Time, and Commitment», *American Sociological Review* 42 (1977), pp. 921–936.

23. Glaser und Strauss verweisen darauf, daß geplante – oder vorhersehbare – Ereignisse mit geringerer Wahrscheinlichkeit zu einer Krise führen als ungeplante. Der Initiator, der «dieses Ereignis plant», hat den Vorteil, sich darauf vorbereiten zu können – der Partner hingegen nicht. Barney G. Glaser und Anselm L. Strauss: ‹*Status Passage*›, London: Routledge and Kegan Paul, 1971. Siehe auch McCall und Simmons, pp. 197–198, 248–251.

24. Hart, p. 50. Den Zusammenhang zwischen Geschlecht, sozialem Netz und Einkommen diskutieren Gerstel et al., pp. 84–101; Beth B. Hess: «Friendship and Gender Roles Over the Life Course»,

in: Peter J. Stein (Hg.): ‹Single Life: Unmarried Adults in Social Context›, New York: St. Martin's, 1981, pp. 104–115; Elaine Cumming und William E. Henry: ‹Growing Old: The Process of Disengagement›, New York: Basic Books, 1961, p. 160; Lillian B. Rubin: ‹Intimate Strangers›, New York: Harper&Row, 1983; Baker, pp. 3–6; Wallerstein und Kelly, pp. 22–23; Scanzoni, p. 70; Hart, pp. 129–158; Daniel J. Levinson: ‹The Seasons of a Man's Life›, New York: Ballantine, 1978, p. 335 (dt.: ‹Das Leben des Mannes. Werdenskrisen, Wendepunkte, Entwicklungschancen›, Köln: Kiepenheuer&Witsch, 1979); Peter Stein: «Men and Their Friendships», in: Robert Lewis (Hg.): ‹Men in Troubled Times›, Englewood Cliffs, N. J.: Prentice-Hall, 1981; Kristine M. Rosenthal und Harry F. Keshet: «The Impact of Childcare Responsibilities on Part-Time or Single Fathers: Changing Patterns of Work and Intimacy», *Alternative Lifestyles,* No. 4 (1. November 1978), pp. 465–491.

25. Siehe zum Beispiel Eli Coleman: «Developmental Stages of the Coming Out Process», *American Behavioral Scientist* 25 (1982), pp. 469–482; Henry L. Minton und Gary L. McDonald: «Homosexuality: Identity Formation as a Developmental Process», *Journal of Homosexuality* 9 (Winter 1983/Frühjahr 1984), pp. 91–104; Carmen DeMonteflores und Stephen J. Schultz: «Coming Out: Similarities and Differences for Lesbians and Gay Men», *Journal of Social Issues* 34, No. 3 (1978), pp. 59–72; Barry Dank: «Coming Out in the Gay World», *Psychiatry* 34 (1971), pp. 180–197.

26. Joseph Harr: ‹Gay Couples›, New York: Praeger, 1984, p. 7.

27. Enrique Ruedo: ‹The Homosexual Network›, Old Greenwich, Ct.: The Devin Adair Co., 1982, pp. 75–145, 240–283; Marcel Saghir und Eli Robins: ‹Male and Female Homosexuality›, Baltimore: Williams and Wilkins, 1973, pp. 157–158; Letitia A. Peplau, K. Rook und Cathy Padesky: «Loving Women: Attachment and Autonomy in Lesbian Relationships», *Journal of Social Issues* 34 (1978), p. 10; S. Abbott und B. Love: ‹Sappho Was a Right-On Woman: A Liberated View of Feminism›, New York: Stein and Day, 1972; DeMonteflores und Schultz, p. 70; Deborah Goleman Wolf: ‹The Lesbian Community›, Berkeley: University of California Press, 1979, pp. 48–71. Henze und Hudson merken in ihrer Untersuchung über unverheiratete heterosexuelle Paare an, daß diese seltener einen Gottesdienst besuchten; mit ihrem «Ja» zu einer nicht traditionellen Lebensweise habe sich auch ihre Bindung zur Kirche gelockert. Lura F. Henze und John W. Hudson: «Personal and Family Characteristics of Cohabiting and Noncohabiting College Students», *Journal of Marriage and the Family* 36 (1974), pp. 722–727.

28. Harry, p. 8; Michael P. Burk: «Coming Out: The Gay Identity Process», in: Bernard I. Murstein (Hg.): ‹Exploring Intimate Lifestyles›,

New York: Springer, 1978, pp. 257–272. Siehe auch Peter J. Stein: «Singlehood: An Alternative to Marriage», *The Family Coordinator* 24 (1975), pp. 489–503.

29. Siehe zum Beispiel die Diskussion in: Harry, pp. 14–21. Mit einer Ausnahme beschäftigen sich Joseph Harry und Robert Lovely: «Gay Marriages and Communities of Sexual Orientation», *Alternative Lifestyles* 2 (1979), pp. 177–200.

30. McCall und Simmons, p. 236. Mortimer und Simmons argumentieren, daß die einzelnen Menschen der Erwachsenen-Sozialisation in unterschiedlichem Maße bedürften, je nach ihrer Lebensphase, den demographischen Merkmalen ihrer Unterstützungsgruppe, ihrer sozialen Stellung innerhalb dieser Gruppe, ihrem Geschlecht und sozioökonomischen Status, ihrer Rasse und Religion. Jeylan T. Mortimer und Roberta G. Simmons: «Adult Socialization», *Annual Review of Sociology* 4 (1978), pp. 421–454. Siehe auch die Diskussion zum «verzögerten Abgang» in Gunhild O. Hagestad und Michael A. Smyer: «Dissolving Long-Term Relationships: Patterns of Divorce in Middle Age», in: Duck, pp. 178–182. Siehe auch Weiss: ‹Marital Separation›, p. 17 (dt.: ‹Trennung vom Ehepartner›).

31. McCall und Simmons, p. 236.

32. Lynnette Triere unter Mitarbeit von Richard Peacock: ‹Learning to Leave: A Woman's Guide›, New York: Contemporary Books, 1982, pp. 30–31. William H. Gram: «Breaking Up: A Study of Fifty-Nine Case Histories of Marital Collapse», Dissertation, Northwestern University, 1980, p. 171; Kristine M. Rosenthal und Harry F. Keshet: ‹Fathers Without Partners: A Study of Fathers and the Family after Marital Separation›, Totowa, N. J.: Rowman and Littlefield, 1981.

33. McCall und Simmons, pp. 80, 188–189, 197–198. Manche Initiatoren finden in der Partnerrolle einfach keine Stabilität und Identität. Sie stellen fest, daß sie – statt eines Gewinns – einen Verlust an Identität erleiden, wenn sie sich binden und mit einem anderen Menschen zusammenziehen. (Siehe zum Beispiel das erste Zitat in Kapitel 1.) In diesem Fall brauchen sie sich während der Übergangsphase der Trennung nicht so stark aus der Partnerschaft zurückzunehmen und sich nicht unbedingt woanders stärker zu engagieren. Der Verlust der Partnerrolle ist für diese Initiatoren kein großer Bruch, da sich ihre Identität während ihrer *ganzen* Beziehung auch aus anderen Quellen gespeist hat. Siehe Karl E. Weick: «Educational Organizations as Loosely Coupled Systems», *Administrative Science Quarterly* 21 (1976), pp. 1–19.

34. McCall und Simmons, pp. 235–244.

35. McCall und Simmons, pp. 198, 248–251. Baker hat Ehepaare befragt, die gerade dabei waren, sich scheiden zu lassen, und ihre Untersuchung ergab, daß in 57 Prozent der Fälle zum Zeitpunkt der

Trennung beide Ehepartner mit jemand anderem ein Verhältnis hatten (p. 19). Zwar lassen sich aus Bakers Informationen keinerlei Rückschlüsse auf die bei der Trennung relevanten Rollen oder auf die Interaktion von Initiator und Partner ziehen, aber aus dem Umstand, daß beide Ehepartner zur gleichen Zeit ein Verhältnis hatten, können wir schließen, daß der Partner seinen Rückhalt inzwischen anderweitig findet, sich also «alternativen Ressourcen» zugewandt hat.

36. McCall und Simmons, p. 200. Es ist schon an anderer Stelle darauf eingegangen worden, daß eine verringerte Interaktion sich zerrüttend auf die Paarbeziehung auswirkt. Durch eine Kette von einzelnen Trennungsschritten können sich beide Ehepartner mit der Zeit an den Gedanken einer Scheidung gewöhnen. Darauf weisen auch Willard Waller und Reuben Hill: ‹The Family: A Dynamic Interpretation›, New York: Holt, Rinehart, and Winston, 1938, und Hart, p. 114, hin. Bei Davis findet sich der Hinweis, daß die physische Trennung sich auf Liebende ähnlich auswirken könne. Siehe Davis: ‹Intimate Relations›, p. 251. Sind Partner häufig oder längere Zeit voneinander getrennt, dann wird die zwischen ihnen bestehende Bindung schwächer. Wenn die Interaktion nachläßt, berühren und unterhalten sie sich weniger, ihre gemeinsame Welt wird kleiner, sie sagen sich weniger und tun einander weniger Gutes. So gewöhnen sich beide Partner daran, allein zu leben, und machen sich von der Beziehung immer unabhängiger. Jeder sucht nun seinen Rückhalt notwendigerweise woanders. Natürlich besteht aber auch die Möglichkeit, daß bei Paaren, die Probleme haben, die verringerte Interaktion zu einem Fortbestehen der Beziehung führt. Paare, die zusammenbleiben, sind – wie nicht zu übersehen sein dürfte – nicht Gegenstand dieser Untersuchung. Dennoch gedeihen manche Beziehungen (zum Beispiel bei Paaren, bei denen beide Partner berufstätig sind oder bei denen der eine Partner im Krankenhaus liegt, im Gefängnis sitzt oder aus irgendeinem anderen Grund einen Großteil der Zeit nicht zu Hause ist) gerade unter diesen Umständen prächtig. Falls die Situation sich ändert und die Partner nun mehr Zeit zusammen verbringen, kann es sein, daß die Beziehung eine spannungsgeladene Phase durchmacht und die geänderten Umstände nicht übersteht.

37. Ausführlicher wird auf diese Situation in Kapitel 10 eingegangen.

38. Robert K. Merton: «Socially Expected Durations: A Case Study of Concept Formation in Sociology», in: Walter W. Powell und Richard Robbins (Hg.): ‹Conflict and Consensus: A Festschrift in Honor of Lewis A. Coser›, New York: Free Press, 1984, pp. 262–283.

39. Glaser und Strauss; Blau: ‹Old Age in a Changing Society›, Anmerkungen 27 und 29.

40. Erving Goffman: ‹Asylums›, Garden City, N. Y.: Anchor,

1961, pp. 18–20 (dt.: ‹Asyle. Über die soziale Situation psychiatrischer Patienten und anderer Insassen›, Frankfurt a. M.: Suhrkamp, 1972 u. ö.).

41. Mihaly Csikszentmihaly und Eugene Rochberg-Halton: ‹The Meaning of Things: Domestic Symbols and Selves›, Cambridge: Cambridge University Press, 1981; David R. Unruh: «Death and Personal History: Strategies of Identity Preservation», Social Problems 30, No. 5 (Februar 1983), pp. 340–351; Austin Sarat und William L. F. Felstiner: «The Ideology of Divorce: Law in the Lawyer's Office», Referat beim Workshop «Untersuchung über die Interaktion zwischen Rechtsanwalt und Klient», Rijksuniversiteit, Groningen, Niederlande, Oktober 1984, p. 32.

42. Wenn das Haus oder die Wohnung von vornherein dem Initiator gehört hat und der Partner erst später hineingezogen ist oder wenn der Initiator Haus oder Wohnung aus einem anderen Grund als sein Eigentum ansieht – und damit nicht als Teil der Beziehung, sondern als Teil seiner Identität –, dann wird er es als einen Verlust empfinden, wenn er geht.

43. Davis bezeichnet diese Erinnerungsstücke als «Intimitätstrophäen». Er gibt allerdings an, diesen Begriff einem Vortrag entlehnt zu haben, den Erving Goffman im Frühjahr 1967 an der Brandeis University gehalten hat. Siehe Davis, pp. 176, 318, Anmerkung 19.

44. Unruh (p. 344) weist darauf hin, daß die Persönlichkeit eines Verstorbenen für die Hinterbliebenen durch die Dinge symbolisiert werden kann, die dieser ehemals besessen hat. Diese Gegenstände rufen Erinnerungen wach und sind einem folglich nach dem Tod des Betreffenden besonders teuer.

45. Goffman: ‹Interaction Ritual›, pp. 126–129 (dt.: ‹Interaktionsrituale›).

46. Der Gedanke der «relativen Deprivation» und deren Folgen wurde zum erstenmal geäußert in: S. A. Stouffer et al.: ‹The American Soldier: Combat and Its Aftermath›, Princeton: Princeton University Press, 1949. Eine kritische Würdigung der relativen Deprivation findet sich in: Robert K. Merton: ‹Social Theory and Social Structure›, New York: Free Press, 1957, pp. 279–334.

47. Vergleiche Kapitel 2. Siehe auch George J. McCall: «The Dissolution of Commitment to Relationships», in: Duck, pp. 217–219.

48. Weiss: ‹Marital Separation›, p. 247 (dt.: ‹Trennung vom Ehepartner›).

49. Parallel dazu Helena Z. Lopata: «Widowhood and Husband Sanctification», Journal of Marriage and the Family (Mai 1981), pp. 379–389.

50. Peter Marris: ‹Loss and Change›, London: Routledge and Kegan Paul, 1974, pp. 5–22.

51. Ibid., p. 5.

52. Erving Goffman: «On Cooling the Mark Out: Some Aspects of Adaptation to Failure», *Psychiatry* 15 (1952), p. 454.
53. Siehe Weiss: ‹Marital Separation›, p. 99 (dt.: ‹Trennung vom Ehepartner›); Wallerstein und Kelly, p. 191.
54. Peter Marris: ‹Loss and Change›.
55. Rosabeth Moss Kanter: ‹Commitment and Community: Communes and Utopias in Sociological Perspective›, Cambridge, Mass.: Harvard University Press, 1972, p. 70.

# Kapitel acht

1. Laut Goffman ist die zeitliche Dauer einer Vorstellung für die Geheimhaltung wichtig. Wenn das Publikum nur eine kurze Vorstellung sieht, schafft das Paar es wahrscheinlich, seine Geheimnisse für sich zu behalten. Je länger die Vorstellung und je besser Akteure und Publikum sich kennen, desto eher wird die wahre Situation offenbar. Erving Goffman: ‹The Presentation of Self in Everyday Life›, New York: Anchor, 1959, p. 221 (dt.: ‹Wir alle spielen Theater. Die Selbstdarstellung im Alltag›, München: Piper, 1969). Genauso wichtig wie die Dauer scheint die Häufigkeit der Vorstellung zu sein. Diejenigen, die das Paar des öfteren und für längere Zeit erleben, sind wahrscheinlich eher Zeugen eines Bruchs in der Darstellung als andere, die es nur selten und kurzzeitig beobachten. Dennoch erscheinen denjenigen, die das Paar relativ kontinuierlich erleben (zum Beispiel den Kindern) und tagtäglich unzufriedene Äußerungen mitbekommen, diese Äußerungen als ein akzeptierter Bestandteil der Beziehung und nicht als ein Zeichen der Zerrüttung.
2. Goffman: ‹The Presentation of Self›, pp. 77–140, 141 (dt.: ‹Wir alle spielen Theater›).
3. Michael Spence: ‹Market Signaling›, Cambridge, Mass.: Harvard University Press, 1974, pp. 6–11. Siehe auch Erving Goffman: ‹Stigma: Notes on the Management of Spoiled Identity›, Englewood Cliffs, N.J.: Prentice-Hall, 1963, pp. 57–127 (dt.: ‹Stigma. Über Techniken der Bewältigung beschädigter Identität›, Frankfurt a. M.: Suhrkamp, 1967); er befaßt sich mit dem Thema der Informationskontrolle im Rahmen sozialer Interaktion, die darauf abzielt, andere Menschen zu beeindrucken.
4. Marris, pp. 5–22.
5. Wallerstein und Kelly arbeiten heraus, wie sich durch die physische Trennung der Eltern die Vorstellung oder Definition verändert, die die Kinder von der Beziehung haben: «Diesen Schritt können die Kinder nicht übersehen, auch wenn sie bewußt oder unbewußt den

drohenden Bruch nicht wahrhaben wollen. Durch die tatsächliche physische Trennung sind die Kinder gezwungen, ihre Auffassung von den Eltern zu revidieren, die sie bisher für eine Einheit gehalten haben, und sie müssen sich nun mit den sichtbaren Anzeichen dafür auseinandersetzen, daß ihre Familie auseinanderbricht» (p. 36). Auch wenn die in der Untersuchung erfaßten Kinder zwischen ihren Eltern schlimme Szenen erlebt hatten, wußten sie meistens kaum, daß bei ihnen die Scheidung bevorstand. Manche hatten erst kurz bevor sich ihre Eltern zur Trennung entschlossen, mitbekommen, daß diese miteinander nicht glücklich waren. Bei anderen war ständig von Scheidung die Rede gewesen, und sie hatten das als einen Teil des Familienlebens akzeptieren gelernt, doch hatte die ständige Androhung sie keineswegs auf die Scheidung vorbereitet. Die meisten Eltern hatten vorab etwas verlauten lassen, aber keinen Versuch unternommen, ihre Kinder auf die letztlich erfolgende Trennung vorzubereiten. Die Eltern hatten nicht erkannt, daß die Kinder einen Informationsaustausch brauchten, durch den sie schrittweise die Situation hätten verstehen lernen und auf die bevorstehende wichtige Veränderung hätten vorbereitet werden können. «Im wesentlichen war es so, daß sie eines Morgens aufwachten und feststellten, daß ein Elternteil nicht mehr da war.» Bei der Trennung werden schnell und ohne Übergangszeit Vorkehrungen dafür getroffen, daß die Kinder irgendwie versorgt sind. Da die Kinder häufig außerhalb ihres Zuhauses keinen Rückhalt haben und sich unsicher fühlen, reagieren sie mit Zorn und Bestürzung und klammern sich an den verbleibenden Elternteil – sie reagieren also ähnlich wie der unvorbereitete Partner, der plötzlich ohne den anderen Menschen dasteht. Wallerstein und Kelly, pp. 38–39.

6. George McCall: «Becoming Unrelated: The Management of Bond Dissolution», in: Steve Duck (Hg.): ‹*Personal Relationships. 4: Dissolving Personal Relationships*›, London: Academic Press, 1982, p. 224.

7. In der Mehrheit der Fälle scheinen es die Partner zu sein, die überrascht sind, wenn sich ein Kind auf die Seite des Initiators stellt. Durch diese Entdeckung wird das Verlustgefühl der Partner noch verstärkt, und sie reagieren wütend auf das, was sie als einen ungerechten Gang der Ereignisse ansehen. Es ist jedoch nicht so, daß Initiatoren dem Partner «das Kind wegnehmen». Wenn jemand der Vertraute eines anderen wird, dann ist das nie ein einseitig verlaufender Prozeß. Beide Seiten treffen auf der Grundlage einer schon vorher existierenden anschauungsmäßigen Übereinstimmung eine Wahl. Kinder, die sich auf die Seite des Initiators stellen, bringen in diese Verbindung ihre eigene negative Ansicht über den anderen Elternteil mit, und die hat sich aufgrund ihrer eigenen Erfahrung entwickelt. Der Initiator und das auf seiner Seite stehende Kind bestärken sich

gegenseitig in ihren Ansichten und bauen sie weiter aus, je stärker das Band zwischen ihnen wird. Siehe auch Judith S. Wallerstein und Joan Berlin Kelly: ‹Surviving the Breakup: How Children and Parents Cope with Divorce›, New York: Basic Books, 1980, p. 88.

8. Steve Duck: «A Topography of Relationship Disengagement and Dissolution», in: Duck (Hg.): ‹Personal Relationships. 4: Dissolving Personal Relationships›, p. 13.

9. Berger und Kellner, pp. 14–15.

10. McCall, in: Duck, pp. 225, 227.

11. Marvin B. Scott und Stanford M. Lyman: «Accounts», *American Sociological Review* 33 (1968), pp. 46–62. Eine Typologie der Darstellungsweisen, die während des Auflösungsprozesses einer Ehe von beiden Ehepartnern angewandt werden, bietet William H. Gram: «Breaking Up: A Study of Fifty-Nine Case Histories of Marital Collapse», Dissertation, Northwestern University, 1982. Siehe auch John J. LaGaipa: «Rules and Rituals in Disengaging from Relationships», in: Duck, pp. 192–203, besonders p. 193, sowie Erving Goffman: ‹Interaction Ritual: Essays on Face-to-Face Behavior›, New York: Anchor, 1967, pp. 97–112 (dt.: ‹Interaktionsrituale. Über Verhalten in direkter Kommunikation›, Frankfurt a. M.: Suhrkamp, 1971 u. ö.).

12. LaGaipa, in: Duck, p. 193.

13. Ibid., p. 196.

14. McCall, in: Duck, pp. 225, 227.

15. LaGaipa, in: Duck, p. 207; Gram, pp. 173–183.

16. Nach McCall (p. 227) ist eine gefestigte Darstellung das Ergebnis des vollendeten Trauerprozesses. Wenn Partner gerade erst am Anfang dieser Phase stehen, variieren ihre Darstellungen sowohl vom Inhalt als auch von der Form her.

17. Erving Goffman: «On Cooling the Mark Out: Some Aspects of Adaptation to Failure», *Psychiatry* 15 (1952), p. 461.

18. Berger und Kellner, pp. 4–5; McCall, in: Duck, p. 227.

19. LaGaipa, in: Duck, p. 197. Bei den Interviews stellte ich zwei Umstände fest, unter denen sowohl der Initiator als auch der Partner gegenüber Dritten zum Zeitpunkt der Trennung den Sachverhalt gleich darstellten: Entweder (1) hatten sie miteinander eine heterosexuelle Beziehung gehabt und einer der beiden hatte seine sexuelle Präferenz geändert, oder (2) beide hatten sich zu dem Zeitpunkt bereits voneinander gelöst und waren mit der Trennung einverstanden. Wenn eine heterosexuelle Beziehung auseinandergeht, weil einer der Partner seine sexuelle Identität ändert, kommt es häufig vor, daß die Partner sich insgeheim auf eine gemeinsame Darstellung einigen, die wahrscheinlich den wahren Sachverhalt verschleiert. Da beide das Scheitern ihrer Beziehung einem «außerhalb ihrer Kontrolle» liegenden Umstand zuschreiben, kommt die ungleiche

Machtverteilung, die normalerweise entsteht, wenn der eine den anderen zurückweist, nicht zum Tragen, wenn der Partner in diesem Fall erfährt, warum der Initiator unglücklich ist. Statt gegeneinander um die Unterstützung Dritter zu wetteifern, kooperieren die Partner, damit beide auch zukünftig mit den Freunden ihrer Beziehung zusammensein können. Sie kooperieren, um das Geheimnis zu wahren. Ob sie es in den meisten Fällen letztlich nicht doch lüften, entzieht sich meiner Kenntnis. Sollte das Band zwischen ihnen mit der Zeit schwächer werden, kann es sein, daß auch die Bereitschaft abnimmt, gegenseitig ihre Geheimnisse zu wahren. Wenn der homosexuelle Partner beschließt, seine Lebensweise nicht länger zu verheimlichen, kann es sogar vorkommen, daß seine bisherige Partnerin ihm dabei hilft, anderen die Neuigkeit mitzuteilen.

Im zweiten Fall treten beide mit der gleichen Darstellung an die Öffentlichkeit, wenn zum Zeitpunkt der Trennung auch der Partner soweit ist, daß er das Auseinandergehen bejaht. Der Partner hat dann andere Personen bereits ins Vertrauen gezogen, sich ihre Unterstützung gesichert, und die Darstellung, die er anderen vom Scheitern der Beziehung gibt, hat sich gefestigt. Genau wie im ersten Fall wird von jedem der beiden die Schuld einem außerhalb von ihnen liegenden Umstand zugeschrieben (etwa «wir haben uns einfach auseinandergelebt»), und dadurch können beide zueinander ein herzliches Verhältnis bewahren. Sie stellen den Sachverhalt deshalb gleich dar, weil sie innerhalb des Übergangsprozesses – und damit auch bei der Umdefinierung ihrer Beziehung – am gleichen Punkt angelangt sind. Ob allerdings die von mir befragten Personen den Sachverhalt während der ganzen Zeit allen Zuhörerinnen und Zuhörern gegenüber immer gleich dargestellt haben, entzieht sich – wie schon zuvor – meiner Kenntnis.

20. Jeder der beiden stellt nicht nur verschiedenen Menschen gegenüber den Sachverhalt verschieden dar, sondern erzählt seine Geschichte auch ein und demselben Menschen auf unterschiedliche Weise, denn Form und Inhalt seiner Darstellung hängen nicht nur vom jeweiligen Publikum ab, sondern auch davon, in welchem Stadium des Übergangsprozesses er sich gerade befindet. McCall, in: Duck, p. 225. Siehe auch LaGaipa, in: Duck, p. 207. Somit stellt jedes Paar das Ende der Beziehung in vielen verschiedenen Versionen dar. Rubin (p. 51) berichtet, daß viele Paare die Phase des Umeinander-Werbens auf zwei unterschiedliche Arten erleben. Jessie Barnard (pp. 3–59) hat darüber hinaus auch zwei Ehen festgestellt: «seine» und «ihre». Bei beiden Untersuchungen war die Forscherin jedoch gleichzeitig die einzige Zuhörerin und erfuhr somit nur eine Version dessen, was der oder die Betreffende erlebt hatte. Vielleicht bekamen zu anderen Zeiten andere Zuhörer/innen andere Versionen der

Phase des Werbens und der Hochzeit und Ehe zu hören. Das heißt, daß es möglicherweise nicht nur zwei, sondern viele Versionen der Darstellung dieser Ereignisse gibt und daß diese Fassungen jeweils davon abhängen, wie viele verschiedene Zuhörerschaften existieren und wie nah sie jeweils den Ehepartnern stehen. Siehe Lillian B. Rubin: ‹Worlds of Pain: Life in the Working-Class Family›, New York: Basic Books, 1976; Jessie Barnard: ‹The Future of Marriage›, New York: Bantam, 1972.

21. Murray S. Davis: ‹Intimate Relations›, New York: Free Press, 1973, p. 282.

22. Peter Marris: ‹Loss and Change›, London: Routledge and Kegan Paul, 1974, pp. 5–22.

23. Siehe zum Beispiel Maureen Baker: ‹Support Networks and Marriage Dissolution›, Abschlußbericht, Toronto: Connaught Foundation Project, University of Toronto, 1980, p. 11; Julia Brannen und Jean Collard: ‹Marriages in Trouble: The Process of Seeking Help›, London: Tavistock, 1982, pp. 31–46, 93–112, 113–139; Eugenia Proctor Gerdes, John D. Gehling und Jeffrey N. Rapp: «The Effects of Sex and Sex-Role Conception on Self-Disclosure», Sex-Roles 7 (1981), pp. 989–998.

24. Peter M. Blau: ‹Exchange and Power in Social Life›, New York: John Wiley, 1964, pp. 118–125.

25. Wallerstein und Kelly, pp. 49, 77–79; Kurt H. Wolff (Hg. u. Übers.): ‹The Sociology of Georg Simmel›, New York: Free Press, 1950, p. 150 (dt.: Georg Simmel: ‹Soziologie. Untersuchungen über die Formen der Vergesellschaftung›, Leipzig: Duncker & Humblot, 1908).

26. Wallerstein und Kelly, pp. 41–45.

27. Die gleichen Ideen lassen sich genausogut auch auf Makroorganisationen und ihr Verhalten anwenden, siehe Diane Vaughan: ‹Controlling Unlawful Organizational Behavior: Social Structure and Corporate Misconduct›, Chicago: The University of Chicago Press, 1983, pp. 54–66.

28. Siehe Wallerstein und Kelly, p. 30.

29. Ibid.; Austin Sarat und William L. F. Felstiner: «The Ideology of Divorce: Law in the Lawyer's Office», Referat beim Workshop «Untersuchung über die Interaktion zwischen Rechtsanwalt und Klient», Rijksuniversiteit, Groningen, Niederlande, Oktober 1984, pp. 30–32.

30. In Kapitel 3 habe ich gezeigt, daß Initiatoren davon beeinflußt werden können, wenn jemand, den sie kennen, sich von seinem Partner löst. Sie können wiederum durch die dann von ihnen betriebene Trennung für jemand anderen ein Rollenmodell abgeben und ihrerseits einen Dominoeffekt auslösen.

31. Joyce Carol Oates: ‹Spoils›, aufgeführt von *The American*

*Repertory Theatre*, Loeb Drama Center, Cambridge, Massachusetts, 23. Mai 1983.

32. Barney G. Glaser und Anselm L. Strauss: ‹Status Passage›, London: Routledge and Kegan Paul, 1971, p. 17; Lillian B. Rubin: ‹Women of a Certain Age: The Midlife Search For Self›, New York: Harper & Row, 1979, p. 137.

33. LaGaipa, in: Duck, pp. 195–196; Duck, in: Duck, p. 15.

34. LaGaipa, in: Duck, p. 201.

35. Weiss (pp. 130–131) weist darauf hin, daß manche Ehemänner es lieber ihrer Frau überlassen, die Familie von der Trennung zu informieren. Das kann im Einzelfall dazu führen, daß sich die Eltern des Mannes und seine Frau zusammentun. Robert S. Weiss: ‹Marital Separation›, New York: Basic Books, 1975 (dt.: ‹Trennung vom Ehepartner›, Stuttgart: Klett-Cotta, 1980).

36. David Sudnow: ‹Passing On: The Social Organization of Dying›, Englewood Cliffs, N. J.: Prentice-Hall, 1967, pp. 72–77 (dt.: ‹Organisiertes Sterben. Eine soziologische Untersuchung›, Frankfurt a. M.: S. Fischer, 1973); Barney Glaser und Anselm Strauss: «Awareness Contexts and Social Interaction», *American Sociological Review* 29 (Oktober 1964), pp. 669–678; David R. Unruh: «Death and Personal History: Strategies of Identity Preservation», *Social Problems* 30, No. 5 (Februar 1983), pp. 340–351.

37. McCall, in: Duck, p. 225.

38. Nicky Hart: ‹When Marriage Ends: A Study in Status Passage›, London: Tavistock, 1976, p. 167; Sissela Bok: ‹Secrets: On the Ethics of Concealment and Revelation›, New York: Pantheon, 1982, p. 91.

39. Michael P. Johnson: «Social and Cognitive Features of the Dissolution of Commitment to Relationships», in: Duck, pp. 59–62. Siehe auch Eli Coleman: «Developmental Stages of the Coming Out Process», *American Behavioral Scientist* 25 (1982), pp. 469–482, sowie Michael P. Burk: «Coming Out: The Gay Identity Process», pp. 257–272, in: Bernard I. Murstein (Hg.): ‹Exploring Intimate Lifestyles›, New York: Springer, 1978.

40. Vgl. Weiss, p. 137.

41. McCall, in: Duck, p. 222.

42. Kurt H. Wolff (Hg. u. Übers.): ‹The Sociology of Georg Simmel›, New York: Free Press, 1950, p. 313 (dt.: Georg Simmel: ‹Soziologie. Untersuchungen über die Formen der Vergesellschaftung›, Leipzig: Duncker & Humblot, 1908).

43. McCall, in: Duck, pp. 217–220; Marris, p. 195. Nach Goffman eignen sich Freundinnen und Freunde ideal dazu, einem Menschen dabei zu helfen, sich an einen ungewollten Verlust zu gewöhnen, denn sie haben zu dem Betreffenden eine Beziehung, die nicht mit der Rolle verknüpft ist, in der er versagt hat. Freundinnen und

Freunden steht es deshalb frei, die Verantwortung für den Rehabilitierungsprozeß zu übernehmen. Goffman: «On Cooling the Mark Out», p. 457. In homosexuellen Beziehungen ist die tröstende Rolle der Freunde jedoch dadurch kompliziert, daß sich zwischen dem verlassenen Partner und der ihn stützenden «Übergangsperson» möglicherweise eine Liebesbeziehung anbahnt.

44. Wallerstein und Kelly, p. 136.

45. McCall, in: Duck, pp. 217–220.

46. Willard Waller: ‹The Old Love and the New›, New York: Liveright, 1930, pp. 129–131; Robert K. Merton: «Socially Expected Durations: A Case Study of Concept Formation in Sociology», in: Walter W. Powell und Richard Robbins (Hg.): ‹Conflict and Consensus: A Festschrift in Honor of Lewis A. Coser›, New York: Free Press, 1984, pp. 262–283.

47. Johnson, in: Duck, p. 67.

48. Hart (p. 121) beschreibt, wie unser Selbstvertrauen untergraben werden kann, wenn wir mit Menschen zusammen sind, deren negative Reaktionen wir schon im vorhinein erahnen.

49. Wallerstein und Kelly, pp. 126–129, 136. Wallerstein und Kelly (pp. 250–251) erwähnen außerdem, daß bei einem solchen Ablehnungsprozeß die Möglichkeit zu anderen Beziehungen gegeben sein müsse. Kinder, die ihren Vater, der die Familie verlassen hat, ablehnten, holten sich von anderen Beziehungen in ihrem Umfeld Unterstützung: vom sorgeberechtigten Elternteil, vom Stiefvater, vom besten Freund, von der Lehrerin – also von Menschen, deren Wertvorstellungen sie akzeptieren könnten und die eine ihnen zusagende Weltanschauung hätten.

50. Blau, p. 84; Rosabeth Moss Kanter: ‹Commitment and Community: Communes and Utopia in Sociological Perspective›, Cambridge, Mass.: Harvard University Press, 1972, p. 83.

51. Berger und Kellner, pp. 14–15. Siehe auch George Levenger: «A Social Exchange View on the Dissolution of Pair Relationships», in: R. L. Burgess und T. L. Huston (Hg.): ‹Social Exchange in Developing Relationships›, New York: Academic Press, 1979.

52. Berger und Kellner, pp. 14–17. Wenn einem viele Leute zuschauen, heißt das aber noch lange nicht, daß man auch viel Unterstützung findet. Wenn prominente Paare sich trennen, müssen sie mit einer stärkeren Zerrüttung fertig werden, denn ihr Privatleben wird von den Medien in aller Öffentlichkeit ausgebreitet. Doch die Leute, die auf diese Weise den Trennungsprozeß mitbekommen, bleiben Fremde, die ihre Einwände oder ihre Unterstützung nur aus der Ferne äußern können.

53. Diane Rothbard Margolis: ‹The Managers: Corporate Life in America ›, New York: Morrow, 1979, pp. 41–66, 93–116.

54. Ich spreche hier nur von der relativen Schwierigkeit beziehungsweise Leichtigkeit, mit der man die in der Beziehung vorgehende Veränderung in der Öffentlichkeit verhandelt, und nicht vom psychischen Trauma. Forschungsergebnisse beweisen, daß es immer emotional aufwühlend und verwirrend ist, sich zu trennen – unabhängig davon, ob man mit oder ohne Trauschein zusammenlebt. Siehe Eleanor D. Macklin: «Nontraditional Family Forms: A Decade of Research», *Journal of Marriage and the Family* 33 (1980), p. 296; K. Mika und B. L. Bloom: «Adjustment to Separation Among Former Cohabitors», *Journal of Divorce* 4 (1980), pp. 45–66.

55. Vergleiche zwischen Menschen, die mit, und solchen, die ohne Trauschein zusammenleben, deuten darauf hin, daß letztere ihrer Familie häufig gar nichts von ihrer Beziehung erzählen und dadurch ein «von innen heraus geschaffener Zusammenhalt» notwendig wird – anstelle des von außen gegebenen Zusammenhalts, den ein verheiratetes Paar durch die Reaktion der Familie auf die Partnerschaft erfährt. Eleanor D. Macklin: «Review of Research on Nonmarital Cohabitation in the United States», in: Bernard I. Murstein (Hg.): ‹Exploring Intimate Lifestyles›, New York: Springer, 1978, p. 235; Michael D. Newcomb: «Relationship Qualities of Those Who Live Together», *Alternative Lifestyles* 6 (1983), p. 86. Siehe auch Kapitel 7 zum Thema Ressourcen und Menschen, die sich schnell aus einer Beziehung lösen können.

56. Siehe zum Beispiel Betty Frankle Kirschner und Laurel Richardson Walum: «Two-Location Families: Married Singles», *Alternative Lifestyles* 1 (November 1978), pp. 513–525; Caroline Bird: ‹The Two Paycheck Marriage›, New York: Rawson, Wade Publishers, 1979. Theoretische Einblicke in die Schwankungen, denen die zwischen den einzelnen Einheiten einer Organisation bestehenden Beziehungen unterliegen, vermitteln Alvin Gouldner: «Reciprocity and Autonomy in Functional Theory», in: Llewellyn Gross (Hg.): ‹Symposium on Sociological Theory›, New York: Harper & Row, 1960, pp. 241–270, und Karl E. Weick: «Educational Organizations as Loosely Coupled System», *Administrative Science Quarterly* 21 (1976), pp. 1–19.

57. Blau, pp. 118–125.

## Kapitel neun

1. Robert S. Weiss: ‹Marital Separation›, New York: Basic Books, 1975, pp. 78–81 (dt.: ‹Trennung vom Ehepartner›, Stuttgart: Klett-Cotta, 1980); Hart, p. 111; Marris, p. 195.
2. George McCall: «Becoming Unrelated: The Management of Bond Dissolution», in: Steve Duck (Hg.): ‹Personal Relationships. 4: Dissolving Personal Relationships›, London: Academic Press, 1982, pp. 217–220; Unruh, p. 342.
3. Siehe zum Beispiel Neil Simon: ‹Chapter Two›, New York: Samuel French, 1978; Simone de Beauvoir: ‹Die Zeremonie des Abschieds und Gespräche mit Jean-Paul Sartre, August–September 1974›, Reinbek: Rowohlt, 1983; Nora Ephron: ‹Heartburn›, New York: Alfred Knopf, 1983. Als Nora Ephron einmal in einem PBS-Radiointerview nach den autobiographischen Zügen ihres Buches gefragt wurde, erwiderte sie: «Wenn man aus einer der Tragödien des Lebens eine humorvolle Anekdote machen kann, dann gehört sie einem. Dann steht man zu ihr.» Wallerstein und Kelly berichten von einem Kind, dessen Eltern sich gerade scheiden ließen: Das Mädchen «gab eine selbst entworfene Zeitung mit Artikeln, Zeichnungen und Karikaturen heraus, die die bevorstehende Scheidung ihrer Eltern und andere interessante Ereignisse aus der Nachbarschaft ankündigten. Sie verteilte und verkaufte die Zeitung in der Schule und im Viertel.» Judith S. Wallerstein und Joan Berlin Kelly: ‹Surviving the Breakup: How Children and Parents Cope with Divorce›, New York: Basic Books, 1980, p. 74. Unruh berichtet von ähnlichen Reaktionen bei Sterbenden, die er interviewt hat. Sie dokumentierten ihre eigene Geschichte durch Notizen, Briefe, Zettelchen, Tagebücher und Autobiographien, die sie anderen Menschen hinterlassen wollten. David R. Unruh: «Death and Personal History: Strategies of Identity Preservation», Social Problems 30, No. 5 (Februar 1983), p. 342.
4. John I. Kitsuse: «Societal Reactions to Deviant Behavior: Problems of Theory and Method», Social Problems 9 (1962), 247–256.
5. Hart, p. 115; Kristine M. Rosenthal und Harry F. Keshet: ‹Fathers Without Partners: A Study of Fathers and the Family after Marital Separation›, Totowa, N. J.: Rowman and Littlefield, 1981, p. 46.
6. Marris, p. 195; Julia Brannen und Jean Collard: ‹Marriages in Trouble: The Process of Seeking Help›, London: Tavistock, 1982, p. 61; Steve Duck: «A Topography of Relationship Disengagement and Dissolution», in: Duck, p. 27. Nach Hart (p. 117) bringen Partner positive Gefühle gegenüber dem initiativen Ehepartner eher zum Ausdruck, solange die Trennung erst relativ kurz zurückliegt. Wenn ihnen im Laufe der Zeit aber klarer wird, daß eine Aussöhnung nicht in Sicht ist, nehmen bei ihnen die negativen Äußerungen zu.

7. Peter L. Berger und Thomas Luckmann: ‹The Social Construction of Reality›, New York: Doubleday, 1966 (dt.: ‹Die gesellschaftliche Konstruktion der Wirklichkeit›, Frankfurt a. M.: Fischer, 1969 u. ö.).

8. Erving Goffman: ‹Interaction Ritual: Essays on Face-to-Face Behavior›, New York: Anchor, 1959, p. 126 (dt.: ‹Interaktionsrituale. Über Verhalten in direkter Kommunikation›, Frankfurt a. M.: Suhrkamp, 1971 u. ö.).

9. Erving Goffman: ‹The Presentation of Self in Everyday Life›, New York: Anchor, 1959, p. 141 (dt.: ‹Wir alle spielen Theater. Die Selbstdarstellung im Alltag›, München: Piper, 1969).

10. Erving Goffman: «On Cooling the Mark Out: Some Aspects of Adaptation to Failure», Psychiatry 15 (1962), p. 458.

11. George J. McCall und J. L. Simmons: ‹Identities and Interactions›, New York: Free Press, 1966, pp. 36, 236 (dt.: ‹Identität und Interaktion›, Düsseldorf: Schwann, 1974); Hart, p. 50; Maureen Baker: ‹Support Networks and Marriage Dissolution›, Abschlußbericht, Toronto: Connaught Foundation Project, University of Toronto, 1980, p. 56; Lenore J. Weitzman: ‹The Divorce Revolution: The Unexpected Social and Economic Consequences for Women and Children in America›, New York: Free Press, 1985.

12. McCall und Simmons, p. 234.

13. Weiss: ‹Marital Separation›, p. 52 (dt.: ‹Trennung vom Ehepartner›).

14. Ibid.

15. Goffman: ‹Interaction Ritual›, pp. 39, 107 (dt.: ‹Interaktionsrituale›).

16. Hart, p. 11; McCall und Simmons, p. 245.

17. Goffman: ‹Interaction Ritual›, p. 107 (dt.: ‹Interaktionsrituale›); Barney G. Glaser und Anselm L. Strauss: ‹Status Passage›, London: Routledge and Kegan Paul, 1971, p. 144.

18. Siehe zum Beispiel Doug Harper: ‹Good Company›, Chicago: University of Chicago Press, 1982; Erving Goffman: «The Moral Career of a Mental Patient», Psychiatry 22 (1959), pp. 123–142; «Exkurs über den Fremden», in: Georg Simmel: ‹Soziologie. Untersuchungen über die Formen der Vergesellschaftung›, Leipzig: Duncker & Humblot, 1908, S. 685–691; Elijah Anderson: ‹A Place on the Corner›, Chicago: University of Chicago Press, 1978.

19. Siehe zum Beispiel Lillian B. Rubin: ‹Women of a Certain Age: The Midlife Search For Self›, New York: Harper & Row, 1979, p. 202; Peter M. Blau: ‹Exchange and Power in Social Life›, New York: John Wiley, 1964, pp. 98–99.

20. Blau, p. 101.

21. McCall und Simmons, pp. 233–244; Glaser und Strauss, pp. 21–23, 31.

22. Wallerstein und Kelly, p. 150. Forschungsergebnisse deuten darauf hin, daß nach einer Scheidung Frauen zu ihren Schwiegereltern eher Kontakt halten als Männer. J. W. Spicer und G. D. Hampe: «Kinship Interaction After Divorce», *Journal of Marriage and the Family* 37 (1975), pp. 113–119. Diese Tendenz kommt vielleicht daher, daß die Frauen ihre Rolle als Hauptbezugsperson der Kinder beibehalten. Doch woran es auch immer liegen mag – wenn die Interaktion fortgeführt wird, hat das für die Identität ganz offensichtlich Folgen (die vorn im Text angesprochen werden).

23. Hart, pp. 140–144.

24. Goffman: ‹Interaction Ritual›, p. 107 (dt.: ‹Interaktionsrituale›).

25. Vgl. Kapitel 6.

26. Samuel Sieber: «Toward a Theory of Role Accumulation», *American Sociological Review* 39 (1974), pp. 567–578.

27. Nach Angrist sind Frauen unter Umständen besser auf eine Trennung vorbereitet, weil sie gelernt haben, reaktionsschnell auf Unvorhergesehenes einzugehen; sie können aber auch schlechter vorbereitet sein, weil die Partnerrolle in ihrem Leben eine herausragende Bedeutung hat und weil ihnen vergleichsweise weniger ökonomische Wahlmöglichkeiten offenstehen. Shirley S. Angrist: «The Study of Sex Roles», *Journal of Social Issues* 25 (1969), pp. 215–232.

28. Michael P. Johnson: «Social and Cognitive Features of the Dissolution of Commitment to Relationships», in: Duck, p. 68.

29. Ibid.

30. Ibid., p. 67.

31. Hunt zufolge schließen sich die meisten der Geschiedenen nicht der Gruppe der Alleinstehenden an, sondern der Gruppe der ehemals Verheirateten. Morton Hunt: ‹The World of the Formerly Married›, Harmondsworth: Allen Lane, 1968.

32. Siehe auch Rubin, p. 137.

33. Robert K. Merton unter Mitarbeit von Alice Rossi: «Contributions to the Theory of Reference Group Behavior», in: Robert K. Merton: ‹Social Theory and Social Structure›, New York: Free Press, 1968, p. 324.

34. Siehe auch Hart, p. 199; John H. Harvey et al.: «An Attributional Approach to Relationship Breakdown and Dissolution», in: Duck, p. 125.

## Kapitel zehn

1. Murray S. Davis: ‹Intimate Relations›, New York: Free Press, 1973, p. 179. Simmel beschreibt Isolierung als Interaktion zwischen zwei Parteien, von denen die eine die andere verläßt, nachdem sie einen gewissen Einfluß ausgeübt hat. Das isolierte Individuum ist jedoch nur in der Realität isoliert, denn im Geist der anderen Partei lebt und handelt die abwesende Person weiter. Kurt H. Wolff (Hg. u. Übers.): ‹The Sociology of Georg Simmel›, New York: Free Press, 1950, p. 119 (dt.: Georg Simmel: ‹Soziologie. Untersuchungen über die Formen der Vergesellschaftung›. Leipzig: Duncker & Humblot, 1908).

2. Siehe auch Judith S. Wallerstein und Joan Berlin Kelly: ‹Surviving the Breakup: How Children and Parents Cope with Divorce›, New York: Basic Books, 1980, pp. 26–29.

3. Paul Bohannon (Hg.): ‹Divorce and After›, New York: Doubleday, 1971, pp. 33–34. Hart hat untersucht, wieviel Zeit zwischen Trennung und Scheidung vergeht, und festgestellt, daß es bei manchen Menschen Monate oder Jahre dauert, bis sie die Möglichkeit einer Versöhnung ausgeschlossen haben. Sie berichtet: «In manchen Fällen konnte der Betreffende sein altes Leben erst hinter sich lassen, nachdem er irgendwelche anderen Zukunftspläne unter Dach und Fach gebracht hatte – entweder in Gestalt eines anderen Partners oder auch in Form eines neuen Berufs. Um die juristische Auflösung der Verbindung bemühte man sich häufig erst dann, wenn dieses Stadium erreicht war.» Nicky Hart: ‹When Marriage Ends: A Study in Status Passage›, London: Tavistock, 1976, pp. 116–117.

4. Gram (pp. 12–13), Wallerstein und Kelly (p. 149) und Hagestad und Smyer (p. 183) weisen auch darauf hin, daß das Datum der Scheidung oder Trennung selten einen genauen Anhaltspunkt für das tatsächliche Ende der ehelichen Beziehung gibt. Tatsächlich hatten sich in den von Goode untersuchten Fällen 22 Prozent der Paare nicht getrennt, als die Scheidungsklage eingereicht wurde. Sieben Prozent hatten sich nicht getrennt, als das Urteil erging. William J. Goode: ‹After Divorce›, Glencoe, Ill.: The Free Press, 1956. Siehe auch William H. Gram: «Breaking Up: A Study of Fifty-Nine Case Histories of Marital Collapse», Dissertation, Northwestern University, 1982; Judith S. Wallerstein und Joan Berlin Kelly: ‹Surviving the Breakup› sowie Gunhild O. Hagestad und Michael A. Smyer: «Dissolving Long-Term Relationships: Patterns of Divorcing in Middle Age», in: Steve Duck (Hg.): ‹Personal Relationships. 4: Dissolving Personal Relationships›, London: Academic Press, 1982, pp. 155–188.

5. Marvin B. Scott und Stanford M. Lyman: «Accounts», *American Sociological Review* 33 (1968), pp. 46–62.

6. John H. Harvey et al.: «An Attributional Approach to Relationship Breakdown and Dissolution», in: Duck, p. 125.

7. Hart, pp. 196–197; Willard Waller: ‹The Old Love and the New›, New York: Liveright, 1930, pp. 172–185.

8. Siehe auch Abigail Trafford: ‹Crazy Times: Predictable Stages of Divorce›, New York: Harper&Row, 1982, p. 141.

9. Wallerstein und Kelly, pp. 38–39.

10. Oder wie Berger es so elegant formuliert: «Aus den Trümmern abgelegter Chronologien lassen sich alte Wendepunkte bergen.» Peter L. Berger: ‹Invitation to Sociology: A Humanistic Perspective›, New York: Anchor, 1963, p. 59 (dt.: ‹Einladung zur Soziologie. Eine humanistische Perspektive›, Olten u. Freiburg: Walter, 1969 u. ö.).

11. Barney G. Glaser und Anselm L. Strauss: ‹Status Passage›, London: Routledge and Kegan Paul, 1971, pp. 90–97.

12. Scott und Lyman, pp. 46–62; George McCall: «Becoming Unrelated: The Management of Bond Dissolution», in: Duck, p. 225; Wallerstein und Kelly, p. 158.

13. Waller, p. 185; Wallerstein und Kelly, pp. 154–157, 187, 193.

14. McCall beschreibt fünf Bindungstypen: Zuneigung, soziokulturelle Bindung, Verpflichtung, finanzielle Abhängigkeit und Investierung. George McCall: «The Management of Bond Dissolution», in: Duck, pp. 212–217. Siehe auch Robert S. Weiss: «The Emotional Impact of Marital Separation», Journal of Social Issues 32 (1976), p. 138; John Bowlby: ‹Attachment and Loss, I: Attachment›, New York: Basic Books, 1969 (dt.: ‹Bindung. Eine Analyse der Mutter-Kind-Beziehung›, München: Kindler, 1975); John Bowlby: ‹Attachment and Loss, II: Separation›, New York: Basic Books, 1973 (dt.: ‹Trennung. Psychische Schäden als Folge der Trennung von Mutter und Kind›, München: Kindler, 1976); Hagestad und Smyer, pp. 161–166.

15. Jean Goldsmith: «Relationships between Former Spouses: Descriptive Findings», Journal of Divorce 4 (1980), pp. 1–20. Bei Bakers Stichprobenuntersuchung von 150 getrennt lebenden und geschiedenen Männern und Frauen gaben 23 Prozent an, daß sie ihren früheren Ehepartner überhaupt nicht mehr sähen. Von ihnen hatten die meisten keine Kinder. Maureen Baker: ‹Support Networks and Marriage Dissolution›, Abschlußbericht, Toronto: Connaught Foundation Project, University of Toronto, 1980, p. 23.

16. Weiss zufolge scheinen Männer die Beziehung zu den Schwiegereltern im allgemeinen abzubrechen, auch wenn sie das Sorgerecht für die Kinder haben, während Frauen sie meist fortsetzen. Robert S. Weiss: ‹Marital Separation›, New York: Basic Books, 1975, p. 144 (dt.: ‹Trennung vom Ehepartner›, Stuttgart: Klett-Cotta, 1980).

17. Kristine M. Rosenthal und Harry F. Keshet: ‹Fathers Without Partners: A Study of Fathers and the Family after Marital Separation›

(Totowa, N. J.: Rowman and Littlefield, 1981), pp. XIII, 157. Laut Wallerstein und Kelly neigen Paare mit Kindern dazu, nicht sehr weit auseinanderzuziehen, damit sie sich ihren Kindern auch weiterhin als Vater und Mutter widmen können. Des weiteren heißt es bei ihnen: «Der Besuch stellt für geschiedene Erwachsene eine ständig zur Verfügung stehende Möglichkeit dar, um Zorn, Eifersucht, Liebe, gegenseitige Ablehnung und Sehnsucht von neuem auszuleben» (p. 125). Außerdem konkurrierte ein Drittel der in dieser Untersuchung erfaßten Mütter und Väter um die Zuwendung und Zuneigung ihrer Kinder (ibid.). Doch sind das nicht die einzigen Gründe, aus denen frühere Ehepartner weiterhin miteinander zu tun haben; manchmal arbeiten die Kinder gezielt darauf hin, daß ihre Eltern wieder zusammenkommen. In der Hoffnung, daß es zu einer Aussöhnung kommt, richten es manche Kinder so ein, daß ihre Eltern sich «zufällig» treffen, oder sie machen eine Szene und schaffen Probleme, durch die die besorgten Eltern wieder an einen Tisch gebracht werden. Wallerstein und Kelly, pp. 73–74.

18. Patricia Leigh Brown: «Sharing the Pet After a Breakup», *New York Times,* November 1983.

19. Lenore J. Weitzmann: ‹*The Divorce Revolution: The Unexpected Social and Economic Consequences for Women and Children in America*›, New York: Free Press, 1985. Siehe auch Weiss: ‹*Marital Separation*›, pp. 102–112 (dt.: ‹*Trennung vom Ehepartner*›); Wallerstein und Kelly, p. 30; Carol Smart: ‹*The Ties That Bind: Law, Marriage, and the Reproduction of Patriarchal Relations*›, Boston: Routledge and Kegan Paul, 1984. Unruh verweist darauf, daß ähnliche Wirkungen auch von Dokumenten ausgehen können, wenn einer der Partner stirbt. Sterbende benutzen ihr Testament dazu, ihre Identität zu festigen und auf das Leben der anderen auch nach ihrem Tod noch einzuwirken, indem sie Abhängigkeiten schaffen oder für deren Fortsetzung sorgen. David R. Unruh: «Death and Personal History: Strategies of Identity Preservation», *Social Problems* 30, No. 5 (Februar 1983), p. 343. Ein herrliches Beispiel findet sich in: George Eliot: ‹*Middlemarch. Eine Studie über das Leben in der Provinz*›, Stuttgart: Reclam, 1985, Buch 5.

20. Laut Weiss ist auch ein feindseliges Verhalten ein Versuch, Kontakt zu halten. Robert S. Weiss: «The Emotional Impact of Marital Separation», in: Peter J. Stein (Hg.): ‹*Single Life: Unmarried Adults in Social Context*›, New York: St. Martin's, 1981, p. 76; Weiss: ‹*Marital Separation*›, p. 114 (dt.: ‹*Trennung vom Ehepartner*›). Siehe auch Wallerstein und Kelly, p. 193.

21. Davis, p. 258.

22. Rosenthal und Keshet, p. x.

23. «Dog is Ruled Couple's ‹Child› in Custody Case in California», *New York Times,* 8. September 1983.

24. Edmond Rostand: ‹*Cyrano de Bergerac: An Heroic Comedy in Five Acts*›, New York: Henry Holt and Company, 1924, pp. 44–46 (dt.: ‹*Cyrano von Bergerac: Romantische Komödie in fünf Aufzügen*›, Stuttgart/Berlin: Cotta, 1919).

25. Einige geschlechtsspezifische Unterschiede in bezug auf die nach der Trennung erfolgenden Veränderungen beschreiben Wallerstein und Kelly, pp. 157–159. Siehe auch Rosenthal und Keshet, pp. 121–123.

26. Davis, pp. 176–177.

27. Weiss merkt dazu an: «Häufig unternimmt der Ehepartner, von dem die Trennung ausgegangen ist, den Versuch, eine freundliche nacheheliche Beziehung aufzubauen. Er hat vielleicht weniger Grund zum Zorn und fühlt sich dem anderen weiterhin verpflichtet.» ‹*Marital Separation*›, p. 115 (dt.: ‹*Trennung vom Ehepartner*›). Nach meinen Interviews zu urteilen, sind es eher die Initiatoren, die versuchen, die Verbindung wieder aufzunehmen; sie sind dem Partner im Übergangsprozeß voraus und haben somit ihre negativen Gefühle schon verarbeitet. Dementsprechend können die Initiatoren auch als erste wieder die positiven Eigenschaften des Partners sehen.

28. Siehe auch Lindsy Van Gelder: «Is Divorce Ever Final? Ten Women Talk about Their Ex-Husbands», *MS* (Februar 1979), pp. 61–70; Kathy E. Kram: «Phases of the Mentor Relationship», *Academy of Management Journal* 26, No. 4 (Dezember 1983), pp. 608–625; Rosenthal und Keshet, pp. 89–111, 157.

29. Auch Weiss weist darauf hin: «Je größer die Strecke ist, die ein Ehepaar auf dem Weg zur Scheidung bereits zurückgelegt hat, um so geringer ist die Wahrscheinlichkeit einer Versöhnung.» Weiss: ‹*Trennung vom Ehepartner*›, S. 200–201.

30. George J. McCall und J. L. Simmons: ‹*Identities and Interactions*›, New York: Free Press, 1966, pp. 235–244 (dt.: ‹*Identität und Interaktion*›, Düsseldorf: Schwann, 1974); Barney G. Glaser und Anselm L. Strauss: ‹*Status Passage*›, London: Routledge and Kegan Paul, 1971, p. 106.

31. Waller, pp. 142, 167–168.

32. Siehe auch Wallerstein und Kelly, pp. 261–263.

33. Ausführliche Beispiele in: William H. Gram: «Breaking Up: A Study of Fifty-Nine Case Histories of Marital Collapse», Dissertation, Northwestern University, 1982, pp. 43–50.

## Kapitel elf

1. Zweifellos hat die Methodik der Untersuchung das Entdecken einer Ordnung begünstigt (siehe Nachwort): Die Informationen, die ich in den Interviews erhalten habe, beruhen auf einer rückschauenden Analyse seitens der Befragten; dadurch daß seit der Trennung oder Scheidung eine gewisse Zeit vergangen war, war es den Interviewten möglich, die Ereignisse in einer geordneten Weise zu rekonstruieren, die einen Sinn ergab – und außerdem ist das Ordnen der Ereignisse ohnehin ein wichtiger Bestandteil des ganzen Prozesses. Dennoch läßt sich das Ergebnis durch den Methodik-Einwand nicht entkräften. Wie in der Einleitung und im Nachwort vermerkt, befanden sich die Befragten innerhalb des Trennungsprozesses an den unterschiedlichsten Punkten – manche standen ganz am Anfang, für andere wiederum lag die Trennung oder Scheidung schon viele Jahre zurück. Trotzdem waren die von mir beschriebenen Verlaufsmuster immer wieder festzustellen. Darüber hinaus bestätigen auch die in der Einleitung angeführten anderen Methoden dieses Ergebnis.

2. Van Gennup weist darauf hin, daß in den meisten Gesellschaften bedeutsame Übergänge von einer Rolle zur anderen durch eine charakteristische Abfolge von Ereignissen gekennzeichnet sind. Siehe A. Van Gennup: ‹The Rites of Passage›, New York: Phoenix Books, 1908/1960. Siehe auch Gunhild O. Hagestad und Michael A. Smyer: «Dissolving Long-Term Relationships: Patterns of Divorcing in Middle Age», in: Steve Duck (Hg.): ‹Personal Relationships. 4: Dissolving Personal Relationships›, London: Academic Press, 1982, pp. 155–187.

3. Orville G. Brim: «Socialization Through the Life Cycle», in: Orville G. Brim und Stanton Wheeler (Hg.): ‹Socialization After Childhood›, New York: John Wiley, 1966, pp. 1–49 (dt.: ‹Erwachsenen-Sozialisation. Sozialisation nach Abschluß der Kindheit›, Stuttgart: Enke, 1974); Kathy E. Kram: ‹Mentoring at Work: Developmental Relationships in Organizational Life›, Glenview, Ill.: Scott Foresman, 1984.

4. Fred H. Gouldner: «Demotion in Industrial Management», *American Sociological Review* 30 (1965), pp. 714–724; Nigel Nicolson: «A Theory of Work Role Transition», *Administrative Science Quaterly* 29 (1984), pp. 172–191.

5. Peter L. Berger: ‹Invitation to Sociology: A Humanistic Perspective›, New York: Anchor, 1963, pp. 56–65, besonders p. 60 (dt.: ‹Einladung zur Soziologie. Eine humanistische Perspektive›, Olten/Freiburg: Walter, 1969 u. ö.).

6. Laurence A. Basirico: «Stickin' Together: The Cohesiveness of Rock Groups», Magisterarbeit, Department of Sociology, State University of New York at Stony Brook, 1974.

7. John Lofland und Rodney Stark: «Becoming a World-Saver: A Theory of Conversion to a Deviant Perspective», *American Sociological Review* 30 (1965), pp. 862–875.

8. Zick Rubin: ‹Children's Friendships›, Cambridge, Mass.: Harvard University Press, 1980, besonders pp. 80, 86 (dt.: ‹Kinderfreundschaften›, Stuttgart: Klett, 1981).

9. David R. Unruh: «Death and Personal History: Strategies of Identity Preservation», *Social Problems* 30, No. 5 (Februar 1983), pp. 340–351; Helena Z. Lopata: «Widowhood and Husband Sanctification», *Journal of Marriage and the Family* (1981), pp. 439–450.

10. Elaine Cumming und William E. Henry: ‹Growing Old: The Process of Disengagement›, New York: Basic Books, 1961, p. 150.

11. Cumming und Henry, besonders pp. 22 und 227; E. Wilbur Bock und Irving L. Webber: «Suicide Among the Elderly», *Journal of Marriage and the Family* 34 (1972), pp. 24–31.

12. Arlie Russell Hochschild: «Disengagement Theory: A Critique and Proposal», *American Sociological Review* 40 (1975), pp. 553–669. Andere Übergangsprozesse, die zum Teil einem ähnlichen Muster folgen wie der Trennungsprozeß, werden angesprochen in: D. R. Maines: «Bodies and Selves: Notes on a Fundamental Dilemma in Demography», in: Norman K. Denzin (Hg.): ‹Studies in Symbolic Interaction›, Greenwich, Conn.: JAI Press, 1978, pp. 241–265; Lee J. Cuba: «Reorientations of Self: Residential Identification in Anchorage, Alaska», in: Norman K. Denzin (Hg.): ‹Studies in Symbolic Interaction›, Greenwich, Conn.: JAI Press, 1984, pp. 219–237; Marion K. Yarrow et al.: «Social Psychological Characteristics of Old Age», in: ‹Human Aging: A Biological and Behavioral Study›, Washington, D.C.: Government Printing Office, 1961; Nancy Ammermann: «The Fundamentalist Worldview», Dissertation, Yale University, 1983; Berger: ‹Invitation to Sociology›, pp. 56–65, besonders p. 60 (dt.: ‹Einladung zur Soziologie›); Kathy E. Kram: «Phases of the Mentor Relationship», *Academy of Management Journal* 26, No. 4 (Dezember 1983), pp. 608–625. In ihrer Erforschung der Entwicklungsgeschichte dieser Beziehungen ist Krams Untersuchung einzigartig. Siehe auch Kathy E. Kram: ‹Mentoring at Work: Developmental Relationships in Organizational Life›, Glenview, Ill.: Scott Foresman, 1985.

13. Ein Thema, das Robert K. Mertons gesamtes Werk durchzieht, ist, daß eine Wahl nicht einfach durch eine gegebene Struktur hervorgerufen wird (*output*), sondern daß sie für das System als ganzes eine strategische Eingabe (*input*) darstellt. Siehe Arthur Stinchcombe: «Merton's Theory of Social Structure», in: Lewis A. Coser (Hg.): ‹The Idea of Social Structure: Papers in Honor of Robert K. Merton›, New York: Harcourt Brace Jovanovich, 1975, pp. 23–24.

14. Man könnte einwenden, die Befragten hätten nur so getan, als würden sie sich noch um den anderen kümmern, weil sie im Interview ihr Gesicht wahren wollten. Meines Erachtens kann man das jedoch nicht einfach auf diese Weise abtun. Erstens beziehe ich mich in meinen Aussagen nicht darauf, welche Gefühle in der Interviewatmosphäre zum Ausdruck gebracht wurden, sondern darauf, wie die einzelnen Menschen sich während und nach der Trennung verhalten haben. Zweitens verzerren wir zwar ständig irgendwelche Sachverhalte beim Erzählen, doch glaube ich, daß die Menschen, die ich befragt habe, so sehr in ihre Darstellung vertieft waren, daß sich meine Anwesenheit in dieser Hinsicht kaum beeinflussend ausgewirkt hat. Näheres im Nachwort.

15. Nach Trafford ist eine Auseinandersetzung oder Konfrontation für beide Beteiligte eine Gelegenheit, über das zwischen ihnen bestehende Machtverhältnis von neuem zu verhandeln. Von einer erfolgreichen Neuverteilung der Macht hängt es — so Trafford — ab, ob die Beziehung weiterhin Bestand hat oder nicht. Abigail Trafford: ‹Crazy Times: Predictable Stages of Divorce›, New York: Harper & Row, 1982.

# Nachwort

1. Lillian B. Rubin: ‹Women of a Certain Age: The Midlife Search For Self›, New York: Harper&Row, 1979. Rubin und ihre Mitarbeiter/innen begannen damit, daß sie ein paar Leute interviewten, von denen sie wußten, daß sie den Ansprüchen der Untersuchung genügten. Anschließend baten sie sie darum, ihnen andere Leute zu nennen. Manchmal kamen sie auf diese Weise an einen Namen, manchmal waren es auch zwanzig. Als nächstes wurde jeweils die Person befragt, die zu dem Menschen, von dem der Hinweis gekommen war, in einer räumlich und emotional möglichst weit entfernten Beziehung stand.

2. Ähnlich geht Kram bei ihren biographischen Interviews vor. Siehe Kathy E. Kram: ‹Mentoring at Work: Developmental Relationships in Organizational Life›, Glenview, Ill.: Scott Foresman, 1985; Julia Brannen und Jean Collard: ‹Marriages in Trouble: The Process of Seeking Help›, London: Tavistock, 1982.

3. Das Ergebnis dieser Pilotstudie erschien zuerst in *Alternative Lifestyles* 2 (1979), pp. 414–442. Siehe auch Diane Vaughan: «Uncoupling: The Social Construction of Divorce», in: Howard Robboy, Sidney L. Greenblatt und Candace Clark (Hg.): ‹Social Interaction: Introductory Readings in Sociology›, New York: St. Martin's, [3]1985.

4. Die drei Komponenten der systematischen Verallgemeinerung sind beschrieben in: Diane Vaughan: ‹Controlling Unlawful Organizational Behavior: Social Structure and Corporate Misconduct›, Chicago: The University of Chicago Press, 1983, pp. 132–135.

5. Marvin Scott und Stanford M. Lyman: «Accounts», *American Sociological Review* 33, No. 1 (1968), pp. 46–62.

6. George McCall: «Becoming Unrelated: The Management of Bond Dissolution», in: Steve Duck (Hg.): ‹Personal Relationships. 4: Dissolving Personal Relationships›, London: Academic Press, 1982, pp. 224–231; John LaGaipa: «Rules and Rituals in Disengaging from Relationships», in: Duck, pp. 207–209; Robert S. Weiss: ‹Marital Separation›, New York: Basic Books, 1975, p. 15 (dt.: ‹Trennung vom Ehepartner›, Stuttgart: Klett-Cotta, 1980).

7. Peter Marris: ‹Loss and Change›, London: Routledge and Kegan Paul, 1974.

# *Auswahlbibliographie*

ALDRICH, HOWARD E.: *Organizations and Environments*. Englewood Cliffs, N. J.: Prentice-Hall, 1979.

AMMERMAN, NANCY: «The Fundamentalist Worldview». Ph. D. Dissertation, Yale University, 1983.

ARROW, KENNETH: *The Limits of Organization*. New York: W. W. Norton, 1974 (dt.: *Wo Organisation endet. Management an den Grenzen des Machbaren*. Wiesbaden: Gabler, 1980; übers. v. Thomas Münster).

BAKER, MAUREEN: *Support Networks and Marriage Dissolution*. Abschlußbericht, Connaught Foundation Project, University of Toronto, 1980.

BARNARD, JESSIE: *The Future of Marriage*. New York: Bantam, 1972.

BARUCH, GRACE; ROSALIND BARNETT; CARYL RIVERS: *Life Prints: New Patterns of Love and Work for Today's Women*. New York: McGraw-Hill, 1983.

BASIRICO, LAWRENCE: «Stickin' Together: The Cohesiveness of Rock Groups». State University of New York at Stony Brook, 1974.

BECKER, HOWARD S.: «Becoming a Marijuana User». In Howard S. Becker (Hg.): *Outsiders*. New York: Free Press, 1963.

BELL, ALAN P.; MARTIN S. WEINBERG: *Homosexualities*. New York: Simon and Schuster, 1978 (dt.: *Der Kinsey-Institut-Report über weibliche und männliche Homosexualität*. München: Bertelsmann, 1978; übers. v. Dietrich Menne).

BEQUAERT, LUCIA H.: *Single Women: Alone and Together*. Boston: Beacon, 1976.

BERGER, PETER; HANSFRIED KELLNER: «Marriage and the Construction of Reality». *Diogenes* 46 (1964): 1–25.

BERGER, PETER L.; THOMAS LUCKMANN: *The Social Construction of Reality*. New York: Doubleday, 1966 (dt.: *Die gesellschaftliche Konstruktion der Wirklichkeit*. Frankfurt a. M.: Fischer, 1969 u. ö.; übers. v. Monika Plessner).

BERGER, PETER L.: *Invitation to Sociology: A Humanistic Perspective*. New York: Anchor, 1963 (dt.: *Einladung zur Soziologie. Eine humanistische Perspektive*. Olten/Freiburg: Walter, 1969 u. ö.; übers. v. Monika Plessner).

BIRD, CAROLINE: *The Two Paycheck Marriage: How Women at Work are Changing Life in America: An In-Depth Report on the Great Revolution of Our Times*. New York: Rawson, Wade Publishers, 1979.

BLAU, PETER M.: *Exchange and Power in Social Life*. New York: John Wiley, 1964.

BLAU, ZENA S.: «Changes in Age and Status Identification». *American Sociological Review* 21 (1956): 198–203.

–: *Old Age in a Changing Society*. New York: New Viewpoints, 1973.

BOCK, WILBUR; IRVING L. WEBBER: «Suicide Among the Elderly: Isolating Widowhood and Mitigating Alternatives». *Journal of Marriage and Family* 34 (1972): 24–31.

BOHANNAN, PAUL (Hg.): *Divorce and After*. New York: Doubleday, 1971.

BOK, SISSELA: *Secrets: On the Ethics of Concealment and Revelation*. New York: Pantheon, 1982.

BOWER, DONALD W.; VICTOR A. CHRISTOPHERSON: «University Student Cohabitation: A Regional Comparison of Selected Attitudes and Behavior». *Journal of Marriage and the Family* 39 (1977): 447–453.

BOWLBY, JOHN: «Processes of Mourning». *International Journal of Psychoanalysis* 44 (1961): 317–335.

–: *Attachment and Loss, I: Attachment*. New York: Basic Books, 1969 (dt.: *Bindung. Eine Analyse der Mutter-Kind-Beziehung*. München: Kindler, 1975; übers. v. Gertrud Mander).

–: *Attachment and Loss, II: Separation*. New York: Basic Books, 1973 (dt.: *Trennung. Psychische Schäden als Folge der Trennung von Mutter und Kind*. (München: Kindler, 1976; übers. v. Erika Nosbüsch).

BRANNEN, JULIA; JEAN COLLARD: *Marriages in Trouble: The Process of Seeking Help*. London: Tavistock, 1982.

BRIM, ORVILLE G.; STANTON WHEELER (Hg.): *Socialization After Childhood*. New York: John Wiley, 1966 (dt.: *Erwachsenen-Sozialisation. Sozialisation nach Abschluß der Kindheit*. Stuttgart: Enke, 1974; übers. von Christian Flothfeld).

BURK, MICHAEL P.: «Coming Out: The Gay Identity Process». In *Exploring Intimate Lifestyles*, hg. v. Bernard I. Murstein, pp. 257–272. New York: Springer Publishing, 1978.

CHERLIN, ANDREW: «Effect of Children on Marital Disruption». *Demography* 14 (1977): 265–272.

–: *Marriage, Divorce, Remarriage*. Cambridge: Harvard University Press, 1981.

CLEVELAND, W. P.; D. T. GIRANTURCO: «Remarriage Probability After Widowhood: A Retrospektive Method». *Journal of Gerontology* 31 (1976): 99–103.

COHEN, ALBERT K.: *Deviance and Social Control*. Englewood Cliffs, N. J.: Prentice-Hall, 1966 (dt.: *Abweichung und Kontrolle*. München: Juventa, 1968 u. ö.; übers. v. Peter Müller u. Anne Müller-Krefting).

COLEMAN, ELI: «Developmental Stages of the Coming Out Process». *American Behavioral Scientist* 25 (1982): 469–482.

CROSBY, JOHN F.; BRUCE A. GAGE; MARSHA CROY RAYMOND: «The Grief Resolution Process in Divorce». *Journal of Divorce* 7 (1983): 3–18.

CSIKSZENTMIHALYI, MIHALY; EUGENE ROCHBERG-HALTON: *The Meaning of Things: Domestic Symbols and the Self.* Cambridge: Cambridge University Press, 1981.

CUBA, LEE J.: «Reorientations of Self: Residential Identification in Anchorage, Alaska». In *Studies in Symbolic Interaction*, Bd. 5, hg. v. Norman K. Denzin, pp. 219–237. Greenwich, Conn.: JAI Press, 1984.

CUMMING, ELAINE; WILLIAM B. HENRY: *Growing Old: The Process of Disengagement.* New York: Basic Books, 1961.

CURB, ROSEMARY; NANCY MANAHAN (Hg.): *Lesbian Nuns: Breaking Silence.* Tallahassee, Fla.: Naiad Press, 1985.

DANK, BARRY: «Coming Out in the Gay World». *Psychiatry* 34 (1971): 180–197.

DAVIS, MURRAY S.: *Intimate Relations.* New York: Free Press, 1973.

DEMONTEFLORES, CARMEN; STEPHEN J. SCHULTZ: «Coming Out: Similarities and Differences for Lesbians and Gay Men». *Journal of Social Issues* 34 (1978)3: 59–72.

DEVILBISS, M. C.: «Gender Integration and Unit Deployment: A Study of G. I. Jo». *Armee Forces and Society: An Interdisciplinary Journal* II (1985): 523–552.

DUCK, STEVE: «The Personal Context: Intimate Relationships». In *Psychological Problems: The Social Context*, hg. v. P. Feldman und J. Orford, pp. 73–96. London: John Wiley, 1980.

DUCK, STEVE (Hg.): *Personal Relationships. 4: Dissolving Personal Relationships.* London: Academic Press, 1982.

EPHRON, NORA: *Heartburn.* New York: Simon and Schuster, 1983.

ERIKSON, KAI T.: *Wayward Puritans.* New York: John Wiley, 1966 (dt.: *Die widerspenstigen Puritaner. Zur Soziologie abweichenden Verhaltens.* Stuttgart: Klett-Cotta, 1978; übers. v. Wolfgang Krege).

FURSTENBERG, FRANK F.; GRAHAM B. SPANIER: *Recycling the Family: Remarriage After Divorce.* Beverly Hills: Sage, 1984.

GARFINKEL, HAROLD: «Conditions of Successful Degradation Ceremonies». *American Journal of Sociology* 61 (1956): 420–424.

GERSTEL, NAOMI; CATHERINE KOHLER RIESSMAN; SARAH ROSENFIELD: «Explaining the Symptomatology of Separated and Divorced Women and Men: the Role of Material Conditions and Social Neworks». *Social Forces* 64 (September 1985): 84–101.

GILLIGAN, CAROL: *In a Different Voice: Psychological Theory and Women's Development.* Cambridge, Mass.: Harvard University Press, 1982 (dt.: *Die andere Stimme. Lebenskonflikte und Moral der Frau.* München/Zürich: Piper, 1984; übers. v. Brigitte Stein).

GLASER, BARNEY; ANSELM STRAUSS: *Status Passage*. London: Routledge and Kegan Paul, 1971.
—: «Awareness Contexts and Social Interaction». *American Sociological Review* 29 (1964): 669–678.
—: *Time for Dying*. Chicago: Aldine, 1968.
GOFFMAN, ERVING: «On Cooling the Mark Out: Some Aspects of Adaptation to Failure». *Psychiatry* 15 (1952): 451–463.
—: *The Presentation of Self in Everyday Life*. New York: Anchor, 1959 (dt.: *Wir alle spielen Theater. Die Selbstdarstellung im Alltag*. München: Piper, 1969; übers. v. Peter Weber-Schäfer).
—: *Asylums*. (Garden City, N.Y.: Anchor, 1961 (dt. *Asyle. Über die soziale Situation psychiatrischer Patienten und anderer Insassen*. Frankfurt a. M.: Suhrkamp, 1972 u. ö.; übers. v. Nils Lindquist).
—: *Encounters: Two Studies in the Sociology of Interaction*. Indianapolis: Bobbs-Merrill, 1961.
—: *Stigma: Notes on the Management of Spoiled Identity*. Englewood Cliffs, N.J.: Prentice-Hall, 1963 (dt.: *Stigma. Über Techniken der Bewältigung beschädigter Identität*. Frankfurt a. M.: Suhrkamp, 1967; übers. v. Frigga Haug).
—: *Interaction Ritual: Essays on Face-to-Face Behavior*. New York: Anchor, 1959 (dt.: *Interaktionsrituale. Über Verhalten in direkter Kommunikation*. Frankfurt a. M.: Suhrkamp, 1971 u. ö.; übers. v. Renate Bergsträsser u. Sabine Bosse).
—: *Frame Analysis: An Essay on the Organization of Experience*. New York: Harper & Row, 1974 (dt.: *Rahmen-Analyse. Ein Versuch über die Organisation von Alltagserfahrungen*. Frankfurt a. M.: Suhrkamp, 1977; übers. v. Hermann Vetter).
—: «The Interaction Order». *American Sociological Review* 48 (1983).
GOLEMAN, DANIEL: *Vital Lies, Simple Truths: The Psychology of Self-Deception*. New York: Simon and Schuster, 1985.
GOODE, WILLIAM J.: *After Divorce*. Glencoe, Ill.: The Free Press, 1956.
GOULDNER, ALVIN: «Reciprocity and Autonomy in Functional Theory». In *Symposium on Sociological Theory*, hg. v. Llewellyn Gross, pp. 241–270. New York: Harper & Row, 1960.
GOULDNER, FRED H.: «Demotion in Industrial Management». *American Sociological Review* 30 (1965): 714–724.
GRAM, WILLIAM H.: «Breaking Up: A Study of Fifty-Nine Case Histories of Marital Collapse». Ph.D. Dissertation, Northwestern University, 1982.
HARRY, JOSEPH: *Gay Couples*. New York: Praeger, 1984.
—: «Gay Male and Lesbian Relationships». In *Contemporary Families and Alternative Lifestyles: Handbook on Research and Theory*, hg. v. E. Macklin und R. Rubin. Beverly Hills: Sage, 1983.

HARRY, JOSEPH; ROBERT LOVELY: «Gay Marriages and Communities of Sexual Orientation». *Alternative Lifestyles* 2 (1929): 177–200.

HART, NICKY: *When Marriage Ends: A Study in Status Passage*. London: Tavistock, 1976.

HENZE, LURA F.; JOHN W. HUDSON: «Personal and Family Characteristics of Cohabiting and Noncohabiting College Students». *Journal of Marriage and the Family* 36 (1974): 722–727.

HILL, CHARLES T.; ZICK RUBIN; LETITIA ANNE PEPLAU: «Breakups Before Marriage: The End of 103 Affairs». *Journal of Social Issues*, 32 (1976): 147–168.

HIRSCHMAN, A. O.: *Exit, Voice, and Loyalty*. Cambridge: Harvard University Press, 1970.

HOCHSCHILD, ARLIE RUSSELL: «Disengagement Theory: A Critique and Proposal». *American Sociological Review* 40 (1975): 553–669.

–: *The Unexpected Community*. Englewood Cliffs, N.J.: Prentice-Hall, 1973.

HOLMSTROM, LYNDA LYTLE: *The Two-Career Family*. Cambridge: Schenkman, 1973.

HUNT, MORTON: *The World of the Formerly Married*. Hammondsworth: Allen Lane, 1968.

JAFFE, DENNIS T.; ROSABETH MOSS KANTER: «Couple Strains in Communal Households: A Four-Factor Model of the Separation Process». *Journal of Social Issues*, 32 (1976): 169–207.

KANTER, ROSABETH MOSS: *Commitment and Community: Communes and Utopia in Sociological Perspektive*. Cambridge: Harvard University Press, 1972.

KIRSCHNER, BETTY FRANKLE; LAUREL RICHARDSON WALUM: «Two-Location Families: Married Singles». *Alternative Lifestyles* 1 (1978): 513–525.

KITT, JOSEPH: *Rites of Passage: Adolescence in America*. New York: Basic Books, 1977.

KRAM, KATHY E.: *Mentoring at Work: Developmental Relations in Organizational Life*. Glenview, Ill.: Scott Foresman, 1985.

LA ROSSA, RALPH; JANE H. WOLF: «On Qualitative Family Research». *Journal of Marriage and the Family* 47 (1985): 531–541.

LEVENGER, GEORGE: «A Social Exchange View of the Dissolution of Pair Relationships». In *Social Exchange in Developing Relationships*, hg. v. R. L. Burgess und T. L. Huston. New York: Academic Press, 1979.

LEVENGER, GEORGE; OLIVER MOLES (Hg.): *Divorce and Separation*. New York: Basic Books, 1979.

LEVINSON, DANIEL J.: *The Seasons of a Man's Life*. New York: Ballantine, 1978 (dt.: *Das Leben des Mannes. Werdenskrisen, Wendepunkte, Entwicklungschancen*. Köln: Kiepenheuer & Witsch, 1979).

LOFLAND, JOHN; RODNEY STARK: «Becoming a World Saver: A Theory of Conversion to a Deviant Perspective». *American Sociological Review* 30 (1965): 862–875.

LOPATA, HELENA: «On Widowhood: Grief Work and Identity Reconstruction». *Journal of Geriatric Psychiatry* 8 (1975): 41–55.

–: «Widowhood and Husband Sanctification». *Journal of Marriage and Family* 43 (1981): 379–389.

–: «Self Identity in Marriage and Widowhood». *Sociological Quarterly* 14 (1973): 407–418.

LYNCH, JAMES J.: *The Broken Heart: The Medical Consequences of Loneliness*. New York: Basic Books, 1977 (dt.: *Das gebrochene Herz*. Reinbek: Rowohlt, 1979; übers. v. Jürgen Abel).

LYNESS, J. F.; M. E. LIPETZ; K. E. DAVIS: «Living Together: An Alternative to Marriage». *Journal of Marriage and the Family* 34 (1972): 305–311.

MACIONIS, JOHN J.: «Intimacy: Structure and Process in Interpersonal Relationships». *Alternative Lifestyles* 1 (1978): 113–130.

MACKLIN, ELEANOR D.: «Nontraditional Family Forms: A Decade of Research». *Journal of Marriage and the Family* 33 (1980): 905–922.

MAINES, DAVID R.: «Bodies and Selves: Notes on a Fundamental Dilemma in Demography». In *Studies in Symbolic Interaction*, Bd. 1, hg. v. Norman K. Denzin, pp. 241–265. Greenwich, Conn: JAI Press, 1978.

MARKS, STEPHEN R.: «Multiple Roles and Role Strain: Some Notes on Human Energy, Time, and Commitment». *American Sociological Review* 42 (1977): 921–936.

MARRIS, PETER: *Loss and Change*. London: Routledge and Kegan Paul, 1974.

MARTIN, PATRICIA YARNEY; MARIE WITHERS OSMOND: «Gender and Exploitation: Resources, Structure, and Rewards in Cross-Sex Social Exchange». *Social Forces* 4 (1982): 412–423.

MATTHEW, SARAH H.: *The Social World of Old Women: Management of Self-Identity*. Beverly Hills: Sage, 1979.

MCCALL, GEORGE J.; MICHAEL M. MCCALL; NORMAN K. DENZIN; GERALD D. SUTTLES; SUZANNE B. KURTH: *Social Relationships*. Chicago: Aldine, 1970.

MCCALL, GEORGE J.; J. L. SIMMONS: *Identities and Interactions*. New York: Free Press, 1966 (dt.: *Identität und Interaktion*. Düsseldorf: Schwann, 1974; übers. v. Elisabeth Bingel).

MECHANIC, DAVID: «Sources of Power of Lower Participants in Complex Organizations». *Administrative Science Quarterly* 7 (1962): 349–364.

MELSON, GAIL FREEDMAN: *Family and Environment: An Ecosystem Perspective*. Minneapolis: Burgess Publishing, 1980.

MERTON, ROBERT K.: *Social Theory and Social Structure*. New York: Free Press, 1968.

–: «Socially Expected Durations: A Case Study of Concept Formation in Sociology». In *Conflict and Consensus: A Festschrift in Honor of Lewis A. Coser*, hg. v. Walter W. Powell und Richard Robbins, pp. 262–283. New York: Free Press, 1984.

–: «Continuities in the Theory of Reference Groups and Social Structure». In *Social Theory and Social Structure*, pp. 335–440.

MERTON, ROBERT K.; ALICE ROSSI: «Contributions to the Theory of Reference Group Behavior». In *Social Theory and Social Structure*, pp. 279–334.

MIKA, K.; B. L. BLOOM: «Adjustment to Separation Among Former Cohabitors». *Journal of Divorce* 4 (1980): 45–66.

MILARDO, P.: «The Social Context of Developing Relationships». Ph. D. Dissertation, Pennsylvania State University, 1980.

MILLER, BRIAN: «Adult Sexual Resocialization». *Alternative Lifestyles* 1 (1978): 207–234.

MILLER, GERALD R.; MALCOLM R. PARKS: «Communication in Dissolving Personal Relationships». In *Personal Relationships. 4: Dissolving Personal Relationships*, hg. v. Steve Duck, pp. 127–154. London: Academic Press, 1982.

MILLER, JEAN BAKER: *Toward a New Psychology of Women*. Boston: Beacon Press, 1976 (dt.: *Die Stärke weiblicher Schwäche. Zu einem neuen Verständnis der Frau*. Frankfurt a. M.: Goverts/S. Fischer, 1977; übers. von Roland Fleissner).

MONTGOMERY, J. P.: «Commitment and Cohabitation Cohesion». University of Edmonton. Mimeographed, 1973.

MORTIMER, JEYLAN T.; ROBERTA G. SIMMONS: «Adult Socialization». *Annual Review of Sociology* 4 (1978): 421–454.

NEWCOMB, MICHAEL D.: «Relationship Qualities of Those Who Live Together». *Alternative Lifestyles* 6 (1983): 78–102.

NICHOLSON, NIGEL: «A Theory of Work Role Transitions». *Administrative Science Quarterly* 29 (1984): 172–191.

PEPLAU, LETITIA A.: «Research on Homosexual Couples: An Overview». *Journal of Homosexuality* 8 (1982): 3–8.

PEPLAU, L. A.; S. COCHRAN: «Value Orientations in the Intimate Relationships of Gay Men». *Journal of Homosexuality* 6 (1981): 1–19.

PEPLAU, L. A.; K. ROOK; C. PADESKY: «Loving Women: Attachment and Autonomy in Lesbian Relationships». *Journal of Social Issues* 34 (1978): 7–27.

RICHARDSON, LAUREL WALUM: *The Dynamics of Sex and Gender: A Sociological Perspective*. Boston: Houghton Mifflin, 1981 (2. rev. Aufl.).

RICHARDSON, LAUREL WALUM: *The New Other Woman*. New York: Free Press, 1985.

REISS, IRA L.: *Family Systems in America*. New York: Holt, Rinehart and Winston, 1980 (3. Aufl.).

ROSE, PHYLLIS: «Catherine Hogarth and Charles Dickens». In *Parallel Lives: Five Victorian Marriages*, pp. 141–191. New York: Random House, 1983.

ROSENTHAL, KRISTINE M.; HARRY F. KESHET: *Fathers Without Partners. A Study of Fathers and the Family After Marital Separation*. Totowa, N.J.: Rowan and Littlefield, 1981.

RUBIN, LILLIAN BRESLOW: *Worlds of Pain: Life in the Working Class Family*. New York: Basic Books, 1976.

–: *Women of a Certain Age: The Midlife Search for Self*. New York: Harper & Row, 1979.

–: *Intimate Strangers*. New York: Harper & Row, 1983.

RUBIN, ZICK: *Children's Friendships*. Cambridge, Mass: Harvard University Press, 1980 (dt.: *Kinderfreundschaften*. Stuttgart: Klett, 1981; übers. v. Thomas M. Hoepfner).

RUBIN, ZICK; LETITIA A. PEPLAU; CHARLES T. HILL: «Loving and Leaving: Sex Differences in Romantic Attachments». *Sex Roles* 7 (1981): 821–835.

RUEDA, ENRIQUE: *The Homosexual Network*. Old Greenwich, Conn.: The Devin Adair Company, 1982.

SAFILIOS-ROTHSCHILD, CONSTANTINA: *Love, Sex, and Sex Roles*. Englewood Cliffs, N.J.: Prentice-Hall, 1977.

SCANZONI, JOHN: *Sexual Bargaining: Power Politics in the American Marriage*. Englewood Cliffs, N.J.: Prentice Hall, 1972.

SCHICKEL, RICHARD: *Singled Out*. New York: Viking, 1981.

SCHWARTZ, BARRY: «Waiting, Exchange, and Power: the Distribution of Time in Social Systems». *American Journal of Sociology* 79 (1973): 841–870.

SCHWARTZ, PEPPER; PHILIP BLUMSTEIN: *American Couples: Money, Work, Sex*. New York: William Morrow, 1983.

SCOTT, MARVIN B.; STANFORD M. LYMAN: «Accounts». *American Sociological Review* 33 (1968): 46–62.

SHAVER, PHILIP; WYNDOL FURMAN; DUANE BUHRMESTER: «Transition to College: Network Changes, Social Skills, and Loneliness». In *Understanding Personal Relationships: An Interdisciplinary Approach*, hg. v. Steve Duck und Daniel Perlman, pp. 193–220. London: Sage, 1985.

SIEBER, SAM D.: «Toward a Theory of Role Accumulation». *American Sociological Review* 39 (1974): 567–578.

SIMMEL, GEORG: *Soziologie. Untersuchungen über die Formen der Vergesellschaftung*. Leipzig: Duncker & Humblot, 1908.

SPENCE, MICHAEL: *Market Signaling*. Cambridge. Harvard University Press, 1974.

STAFFORD, R.; E. BACHMAN; P. DiBONA: «The Division of Labor Among Cohabiting and Married Couples». *Journal of Marriage and the Family* 39 (1977): 43–57.

STEIN, PETER J. (Hg.): *Single Life: Unmarried Adults in Social Context*. New York: St. Martin's, 1981.

STRAUSS, ANSELM: *Contexts of Social Mobility*. Chicago: Aldine, 1971.

SUDNOW, DAVID: *Passing On: The Social Organization of Dying*. Englewood Cliffs, N.J.: Prentice-Hall, 1967 (dt.: *Organisiertes Sterben. Eine soziologische Untersuchung*. Frankfurt a. M.: S. Fischer, 1973; übers. v. Eberhard Bubser).

SULLIVAN, JUDITH: *Mama Doesn't Live Here Anymore*. New York: Pyramid, 1974.

SYKES, GRESHAM; DAVID MATZA: «Techniques of Neutralization: A Theory of Delinquency». *American Sociological Review* 22 (1957): 664–669.

TRAFFORD, ABIGAIL: *Crazy Times: Predictable Stages of Divorce*. New York: Harper & Row, 1982.

UNRUH, DAVID R.: «Death and Personal History: Strategies of Identity Preservation». *Social Problems* 30 (1983): 340–351.

VAN MAANEN, JOHN; EDGAR H. SCHEIN: «Toward a Theory of Organizational Socialization». In *Research in Organizational Behavior*, Bd. 1, hg. v. Barry Staw und L. L. Cummings, pp. 209–264. Greenwich, Conn.: JAI Press, 1979.

WALLER, WILLARD: *The Old Love and the New: Divorce and Readjustment*. New York: Horace Liveright, 1930. Neuausgabe, eingeleitet von Bernard Farber. Carbondale: Southern Illinois University Press, 1967.

WALLER, WILLARD; REUBEN HILL: *The Family: A Dynamic Interpretation*. New York: Holt, Rinehart, and Winston, 1938.

WALLERSTEIN, JUDITH S.; JOAN B. KELLY: *Surviving the Breakup: How Children and Parents Cope with Divorce*. New York: Basic Books, 1980.

WEICK, KARL E.: «Educational Organizations as Loosely Coupled Systems». *Administrative Science Quarterly* 21 (1976): 1–19.

WEINBERG, MARTIN S.; C. S. WILLIAMS: *Male Homosexuals: Their Problems and Adaptations*. New York: Oxford University Press, 1974.

WEISS, ROBERT S.: *Loneliness: The Experience of Emotional and Social Isolation*. Cambridge: MIT Press, 1973.

–: *Marital Separation*. New York: Basic Books, 1975 (dt.: *Trennung vom Ehepartner*. Stuttgart: Klett-Cotta, 1980).

WEITZMAN, LENORE J.: *The Divorce Revolution: The Unexpected Social and Economic Consequences for Women and Children*. New York: Free Press, 1985.

WHEELER, STANTON: «Socialization in Correctional Communities». *American Sociological Review* 26 (1961): 697–712.

WHITE, HARRISON C.: *Chains of Opportunity: System Models of Mobility in Organizations*. Cambridge: Harvard University Press, 1970.

ZALTMAN, GERALD: «Knowledge Disavowal». Vortrag, Conference on Producing Useful Knowledge for Organizations, Graduate School of Business, University of Pittsburgh, Oktober 1982.

# Sachregister

Ablösung 64, 208, 225, 256, 260f, 285, 306
Alltagsroutine 104f
Alternativen 40, 52, 69f, 72, 80, 239–246, 261, 276f, 283, 292
Angst 26, 82, 101, 135, 141, 168, 173f, 187, 214, 216, 223
Apathie 187
Auflösung (der →Beziehung) 10, 13–16, 21, 40, 84, 197, 212, 258f
Auseinandersetzung 53, 79, 83, 102, 135, 154, 157, 214, 290
   Bereitschaft zur 129, 304
   Einschränkung der 139
   innere 98
   intensivierte 158, 189
   Mut zur 132
Aussprache 139
Aussteiger (gesellschaftliche) 241
Autonomie 244, 278

Bedürfnisse 30, 39, 79, 158, 165, 226, 274, 277, 280, 289
   unbefriedigte 52
   Unvereinbarkeit der 129, 131
   veränderte 252
Beratung → Therapie
Beziehung (→Paar) 9, 16, 24, 26–31, 33, 36, 72, 74, 81, 89, 99, 106f, 121, 128, 137f, 151f, 162, 169, 173, 199–202, 205, 217f, 220–229, 238, 240, 245, 247, 253, 261, 281–288, 290–292, 295, 297–301, 303f, 306, 308–310
   affektive zum →Therapeuten 60
   als «Lebensmittelpunkt» 93
   Alternative zur 191
   anderweitige sexuelle 41–43, 142
   Asymetrie in der 41
   Aufrechterhaltung der 117f, 130
   außereheliche 227
   Aussichtslosigkeit der 150, 180f, 204
   Chronik der 47, 49, 54f, 64, 88, 101f, 191, 204, 212, 230f, 241, 264, 280, 289
   den →Bedürfnissen entsprechende 154
   ehemalige 254, 273f, 279, 307
   Einsichten über die 257–259
   Ende der 10, 59, 120, 171, 211, 269
   faktische Qualität der 207
   «Fassade» einer harmonischen 112, 114
   feste 70
   formaler Abbruch der 269–271 (→Scheidung)
   Grundregeln der → Spielregeln
   häufig wechselnde 170
   heterosexuelle 189, 191, 193
   homosexuelle 43, 191, 193
   intime 11, 45, 48
   Lebensqualität innerhalb der 78f
   mit traditionellem Rollenverständnis 122 (→Rolle)
   negative 12f, 46, 52f (→Fixierung)
   neue 42, 65, 241, 264, 266, 276
   neues Überdenken der 277
   nicht traditionelle 193
   «normale» 111
   positive Seiten der 176, 213f, 232
   Scheitern der 61, 185, 215, 230, 232, 250, 260
   Status der 108
   Struktur der 30, 34, 160
   Umgang mit 66f
   Verlust anderer 82, 122 (→Verlust)
   Wiederherstellen der 207
   zwischen →Initiator und →Übergangsperson 59

Zerrüttung der 10, 39, 65, 101, 157, 168
Beziehungskrise 34, 53, 57, 62, 94, 139, 174
Beziehungsproblem 18, 34f, 39, 58, 66, 136, 182, 221, 248f, 275
Bezug, sozialer 9, 76, 134, 150, 152, 161, 165, 193f, 196, 247
(→ Umfeld, soziales)
Bild (vom → Partner, von der → Beziehung) 49, 108, 151
der Öffentlichkeit vermitteltes 64
negatives 47, 65–67, 69, 77, 83, 101, 137, 158, 214, 292, 308
neues 47, 49 (→ Definierung, neue)
Bindung → Beziehung
religiöse 81f
zu den Eltern 216
Biographie
eigene, unabhängige 253
gemeinsame 259

Definierung, negative 10, 13, 216, 232, 264, 278
Definierung, neue 50, 61, 65, 67, 211, 260, 277
des → Partners 211, 229, 285, 302
der → Beziehung 211, 229, 231, 260, 276, 280f, 285, 302
des Selbst 229, 258f, 280, 282, 285, 302
Demütigung 178, 184, 207
Denken
negatives 246
selbstzentriertes 76, 80
Denkmuster, ehemalige 83, 257
Depressionen 58, 170, 187
Distanz → Distanzierung
Distanzierung 64, 86, 187, 287
«Dominoeffekt» 74
Doppelleben 223
Dritte 52, 54f, 64f, 68, 78, 91f, 112, 142, 148, 174, 176, 180, 210f, 265, 276, 304
Reaktionen von 135
(→ Übergangsperson, → Umfeld, soziales → Vertrauensperson)
Ehe → Beziehung
Eifersucht 160
Einsamkeit 72, 122, 187, 218, 234, 239
(→ Isolation)

Entfremdung 77, 79f
Ereignisse, unvorhergesehene 128–130, 132, 246, 268
als Sinnbild 247
(→ Tod)
Erinnerungen 200f, 268, 273f
bindende Kraft der 68 (→ Kinder)
Ernüchterung 23
Erpressung 168
Erwartungsraster 108
Euphorie 187, 202, 218

Familie 31, 38, 54, 76, 190, 209f, 265, 271
Gründung einer neuen 270
Rückhalt der 214
Selbstverwirklichung in der 74
Zerstörung der 75
Fixierung (auf Negatives in der Beziehung) 46, 101, 136, 185, 283
auf einen → fatalen Fehler (Partner) 182–185
Fluchtphantasien 123
Frigidität 137
Fürsorglichkeit (als typisches → Verhaltensmuster) 289, 291

Geheimnisse 21, 24f, 30, 41, 43f, 64f, 117f, 150, 180, 196, 214, 216, 219, 223f, 237, 251, 276, 299
Preisgabe von 215, 217, 292f
(→ Methoden, indirekte)
Geliebte, imaginäre 42
(→ Liebhaber, imaginärer; → Phantasiebeziehung)
Gesichtsverlust 198, 207
(→ Demütigung; → Unzufriedenheitsbekundung)
Gewalt, körperliche 72, 141, 169
Gewinn- und Verlustrechnung 128, 168, 216
Gewissen 158, 218
Glaubensgemeinschaft, religiöse 242

Hemmungen, gesellschaftlich begründete 74
Hilfe, professionelle 58, 60, 114
(→ Therapeut; → Therapie)
Homosexualität, Abwendung von der 61
Homosexuelle → Paar, homosexuelles

379

Identität 15, 39, 87, 107, 121, 142, 169f, 172, 192, 229, 245f, 259f, 284, 286, 292, 304
  alte 244
  auf die →Beziehung gegründete 25, 61, 167, 189, 292
  eigenständige, vom →Partner oder der →Beziehung unabhängige 35, 45f, 66, 121, 191, 196, 199, 243f, 264–266, 272, 274, 309
  neue 80, 86, 161, 252, 254, 279, 282, 285 (→Definierung, neue)
  sexuelle 61
  ungefestigte 44
  (→Paaridentität)
«Identitätsausrüstung» 200
Identitätsgrundlage 189, 195
  Elternrolle als 245 (→Rolle)
Identitätskonflikt 86, 98, 197
Identitätsverlust 24, 170, 189, 190, 239f
Ideologie, hilfreiche 76, 93
Illusion 118
  Aufrechterhaltung der 114
Impotenz 137
Informationen (taktisch verwendete) 25, 41–44, 50, 54f, 64, 70–72, 75, 96, 106, 110, 112, 148, 154, 209, 212, 221, 247, 249, 282
Initiator 25, 31, 33, 44, 46f, 49, 53–56, 58–62, 65–74, 76–85, 87, 91, 93, 95–99, 101, 104, 106–109, 111–115, 117–119, 121–134, 136–140, 142, 144, 146, 150–158, 160–163, 165, 168–172, 174–186, 188, 194, 196, 198–208, 211–213, 223, 229, 231–239, 242f, 245f, 248, 251, 253, 259, 264f, 270, 276f, 279f, 282, 286f, 289f, 292, 299, 305
  als Außenseiter 86
  in homosexuellen Beziehungen 193
  Partnerschaft als Wert des 120
  passive Hinnahme des 103
  Spektrum der Lebensmöglichkeiten des 52
  Sprache des 81
  Suche nach Leidensgefährten 57
  Verselbständigung des 90
  Vorplanungen des 125
  Vorsprung des 187, 191f, 261
  zwischen zwei Welten 86, 89

Interaktion 77, 118, 129, 238, 242, 245, 288
  Einschränkung der 138, 182–186
  (→Methode, indirekte)
  Regeln der 185f
Interaktionsmuster 267
(→Verhaltensmuster)
Inzesttabu 193
Isolation →Einsamkeit

Kind/Kinder 13, 49, 72, 77, 87, 94f, 101, 132, 138, 158, 160, 168, 179, 188, 190, 199, 203, 209, 211, 214f, 217, 226, 228, 233, 239, 241, 243–245, 268, 270f, 273, 283f, 292
  als →Mitwisser 147
  als →Selbstbestätigung 36
  als Tarnung 147
  als →Veränderungen 30, 33
  als Verkörperung von →Vergangenheit 83f
Kommunikationsstörung 96
Kommunikationsverhalten 96
(→Verhaltensmuster; →Interaktion)
Konflikt, innerer 234
Konfrontation, direkte 97, 99, 101f, 115–117, 118–120, 122, 124–129, 132, 135–137, 141, 150, 154f, 157f, 161f, 165, 170, 184, 240, 288, 290–292
Körpersprache 53
Kräfteverhältnis, unerwartete Veränderung des 170
Krisenzeichen 146
(→Signale)

Lebensform 43
  alternative 112, 154, 244, 251
  eingespielte 105
  heterosexuelle 43, 61
  homosexuelle 43, 61, 193
  Veränderung der 227, 251
Liebesbeziehung 21, 60, 160
  als soziale Organisationsform 31
  neue 85, 96, 101
  vorübergehende 58, 132
  Wesen einer 105
(→Beziehung)
Liebesentzug, unfreiwilliger 291
Liebhaber 277
  homosexuelle 228 (→Paare, homosexuelle)

imaginärer 242 (→ Geliebte, imaginäre; → Phantasiebeziehung)
verheiratete 242
Lösung (aus der Beziehung) 24, 41, 44, 46, 48, 53, 58f, 64f, 68 – 70, 85, 89, 155, 182, 192, 208, 232, 265, 272, 292, 297, 303
(→ Trennung)
Lösungsprozeß 43, 60, 80, 82, 88, 92, 97, 194
  doppelter 43
  Ironie des 277, 279
Loyalität 211, 217, 218
  anderer 67
  Nachlassen der 64

Macht 165, 198
Machtungleichgewicht 25, 165
Machtverschiebungen 195, 198
Methoden, indirekte 135f, 138f, 150, 152f, 182, 184f, 238, 283, 287f,
Mitwisser 142
  heimlicher 148
  unfreiwilliger 147f
(→ Dritte; → Übergangsperson)
Mythos vom «idealen Paar» 221

Neubewertung
  der → Beziehung 239, 261, 278, 289
  des → Partners 239, 278, 289
(→ Definierung, neue / negative)
Neuorientierung 43, 75, 90, 162, 210, 214, 229
  Probleme bei der 226
  soziale 193 (→ Umfeld, soziales)
(→ Definierung, neue; → Alternativen)
Normen, gesellschaftliche 64
  alte 80
  «Paar geht über Individuum» 74
(→ Werte)

Ohnmachtsgefühl 239
Opferrolle → Rolle als Opfer
Orientierungslosigkeit 243

Paar 11, 19, 62, 76, 193, 214, 217, 219f, 222, 227–229, 254, 276, 295f
  Bindung des 88 (→ Rituale; → Kind)
  homosexuelles 11, 19, 61f, 214f, 295

Sozialleben des 84
(→ Partner)
Paaridentität 10, 66, 93, 121, 161, 192, 210, 258
Paartherapie 176, 180
Partner 43–45, 52, 57, 64–67, 69, 72, 77, 90–95, 97, 99, 101, 105, 110, 112–119, 124f, 129–136, 144, 152, 154, 156–158, 160–166, 196, 198–208, 213, 215, 220–227, 233f, 236–239, 256–258, 299, 304–306
  Abwehr des 193
  als Detektiv 146–149
  als Fremder 120
  Bindung an den 87f
  bitterer Triumph des 150
  «fataler Fehler» des 137f, 182–185, 288–297 (→ Fixierung)
  Geschichte des 141f
  Intimleben der 140
  Optimismus des 168f
  Rache des 102
  Selbstbild des 108 (→ Selbstbild)
  Sozialleben beider 65
  Status als 172
  umfassende Kenntnis des 50
  unerreichbarer 244f
  verlassener 14f, 229f, 242f, 283
Partnerrolle 14, 187, 191, 304
  als → Identitätsgrundlage 187, 190
  ehemalige 260
  für Frauen 189
Phantasiebeziehung 42, 242–244
Phantasiepartner 43
(→ Liebhaber, imaginärer; → Geliebte, imaginäre)
Präferenzen, sexuelle 296, 299
Pseudo-Bemühungen 170

Rachedurst 187
Ressourcen 191–195, 199, 239–241, 249
  ökonomische 192, 194
  soziale 192
(→ Alternativen)
Rettungsversuch 176, 250
Rituale 88, 225, 281, 286, 289
(→ Ablösungsregeln)
Rivalität 218
Rolle
  als Elternteil 61

381

als Opfer 243–246
als → Partner 24, 61, 88, 106, 172, 233, 298
Änderung der 61
frühere 240
im Beruf 198 (→ Identitätsgefühl)
im Familienleben 198
neue 240, 245, 251, 284
Wahrnehmung der eigenen 65
Rollenidentität, neue 188
Rollenverhalten, anachronistisches 233
Rollenverlust 282, 285
(→ Verlust; → Identität)
Rollenverteilung (→ Initiator oder → Partner) 303

Scheidung 11, 13, 16, 32f, 71, 107, 111, 123, 248f, 258, 260, 269, 271–273, 276, 278f, 303
(→ Trennung; → Lösung)
Schuld 83, 132, 183f, 233, 266, 308
am Scheitern der Beziehung 261
Schuldgefühle 57, 187, 277
Schuldzuweisung 136, 182
Selbstablehnung 187
Selbstachtung 158, 290
Selbstbeobachtung 63
Selbstbestätigung 35, 37, 39, 41, 44, 46, 78, 121, 129, 165, 195, 267
Selbstbewußtsein 132
Selbstbezichtigung 261
Selbstbild 25, 133, 151, 191, 199, 213
brüchiges 242
Einengung des 185
neues 244f, 247, 252, 259 (→ Definierung, neue)
positives 240, 245
solides 264
von Frauen 190f
Selbstentfaltung 37f, 243
Selbsterfahrungsgruppe 250
Selbsterhaltung 76
Selbstgefühl 24, 35, 43, 87, 120f, 166, 200, 239, 242, 279
als Individuum 192
der Frau 189
Selbsthilfegruppen 300
Selbsttäuschung 97, 109, 154
(→ Signale, Interpretation der)
Selbstverantwortung 74, 196

Selbstverständnis 11, 83f, 88, 277
gewandeltes 13, 163
unabhängiges 92
(→ Definierung, neue; → Identität)
Selbstvertrauen 166, 239, 246, 290
Selbstverwirklichung 37, 74, 160, 248, 282
Selbstwahrnehmung 107
Selbstwertgefühl 35, 42, 173, 239
Sex 96
Sexualleben 21, 159, 188, 193, 254
Sexualpraktiken
gewaltsame 270
Veränderungen der 90
Signale 15, 25f, 30, 52f, 94–96, 103, 118, 146, 151, 195, 231
Aufnahmebereitschaft für 292
äußere 105
beruhigende 120
bewußte 104
eindeutige 181
für die Umwelt 64
gemischte 233f, 236, 238
ignorierte 94
indirekte, subtile 54, 98f, 101
Interpretation der 95, 108
negative 104f, 110, 112–114, 117, 136, 144, 150, 290
positive 173
Spektrum der 107f
widersprüchliche 109, 148
Single 70–72, 76, 160, 248f, 252
Sozialisationsprozeß 71, 194
Spielregeln (der → Beziehung) 139f, 160, 186, 288, 289
Verletzung der 139–142, 147f, 182, 184–186
Stabilität 239, 243, 292
Beruf als Quelle von 190
Strategien 34, 52
in der Schlußrunde 232, 238, 286
(→ Veränderungen; → Signale)
Suizid 168, 187, 246, 284
symbolische Objekte (der → Beziehung) 200f, 252–254, 284

Teufelskreis 77, 80, 226, 285
Therapeut/in 57, 60, 67, 71, 176–179, 243, 246
Therapie 37, 60, 161, 175, 180, 250
(→ Hilfe, professionelle)

Tod 131, 224, 282, 284
 als Katalysator 82, 101
 eines Elternteils 129
Toleranzschwelle 142
Trauer 16, 67f, 91, 187, 203–205, 218, 224, 261, 271, 281, 283
Trennung 9, 12–14, 17, 58, 73–76, 92, 108, 111f, 112, 117, 123, 128f, 135, 166, 202, 207, 210–212, 222–229, 233f, 236, 241, 260, 267, 270–272, 275, 279, 290, 292f
 als Phase innerer und äußerer Konfusion 187
 als Schritt ins Unbekannte 70
 als →Übergang in andere →Lebensform 67
 einverständliche 196
 endgültige 177, 237f, 285
 Entschluß zur 187
 Erfahrungshintergrund bei 248
 faktische 11, 64, 183, 191, 197, 303
 Frauen und 189
 Frühstadium der 25
 juristische Prozedur als →Hindernis für 258
 «Preis» der 276
 räumliche 180f, 184, 260, 265
 rechtliche Aspekte der 60, 72
 soziale Aspekte der 188
 Stadien der 20
 Verlust bei 68 (→ Verlust)
 Vor- und Nachteile der 72
 vorübergehende 138f, 205
(→ Übergangsprozeß)
Trennungsfolgen 16, 65, 122, 125, 132f, 171f, 188, 191, 193, 203f, 208, 247
(→ Einsamkeit)
Trennungserfahrung 278, 281, 307
 traumatische Aspekte der 195, 298
Trennungsprozeß 18–20, 68, 71, 250, 281, 289, 295, 297, 303–305
 Aspekte des 14f
 Frühstadium des 67
 Gesetzmäßigkeit 281–285, 302
 in homosexuellen/lesbischen →Beziehungen 62
 psychische Aspekte des 16
 soziale Dynamik des 16
 Verarbeitung des 15
(→ Lösung; → Trennung)

Übergangslösungen 296
Übergangsperson 58–60, 65, 124, 132, 175, 250f, 273, 282, 284
 bei Homosexuellen 62
 der →Therapeut als 114
 Initiator und 59, 71f
 Kriterien bei der Wahl der 67
 sexuelle Intimität und 59
 verschiedene 61
(→ Vertrauensperson)
Übergangsphase 242, 248, 250, 252, 276, 278, 291
Übergangsprozeß 17, 61, 69f, 77, 86, 92f, 125, 130, 151, 154f, 161, 175, 191, 203, 206, 238f, 244f, 250f, 256, 259, 261, 264f, 276f, 282–285, 292, 297, 301–305, 308f
 Anzeichen eines 252
 des →Partners 229f, 253
 erzwungener 207f
 Gesprächsprozeß als 67
 Vielzahl der 18 (→ Prozesse)
 Wendepunkte und Symptome des 26, 299f
Übergangsrituale 281
Umdenken 161, 257
(→ Definierung, neue; → Neubewertung)
Umfeld, soziales 9, 13–15, 40, 57, 64, 69, 76, 80, 112, 133, 220, 228, 239, 244, 250f, 259
Umstellungsschwierigkeiten, soziale 197
Unabhängigkeit 284
 Bewußtsein der 37
 ökonomische (des Mannes) 189
Unabhängigkeitsstreben 77
Unentschiedenheit 57
Unsicherheit 240
Unzufriedenheit 23, 46, 52f, 57, 69, 118, 132, 154, 170, 280, 290, 292
 chronische 123
 Geheimhaltung der 25
 Klarheit darüber durch Schreiben 124
 sporadische Aufwallung von 103f
Unzufriedenheitsbekundung 58, 97–99, 102–105, 109, 135f, 138f, 151, 182, 210f, 238, 264, 282, 286, 303
 als «Sicherheitsventil» 63f

gegenüber →Dritten 53–55, 63–68, 111f
Verantwortung 74, 136, 150, 175, 184, 188, 207, 224, 233, 245, 258, 260, 289
    Abwälzung der 152f
Verdammungsurteil, soziales 221
Vergangenheit 253, 279
    Einschätzung der 266
    gemeinsame 271 (→ Kinder)
    verlorene 224
Verhaltensmuster 11, 98, 137, 185, 286, 289, 299, 301
    ehemalige 83, 257
    gemeinsame 301
    neue 285
    regelmäßige 281, 285
    ritualisierte 291 (→ Rituale)
    soziale 76 (→ Umfeld, soziales) (→ Interaktion)
Verlust 84, 159, 166, 175, 216, 240, 243, 245f, 248, 257, 278, 281, 283f, 305, 307f
    an Ansehen 173 (→ Trennungsfolgen, negative soziale)
    an → Eigenständigkeit 22
    der Elternrolle 194, 199
    der Liebe 132
    der → Partnerrolle 189f, 198f
    der Zukunft 224
    des → Selbstvertrauens 290
    eines Fixpunktes 188
    unfreiwillig erlittener 207
    von Rückhalt 198
Verlustgefühl 16, 68, 264, 276
Vermeidungsstrategien 77, 83
Vermögensaufteilung 124
Versagen 68, 75, 178, 204, 224, 262
Versöhnung 177, 184, 208, 213, 231, 233, 236, 264, 275–280, 297
    Hindernisse für die 225–229

Verständigungsbemühungen 161
Vertrauensbruch 139
Vertrauensperson 55f, 63, 65–67, 71f, 175
    Außenstehender als 57 (→ Dritte)
    innerhalb Schwulen-/Lesbenszenen 61f
    spezifische Wahl der 305f
(→ Übergangsperson)
Verwirrung 230
Verzweiflung 168, 178
Vorahnung (vom Ende) 12

Wahrnehmung
    des anderen im Verlauf der → Beziehung 46
    des → Partners 107f, 112, 120
    vorgeformte 107, 110f
Warnzeichen 114, 148
(→ Signale)
Werte
    als Person (Frauen) 189
    der Familie 83, 88
    gesellschaftliche 193
    neue 80
    religiöse 82
    traditionelle 215
Wertschätzung 265, 272
Werturteile, moralische 12, 76, 82
Wertvorstellungen 221
    zu verschiedene 308
Widersprüche
    ideologische 217
    Zuspitzung der 88
Würde, persönliche 139, 142
Wut 168, 187, 230, 281

«Zeugen» 226f
Zufriedenheitsbekundung 276
Zugeständnisse 160
Zweifel 57, 60, 158, 187, 236